中部崛起战略研究丛书

丛书总主编：顾海良

“十二五”时期促进中部崛起若干问题研究

主　编　范恒山
副主编　张建清　刘苏社

WUHAN UNIVERSITY PRESS
武汉大学出版社

图书在版编目(CIP)数据

“十二五”时期促进中部崛起若干问题研究/范恒山主编；张建清，刘苏社副主编. —武汉：武汉大学出版社，2011.10
中部崛起战略研究丛书/顾海良总主编
ISBN 978-7-307-09275-4

Ⅰ.十… Ⅱ.①范… ②张… ③刘… Ⅲ.区域经济发展—研究—中国 Ⅳ.F127

中国版本图书馆 CIP 数据核字(2011)第 210438 号

责任编辑：陈 红 唐 伟　　责任校对：刘 欣　　版式设计：马 佳

出版发行：武汉大学出版社 (430072 武昌 珞珈山)
(电子邮件：cbs22@whu.edu.cn 网址：www.wdp.com.cn)
印刷：湖北金海印务有限公司
开本：720×1000 1/16　印张：28.5　字数：408 千字　插页：1
版次：2011 年 10 月第 1 版　2011 年 10 月第 1 次印刷
ISBN 978-7-307-09275-4/F·1598　定价：53.00 元

总　　序

我国地域辽阔，区域经济社会发展不平衡是基本国情。新中国成立以来，在社会主义现代化建设的各个历史时期，党中央、国务院都高度重视区域发展问题，始终把区域发展作为国民经济整体战略的重要组成部分，相继制定了一系列促进区域协调发展的政策措施。我国区域发展战略的演进大体可分为三个阶段：从中华人民共和国成立之初到改革开放以前，是我国工业布局由沿海向内地推进的阶段，理论界一般称这一阶段为生产力均衡布局或区域均衡发展阶段；从改革开放之初到20世纪90年代中后期，是沿海地区率先发展的阶段，理论界通常把这一阶段称为梯度推进或区域非均衡发展阶段；从20世纪90年代中后期到现在，随着区域发展总体战略的初步形成，我国进入了区域协调发展的新阶段。

党的十六大以来，党中央、国务院与时俱进、因势利导，作出了促进区域协调发展的一系列重大决策和部署。十六届三中全会明确了统筹区域发展的重大任务，提出要加强对区域发展的协调和指导；十六届五中全会第一次完整地阐述了促进区域协调发展的科学内涵，提出要推进西部大开发、振兴东北地区等老工业基地、促进中部地区崛起、鼓励东部地区率先发展，建立健全市场机制、合作机制、互助机制、扶持机制等区域协调互动机制；党的十七大把“城乡、区域协调互动发展机制和主体功能区布局基本形成”作为全面建设小康社会的一项重大任务，对推动区域协调发展提出了新要求；十七届五中全会通过的《中共中央关于制定国民经济和社会发展第十二个五年规划的建议》中明确指出，实施区域发展总体战略和主体功能区战略，构筑区域经济优势互补、主体功能定位清晰、国土空间高效利用、人与自然和谐相处的区域发展格局,逐步实现不同区域基本公共服务均等化。整体来看,区域经济社会协调发展的战略意图更为明确,总体目标和发展思路更加清晰,政策体系和具体措施更趋完善,这标志着我国区域协调发展步入了一个崭新时期。

在区域发展总体战略的指引下,近年来特别是2008年下半年以来,党中央、国务院在全面实施并不断丰富完善应对国际金融危机冲击的一揽子计划和政策措施过程中,高度重视区域发展问题,加快制定和密集出台了一批重大区域规划和区域性政策文件,使我国区域空间开发格局进一步优化,区域经济发展呈现出增长不断加快、协调性不断增强、布局不断改善、合作不断加强的良好态势,有效扭转了国民经济下滑的态势,经济回升向好势头进一步巩固和发展,为保持经济平稳较快发展发挥了重要作用。

中部地区位于我国内陆腹地,具有承东启西、连南通北的区位优势,在全国区域发展格局中占有重要地位,促进中部地区崛起是事关我国现代化建设全局的重大战略举措。2002年,党的十六大对我国区域发展总体格局作出进一步调整和完善,在原来东、中、西三大经济地带划分的基础上,明确提出了西部、中部、东部和东北四大区域布局的构想;十六届四中全会正式确立实施促进中部地区崛起战略。2006年4月,《中共中央、国务院关于促进中部地区崛起的若干意见》(中发[2006]10号)正式印发,明确了中部地区“三个基地,一个枢纽”的战略定位,即要努力把中部地区建设成为全国重要的粮食生产基地、能源原材料基地、现代装备制造及高新技术产业基地以及全国重要的综合交通运输枢纽,这标志着促进中部地区崛起战略正式进入实施阶段。2009年9月,国务院以国函[2009]130号正式批复了由国家发展和改革委员会同有关部门和中部六省共同编制的《促进中部地区崛起规划》,进一步明确了到2015年乃至2020年促进中部地区崛起的总体目标和重大任务。

促进中部地区崛起,是继鼓励东部地区率先发展、实施西部大开发、振兴东北地区等老工业基地之后,党中央、国务院从我国现代化建设全局出发作出的又一重大决策,是我国新阶段区域发展总体战略布局的重要组成部分。自 2006 年促进中部地区崛起战略实施以来，国家加大政策支持力度，中部六省抢抓机遇加快发展，发展的自主性和积极性明显提高，发展活力竞相迸发，发展速度明显加快，经济结构逐步优化，经济运行质量不断提高，总体经济实力进一步增强；一批重大建设项目陆续开工和投产，粮食生产基地建设扎实推进，能源原材料基地建设得到加强，现代装备制造及高技术产业基地建设迈出重要步伐，综合交通运输枢纽加快建设；城市群和县域经济加快发展，社会事业和民生不断改善，资源节约和环境保护工作力度加大；体制机制创新稳步推进，对内对外开放水平大大提高，促进中部地区崛起工作取得了实质性重大进展。在充分肯定成绩的同时，也必须清醒地看到，目前中部地区发展还相对滞后，发展潜力和优势还没有得到充分发挥，促进中部地区崛起任务仍然十分繁重。大力促进中部地区崛起，进一步完善促进中部地区崛起的政策措施，推动中部地区经济社会又好又快发展，仍然面临着许多需要深入研究的重大理论和实践问题，迫切需要加强对经济社会发展重大问题的研究。

武汉大学是教育部直属重点综合性大学，是国家“211 工程”和“985 工程”重点建设高校。为了更好地服务于国家促进中部地区崛起战略，2007 年 4 月，武汉大学中国中部发展研究院成立，这是一所直属学校管理的跨学科实体性研究机构，是国家有关部委高度重视和关注的战略性研究机构。研究院设立理事会，理事会由国家发展和改革委员会、武汉大学与中部六省发展改革委、有关高校和研究机构的领导和专家组成。几年来，研究院注意整合各方面的研究力量，特别是充分发挥中部六省有关高校和研究机构的积极性，紧扣国家促进中部地区崛起工作需要，围绕中部崛起的全局性、综合性、战略性重大问题，开展了卓有成效的研究工作，取得了不少有重要影响的研究成果，在国家一些重大决策中发挥了积极作用，研究院已成为国家和地方制定中部崛起相关政策的重要咨询基地。

在促进中部地区崛起战略深入实施的新阶段，武汉大学中国中部发展研究院围绕中部崛起战略理论与政策、中部地区承接产业转移若干重大问题、中部地区“三农”问题、中部崛起进程中的新型工业化道路、中部地区城市群发展、中部地区区域创新体系建设、中部地区金融发展与创新以及中外区域政策的比较研究等热点问题，组织有关学者开展深入研究并形成了一批成果，以“中部崛起战略研究丛书”的形式公开出版。这套丛书兼顾学术性和应用性，比较全面系统地对中部崛起进程中面临的重大理论和实践问题进行研究，提出了不少真知灼见。希望这套丛书的出版，能够对国家有关部门和中部六省制定中部崛起相关政策提供参考并产生积极影响，能够对致力于研究中部地区发展的专家学者有所裨益。

是为序。

2010年11月于北京

（作者系国家发展和改革委员会副主任、武汉大学中国中部发展研究院第一届理事会理事长）

目　录

专题一　“十二五”时期中部地区总体发展思路

专题二　“十二五”时期中部地区经济发展方式转变研究

专题三　“十二五”时期中部地区产业发展战略研究

专题四 “十二五”时期中部地区区域协调机制研究

专题五 “十二五”时期中部地区城乡统筹与城市群研究

专题一

“十二五”时期中部地区总体发展思路

认清形势把握关键
推动中部地区发展再上新台阶

范恒山

（国家发展和改革委员会地区经济司　北京 100826）

同志们：

这是一次专门研究“十二五”时期中部地区发展问题的重要理论研讨会。今天与会的同志不少是从事区域经济与中部崛起方面研究的名家。参加这个论坛，我有两种身份，一是武汉大学中国中部发展研究院副理事长，从这个意义上说，我是论坛的主办者；另一种身份，我一直从事宏观经济研究和区域经济工作，也是一个学者，因此我又是论坛的参与者。基于此，我今天不做一般性的官方致辞，而先做个简单的带有学术性质的发言，以抛砖引玉。我讲的观点是可以讨论的，如果有不对的地方，请大家批评指正。下面，围绕“十二五”时期促进中部地区崛起这一主题，我谈三点看法。

一、促进中部地区崛起已经具有良好的基础

中华人民共和国成立以来特别是改革开放以来，国家高度重视区域发展问题，陆续采取了一系列改革措施，但比较系统地提出区域发展战略是从“八五”末“九五”初开始的。针对当时地区发展差距日益扩大带来的突出矛盾，中央做出了缩小地区差距、促进区域协调发展的重大决策，相继提出了一些重要战略举措。1999 年，提出推进西部大开发战略，2003 年提出振兴东北地区等老工业基地战略，2006 年提出促进中部地区崛起战略，加之此前实行的鼓励东部地区率先发展战略，至此国家关于区域发展的战略已经形成

了一个完整的体系，党的十六届六中全会将其概括为区域发展总体战略。在这一总体战略的指导下，我国区域发展朝着增强协调、富有活力和突显特色的方向不断迈进，取得了显著的成绩。

以2006年4月《中共中央、国务院关于促进中部地区崛起的若干意见》(中发[2006]10号)的正式颁发为标志，促进中部地区崛起战略进入了紧锣密鼓的实质性推进阶段。近五年来，在区域发展总体战略的指引下，在国务院有关部门的大力支持下，中部六省抢抓机遇，锐意进取，促进中部地区崛起工作取得了明显成效，中部地区经济社会发生了重大变化，主要可概括为以下五个方面：

一是农业综合生产能力显著增强。除山西省外，安徽、江西、河南、湖北、湖南五省都是我国重要的粮食主产省，尤其河南省是全国最大的粮食生产基地。近几年，得益于中央一系列强农惠农政策的陆续实施，中部地区粮食连年增产，2009年六省粮食产量达3 300亿斤，比2005年增产近370亿斤，占全国粮食总产量的比重接近31%，2010年预计继续增产，粮食生产将实现七连增，粮食基地地位进一步巩固。同时，油料、畜禽、水产品等农产品产量也持续增长，农业结构不断优化，现代农业发展步伐大大加快。

二是交通基础设施状况明显改善。近五年来，中部地区铁路、公路、航空、水运等交通基础设施建设取得重要进展。截至2009年底，中部地区铁路营业里程达1.97万公里，比2005年增长12.9%，合肥至武汉、郑州至西安、武汉至广州等一批客运专线建成通车；公路里程达到104万公里，比2005年增长了1.25倍，其中高速公路达到1.8万公里，是2005年的1.8倍；民用运输机场达到25个，航线数量大幅度增加；内河航道里程达到3.3万公里，规模以上港口码头泊位超过1 200个，以长江干线等高等级航道和主要港口为核心的内河水运体系逐步完善。随着交通基础设施建设的快速推进，中部地区通行运输网络密度不断增大，以京广、京九、陇海、长江等运输主通道为骨架的综合运输网日益完善，综合交通枢纽地位进一步巩固。

三是产业结构稳步提升。产业发展水平既体现为产业体系的完整性，也体现为产业结构的层次。一般来讲，第二、三产业，特别是第三产业的比重越高，意味着产业结构更高端，一定程度上也表明经济发展程度和现代化水平更高。“十一五”期间，中部地区三次产业结构从2005年的16.7∶46.8∶36.5调整到2009年的13.9∶50.4∶35.7，第二产业大幅度上升，第三产业比重保持稳定的同时，发展质量有所提高，这说明中部地区已经进入了工业化中期阶段。可以预见，在未来一个时期内，随着工业化的深入推进，中部地区经济发展水平将进一步提升，第一产业比重将继续下降，第二、三产业比重特别是第三产业比重将大幅提高。与此同时，第二产业中的先进制造业和战略性新兴产业以及第三产业中的生产性服务业也将快速发展，企业效益和产品附加值会明显提高，中部地区将逐步形成传统优势产业、战略性新兴产业和现代服务业协调发展的现代产业体系。

四是城镇化进程加速推进。近五年来，中部地区城镇化步伐明显加快，城镇化率从2005年的36.5%提高到2009年的42.3%，年均增长1.45%，比全国平均水平快0.55%。4年间，中部地区农业劳动力减少890万人，非农就业人口增加2 240万人。武汉城市圈、中原城市群、长株潭城市群、皖江城市带、环鄱阳湖城市群、太原城市圈六大城市群发展势头迅猛，人口规模超过1.4亿人，占中部地区人口总量的40.2%；地区生产总值超过3.9万亿元，占中部地区生产总值的56%，成为中部地区城镇化的主要动力。城镇建设取得明显成效，城市建成区面积突破7 000平方公里，城市交通、供水、供热、供电、绿化、环境卫生、电信等基础设施体系不断完善。

五是重点地区加快发展。中部六省立足于发挥比较优势，在国家重大区域规划和区域性政策文件的指导和支持下，重点推动一些资源环境承载能力强、经济社会发展基础好、发展潜力大的地区加快发展，培育出一批新的经济发展带和增长极。国家批准设立武汉城市圈、长株潭城市群“两型社会”综合配套改革试验区，鄱阳湖生态经济区和皖江城市带承接产业转移示范区等，在科学发展和改革开放方面充分发挥了示范、试验和辐射、带动作用。以皖江城市带承接产业转移示范区为例，2010年初国务院批准实施《皖江城市带承接产业转移示范区规划》，不到一年的时间，实际引进省外和国外资金超过5 000亿元，比去年增长近50%。预计皖江城市带全年经济增长将达到16.3%，超过安徽全省平均水平1.8%。如果到实地看一看，就能充分感受到这一地区风生水起、热气腾腾的气氛。重点地区快速发展成为中部地区加快崛起的重要支撑。

除了上述五个方面外，近五年来，中部地区在生态环境、民生改善、体制改革、对外开放、一体化发展和区域合作等方面都取得了新的进展，这里就不一一尽数了。概括来说，促进中部地区崛起战略实施以来，中部地区呈现出经济快速发展、社会全面进步、人民生活水平明显提高的新态势。2009年，中部六省地区生产总值超过7万亿元，GDP占全国的比重由2005年的18.8%提高到19.4%；人均GDP提高到2万元，比2005年翻了一番，占全国平均水平的比重由2005年的73.2%提高到2009年的78.9%。可以说，原来所谓“中部塌陷”的状况已大为改观，促进中部地区崛起站在了一个较高的起点上，有了一个很好的基础。

二、辩证认识和合理把握中部地区面临的现实条件与比较优势

在充分肯定成绩的同时，也要清醒地认识到，中部地区发展相对滞后的状况还没有根本改变，中部地区面临着难得的发展机遇，但面对的挑战和风险也同样巨大；中部地区自身潜在优势突出，但发展过程中存在的问题和制约条件也不少，只有辩证认识、合理把握这些因素，立足现实基础，有重点、有针对性地开展工作，才能使中部地区的发展取得更大突破。

第一，要清醒认识中部地区存在的突出矛盾和问题。中部地区仍然存在着许多矛盾与问题。具体来讲，一是发展水平仍然相对滞后。2006年至2009年四年间，中部地区生产总值年均增速比西部和东北地区低0.5%，人均生产总值仅相当于全国平均水平的78.9%，城镇化率比全国低7%。二是民生领域差距明显。2009

年，中部地区城镇居民人均可支配收入和农民人均纯收入分别相当于全国平均水平的83.7%和92.9%，人均教育、卫生投入在四大板块中也处于垫底水平。三是经济发展的外向度偏低。2008年，中部六省的进出口总额达到了历史最高的989亿美元，但也仅占全国进出口总额的3.9%。2009年，受国际金融危机的冲击这一比例又降到3.5%。四是人均财力较弱。2009年，中部地区人均财政支出为3 500元，仅相当于东北地区的63.1%、东部地区的68%和西部地区的73.2%。此外，中部地区经济增长付出的资源环境代价也较高，单位生产总值能耗在全国还处于较高水平，特别是山西、河南等资源型产业比重较大的省份，能耗水平在全国排名靠前。

第二，要全面审视促进中部地区崛起面临的机遇与挑战。当前和今后一个时期是中部地区加快发展的重大机遇期。从国际来看，和平、发展、合作仍是时代潮流，世界经济政治格局出现新变化，科技创新孕育新突破，经济全球化、区域一体化深入发展，为包括中部地区在内的全国经济发展带来了更多机遇。从国内来看，整体经济实力增强使得国家有能力调动更多资源支持欠发达地区发展，这将会给中部地区带来更多的资金和政策支持。与此同时，东部沿海发达地区产业升级步伐不断加快，国家对中西部地区承接产业转移的高度重视以及各项平台建设和政策支持日益完善，为中部加快承接产业转移，在较短时间内优化产业结构、提升产业水平创造了更为优良的环境。因此，国内外环境总体上对中部地区发展是有利的，但这并不意味着中部地区发展没有隐忧，我们要冷静对待、辩证认识、合理把握中部地区面临的机遇和挑战。具体来讲：一是经济全球化、区域一体化给不同地区带来的机遇存在差异。经济全球化、区域一体化总体上对各地区发展带来了利好，但由于区位条件、产业基础、制度环境等不同，各地区享受的利好程度存在差异。具体到中部地区，由于不沿边、不临海，再加上起步晚、产业基础相对薄弱，享受的一体化带来的好处就明显不如东部沿海地区，这种发展机遇的不平等久而久之就造成了“马太效应”，我把它称为中部地区的“比较劣势”。这里我特别提出这个问题，是因为我们一贯突出强调各种机遇，而对机遇给某个地区带来的利好程度缺乏深入分析，没有看到比较劣势的存在，对很多机遇都想当然，容易导致盲目乐观，也容易掉以轻心，不利于把握和充分利用机遇。对这个问题，中部地区要予以正视。二是中部地区在承接产业转移方面有优势但也面临着激烈的竞争。中部作为紧临东部沿海的重要腹地，在承接产业转移方面具有一定的便利条件。但相比之下，西部地区资源同样丰富，劳动力成本更加低廉，东北地区的工业基础强于中部，这两个地区对招商引资都非常重视，积极创造条件吸引外来投资。与此同时，部分沿海地区为防止 GDP 流失，出台了一系列政策措施千方百计将有意向外转移的企业留在省内。再加上越南、泰国等东南亚国家和印度、孟加拉国等南亚国家利用其优越地理位置、更低的劳动力成本和更优惠的政策，不仅对全球投资者表现出较强的吸引力，也对在我国东部的部分企业产生了较大的诱惑力。这些因素客观上都对中部地区承接产业转移造成了较大压力。三是中部地区面临的政策环境与西部地区存在差距。在国家区域发展总体战略中，西部地区是重中之重。《中共中央、国务院关于深入实施西部大开发战略的若干意见》(中发[2010]11 号)中，明确提出“西部大开发在我国区域协调发展总体战略中具有优先地位”。西部地区是我国的边境地区、民族地区和贫困山区集中的区域，发展基础和条件都较差，有关部门在制定相关政策时自然会想到对西部地区倾斜。举个例子，2008 年，国家在制定支持西藏等藏区发展的政策文件时，国务院有关部门组成调研组赴西藏调研。调研中我们看到，西藏的路很难走，要翻海拔 5 000 米的高山高坡，要走雅鲁藏布江，这些路都非常险，随时都可能坠下悬崖。调研后，几乎所有的同志都认为，西藏的路确实要修，国家应给予大力支持。与西部地区相比，中部地区发展条件好一些，经济基础也强一些，比较而言，很多需求显得不如西部一些地方急迫，不容易引起大家的“同情”，较难受到特殊照顾，政策制定和实施时也容易形成“口惠而实不至”，从而容易使中部地区成为事实上的政策优惠的“避风港”。

第三，要辩证看待中部地区的比较优势和潜力。从中部自身条件看，有独特的优势和巨大的发展潜力，但受多种因素制约，比较优势未能转化为现实竞争力，发展潜力也未充分激发。具体来讲：一是区位上承东启西、连南接北，但未能实现交通体系的高效连通。中部地区位于我国内陆腹地，在地理上具有沟通东西、连接南北的便利条件。为此，中发[2006]10号文件明确了中部地区作为全国重要综合交通枢纽的战略地位。但受区域间基础设施建设标准各异、对接不畅，体制机制改革不到位、地区封锁依然存在等多方面因素影响，中部地区高效、通畅、发达的交通体系并没有真正建立起来，优越的区位优势没能充分发挥积极效应。二是人文科技资源丰富，但未能转化为强大的自主创新能力。中部地区的人力资源、教育科技资源非常丰富，其中不乏诸如武汉、合肥等教育科技资源居全国前列的城市。但自主创新能力、科技转化能力明显不足，产业升级缺乏强大的自主创新能力支撑。一个直观的事实是，中部地区拥有的国内名牌产品较少，而世界名牌几乎没有。三是市场潜力巨大，但未能建立起高水平、完善、开放的市场体系。中部地区人口占全国总人口的28%，内需潜力巨大，但市场发育程度较低，消费能力尚未充分激发，人均社会消费品零售总额只相当于全国平均水平的78%，具有影响的、体系较为完整的全国性产品和要素市场也不多。如前所述，开放程度也比较低。四是产业结构提升空间较大，但增值能力受到限制。无论从发展机遇，还是从现实基础看，中部地区产业结构提升的潜力都很大。但中部地区是国家重要的粮食生产基地，肩负着保障国家粮食安全的重要使命，种粮的基本面积不能减少，但与其他行业相比，种粮比较收益较低。同时，长期形成的以资源型、粗加工为主的产业结构也在很大程度上限制了产业附加值的大幅提升。五是人杰地灵，但尚未形成合力。中部地区文化底蕴深厚，杰出人物辈出，自古就有人杰地灵的美誉。但中部承东启西的地理特点有利于各省左连右接、借机乘势，容易形成在追求发展时过多注重自身需求，而忽视整体合作。目前看来，六省间同质竞争还比较明显，力量分散，没有形成合力。

三、促进中部地区崛起必须抓住关键环节

党的十七届五中全会审议通过的《中共中央关于制定国民经济和社会发展第十二个五年规划的建议》明确提出，要实施区域发展总体战略和主体功能区战略，构筑区域经济优势互补、主体功能清晰定位、国土空间高效利用、人和自然和谐相处的区域发展格局，逐步实现不同区域基本公共服务均等化。并且强调，中部地区要发挥承东启西的区位优势，改善投资环境，壮大优势产业，发展现代产业体系，强化交通运输枢纽地位。我们要按照这一总体思路要求，立足于中部现有基础，有针对性地解决中部地区发展过程中的矛盾和问题，再接再厉，推动中部地区崛起再上新台阶。这里，我想重点强调要处理好五个方面的关系，做到五个结合。

第一，要把国家支持和自身努力有机地结合起来。一个地方能否发展好，关键还是要靠自身努力，如果单纯把希望寄托在外部的支持上，肯定是不够的或者说是靠不住的。所以中部地区崛起关键还是要发挥六省的主观能动性，充分用好、用足国家的资金和政策，充分发挥资源、区位等优势，提高自主创新能力，优化产业结构，加强基础设施建设，强化区域合作和开放。与此同时，国家政策支持的重心要放在解决一些外部因素对中部地区发展的制约上，比如说中部地区因承担着保障国家粮食安全的重任而作出了奉献，能否以适当形式给予一定的利益补偿；又比如说中部地区面临的比较劣势，能否通过相应的产业政策和项目建设予以改善，等等。将这二者有机结合起来，中部才能得以更好发展。

第二，要把工业化、城镇化和农业现代化发展有机结合起来。目前，按照国务院领导批示精神，我们正在研究中原经济区建设问题。中原经济区发展的核心是在工业化、城镇化发展中同步推进农业现代化，实现农业现代化与工业化、城镇化的协调发展。可以说，这是我国现代化的一个基本方向和"十二五"时期经济社会发展的一个重要任务。为什么要实现同步推进、协调发展？一方面，农业对我国来讲十分重要，如果农业出现了问题，粮食及其他农产

品的供给不能得到有效保障，工业化和城镇化就会失去基础和支撑，现代化进程就会走弯路，甚至可能影响到国家的长治久安。另一方面，如果继续走传统农业的老路，没有工业化和城镇化的支持、辐射带动，农业的基础地位也是不牢固的，农业的现代化也将是一句空话。中部地区是我国主要的农产品产区，在全国具有举足轻重的地位，促进中部地区崛起必须实现“三化”的统一与协调。

第三，要把推进一体化进程与促进合理分工有机结合起来。推进一体化是基于全国的统一大市场，基于资源的优化配置，基于合作互利产生的现实需要，是经济发展的必然趋势。我们一方面要推动省内的一体化，如河南省的郑汴一体化，湖北省武汉城市圈的一体化，湖南省长株潭“3 +5”一体化等，另一方面还要推进整个中部地区的一体化，实现在基础设施、市场体制、环境保护、社会管理等方面的有效融合。然而，一体化不是去搞“大一统”，不等于要抹杀地方的特色，而是立足于发挥各自的优势，合理分工，在此基础上实现优势互补，形成多赢共进、良性互动的局面。从设立武汉城市圈、长株潭城市群“两型社会”综合配套改革试验区到目前正在研究的中原经济区发展问题，我们都是在关注工业化、城镇化等普遍问题的同时，根据各地区实际，明确了不同的发展目标和发展路径。实践证明，唯有准确抓住各地区的不同特点，才能把握地区发展的“灵魂”所在，我们的工作才能事半功倍。

第四，要把促进优势地区发展和扶持特殊困难地区有机结合起来。这几年，我们推进区域协调发展工作的一条基本经验就是坚持“抓两头、带中间”的总体工作思路，一方面，重点抓条件较好地区的开发开放，加快培育形成新的经济增长极；另一方面，重视抓欠发达地区的发展，为缩小地区发展差距创造条件。通过加快这些地区发展，最终实现区域整体、全面进步。为此，要适应国际竞争的新要求，继续把支持优势地区加快发展和提高竞争力作为区域发展的重要方向，鼓励其继续加快开发开放步伐，进一步优化其空间开发布局，大力促进产业结构升级，提高资源利用效率和自主创新能力，更好地发挥这些地区的辐射带动作用。同时，要继续把支持欠发达地区发展作为政府工作的着力点，进一步加大对革命老区、民族地区、贫困地区以及老工业基地、资源枯竭城市等特殊困难地区的扶持力度，着力解决薄弱环节的问题，提升其自我发展能力。中部地区还有不少贫困地带，要把加快这些地区发展放在突出的位置。

第五，要把立足国内发展与深化国际合作有机结合起来。坚持扩大内需的方针既是我国在应对国际金融危机中得到的深刻体会，更是立足我国国情和经济全球化趋势、着眼于加快经济发展方式转变作出的长期战略部署。中部地区都是内陆省份，扩大内需对中部地区发展具有突出重要的意义，要切实把握国家扩大内需的重大机遇，在扩大消费需求、优化投资结构、促进投资与消费良性互动上下工夫，把中部地区发展之源扎根于广阔的内需市场中。同时，也应当看到，立足国内不代表自我封闭，要努力把握经济全球化的重大战略机遇，坚持以开放促发展，充分利用国际资源和国际市场，进一步更新思想观念，深化体制机制改革，营建良好的软、硬环境，着力加强国际合作，调动一切积极因素，大幅度提高经济外向水平，形成宽领域、全方位、立体型的对外开放新格局，这一点对于对外开放程度较低的中部地区来说，尤为重要。

我就谈这样一些看法。谢谢大家。

重塑我国中部地区经济地理格局的若干思考*

樊 杰 唐常春 胡望舒
（中国科学院区域可持续发展分析与模拟重点实验室 北京 100101）

一、中值区难堪与中国区域发展战略演进

（一）区域政策的空间指向

区域政策是国家在一定的经济发展时期，立足于国家总体发展方针和区域经济发展的态势，根据国家经济发展需要，并针对区域发展中存在的问题，设计、制定的旨在促使资源空间优化配置与各区域协调发展的一系列政策措施。合理的区域政策不仅能有效解决区域发展中存在的问题，促进区域经济社会更快更好地发展，还可以改善经济活动的地理分布与空间组织，减少区域间发展的不平衡（郭腾云、陆大道、甘国辉，2002；魏后凯、邬晓霞，2010）。

理论研究和国内外实践都表明，区域政策的空间指向主要包含三种类型区域：一是优势区域，该类区域综合禀赋条件优越，国家通过扶优做强，促使其率先发展，提升竞争能力和辐射带动能力，最终形成战略高地，对全国乃至更大范围区域产生了辐射带动作用，如 20 世纪 50 年代至 60 年代日本实施相关区域政策，促进三大都市圈的高度发展，为太平洋沿岸地带及全国经济起飞创造了条件；二是问题地区，包括处于相对衰退中的老工业基地、面临转型

* 本项研究得到国家自然科学基金（项目编号：40830741）的资助。

的资源枯竭地区、城市病多发的大城市区域等，这些区域发展过程中出现的严重问题，需要从国家层面予以引导，如20世纪90年代德国通过资金与政策等方面支持，改善鲁尔区生态环境与区域形象，进而促使其实现转型发展。三是弱势地区，包括经济落后地区和老少边远地区等，该类地区自然或社会等方面的基础条件较差，对发展造成了不良影响和诸多障碍，需要国家在资金和政策上给予大力支持，如20世纪30年代至60年代美国政府采取制定区域规划、提供财政援助以及加强水利建设等一系列措施，促进田纳西流域等南部落后地区的经济开发(魏后凯，1997)。以上三类地区通常是区域政策关注的重点区域，国家对其予以重点扶持，以提供相对平等的发展机会(蔡昉、都阳，2000；胡鞍钢、魏星，2009)。

我国中部地区在全国地理区位上处于过渡位置，综合禀赋较好，但优势不突出，经济社会发展长期处于全国平均水平，是全国发展的中值区。1994—2007年，中部地带①人均GDP和人均GDP系数略高于西部地区，却远远落后于东部地区(见图1、图2)。依据

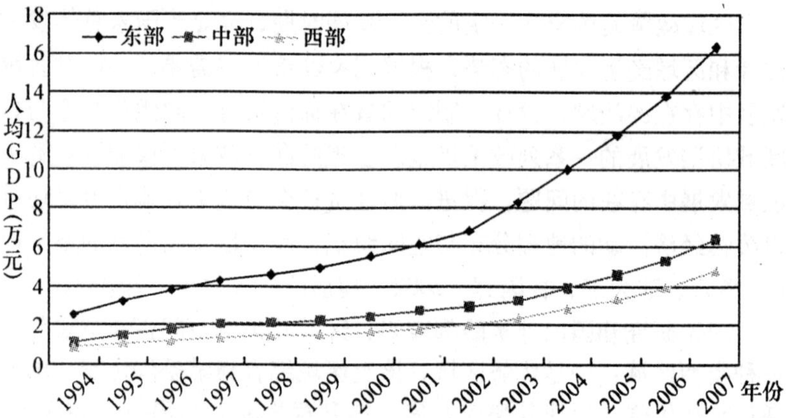

图1　1994—2007年我国人均GDP演变的区域分异

资料来源：历年《中国统计年鉴》。

① 中部地带包含中部地区的六省和黑龙江、吉林，在研究时段内，中部地带与中部地区的经济发展水平基本相当，考虑资料获取方便，这里(见图1、图2)采用中部地带的数据。

区域政策的空间指向原理，这一区域难以成为我国区域政策关注的重点区域，容易陷入相对难堪的境地。在我国总体发展水平不高和区域竞争日益激烈的背景下，这种中值区难堪势必影响中部地区的长远发展。

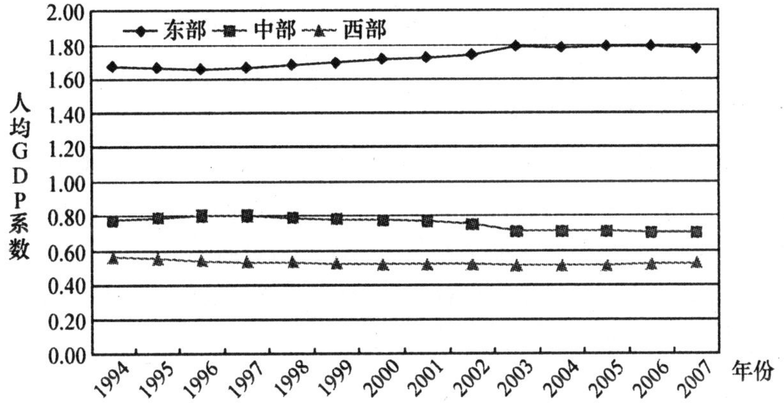

图2 1994—2007 年我国人均 GDP 系数演变的区域分异

注：人均 GDP 系数 = 三大地带人均 GDP/全国人均 GDP。

(二)区域发展战略演进分析

从中华人民共和国成立初期到改革开放前，我国工业布局由沿海向内地推进，是生产力均衡布局和区域均衡发展阶段。改革开放初到 20 世纪 90 年代后期，我国的发展重心是东部沿海地区，这是梯度推进或不均衡发展战略阶段。1999 年中央做出西部大开发战略决策，2003 年决定实施振兴东北地区等老工业基地战略，区域协调发展战略不断完善。但截至 2004 年国家提出中部崛起战略前很长一段时间，中部地区“中值区”属性和国家发展阶段等因素，导致国家对中部地区发展的关注度相对较低，中部地区在全国发展的总体布局中没有占据重要地位。

1. 中华人民共和国成立初期到改革开放前，是生产力均衡布局阶段

为了改变旧中国遗留下来的工业基础薄弱、沿海与内地布局畸轻畸重、经济与人口空间分布严重失衡的格局，同时，出于对中华人民共和国成立初期的国际政治环境和战备需要的考虑，我国工业布局由沿海向内地推进，相继实施了156项重点项目建设，开展了“三线建设”(见图3)。据统计，前苏联援建的156个项目中，东北地区占37%、西北地区占22%。“三线”建设高潮的“三五”时期，内地的投资占全国总投资的64.7%。该阶段为生产力均衡布局或区域均衡发展阶段，国家投资明显向内地倾斜，区域经济格局由沿海向内陆推移，而推移的重点区域是东北、西北与“三线”地区，中部地区只有带有西部属性的部分山区如鄂西、湘西与豫西等被纳入，由于该部分区域是中部地区的边缘地区而非核心和代表性区域，因此对于整个中部地区发展的影响和贡献较小，生产力均衡布局战略未让中部地区明显受惠，中部地区的经济基础特别是工业基础仍然十分薄弱。

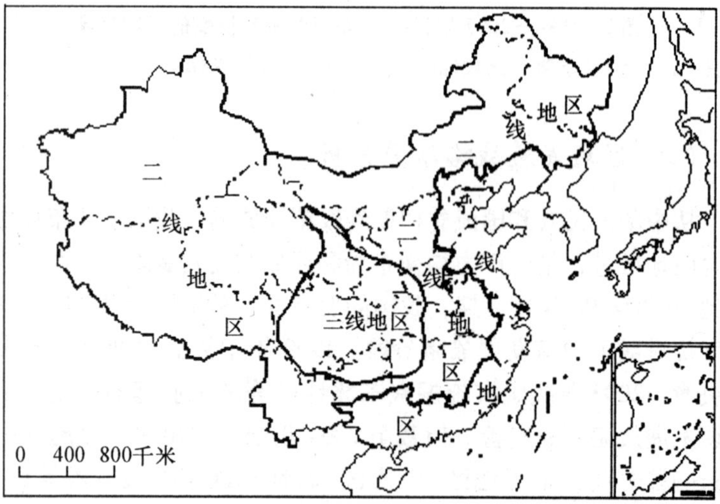

图3 中华人民共和国成立初期“三线”建设空间布局

2. 改革开放初到21世纪初，是非均衡发展为主的阶段

改革开放之初，我国区域发展总体战略是“效率优先，兼顾公平”，即通过设立经济特区、开放沿海城市等一系列对外开放措施，形成了沿海地区先走一步，率先发展，进而带动内地发展的格局，区域发展重心主要转移到东部沿海地区（见图4）。其中，1978—1995年，沿海地区吸引外资占全国吸引外资总额的84.7%，基本建设投资占全国的比重也明显提高，沿海地区的生产总值年均增长11.6%，比内地高2.1%。该阶段中部地区也不是国家优先发展地区，无法获得体制创新、土地流转及税费优惠等方面的倾斜发展政策，经济发展主要依靠自身缓慢积累。同时，受区域经济发展阶段、“集聚—扩散”规律及行政区经济制约，东部地区对中部地区长期是集聚与袭夺有余、扩散与辐射带动不足，毗邻东部地区的区位优势嬗变成劣势，中部与东部的发展差距呈现快速扩大态势。根据邓小平同志关于“两个大局”的构想，20世纪末到21世纪初，国家相继提出西部大开发与振兴东北老工业基地等重大战略，但截至2003年，对中部地区的发展仍未给予明确的扶持。

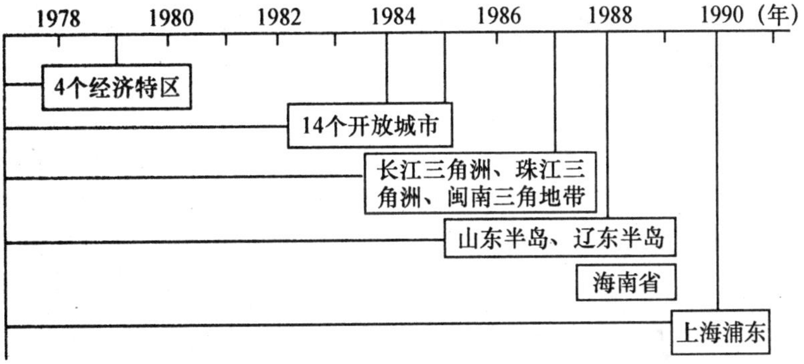

图4　我国改革开放初期非均衡发展时序

3. 2004年至今，是区域协调发展总体战略初步形成阶段

2004年3月，温家宝总理在政府工作报告中首次明确提出中部崛起战略，强调“国家支持中部地区发挥区位优势和经济优势，加快改革开放和发展步伐，加强现代农业和重要商品粮基地建设，加强基础设施建设，发展有竞争力的制造业和高新技术产业，提高工业化和城镇化水平”。2006年4月，国务院又出台了《关于促进中部地区崛起的若干意见》，至此，涵盖推进西部大开发、振兴东北地区等老工业基地、促进中部地区崛起、鼓励东部地区率先发展的区域协调发展总体战略初步形成。

自中部崛起战略实施以来，中部地区经济发展明显提速，2004—2007年中部地区GDP保持16%以上的增速。2008年，在受到国际金融危机的外部冲击下，中部地区GDP增速仍达到了12.2%，同比高出全国平均水平3.2%。中部崛起对于全国区域协调发展具有重要意义。

（三）中部崛起与区域协调发展关联分析

从经济地理学视角分析，中部地区区位独特，资源环境承载能力较强，人口众多，产业经济基础较好，中部崛起既能有效承接东部生产要素和产业转移，与东部地区经济布局拓展相耦合，进而促使我国区域经济布局调整与优化，又与国家拉动消费和扩大内需战略相契合，有利于促进国民经济持续、健康、快速发展。

1. 中部崛起与东部地区经济布局拓展的耦合

近年来东部地区大力推动产业转移，积极拓展经济布局，为中部崛起提供了难得的机遇。我国东部地区经过多年的经济高速发展，经济实力显著增强，但也面临诸多现实问题。一方面，东部地区土地、水资源、劳动力、能源等初级生产要素日益短缺，产业发展的资源环境成本不断增加，劳动密集型和资源密集型等传统产业边际收益快速下降，产业生存发展的压力日益增大。另一方面，东部地区国土开发强度已经很高，发展空间日渐局促，高科技产业、现代服务业等新兴产业发展空间严重不足。因此，东部地区部分产业必须向外转移，通过“腾笼换鸟”，促使产业升级，并使其经济布局得以有效拓展，譬如目前珠三角产业升级已形成三种基本模式：以分离式产业转移为核心的“佛山模式”、以增量产业转移为核心的“东莞模式”和以混合式产业转移为核心的“深圳模式”（杨丹娜，2010）。

依据“点—轴系统”模型等区域发展理论，一段时期以来，我国主要实行“点轴开发、梯度推进”战略和“T”字形发展布局，即以海岸地带轴和长江沿岸轴作为全国国土开发与经济布局一级重点轴线(陆大道，1986，2001)。随着我国经济持续、快速发展，“T”字形地带特别是沿海地带发展日趋成熟，国土开发潜力有限，新的发展轴线将逐步形成。根据经济地理学理论，轴线开发需要企业最方便地利用交通基础设施，因此交通运输发展水平、结构与布局对轴线的形成有十分重要的影响。中部地区毗邻东部地区，近年来交通基础设施条件显著改善。从区域空间结构与“点—轴”系统的拓展看，纵贯中部地区的京广铁路沿线将继“T”字形地带之后形成我国新的一级重点发展轴线，同时横贯中部地区的长江沿岸发展轴也将随着沿江交通基础设施的改善得到进一步加强。因此，根据产业转移的相关理论，中部地区是东部沿海地区向内陆地区拓展经济布局的优选区域、承接区域与支撑区域，中部崛起与东部拓展在空间布局上高度耦合。

2. 中部崛起与我国扩大内需战略的契合

改革开放以来，我国东部地区外向型经济得到了极大发展，外贸快速增长强力拉动了我国经济增长，大大提高了整个国民经济的实力和水平，也带动了全国其他地区经济的相应发展。2004 年中国进出口总额大约为 1.15 万亿美元，占国内生产总值的比重为60%左右，外贸依存度远远高于其他大国包括发展中大国的水平(孔祥敏，2007)。随着中国经济规模的不断壮大，特别是近年来受金融危机的影响，全球经济增长放缓，外需疲软，贸易摩擦日趋增加，我国外向型经济发展受到的阻力越来越大。统计数据分析表明，2005—2008 年外贸净出口对我国经济增长的贡献率已由 24.1%下降至 9.2%，这其中虽然有国际贸易短期波动因素的影响，但外贸净出口对经济增长的贡献率降低已是大势所趋(见图 5)。

因应世界经贸局势变迁以及对我国消费水平具有很大增长空间的基本判断，国家适时提出要通过努力扩大内需，走外向型与内源型有机结合的发展道路，获得更大的发展空间和市场，为经济发展寻找新的支撑和动力，从而促进国民经济持续、健康、快速发展

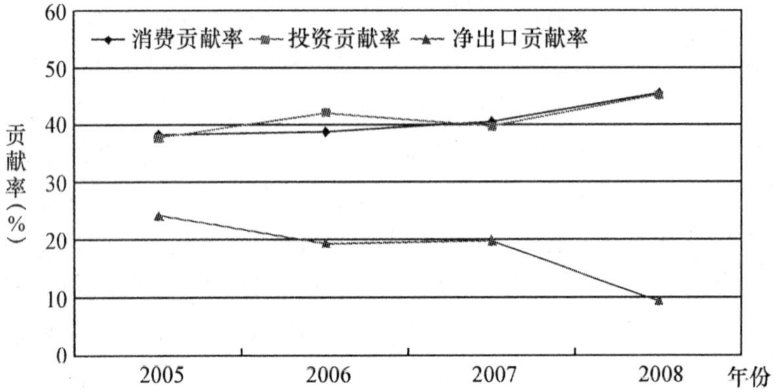

图5 2005—2008年我国消费、投资和净出口对GDP增长的贡献率变化
资料来源：历年《中国统计年鉴》。

(陈德铭，2009)。近年来我国扩大内需战略初见成效，消费对GDP增长的贡献率已由2005年的38.2%持续上升至2008年的45.7%。理论研究与国内外实践都表明，在影响消费的诸多因素中，收入是最重要的因素之一，收入的变化将在很大程度上决定消费的变化。近年来，中部地区居民收入增加较快，同时带动消费快速增长。以湖南省为例，2002—2008年，全省城镇居民人均可支配收入由6 959元增加到13 821元，增长了近一倍；农村居民人均纯收入由2 398元增加到4 513元，增长了近一倍；同期社会消费品零售总额则由1 639亿元增加到4 120亿元，增长了1.51倍(见图6)。可见，扩大内需战略为中部崛起赢得良机，中部地区地域广阔，经济基础较好，居民消费能力与潜力巨大，是全国扩大内需的优选区域。中部地区应把握时机，进一步发挥自身优势，努力扩大内需，促进中部崛起，具体应该做好以下三点：(1)强化基础设施建设与公共服务供给，以有效扩大内需，并为经济社会的长期持续发展奠定牢固基础；(2)加强对农村、农民和农业的扶持力度，中部地区城乡差距较大，政府应该弥补历史欠账，并借此促进消费；(3)大幅度整体性提高国民收入，促进城镇化与社会结构转型。

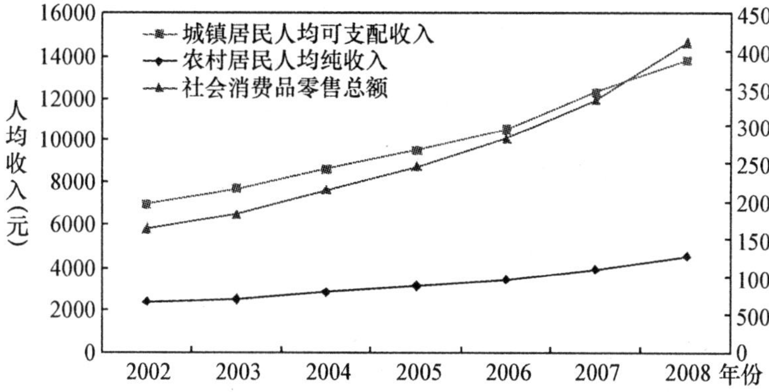

图6　2002—2008年湖南省居民收入与社会消费变化态势

资料来源：历年《湖南统计年鉴》。

二、中部地区的后发优势与转型发展

后发优势理论认为后发地区可以通过学习和吸收发达地区的先进技术成果与管理经验，并规避发达地区发展历程中的失败教训，从而缩小发展周期与节约发展成本，实现跨越式发展和对发达地区的快速追赶甚至超越（林毅夫、张鹏飞，2005）。然而，落后仅仅意味着具备后发优势的可能性，能否获得后发优势需要后发地区积极努力与争取。相对于东部沿海发达地区，我国中部地区具有明显的经济落差，处于后发与追赶位置，因此，根据上述理论，中部地区既要虚心学习东部地区经济社会发展的先进经验，又要积极规避东部地区走过的“弯路”，并在新的发展形势下实现转型发展与创新发展，具体概括为五个方面：

（一）东部地区先进经验的学习

中部地区后发优势首先体现在，中部地区可以学习东部地区在体制创新、市场机制、对外开放等方面的先进经验。目前中部地区在经济发展的诸多方面与东部存在巨大差距，因此中部崛起过程中，具有在技术、制度、发展经验等方面向东部发达地区学习的广阔空间。事实上，只有在充分吸收和借鉴东部地区发展经验的基础上，采取正确的经济发展战略和政策，建立有利于资源优化配置的体制机制，才能实现经济结构的快速顺利调整。同时，中部地区只有通过在科学技术知识和劳动技能等方面的快速积累，才能有效发挥自身丰富的人力资源优势。由于学习相比原始创新具有立竿见影、风险小、成本低、效益高的优点，因此中部地区通过向东部地区学习，可以以更低的成本和更短的时间完成工业化和现代化任务，从而迅速缩小差距，实现对东部地区的赶超。另外，中部后发地区通过向东部发达地区学习，还可以促进知识和技能的不断丰富和积累，逐步培育和提高自主创新能力，从而为最终实现由学习模仿向自主创新跨越创造有利条件。

中部地区应该重点学习东部地区五个方面的经验：(1)解放思想，敢于不断突破观念束缚，敢于先行先试，在经济体制改革与发展模式创新等方面进行积极探索并取得丰硕成果；(2)市场取向，主动摒弃传统计划经济思维与行为，不断激发改革创新活力；(3)非均衡发展与区域协调、城乡统筹有机结合，遵循区域空间结构与经济布局规律，在工业化的初、中期阶段，主要采取非均衡空间发展战略，以点轴为重点构建国土空间开发格局，同时兼顾区域协调和城乡统筹发展。(4)内源型经济与外向型经济有机结合，积极利用“两种资源、两个市场”，不断提升对外开放度与开放水平，主动融入国际产业分工与全球经济体系。(5)专业化与产业集群发展有机融合，东部地区发展初期在微观空间尺度上形成了诸多“专业镇”，最大限度地提高了经济效率，并逐步在中观尺度构建产业集群，提升了区域产业综合竞争力和抗风险能力。

(二)东部地区教训失误的规避

中部地区的后发优势还表现在，东部地区以前发展过程中走过的弯路，中部地区是可以规避的。中部地区既要学习东部的有益经验，也要吸取其失败教训，并根据自身的实际，选择有别于东部地区的不同发展路径，坚决抛弃依靠资源投入和以牺牲环境为代价的传统工业化道路和发展模式，走“科技含量高、经济效益好、资源消耗低、环境污染少、人力资源优势得到充分发挥的”新型工业化与新型城市化道路，努力实现区域发展综合效益与长期效益最优化。

东部地区的教训失误主要包括以下三个方面：

（1）空间开发失控。东部地区早期发展过程中奉行所谓“无为而治”、“放水养鱼”，政府管制没有到位或失效，虽然具有一定的历史合理性，但却导致了空间开发无序、公共资源配置欠合理、整体效益不高等诸多问题，使得东部地区在高速发展的同时，国土品质、社会经济运行效率以及可持续发展水平等方面相对滞后。

（2）资源环境破坏严重。30 多年来，东部地区形成了粗放发展的经济模式，在取得瞩目成就的同时，环境、资源和人力上也付出了沉重的代价，人口与资源协调程度不佳。最新研究结果表明，蓝藻水华爆发危险性较大的湖区面积占太湖总面积的 80% 以上（见图 7）（刘聚涛等，2010），而太湖污染治理成本高昂，至今是一个难以破解的难题。

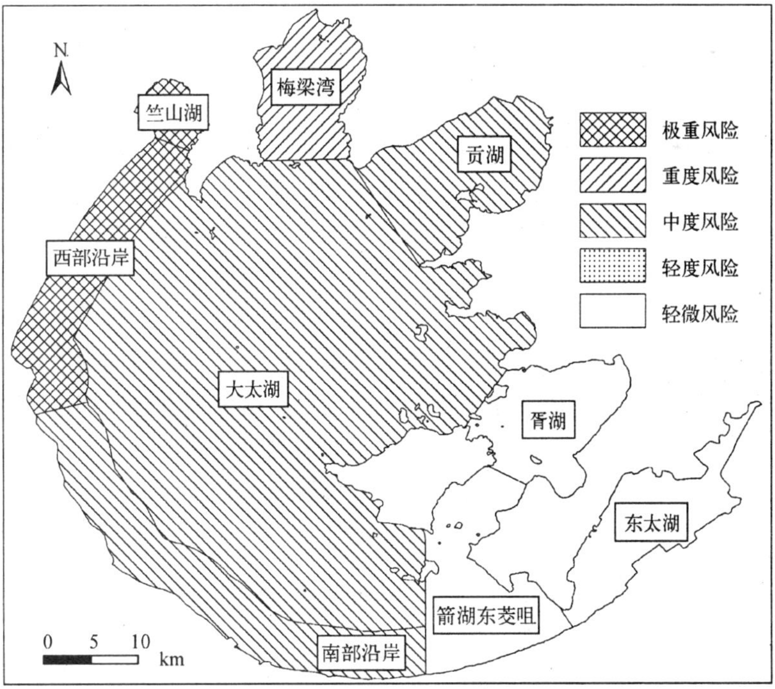

图 7 太湖蓝藻水华危险性评价结果

(3)城镇化质量普遍不高。由于东部地区特别是农村地区早期大多实行多元分散发展模式，导致“村村点火、户户冒烟”，城镇化进程明显滞后于工业化与经济发展水平，半城市化现象与问题比较普遍，制约了区域空间转型与社会转型，由此衍生出诸多社会问题，影响了可持续发展与和谐社会建设。事实证明，所有这些失误对东部地区发展造成了长期不良影响，在新时期中部地区发展过程中应该予以规避。

(三)转型发展：基于多目标与多约束的集成求解

新时期区域经济发展的环境条件发生了重要变化，同时经济发展也面临诸多机遇与挑战，中部地区急需自主创新，实现基于多目标与多约束条件下的转型发展。新时期中部地区发展目标不再是单纯以经济增长为主要目标甚至唯一目标，不能再以牺牲资源环境为代价来换取经济发展速度，粗放扩张的时代已经过去了。

中部地区应该在科学发展观与可持续发展理论的指引下，既要追求合理的经济增长速度和较高的经济发展质量，又要关注社会问题、民生问题、生态环境保护问题和可持续发展问题，即在经济效益、社会效益和生态效益三维目标导向下进行综合抉择和集成求解，这使得新时期中部地区发展面临的挑战比东部地区类似发展阶段面临的挑战更大。

同时，中部地区内部自然与人文条件差异显著，中部崛起也应该形成多样化的空间格局。另外中部崛起还面临一系列的约束条件如土地约束、水资源约束等增长上限约束，这些约束比东部地区更为复杂和多样。总之，中部地区必须在多元约束条件下，实现多元目标和多样化格局，追求综合效益和长远效益最优化，显然这对中部地区经济快速发展提出了严峻挑战。

(四)创新发展：基于中部崛起的空间管制对策

中部地区要实现转型发展，其核心是空间管制创新(樊杰、孙威、陈东，2009)，空间管制作为一种有效而适宜的资源配置调节方式，日益成为区域发展政策与区域规划的重要内容，通过划定区域内不同建设发展特性的类型区，制定其分区开发标准和控制引导措施，可协调社会、经济与环境可持续发展。中部地区应该广泛学习发达国家与地区在空间管制方面的先进经验，并结合自身实际，在以下方面努力进行创新。

1. 应强调中部崛起的三维目标导向

中部地区空间管制创新应以三维目标为导向。西方发达国家在过去100多年的发展历程中，不同阶段分别解决某一个主题，譬如发展初期主要解决如何促进中心城市集聚的问题，发展中期主要解决如何纾解中心地区发展的压力和实现国土均衡布局的问题，20世纪末强调可持续发展问题，目前则更多强调提升竞争力的问题。我国中部地区发展时间大为压缩，要用30～40年的时间走完西方发达国家100多年的发展历程，因此我国发展目标一方面是西方发达国家发展目标的综合集成。另一方面，由于国情的差异，我们不能照搬别国的做法，而应该进行自主创新。从空间管制创新的宏观视角审视，中部地区就是要强调三维目标要求下的优化选择，即任何规划在考虑经济发展与城镇建设目标的同时，均要注重公共服务均等化，关注民生的空间均衡与社会和谐发展，强调竞争力提升与城市群发展，强调资源环境保护与可持续发展能力建设。

2. 应重视资源环境承载能力的刚性约束

资源环境承载能力是空间管制的必要科学依据。资源环境承载能力评价是以水土等自然资源、生态重要性、生态系统脆弱性、自然灾害、环境容量等综合评价为基础，科学认识区域资源环境承载能力，从而据此确定各区域合理的发展方向和开发模式，规范国土开发秩序。近期资源环境承载能力评价在全国主体功能区规划、汶川与玉树地震灾区重建规划等国家重大区域规划中的系统运用(樊杰等，2008)，表明它是确保区域可持续发展与合理开发的重要基础性工作，是一切规划的起点、着力点和落脚点。中部地区自然地理条件复杂多样，资源环境承载能力的区域空间差异显著，因此，要高度重视其刚性约束，并以此为科学依据落实空间管制，进而促进人地关系地域系统的可持续发展。

3. 应强化地域功能管制和主体功能区建设

地域功能管制是空间管制在宏观、中观空间尺度上的落实，而主体功能区规划与建设是强化地域功能管制的重要方法与手段。主体功能区战略是根据资源环境承载能力、现有开发密度和发展潜力，将国土空间划分为优化开发、重点开发、限制开发和禁止开发四类主体功能区，确定不同区域国土空间的主体功能，实现分类引导与约束，并对不同尺度空间进行管制(樊杰等，2007a)。中部地区优化和重点开发区主要包括中原城市群、武汉城市圈、长株潭城市群、皖江城市带、昌九工业走廊及中心城镇地区，主体功能定位是新型工业化与城市化，既要注重经济发展的规模与速度，也要注重空间开发的效益与品质。限制开发区主体功能是生态保护和农业发展，空间开发以点状为主，各级政府要切实加强财政转移支付和政策扶持力度，促进其持续、快速发展。水源保护地、自然保护区、森林公园、风景名胜区、重要湿地等生态特别脆弱或特别重要的区域应划入禁止开发区，进行严格保护。中部地区主体功能区建设的基础是做好科学规划，关键是政策配套与规划实施，目标是通过强化地域功能管制，规范空间开发秩序，实现中部地区国土空间结构的有序化和区域协调发展，进而构建和谐的人地关系地域系统(樊杰，2007b)。

4. 应突出空间结构的合理建构与组织

空间结构合理组织是中部崛起空间管制的基本框架与依托。空间结构是指社会经济客体在空间中的相互作用和相互关系以及反映这种关系的客体和现象的空间集聚规模和集聚形态(陆大道，1998)，中部地区崛起的空间结构内涵包括两个方面，其一是要把城市和城镇作为点，把交通道路作为线，把城市群(圈)、自然保护区、农业开发区等作为面，实现点、线、面在空间上的合理建构与组织，实现空间效应最优化和综合效益最大化。其二是要认识到不同自然地理环境、空间尺度及经济发展阶段下，中部地区生产空间、生态空间和生活空间应该有不同的比例关系，国土开发强度应该有适当的时空安排，城市化区域国土空间开发应设置合理的增长上限，通过倒逼机制和“顶棚”机制来严格落实空间管制。

除了以上四个方面，中部地区空间管制创新还应该注重包括环境健康、防灾减灾、生态屏障、食物保障等在内的国土安全，注重国土空间品质与人居环境质量，并在遵循市场机制的基础上承担应有的全球责任，包括加大节能减排力度，开发洁净能源，应对全球气候变化，实施生态补偿，显化资源价值，促进人口与资源环境的协调共生，从而促进中部崛起与区域协调发展。

（五）中部地区崛起的长期性与艰巨性

在厘清中部崛起迎来前所未有的历史机遇和后发优势，并明确中部地区转型发展与创新发展的基本目标及路径的同时，也应清醒地认识到，中部地区的“中值区”地域属性并没有实质性改变，中部地区仍将长期面临中值区的尴尬与困惑，因而中部崛起具有长期性与艰巨性。前述经济发展水平差距分析已经阐明了中部地区作为中值区具有的相对难堪的属性，相关研究也表明，在区域发展过程中，地理因素与政策因素同等重要，东部沿海地区较中部地区在地理区位上的优越性是永恒存在的，而且地理因素在时间上有更长的滞后效应（Sylvie Démurger 等，2002）。进一步分析目前城乡差距的省际差异，可以揭示出城乡差距程度与经济发展水平存在显著的负相关性，如北京、上海、浙江、天津、江苏等经济发达省市，城乡居民收入水平均高出全国平均水平，居民收入水平的城乡差距也相对较小。西部地区如云南、贵州、陕西、西藏、广西、青海、宁夏、新疆等省区，是我国的欠发达地区，居民收入水平的城乡差距最大。中部地区经济发展处于中值水平，居民收入水平及城乡差距也处于中值水平（见图 8）。因此，无论是从区域政策理性分析还是从区域发展战略演进的层面看，中部地区都很难在大的时间尺度上成为国家区域政策的高地。因此，中部地区更多地需要“自我奋斗”，需要主动解放思想，推进改革开放，加速转变发展方式与路径，促进自生增长，如此方能获得跨越式发展，进而顺利实现中部崛起的宏伟目标。

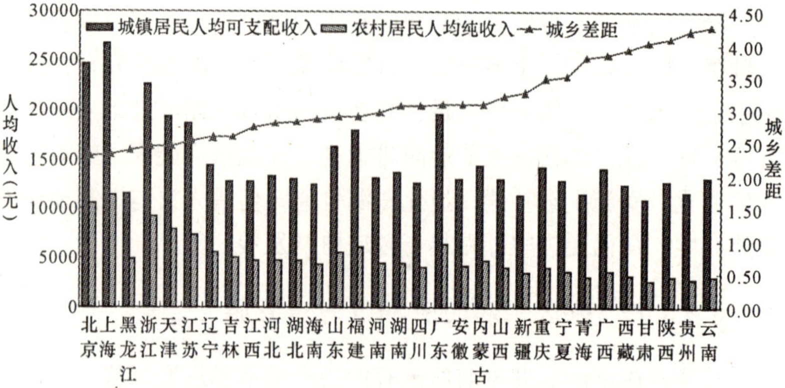

图 8　2008 年我国城乡差距的省际差异分析

资料来源：中华人民共和国国家统计局. 中国统计年鉴 2009. 北京：中国统计出版社，2009.

三、打造中部地区具有竞争力的战略高地：城市群的培育

作为长期以来我国区域发展战略中的中值区，中部地区如何真正发挥出后发优势，除了依靠国家战略层面的支持，还应在全世界范围内区域发展的新趋势、新因素中寻找出路，而其中一个重要着力点就是城市群的培育，这是中部地区提升自身竞争力，最终实现中部崛起的最有效途径之一。

(一)全球作为流的空间的机遇与挑战

从全球范围来看，随着经济全球化趋势不断增强，静止的空间已经被流的空间(space of flows)所取代。资本流、信息流、技术流、人才流、物质流，甚至图像流、声音流、符号流等，共同构建了这种新的空间形式。在流的空间中，各种流不仅仅是社会组织中的基本元素，而且能够对人类社会的经济、政治，甚至日常生活起决策与控制作用(Manuel Castells，1996、1999)。相关数据表明，2009 年世界范围内的制造业产品、燃料与矿物产品、商业服务出

口额分别为1980年的765%、404%、918%（见图9）。此外，世界各国商品与服务的出口额占全世界生产总值的比例从1980年的22.5%上升到2009年的27.4%，全球金融危机前的2007年，这一比例甚至高达31.3%，①这说明近1/3的世界财富是在各国间商品与服务进出口的交流中创造的，如果考虑一国内部区域之间的交流，这一比例还会大幅上升。而这种流的空间与传统意义上的空间的一个显著不同，是它大大弱化了空间的物理属性，缩短了时空距离，同时，也使传统意义上的区域比较优势，如自然条件、区位优势、经济基础等的重要性持续下降。

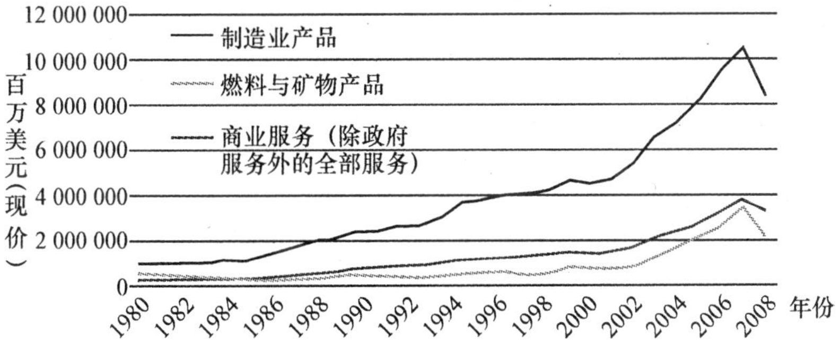

图9　1980—2009年世界主要商品与服务出口额

资料来源：世界贸易组织。

在这种情况下，一个区域的竞争力在很大程度上取决于能否将流更多地在本地区集聚。正是基于这一认识，欧盟在其区域竞争力规划中，将区域竞争力的核心要素归纳为：第一，决策与控制功能，包括该区域的商业服务场所、银行、全球大企业总部等；第二，研发和创新功能，包括专业人才、大学与研究机构、文化设施与活动等；第三，通道功能，如机场、港口，博览会等。虽然随着经济发展，欧洲委员会对这些要素与指标以及区域竞争力的评价方法进行过数次补充或修正，但大多数要素与指标都体现出对流的掌

① 根据世界贸易组织和国际货币基金组织的有关数据计算，www.imf.org，www.wto.org。

握与控制。

流的空间也使区域发展面临更大的机遇与挑战。一方面，区域可以通过对流的控制，取得更多其他区域的资源，从而获得发展机遇；但另一方面，也更易于丧失本区域的资源，从而丧失在更大区域范围内的决策与控制能力，给未来发展带来了挑战。

（二）中部地区城市群的培育

在我国当前的发展阶段下，要使更多流集聚在一个区域以促进这个区域的发展，就需要增加能够承载这些流的空间载体，纵观世界范围内，尤其是发达国家和地区的区域发展经验，我们认为培育城市群，并将其打造为具有竞争力的战略高地是最为有效的途径之一。一般认为，城市群是指在一定的地理或行政区域内，以一两个大城市或特大城市为核心，辐射并带动周边一定范围内的一批中小城市，使其成为在世界范围内有一定影响力和竞争力的城市集中分布的区域形式。当前和未来很长的时间内，城市群不仅是我国现代化建设的引擎，更是我国参与全球化，提升国际竞争力的核心区域（樊杰，2006）。而这种作用在我国过去十余年的发展中已经逐步显现，据统计，截至2007年，拥有全国25.5%的人口的长三角、珠三角和京津冀三大城市群占全国GDP的46.5%，工业增加值的49.9%，服务业增加值的51.3%，出口的77.9%，利用外资的93.7%和科技研发投入的57.5%。这说明三大城市群在我国社会经济中具有举足轻重的地位，真正成为拉动我国经济持续快速发展的引擎，也成为提高我国综合国力与国际竞争力的核心区域。

同时在城市群的培育上，中部地区较东部和西部更具有自身天然的优势。一方面，与东部地区的城市群大多因临海而辐射范围为半圆形区域相比，中部地区的城市群基本可以辐射一个圆形区域，使城市群能够在更小的面积上集聚、联系更多的城市。另一方面，与西部地区相比，中部地区城市群具有更为有利的自然地理环境条件。目前中部最主要的三大城市群，中原城市群、武汉城市圈、长株潭城市群，分别位于黄河冲积平原、江汉平原、洞庭湖平原，都具有丰富的土地资源和水资源，面积广阔，交通便利，自然承载能力很强，自古以来就是我国的人口集中区域和粮食主要产区。如武汉城市圈的平原占土地总面积的50%，天然河流、湖泊占土地总面积的9.6%（加上水库、坑塘等则高达16%），亚热带季风气候，四季分明、热量丰富（无霜期250~300天）、光照充足、降水充沛（年降水量1 000~1 600毫米）。这些自然优势使城市群内部产业分工合作更具时间、空间上的临近性与便利性，为各城市群提供了更大的发展潜力。根据世界主要城市群的发展经验，这些自然条件良好的平原地区也最容易孕育世界级城市群，如日本作为一个岛国，平原面积仅占国土面积的24%，东京附近的关东平原、名古屋附近的浓尾平原和京都、大阪附近的畿内平原是三个最大的平原，人口和经济高度集中于此，在工业化过程中，这三大平原逐渐发展成世界著名的日本太平洋沿岸城市群，集中了日本全境63.3%的人口和68.5%的国民生产总值。

因此，中部崛起首先应是城市群的崛起。中部地区应逐步将城市群打造成为参与国家与国际竞争和交流的门户，成为利用各种流的要素与区域竞争力的集中体现，成为在全国、乃至全球范围内具有决策与控制能力的重要战略高地。而要更好地发挥中部地区城市群作用，应重点做好以下两个方面的工作：

1. 充分发挥核心城市的作用

在城市群发育与发展过程中，核心城市的作用是不言而喻的。如我国京津冀、长三角和珠三角三大城市群的核心城市：北京、上海、广州，近年来发展成就举世瞩目。三座城市的人均GDP在2008年全国人均GDP刚达到3 000美元不久，便先后突破10000美元（按常住人口统计），达到中等发达经济体的水平。此外，这些核心城市在产业结构水平、生活水平等方面也都在同发达国家接轨，不但是三大城市群的核心，更是直接参与国际化竞争合作，带动我国区域与全国经济发展的火车头。

与东部地区相比，目前中部地区城市群规模虽不及三大城市群，但也已经初步形成了武汉城市圈、中原城市群、长株潭城市群、皖江城市带、环鄱阳湖城市群和太原城市圈这六大城市群，在其中一些城市群的发育、发展过程中，核心城市也承担了重要作用。如2008年武汉城市圈实现地区生产总值6 972亿元，占湖北省GDP的61.5%，其中武汉市的贡献达到近六成。

但是，正如在国家发改委发布的《关于促进中部地区城市群发展的指导意见》中所指出的，核心城市辐射带动能力不强，是目前中部地区城市群所面临的一个共性问题。因此，中部城市群在未来发展过程中，值得注意的一点是应使核心城市主要职能的类型和服务层次与该城市群内其他城市形成差别。或者说，使核心城市承担更多高等级的功能，如产业研发、科技创新、区域门户功能等，而将一些较低等级功能疏解至周边城市，从而增强其辐射带动作用，提升城市群在更大范围内的竞争力，并成为吸纳各种流的最主要载体，使其决策与控制作用得以最大程度发挥。

2. 将城市群作为流的空间的有效组织并进行合理分工

除了重视核心城市的作用外，城市群还应促进内部各城市，尤其是中心城市与周边城市的协作。这样可以将中心城市所吸纳的各种流，更多地向周边地区辐射扩散，在资金、产业、人口、技术等的不断交流协作中，促进整个区域的全面发展。

此外，也要在城市群内部形成合理的区域分工。这就要求城市群内各城市根据自身在区域背景下的优劣条件来承担不同的职能，在分工合作、优势互补的基础上共同发挥整体集聚优势，利用外部各种流的同时也在内部创造各种流，从而形成整体的区域竞争力。

中部地区各城市群在编制规划时，为了促进城市群内部分工协作，大多充分考虑了各城市总体功能或产业功能的“错位发展”，希望借此延长城市群的整体产业链，提升区域功能，使城市群在本省，乃至中部或全国的竞争力不断提升。如在中原城市群规划中，每座城市都有自身核心功能与定位，并形成错位格局，培训、研发、能源与原材料、制造、物流等功能都分属城市群中的不同城市，而郑州通过科技创新、金融、物流等功能发挥核心作用，最终促进整个城市群的良性互动和共同发展(见表1)。

表1　中原城市群各城市功能定位

城市	功能定位
郑州	河南省省会，中国历史文化名城，国际文化旅游城市，全国区域性中心城市，全国重要的现代化物流中心，区域性金融中心，先进制造业基地和科技创新基地
洛阳	中国历史文化名城，国际文化旅游城市，中原城市群副中心，全国重要的新型工业城市，先进制造业基地，科研开发中心和职业培训基地，中西部区域物流枢纽
平顶山	中国中部化工城，中原城市群化工、能源、原材料、电力装备业制造基地
许昌	中原城市群高新技术产业、轻纺、食品、电力装备制造业基地，农业科技示范基地和生态观光区
漯河	中国食品城，中原城市群轻工业基地，生态农业示范基地，南部区域物流中心
开封	中国历史文化名城，国际文化旅游城市，中原城市群纺织、食品、化工和医药工业基地，郑州都市圈重要功能区
焦作	国际山水旅游城市，中原城市群能源、重化工、汽车零部件制造基地
新乡	中原城市群高新技术产业、汽车零部件、轻纺和医药工业基地，职业培训基地，现代农业示范基地，北部区域物流中心
济源	中国北方生态旅游城市，中原城市群能源基地和原材料基地

资料来源：《中原城市群总体发展规划纲要(2006—2020)》。

四、产业转移规律的把握与中部地区的应对

除了城市群的培育外，承接以我国东部地区为主的相对发达地区的产业转移也是促进中部崛起的另一项战略措施。尤其是近年来，承接产业转移得到了中西部省市的极大关注，国务院还专门出台了《关于中西部地区承接产业转移的指导意见》，诸多中部地区

省市也将此作为“十二五”规划的重要内容，提出将承接东部地区产业转移作为实现本地区跨越式发展的重要抓手。对于这一问题的认识，应首先从对产业转移规律的把握入手，而后再提出合理的应对措施。

(一)产业转移规律的把握

中部地区要正确应对与承接东部地区产业转移，首先应准确把握产业转移规律。具体来说，这些规律体现在以下三个方面：

(1)产业转移需要来自产业迁出地的推力，但目前东部地区政府的推动作用有限。总体上，产业转移的推力来自于产业迁出地的生产成本提升、当地政府有意识的转型升级、国家战略导向对产业迁出地的挤压三个方面。目前对于东部地区，生产成本和国家战略导向的作用已经显现，但大多数地方政府往往不愿承担产业转移过程中“笼腾鸟不来”而产生的“产业空心化”的风险，因此并未实质性地推动产业转移，2008 年发生的金融危机又使这一状况雪上加霜，直接导致东部地区对产业转移的推力有所减弱。

(2)产业转移在一定程度上依赖于企业的迁移意愿和能力，存在很大不确定性。产业转移的主体是企业，而企业是否愿意迁移、往哪里迁移，主要受生产综合成本的制约，而生产综合成本又受诸多因素影响，这些因素增加了产业转移的不确定性，因此产业转移不可能仅靠迁出地或迁入地任何一方的单纯意愿就能实现。

(3)产业转移也需要产业迁入地提供的拉力。能否吸引具有竞争力的产业与企业，并最终从产业转移中得益，产业迁入地自身提供的拉力也具有重要作用。

举例来说，近些年广东省产业转移的重要接纳地之一是广西西江流域，从推力看，珠三角地区由于土地、电力、原材料、劳动力供应达到极限，地价、劳动力价格、电价等全面上涨，加之国家和广东省一系列相关政策，都推动了传统产业外迁；从拉力看，处于工业化初期或中期阶段的西江流域与珠三角毗邻，环境容量大、承载力强，另外，近年来西江“亿吨黄金水道”建设、中国—东盟自由贸易区的建立等机遇以及广西各级政府建设开发区与出台各种优惠政策，使其吸引了大批从珠三角地区转移出来的产业。例如作为承接产业转移前沿地带之一的梧州市，2006—2009年所引进的市外境内投资有74.4%来自广东省，企业数也占到53.6%（梁育填等，2010）。这些产业转移过来之后，对促进西江流域与广西壮族自治区经济发展的贡献逐步增大，但正是因为西江流域具有成本低、资源丰富、环境容量大等优势，使得目前其所承接的产业与承接地的资源禀赋密切相关，总体上以劳动密集型企业和资源密集型产业为主，很大一部分是高耗能、高耗水、高污染产业，这都是产业转移规律所致。

（二）中部地区承接产业转移的合理应对

基于对上述产业转移规律的分析与认识，中部地区承接东部产业转移时应有更合理的应对。首先要清楚地认识到东部地区向外转移出的产业往往以占地多、高污染、高耗能以及高劳动力成本的相对落后产业为主，而这些产业很难为已经具备一定发展基础的中部地区带来跨越式发展，对提升区域整体功能的作用也十分有限（李学鑫、苗长虹，2006）。特别是它们还增加了中部地区在承接产业转移时同步承接环境污染等问题的风险。因此，我们认为，中部地区在承接产业转移的过程中，应重点做好两个方面的工作：

（1）积极培育与打造良好的投资环境，注重增强工业化带动城镇化的能力，提升自身拉力。一方面，要培育与打造良好的投资环境，充分利用产业园区这一主要载体在产业转移过程中发挥的作用，注重基础设施与体制机制的建设，同时必须意识到承接产业转移的时序性与不确定性，做到逐步承接，并用多方案、多情景对产业转移进行弹性应对，避免一味贪大图快，盲目无序开发建设产业园区。另一方面，不断增强工业化带动城镇化的能力，这就要求政府通过降低企业成本的政策措施来引导企业投资开发的区位选择以及通过促进城镇体系的合理组织，提升企业的经济效益（樊杰等，2009），既要增强工业化和已有城镇的互动，同时也应积极寻求用工业化引导、促进未来城镇化地区发展的途径。

（2）做好空间管制，规避环境污染。在国家层面上，应将中部地区环境污染的监管与治理作为扶持中部崛起的一个重要战略导向，坚决避免用环境换污染的产业转移发生。在地方层面上，政府在承接产业转移的过程中要以科学发展观为指导，充分认识环境保护的重要意义，既要能够对污染产业和企业说不，又要协助企业做好环境保护与污染治理工作。

为此，可尝试建立环境保护与治理的补贴机制；将政府手段与市场手段结合，由中央政府、地方政府和企业三方共同承担治理区域污染的责任，实现产业转移过程中保护环境的目标。具体来说，可以将规避产业转移环境污染的补贴政策分为三种模式：第一，在发展水平相对较低的区域，可由中央政府全额负担对区域发展具有先导性重要意义的产业园区或产业的环境治理费用；第二，在已经具有一定发展基础和实力相对雄厚的区域，可由中央与地方政府共同负担对区域整体功能提升具有重要意义的产业园区或产业的环境治理费用；第三，对于一些环境负担重，企业迁移意愿强的产业，可由企业与政府共同承担环境治理费用，其中，政府所承担的部分要能够保证企业的总生产成本较迁移之前有所降低。当然，具体在哪类区域中采用哪种模式更为合理以及在具体政策设计上可进行哪些创新，还有待于在实践中进一步探索。

参考文献

[1] Ravi Kanbur. *Which Regional Inequality? The Evolution of Rural-Urban and Inland-Coastal Inequality in China from 1983 to 1995. Journal of Comparative Economics*, 1999(27): 686-701.

[2] Manuel Castells. *The Rise of the Network Society*. Blackwell Publishers, 1996: 407-447.

[3] Manuel Castells. *Grassrooting the Space of Flows. Urban Geography*, 1999(20): 294-302.

[4] Sylvie Démurger，等. 地理位置与优惠政策对中国地区经济发展的相关贡献. 经济研究，2002(9): 14-23.

[5] 蔡昉，都阳. 中国地区经济增长的趋同与差异——对西部开发战略的启示. 经济研究，2000(10): 30-37.

[6]陈德铭．关于国内外贸易的几个认识问题．求是，2009(7)：21-24.
[7]樊杰，杨晓光．扶持我国落后地区经济发展的新观念——以西部开发战略为重点．地理研究，2000，19(1)：8-14.
[8]樊杰．城市群的发展与布局规划对策．第四届中国投资环境论坛(杭州)，2006.
[9]樊杰．我国主体功能区划的科学基础．地理学报，2007(4)：339-350.
[10]樊杰．解析我国区域协调发展的制约因素探究全国主体功能区规划的重要作用．中国科学院院刊，2007，22(3)：194-201.
[11]樊杰，陶岸君，陈田，张文忠．资源环境承载能力评价在汶川地震灾后恢复重建规划中的基础性作用．中国科学院院刊，2008，23(5)：387-392.
[12]樊杰，孙威，陈东．“十一五”期间地域空间规划的科技创新及对“十二五”规划的政策建议．中国科学院院刊，2009，24(2)：601-609.
[13]樊杰，王宏远，陶岸君，徐建红．工业企业区位与城镇体系布局的空间耦合分析——洛阳市大型工业企业区位选择因素的案例剖析．地理学报，2009，64(2)：131-141.
[14]李学鑫，苗长虹．产业转移与中部崛起的思路调整．湖北社会科学，2006(4)：72-75.
[15]林毅夫，张鹏飞．后发优势、技术引进和落后国家的经济增长．经济学(季刊)，2005，5(1)：53-74.
[16]郭腾云，陆大道，甘国辉．近20年来我国区域发展政策及其效果的对比研究．地理研究，2002，21(4)：504-510.
[17]胡鞍钢，魏星．区域发展政策的公平性分析——机会平等视角下的实证研究．公共管理学报，2009，6(2)：14-20.
[18]孔祥敏．从出口导向到内需主导——中国外向型经济发展战略的反思及转变．山东大学学报：哲学社会科学版，2007(3)：50-56.
[19]梁育填，樊杰，韩晓旭，孙威，陈小良．重点开发区域产业集

聚的机理分析——以广西梧州市为例. 经济地理, 2010, 30(12): 873-890.

[20]刘聚涛等. 基于突变理论的太湖蓝藻水华危险性分区评价. 湖泊科学, 2010, 22(4): 488-494.

[21]陆大道. 2000年我国工业生产力布局总图的科学基础. 地理科学, 1986, 6(2): 110-118.

[22]陆大道, 刘毅, 樊杰. 我国区域政策实施效果与区域发展的基本态势. 地理学报, 1999, 54(6): 496-508.

[23]陆大道. 区域发展及其空间结构. 北京: 科学出版社, 1998.

[24]陆大道. 论区域的最佳结构与最佳发展——提出“点-轴系统”和“T”形结构以来的回顾与再分析. 地理学报, 2001, 56(2): 127-135.

[25]陆大道. 中国区域发展的理论与实践. 北京: 科学出版社, 2003.

[26]魏后凯. 美国联邦区域政策及其效果评价. 开发研究, 1997(1): 32-34.

[27]魏后凯, 邬晓霞. 我国区域政策的科学基础与基本导向, 经济学动态, 2010(2): 57-61.

[28]杨丹娜. 广东转变经济发展方式的实践与再反思. 科学社会主义, 2010(5): 31-35.

中部地区"V"形反转的可持续性分析*

张可云

（中国人民大学区域与城市经济研究所　北京 100872）

一、问题的提出

20 世纪 70 年代末实施的沿海发展战略以及 1999 年底实施的西部大开发战略导致了中部地区在全国发展格局中的地位下滑，这是不争的事实。实际上，早在 20 世纪 80 年代，围绕"梯度理论"之争，① 中部地区的一些学者就提出了"中部崛起"的概念，一些学者还提出了重视中部地区发展的理论依据，例如著名发展经济学家张培刚教授就提出了"牛肚子理论"。② 进入 21 世纪，在中央政府于 2004 年明确区域协调发展总体战略的基本框架前后，许多学

---

* 本文是国家社科基金重点项目"生态文明取向的区域经济协调发展战略研究"（批准号：08AJY044）的阶段性成果之一，感谢全国哲学社会科学规划办公室的资助。

① 20 世纪 80 年代国内有关梯度理论的争论过程中对该理论存在误解。在西方国家，梯度理论以区域生命周期理论和产品生命周期理论为基础，提出了两个基本理论观点：第一，客观上存在经济与技术发展水平的区域梯度差；第二，客观上存在产业与技术从高梯度区域向低梯度区域转移的趋势。参见张可云．区域产业布局样式与区域经济发展的理论分析．区域经济研究，1994(2)；John H. Thompson, *Some Theoretical Considerations for Manufacturing Geography*, *Economic Geography*, 1966 (42): 357-358; Raymond Vernon, *International Investment and International Trade in the Product Cycle*, *Quarterly Journal of Economics*, 1966(80): 190-207.

② 详见张培刚．牛肚子理论．决策，2005(1)．

者从不同角度研究了中部地区与其他地区的差距及其原因、中部崛起的路径与政策，如尹继东、彭迪云、杨云彦、田艳平、秦尊文、周绍森、胡德龙、王志国、王彦武等。① 应该说，这些研究对推动中央政府出台扶持中部崛起的政策与规划发挥了重要作用。2003年，作者经过研究提出将西部地区政策与东北地区等老工业基地政策沿用至中部地区的建议。② 近几年来，在中央政府出台支持中部崛起的政策与规划后，学术界对中部地区整体与内部各地方的发展问题展开了多角度研究，一些中部高校科研机构还成立了专门的中部问题研究机构，中部崛起成为区域经济学领域的热点研究问题之一。近几年来，全国区域经济格局出现了有利于中部地区的变化，中部地区经济总量在全国所占份额有所上升，但学术界还没有关注这种上升势头的可持续性问题。

“十一五”时期，“中部塌陷”的尴尬局面有了明显改变。具体表现是中部地区经济总量占全国的比重稳步上升、中部地区发展的硬环境得到了极大的改善。但是，中部地区的人均经济量与全国平均水平的差距仍然在扩大，中部地区主要经济指标在全国所占份额远远低于其人口在全国所占份额。中部地区在“十五”时期地位下滑，于“十一五”时期初步走出了谷底，经济总量在全国所占比重逐步攀升，呈现出明显的“V”形反转。但是，这种反转是短期政策刺激下的昙花一现，还是具有长期的可持续性呢？回答这一问题，不仅对中部地区发展具有重要现实意义，而且对全国区域协调发展具有重大的战略意义。

由于国内学者尚没有关注这一问题，本文拟揭示中部地区“V”

---

① 这些学者的主要研究成果有：尹继东、彭迪云．中国中部经济发展问题研究．北京：中国财政经济出版社，2003；杨云彦、田艳平、秦尊文．全球化与中部崛起．武汉：湖北人民出版社，2005；周绍森、胡德龙、王志国．“中部塌陷”与中部崛起//中部区域现状与发展战略研究．北京：经济管理出版社，2005；王彦武．中部地区发展差距的分析研究．中州学刊，2005(3)．

② 此观点最早是于2003年在安徽省合肥市召开的中国区域经济学会年会上提出的，见张可云．中部六省怎样走出尴尬．中国经济周刊，2003(11)．

形反转的内涵与背景，分析其可持续性和影响区域经济格局变迁的环境与条件，并讨论维持“V”形反转以促进中部崛起所需要注意的关键问题与政策导向。

二、中部地区“V”形反转的含义与背景分析

所谓中部地区“V”形反转，是指在全国区域经济格局演变过程中，中部地区经济总量在全国所占份额由下降转变为上升的演变轨迹。区域经济格局演变存在一般规律：一个国家各个区域在全国经济总量中所占份额总是存在一种此消彼长的关系；发达区域经济总量所占比重趋于下降，而相对不发达区域的比重逐步上升，有利于缩小区域差距，有利于不同类型区域协调发展。① 因此，从理论上说中部地区“V”形反转是有利于全国均衡协调发展的。

进入21世纪后，中部地区经济总量(用GDP代表)在全国所占比重的变化轨迹表现为明显的先降后升，2000—2003年下降态势十分明显；反降为升的拐点不是发生在某一年，而是2003—2006年这段时期内先升后降，但下降幅度不大；2006—2009年表现出明显的上升态势，而且值得特别注意的是，2009年的比重超过了前期高点2000年的比重。图1反映了中部地区“V”形反转的演变轨迹。由该图可知，2000—2009年，中部地区在全国经济总量中所占比重虽然有一定波动，但大致呈现出“V”形变化。

中部地区“V”形反转是中央政府的区域战略、区域政策与区域规划决策的结果，同时也反映了区域经济发展阶段性规律的要求。

自20世纪70年代末实施沿海发展战略至21世纪初，东部地区在优惠政策的支持下，经济总量迅速扩张，中西部地区与东部地区的发展差距急剧扩大。② 自从1999年底实施西部大开发战略，

---

① 新经济地理学对这些规律进行了理论研究，可参见 Masahisa Fujita, Paul R. Krugman, and Anthony J. Venables (eds.), *The Spatial Economy: Cities, Region and International Trade*, MIT Press, 1999.

② 王彦武. 中部地区发展差距的分析研究. 中州学刊，2005(3).

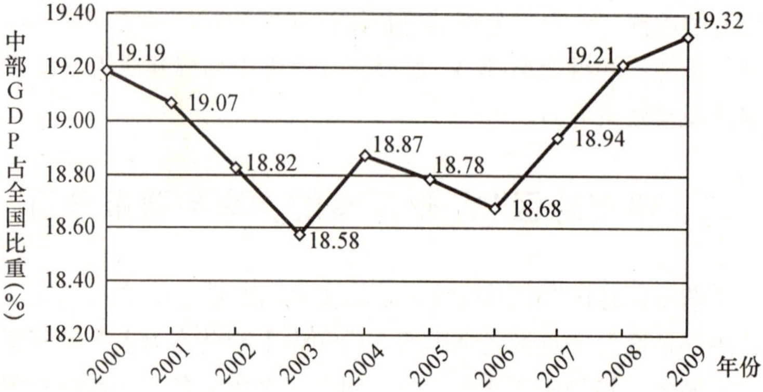

注：①资料来源：根据 2001—2010 年《中国统计年鉴》原始数据计算，部分年份的原始数据根据普查数据作了修订。②由于各地区 GDP 数据相加不等于全国总计，在计算中部地区占全国的比重时，分母为 31 个省(区、市)GDP 相加的合计数。

图 1　2000—2009 年中部地区 GDP 占全国比重的变化轨迹

过去最为落后的西部地区的发展开始提速，国家区域战略未曾顾及的中部六省的经济总量下滑是必然的。2003 年党的十六届三中全会明确提出了科学发展观与“五个统筹”的战略要求，中央政府于 2004 年明确了区域协调发展总体战略的基本框架，这个框架可简称为十六字，即“西部开发，东北振兴，中部崛起，东部率先”。① 区域协调发展总体战略酝酿于“八五”计划时期，但从“八五”时期至“十五”初期，区域协调发展仍然是在区域管理制度不完善的情况下运作的，难免有“头痛医头，脚痛医脚”之嫌，缺乏统筹兼顾考虑。真正明确提出统筹不同类型区域发展，始于“十五”后期，即科学发展观提出之后。2003 年及之后的几年，围绕中部崛起问题，各级政府与专家学者进行了较广泛的讨论，促进中部崛起的政

① 这十六个字来源于 2004 年温家宝总理的年政府工作报告，报告中提出的区域协调发展总体战略基本框架的完整表述为：“促进区域协调发展，是我国现代化建设中的一个重大战略问题。要坚持推进西部大开发，振兴东北地区等老工业基地，促进中部地区崛起，鼓励东部地区加快发展，形成东中西互动、优势互补、相互促进、共同发展的新格局。”

策与规划被纳入了决策议事日程。此期间中部地区在全国的地位上下起伏也是可料想得到的。2006 年出台的《中共中央国务院关于促进中部地区崛起的若干意见》、2007 年出台的《国务院办公厅关于中部六省比照实施振兴东北地区等老工业基地和西部大开发有关政策范围的通知》与 2009 年批准的《促进中部地区崛起规划》为中部地区反降为升提供了强大的动力。总而言之，中部地区"V"形反转的过程是与中央政府的决策变化密切相关的。

运用区域经济发展规律也可解释中部地区"V"形反转的必然性。从发达国家区域经济发展的过程来看，一个区域经济的发展以及一个国家区域格局的演变总是存在一些一般规律。考察许多发达国家的发展过程可以发现，一旦一个国家的发达地区达到中等发达水平，这些发达地区就会产生强大的外推力，向外推出传统产业与技术①；与此同时发达地区必须降低外部控制程度，以实现由外生发展向内生发展的转变；在这种转变过程中，发达地区的发展速度相对放缓，其他相对欠发达区域的发展速度会超过发达区域。进入"十一五"时期后，东部许多发达的城市地区已经超过中等发达水平，大量企业外迁是进入这个阶段后的必然现象。东部地区产业与技术向外转移给靠近东部的中部地区创造了新的发展机会，同时在东部地区降低外部控制程度时，整个国家的对外开放重心会逐步向中西部地区移动，在举国对外开放的格局中，中部地区有望走上前台。由此可见，中部地区在"十一五"时期实现"V"形反转是全国区域经济格局演变规律发生作用的结果。

三、中部地区"V"形反转的可持续性与未来趋势判断

中部地区"V"形反转无疑对全国统筹区域发展是十分重要的，但更为重要的是，这种反转是否可持续。评价"V"形反转的可持续

① 参见张可云．区域产业布局样式与区域经济发展的理论分析．区域经济研究，1994(2)．

性，可从强度与质量两个方面分析。

从反转强度方面分析，中部地区作为一个整体，“V”形反转有一定的强度，这主要表现在比重提升速度上。但是，中部地区内部各省的反转强度存在较大的差异。由表1可知，在中部地区六省中，只有山西、江西与河南三省2009年的比重超过了前期高点2000年的比重，安徽、湖北与湖南2009年的比重没有超过前期高点，这表明这三个省在前期下滑速度过快或反转力度不够。

表1　**中部地区GDP占全国比重(%)**

年份	2000	2001	2002	2003	2004	2005	2006	2007	2008	2009
山西	1.87	1.87	1.93	2.05	2.13	2.12	2.10	2.15	2.19	2.01
安徽	2.95	2.99	2.92	2.82	2.84	2.69	2.63	2.63	2.66	2.75
江西	2.03	2.00	2.03	2.02	2.06	2.04	2.07	2.07	2.09	2.10
河南	5.13	5.10	5.01	4.93	5.10	5.31	5.31	5.37	5.41	5.33
湖北	3.60	3.57	3.49	3.42	3.36	3.31	3.27	3.34	3.40	3.55
湖南	3.61	3.53	3.44	3.35	3.37	3.31	3.30	3.37	3.47	3.58
中部地区	19.19	19.07	18.82	18.58	18.87	18.78	18.68	18.94	19.21	19.32

注：①资料来源：根据2001—2010年《中国统计年鉴》原始数据计算，部分年份的原始数据根据普查数据调整过。②由于各地区GDP数据相加不等于全国总计，在计算各省占全国的比重时，分母为31个省(区、市)GDP相加的合计数。

以2006年为反转的起点，由表1可计算出各省的提升速度(见表2)。山西、江西与河南三省虽然近期比重高于前期峰值，但比重提升速度波动大，特别是山西与河南在2009年的提升速度为负值。近期比重低于前期峰值的三省提升速度逐步加快，特别是安徽与湖南的提升速度稳步提升，表现出了反转的可持续性。由数据分析可以得出这样一个结论，前期下滑过快的省反转速度提升较平稳，而前期下滑幅度不大的省反转速度下滑或不稳定。从反转强度的角度分析，中部地区反转的可持续性较脆弱。

表2　　中部地区2006年后比重提升速度(%)

年份	2007	2008	2009
山西	2.77	1.91	-8.22
安徽	0.22	0.92	3.73
江西	0.14	0.87	0.20
河南	1.06	0.73	-1.35
湖北	1.97	1.87	4.39
湖南	2.18	2.73	3.12
中部地区	1.39	1.46	0.56

资料来源：根据表1中的数据计算。

从反转质量方面分析，中部地区"V"形反转虽然明显提高了中部地区的份额，但质量尚不高，主要表现在两个方面：第一，"V"形反转尚不能支持缩小中部地区人均经济水平与全国以及东部地区人均经济水平的差距；第二，中部地区的主要经济指标在全国所占份额还远远低于其人口在全国所占份额。这表明至少在人均经济水平的绝对差缩小前，中央政府继续支持中部地区是必要的。否则，中部崛起就不可能成为现实。

图2表明，中部地区与全国的人均经济总量差距在实施中部崛起措施后依然在扩大，中部地区与东部地区的人均经济水平差距扩大趋势更加明显。这说明中部地区"V"形反转只缩小了区域相对差距，还不足以缩小绝对差距。

如果一个国家发展均衡，则各区域的主要经济指标在全国所占比重应该大致与其人口所占比重相当。2009年，中部地区的GDP、工业增加值、固定资产投资、地方财政收入与进出口总额等经济指标占全国的比重远远低于人口所占比重，特别是地方财政收入与进出口总额这两个指标(见图3)。这表明中部地区的"V"形反转还远没有使得中部地区摆脱尴尬境地。

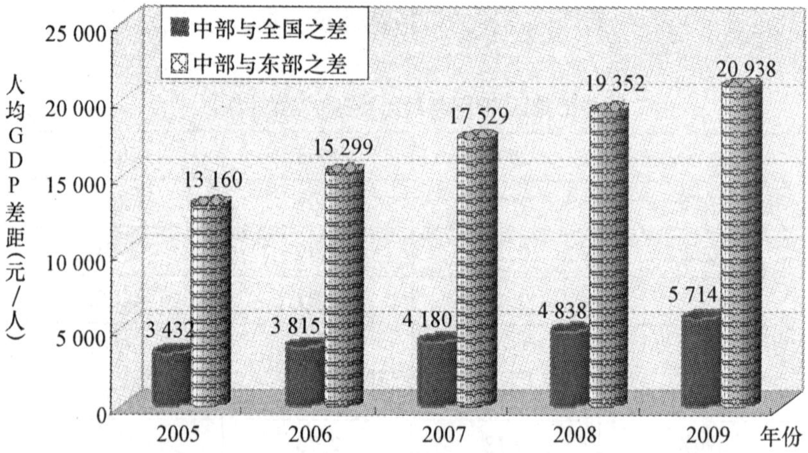

资料来源：根据2001—2010年《中国统计年鉴》原始数据计算。

图2 2005—2009年中部地区人均GDP差距变化

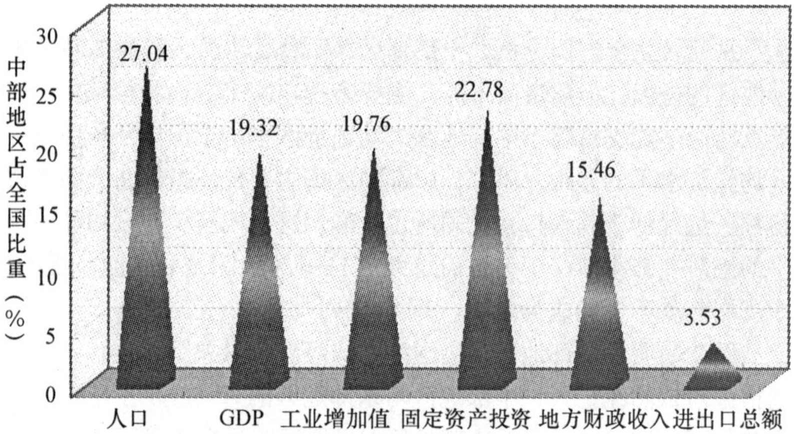

资料来源：中华人民共和国国家统计局. 中国统计年鉴2010. 北京：中国统计出版社，2010.

图3 2009年中部地区主要指标占全国比重

由上述反转强度与质量分析可知，中部地区“V”形反转还比较脆弱，可持续性不足。要真正促进中部崛起，需要运用合理的政策与规划维持中部地区“V”形反转的持续性，增强其强度并提高其质量。

那么中部地区"V"形反转的未来趋势会如何呢？影响未来趋势的因素包括两个方面，即外部环境与内部条件。

从外部环境来看，中部地区将面临重要的发展机遇，主要表现在如下几个方面：

第一，国家整体实力增强，中央政府掌握了更多的支持中部崛起的政策资源。2008 年年底发端于美国的全球性金融危机导致 2009 年成为中国最为困难的一年，但即使受到外部不利冲击，中国 GDP 增长速度仍然达到了 9.1%，国内生产总值达到 34.05 万亿元。预计 2010 年中国国内生产总值将达到 39 万亿元左右，中国将超过日本成为全球仅次于美国的第二大经济体。国民经济的持续高增长使得中央政府掌握了越来越多的调控区域发展的政策资源。可以预计，"十二五"时期中国将迎来百年不遇的发展机遇，中央政府用于支持中部崛起的资源会更多。

第二，中国已经进入区域经济格局调整的关键时期，东部地区的产业与技术转移会为中部地区提供发展机会，并有可能提高中部地区对外开放程度。2008 年以来，珠江三角洲与长江三角洲大量企业外迁，中部地区不少地方借接受转移之机进入了快速增长期。未来东部会有更多的地区进入结构调整期，这会为中部创造更多、更好的发展机会。

第三，中国将于"十二五"时期进入城市化社会，中部地区的城镇化肯定会加速推进。2009 年中国的城镇化水平达到 46.6%，"十二五"时期城镇人口所占比重超过 50% 是肯定的。城市化水平的提高将为地区经济发展提供更多的需求支持，这将强力维持中国整体经济形势向好的趋势。根据《促进中部地区崛起规划》，2008 年中部地区的城镇化水平仅为 40.3%，中部地区城市化目标是到 2015 年城市化水平要提高到 48%。在中央政府支持下，中部地区的城镇化将为该区域经济总量的扩张提供巨大的需求支持。根据美国学者诺瑟姆(R. M. Northam)对城市化发展阶段规律的研究,① 城

① 参见 R. M. Northam, *Urban Geography*, New York: John Wiley & Sons, 1975.

市化发展分为四个阶段：准备阶段、初始阶段、加速阶段与平衡阶段，城市化水平为30%～70%时为加速阶段。因此可以作出判断：中部地区与全国目前已经进入城镇化快速扩张期。

第四，中央政府强调发展方式转型，有利于中部地区“两型”社会建设。过去三高一低（高投入、高消耗、高排放、低成本扩张）的发展模式将难以为继，过去阶层间、区域间与城乡间收入差距明显扩大的趋势必须得到遏制。武汉城市圈与长株潭城市群是全国资源节约型和环境友好型社会建设综合配套改革试验区，鄱阳湖生态经济区的使命是“在新的历史时期，从国家战略全局和长远发展出发，为积极探索经济与生态协调发展的新模式，建设好鄱阳湖生态经济区，为我国大江大湖区域综合开发提供良好示范”。① 中部地区在全国发展方式转型方面具有制度方面的优势。

第五，在国家的主体功能区战略中，中部地区有多个区域是国家级重点开发区域。在国家构建的“两横三纵”的城市化战略格局中，中部地区位于京哈京广与长江通道的交汇处。国家战略轴线的布局有利于中部地区发展。

从内部条件来看，《促进中部地区崛起规划》对中部地区的条件作了简明扼要的总结：“中部地区位于我国内陆腹地，具有承东启西、连南通北的区位优势。区域内人口众多，自然、文化资源丰富，科教基础较好，便捷通达的水陆空交通网络初步形成，农业特别是粮食生产优势明显，工业基础比较雄厚，产业门类齐全，生态环境容量较大，集聚和承载产业、人口的能力较强，具有加快经济社会发展的良好条件。”②优良的区位、丰富的资源与较好的产业发展基础是支撑中部崛起的有利条件。

总而言之，未来面临的外部环境与内部条件决定了保持中部地区“V”形反转的可持续性是可能的。只要把握好中部崛起的关键并实施合理的区域政策，中部地区的经济总量所占份额还有提升空间。

---

① 引自国家发展和改革委员会．鄱阳湖生态经济区规划，2009.

② 引自国家发展和改革委员会．促进中部地区崛起规划，2009.

由于中部地区反转时间不长，难以进行计量分析。这里假定终极均衡目标是中部地区占全国经济总量的比重与其人口所占比重相当，又假定中部地区人口所占比重维持在2009年的27.04%不变，按2006—2009年的平均反转提升速度计算，得出的结论是：要实现终极均衡目标，从2009年开始中部地区的“V”形反转还需要维持36年。显然，中部地区的“V”形反转是一个长期过程，要缩短中部崛起的时间，需要提高反转的强度与质量。

四、增强中部地区“V”形反转可持续性的关键与政策方向

通过提高中部地区“V”形反转的强度与质量促进中部崛起，需要解决许多问题，作者在研究中部地区发展问题时曾经提出，促进中部崛起，关键是要解决中部地区的城市与工业发展水平低的问题①。运用目前的数据仍然能证明这个结论的正确性。

用中部地区的城镇居民可支配收入占全国平均水平的比重代表中部地区城镇相对收入水平，用中部地区的农村居民人均纯收入占全国平均水平的比重代表中部地区农村相对收入水平，通过比较不难发现，中部地区的农村相对收入水平要高于城镇。由图4可知，2009年中部地区农村与城市的相对收入水平分别为93.01%与83.65%。2003年这两个指标分别为90.38%和83.82%。2003—2009年，中部地区农村相对收入水平有所提高，而城市相对收入水平降低了。由此可见，中部的问题关键在城镇，提高中部地区城镇发展水平依然是未来维护并增强“V”形反转所必须重视的最为关键的问题。

总体而言，在中央政府区域政策的作用下，“十一五”时期中西部地区的工业在全国所占份额是逐年提高的(见表3)。但是，比

---

① 详见张可云. 中部六省怎样走出尴尬. 中国经济周刊，2003(11)；张可云. 中部崛起政策问题探讨//董克用. 公共管理与政策评论. 北京：中国人民大学出版社，2006.

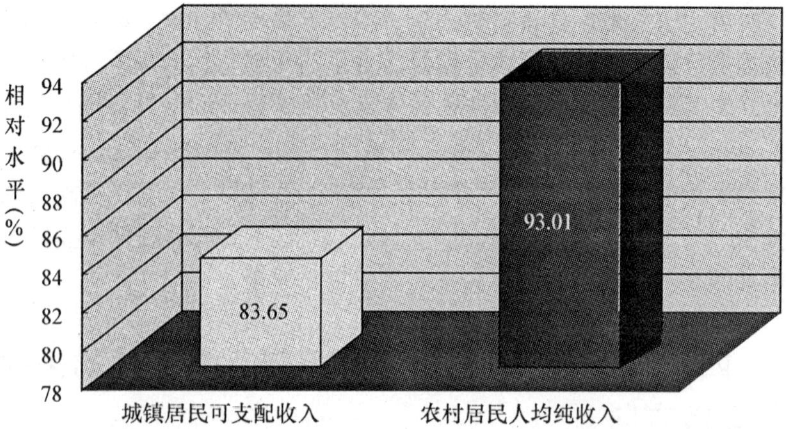

资料来源：根据《中国统计年鉴 2010》的有关数据计算。

图 4　2009 年中部地区农村与城镇的相对水平

较而言，中部地区工业增加值占全国的比重的提高速度不如西部地区。与 2005 年相比，2009 年增加值占全国的比重中部地区提高了 2.02 个百分点，而西部地区提高了 3.02 个百分点。从全国发展格局来看，中部地区工业化推进速度不如西部地区。由于目前中部地区整体处于工业化前期向中期过渡阶段①，工业发展不足依然是城镇化水平滞后的核心原因。

表 3　**2005—2009 年四大战略区域工业增加值占全国比重(%)**

年份	东部地区	中部地区	西部地区	东北地区
2005	59.84	17.46	13.86	8.84
2006	59.04	17.68	14.62	8.66
2007	57.83	18.25	15.25	8.67
2008	55.94	19.02	16.08	8.96
2009	55.05	19.48	16.88	8.59

资料来源：《中国统计年鉴》(2006—2010 年)。

① 陈佳贵，黄群慧，钟宏武，王延中，等. 中国工业化进程报告. 北京：社会科学文献出版社，2007.

中部地区城镇化与工业化整体水平目前还不高，提升空间还比较大，这种后发优势决定了中部地区"V"形反转是可维持的。只要政策引导得当，中部地区各地方发展战略选择合理，维持中部地区的"V"形反转就可实现中央政府促进中部崛起的战略意图。围绕城镇化与工业化，未来的中部地区政策应该注意空间与产业两个方面的引导。

在空间政策引导方面，应该主要在打造中部增长极轴与扶持问题区域两个方面着力。

打造中部地区的增长极轴，需要在国家"两横三纵"的城市化战略格局下围绕建设中部金三角,① 着力打造中部地区大三角核心区。

"中部金三角"是指由中部地区地理位置接近的武汉城市圈、环长株潭城市群和鄱阳湖生态经济区共同组成的一个经济区域。三者之间分工协作不仅可推动区域经济社会发展，而且会产生强大的扩散作用，从而带动大范围区域的发展。从国家层面来看，构建"中部金三角"，有利于促进国家整体区域协调发展、有利于打造国家经济发展第四极。从中部区域来看，构建"中部金三角"，则是探索行政交界处发展新路子、建设中部核心增长极、建立内部区域协作机制及促进中部经济发展方式转型的必然要求。

在全国主要经济区域中，目前"中部金三角"的经济总量略低于山东半岛城市群，若发展得好，可将其打造成为中国的第四极。由表4可知，"中部金三角"目前的GDP总量合计排名第五，但单位面积GDP远远低于珠江三角洲、长江三角洲、京津冀都市圈与山东半岛城市群。这表明其产业与人口集聚度还比较低，进一步集聚发展的潜力还很大。"中部金三角"应该有一个统一的发展规划，近期应推进航空、高速公路、铁路、水运整体联动的大交通体系一体化建设；加强中部"金三角"城市群的要素流动和市场对接，辐

① "中部金三角"是作者2009年研究长沙市发展战略定位时提出的一个概念，国内一些研究中部问题的学者提出过类似的概念，如"中三角"、"中部铁三角"等，但范围略有不同。即将批准的《全国主体功能区规划》将其称为长江中游地区。

射带动区域经济快速发展；整合产业资源，发挥各自优势和特色，通过产业的集聚、辐射和带动，促进区域整体发展；充分发挥位于京广经济带和长江经济带结合部的区位优势，营造承接产业转移和发展服务外包的体制和政策环境，积极探索内陆地区对外开放的新模式，不断拓展中部地区的发展空间。

表4　　**中国主要经济区域2008年主要指标比较**

区域	面积（万平方公里）	人口（万人）	GDP		单位面积GDP（万元/平方公里）
			总量（亿元）	排序	
长江三角洲	10.96	5 958.78	37 681.92	1	3 438.13
京津冀都市圈	18.5	7 857.93	29 834.77	2	1 612.69
珠江三角洲	4.15	2 645.8	29 493.33	3	7 106.83
山东半岛城市群	7.4	3 893.7	20 371.245	4	2 752.87
中部地区金三角	20.86	9 220.6	19 681.11	5	943.49
环长株潭城市群	9.96	4 073	8 761		879.62
武汉城市圈	5.78	3 141	6 972.11		1 206.25
鄱阳湖生态经济区	5.12	2 006.6	3 948		771.09
成渝经济区	17	9 123.1	14 966.984	6	880.41
辽宁沿海地区	5.65	1 779.6	6 948.94	7	1 229.90
关中—天水地区	7.98	2 700.16	4 573.33	8	573.10

资料来源：根据各有关地区统计年鉴计算。

在建设“中部金三角”的同时，可将中部地区大三角核心区作为中部地区城镇化的核心区域。中部大三角由三个组团组成，北部组团为中原经济区与太原城市群，南部组团为“中部金三角”，东部组团为皖江城市带。中部大三角应该成为中部地区“V”形反转的强力支撑、中部地区整体崛起的引擎。

扶持中部地区问题区域，需要中央政府完善区域管理制度基础，在谁管、管谁、咋管、管效四个方面立法。①。中部地区存在多种区域病，虽然自2006年以来中央政府已经将扶持西部落后地区的政策与扶持东北地区的老工业基地政策沿用到了中部地区，但全国没有形成一个统一规范的问题区域划分标准，区域政策仍然带有一定的随意性。完善政府重大经济社会问题的科学化、民主化、规范化决策程序，需要区域管理立法。

在产业政策引导方面，除重点支持《促进中部地区崛起规划》提出的“三个基地、一个枢纽”（即粮食生产基地、能源原材料基地、现代装备制造及高技术产业基地和综合交通运输枢纽）建设外，应该在战略型新兴产业与旅游业方面作出有选择的政策安排。中部地区的战略性新兴产业与旅游业有良好的发展基础，而且在全国具有重要地位。

除中央政府的支持外，中部地区应该在社会经济发展的机制创新方面作出努力。

五、结论

进入“十一五”时期后，中部地区在全国的地位发生了明显的积极变化，中部地区“V”形反转的态势已经形成，这表明中央政府实施的区域协调发展总体战略已经收到了一定成效。然而，目前的反转无论是在强度方面还是质量方面都还表现得比较脆弱，促进中部真正崛起还需要长期努力。从外部环境与内部条件看，保持中部地区“V”形反转的持续性是有可能的。

数据分析表明，中部崛起的关键是促进中部地区的城镇化与工业化。增强中部地区“V”形反转的可持续性，需要完善空间与产业两个方面的政策引导。作者认为，打造“中部金三角”与中部大三角、完善中央政府的区域管理制度基础以及中部地区的产业政策是

---

① 关于区域管理的制度基础问题，作者曾进行过详细研究，可参见张可云．区域经济政策．北京：商务印书馆，2005；张可云．欧盟区域政策的制度基础与中国区域政策未来方向．湖湘论坛，2010(3)。

未来的政策重点。当然，中部地区持续“V”反转有赖于中部各地区的努力。由于本文只是从全局的角度讨论此问题，关于中部地方政府自身的努力本文没有详细讨论。

参考文献

[1]John H. Thompson, *Some Theoretical Considerations for Manufacturing Geography*, *Economic Geography*, 1966 (42), pp. 357-358.

[2] Masahisa Fujita, Paul R. Krugman, and Anthony J. Venables (eds.), *The Spatial Economy: Cities, Region and International Trade*, MIT Press, 1999.

[3] Ray M. Northam, *Urban Geography*, New York: John Wiley & Sons, 1975.

[4] Raymond Vernon, *International Investment and International Trade in the Product Cycle*, *Quarterly Journal of Economics*, 1966(80), pp. 190-207.

[5]陈佳贵，黄群慧，钟宏武，王延中等. 中国工业化进程报告. 北京：社会科学文献出版社，2007.

[6]国家发展和改革委员会. 促进中部地区崛起规划，2009.

[7]国家发展和改革委员会. 鄱阳湖生态经济区规划，2009.

[8]王彦武. 中部地区发展差距的分析研究. 中州学刊，2005(3).

[9]杨云彦，田艳平，秦尊文. 全球化与中部崛起. 武汉：湖北人民出版社，2005.

[10]尹继东，彭迪云. 中国中部经济发展问题研究. 北京：中国财政经济出版社，2003.

[11]张可云. 欧盟区域政策的制度基础与中国区域政策未来方向. 湖湘论坛，2010(3).

[12]张可云. 区域产业布局样式与区域经济发展的理论分析. 区域经济研究，1994(2).

[13]张可云. 中部崛起政策问题探讨. //董克用. 公共管理与政策评论. 北京：中国人民大学出版社，2006.

[14]张可云．中部六省怎样走出尴尬．中国经济周刊，2003(11)．
[15]张可云．区域经济政策．北京：商务印书馆，2005．
[16]张培刚．牛肚子理论．决策，2005(1)．
[17]周绍森，胡德龙，王志国．“中部塌陷”与中部崛起//中部区域现状与发展战略研究．北京：经济管理出版社，2005．

“十二五”时期加快中央苏区发展思路研究

江西省发展和改革委员会地区经济处
（江西省发展和改革委员会　南昌 330046）

2009 年 10 月，国务院《关于应对国际金融危机保持西部地区经济平稳较快发展的意见》（国办发〔2009〕55 号）明确提出，要统筹区域发展，增强革命老区的自我发展能力，着力解决好革命老区基础设施社会事业方面的突出问题，鼓励依托资源优势，发展优势产业，尽快开展《陕甘宁革命老区振兴规划》编制工作。目前这项工作正在稳步推进，国家发改委与国务院发展研究中心于 2010 年 3 月底已经组织专家到陕甘宁十个地市开展联合调研，预计《陕甘宁革命老区振兴规划》会在今年 10 月份出台。这将是中华人民共和国成立以来第一部针对革命老区的发展规划。而对中国革命历史上范围更大、人口更多的中央苏区的经济社会发展进行研究就显得尤为紧迫。为此江西省发改委地区经济处组织人员联合赣州和抚州两市发改委开展了“加快中央苏区发展思路研究”，希望通过对中央苏区历史、现状及发展思路研究，为尽快编制《中央苏区振兴规划》及江西省“十二五”规划做好前期基础性工作。

一、中央苏区及其历史贡献

中央苏区即中央革命根据地，是指在 1929 年至 1934 年土地革命战争时期，中国共产党在以瑞金为中心的赣西南和闽西建立的革命根据地。1933 年秋，中央苏区辖有江西、福建、闽赣、粤赣、赣南五个省级苏维埃政权，拥有 60 个行政县，总人口 435 万人，总面积约8.4万平方公里，成为全国最大的革命根据地、全国苏维埃运动的中心区域。中央苏区在土地革命战争中发挥了最重要的作用，为中国革命作出了巨大贡献，具有重要的历史地位。

(1)中央苏区的建立，是中国共产党建立全国性政权的伟大尝试，是创立中华人民共和国的伟大预演。随着土地革命战争的深入发展以及各地苏区的创建、发展、壮大，建立一个与南京国民政府性质不同的人民革命政权的要求日渐高涨。1931年11月，中华苏维埃共和国临时中央政府在江西瑞金成立，毛泽东被选为临时中央政府主席。这个工农民主专政的国家政权是在中国共产党领导下建立全国政权的首次尝试，虽然其辖境只是全国的局部地区，但在这里，广大劳苦工农大众第一次享受了真正的民主权利，真正成了国家的主人和社会的支柱。因而，从一定意义上说，这是中国共产党领导和管理国家政权的首次预演。中华人民共和国的国体、政体、中央政府的组成(部委的构架)以及土地和婚姻政策等，无不传承了当年中华苏维埃共和国的基本历史经验。

(2)中央苏区为党和国家培养和造就了一大批栋梁之才。在中华人民共和国的开国元勋中，有相当一批领导经历过中华苏维埃共和国这一时期的锻炼。据统计，在中央苏区鼎盛时期，苏维埃政府系统约有干部1.3万人，党团干部约有2万人，他们中的幸存者绝大多数成为中华人民共和国的领导骨干。中国共产党的著名领袖毛泽东、周恩来、刘少奇、朱德、任弼时、邓小平、陈云、叶剑英、胡耀邦、杨尚昆等，当年都是中央苏区的党政军领导骨干。10位元帅中有9位，10位大将中有7位曾是中央苏区的重要军事领导人。此外，有130多人在中华人民共和国成立初期担任中央各部委、各省(市、自治区)的主要领导职务以及首批驻外大使等；有581人在“文化大革命”前被授予将军军衔，其中上将和中将数占全国的一半以上，少将占全国的1/3。这一时期的斗争实践，为中华人民共和国的诞生作了重要的干部准备。

(3)在创建中央苏区的伟大实践中，产生并初步形成了毛泽东思想。毛泽东是农村包围城市、武装夺取政权的中国革命道路的主要开辟者，是中央革命根据地和中华苏维埃共和国的主要创建者和领导者。在领导创建中央苏区和中华苏维埃共和国的实践中，毛泽东把马克思主义同中国革命具体实际相结合，对中国革命进行深入的思考和实践，先后撰写了《关于纠正党内的错误思想》、《星星之火，可以燎原》、《反对本本主义》、《必须注意经济工作》、《怎样分析农村阶级》、《我们的经济政策》、《关心群众生活，注意工作方法》等文章，深刻阐发了关于中国革命道路的思想，关于党和红军建设的思想，关于根据地建设的思想，关于党的思想路线和群众路线的思想，提出了对中国革命道路及其斗争规律的一系列独特认识，使我们党在理论上第一次历史飞跃开始起步。毛泽东在中央苏区创立的重要思想理论，为中国革命的发展提供了强大的理论保证。

(4)中央苏区人民为中国革命做出了巨大贡献，付出了巨大牺牲。五次反“围剿”的主战场就在中央苏区范围内。苏区干部群众省吃俭用，通过节约每一粒粮食、每一个铜板，捐助红军，有力地支援前线，大量地方武装配合红军作战。此外还踊跃认购革命战争公债和建设公债。据黎川、乐安、宜黄、广昌四县的不完全统计，四县认购公债12万元。在赣南，仅13个苏区县约240万人口中，支前的就有60多万人，先后参加红军的有33万余人。在牺牲的20余万人中，有名有姓的烈士10.8万人，占全国革命烈士总数的1/16。兴国、瑞金、于都、宁都等县的烈士都在1.6万人以上，抚州有近9 000人。红军长征后国民党在抚州施行“屋换石头人换种”的滥杀政策，灭绝户数约3万户，被毁村庄100多个，被烧房屋约6万间。70多年过去了，到目前抚州仍然还有革命烈属2 976户6 535人，革命伤残军人1 143人。

(5)苏区精神是中国共产党人革命精神的重要组成部分。中国共产党在创建中央苏区和中华苏维埃共和国的斗争中，培育形成了继井冈山精神之后的又一宝贵精神财富——苏区精神。苏区精神既是井冈山精神的继承和发展，又与长征精神、延安精神、西柏坡精神一脉相承，是中国共产党人革命精神的重要组成部分。苏区精神的主要内涵为：星火燎原，信念坚定；反对“本本主义”，开拓进取；执政为民，争创第一；艰苦奋斗，廉洁奉公；无私奉献，不怕牺牲。当年，广大苏区干部正是在苏区精神的鼓舞下，创造了“第一等工作”，使苏维埃共和国各方面的建设和革命形势得到蓬勃发展。

毛泽东在总结这段历史时曾饱含深情地说，党开辟了人民政权的道路，因此也就学会了治国安民的艺术。党创造了坚强的武装部队，因此也就学会了战争的艺术。所有这些，都是党的重大进步和重大成功。我们不但会运用马克思主义去解决政治问题，而且会运用马克思主义去解决战争问题；不但造就了一大批会治党会治国的有力的骨干，而且造就了一大批会治军的有力的骨干。这是无数先烈的热血浇灌出来的革命的鲜花，不但是中国共产党和中国人民的光荣，而且是世界共产党和世界人民的光荣。中共中央《关于建国以来党的若干历史问题的决议》指出：“在土地革命战争中，毛泽东、朱德同志直接领导的红一方面军和中央革命根据地起了最重要的作用。”2010 年 2 月 13 日，胡锦涛总书记在看望福建龙岩市上杭县古田镇的老区人民时说：“在革命战争年代，老区人民为中国革命胜利和新中国建立付出了巨大牺牲、作出了重大贡献。帮助老区加快发展、改善民生，是党和政府的重要职责。今后，我们将继续实施各项扶持政策，推动老区又好又快发展。”加快中央苏区发展是牢记历史、缅怀革命先烈、关心老区人民的体现。中央苏区素来有“世界钨都”、“稀土王国”之誉，石墨储量居江西省之首，重晶石达江西省保有量的 100%。同时中央苏区地处长三角、珠三角、闽东南三角区的腹地，有利于承接沿海发达地区的产业转移，可以成为江西内部分城市、乃至中西部一些省份的出海大通道。充分发挥中央苏区的区位优势、生态优势、人文优势和资源优势，加快其发展，具有重要的现实意义。

二、中央苏区经济与社会发展现状

长期以来，党中央、国务院对中央苏区的发展始终十分重视和关心，在制定规划、研究政策、推进项目和安排以工代赈、财政扶贫资金、贴息贷款专项扶贫资金等方面，均对中央苏区给予了一定倾斜。改革开放以来，特别是进入21世纪以后，中央苏区经济、文化、社会、生态等各方面建设都取得了巨大成就。地区生产总值从1978年的19.25亿元增加到2008年的1 268.8亿元。各项社会事业全面进步，人民生活水平显著提高。

但由于自然、历史等多方面原因，中央苏区经济社会发展水平与全国以及东部地区的差距越来越大。从人均国内(地区)生产总值看，在数值上，1978年中央苏区与全国的差额为164元，1990年差额上升到590元，2008年进一步拉大到12 315元；在百分比上，从1978年相当于全国平均水平的59%，1990年的61%，下降到2008年的45.7%。与东部地区比，中央苏区的差距更加明显。人均地区生产总值由1990年的相差1 679元拉大到2008年的相差26 830元，仅为东部地区的27.9%。从江西省内来看，中央苏区国土面积占全省的35%，总人口占28%，但2008年地区生产总值仅占全省的20%，地区财政收入仅占全省的17%。人均国内生产总值也从1978年的与全省均值相差56元，拉大到1990年的205元，直至2008年的4 345元。中央苏区属于江西省发展相对落后的地区，经济社会发展依然存在诸多突出矛盾和问题，经济结构不合理、自我发展能力不足的状况仍然没有得到根本改变，基础设施落后、基本公共服务能力薄弱、贫困面广量大的问题仍然突出，主要表现在：

1. 经济发展内生动力严重不足

(1)产业结构不合理。首先，第一产业增加值占GDP的比重长期高于全国平均水平。从1978年的近30个百分点，到2008年仍高出有10个百分点。其次，第二产业增加值占GDP的比重低于全国平均水平。从1978年的近16个百分点，到2008年仍低4个百分点。如果用工业增加值占GDP的比重来反映工业化程度，1983—2005年期间赣州市的工业化程度平均比全国水平低20.95个百分点，2008年赣州市、抚州市工业化程度分别提高到30%和26.7%，仍比全国低15.48个百分点和19.18个百分点。最后，第三产业增加值占GDP的比重长期低于全国平均水平6～8个百分点。除了与全国相比存在较大差异外，与全省相比，中央苏区产业发展还处于工业化的初级向中级发展的起步阶段，第一产业实力较强、工业化程度相对较低，服务业发展相对滞后。(2)动力结构不均衡。2008年中央苏区国内地区生产总值1 268.8亿元，全社会固定资产投资完成742.27亿元，社会消费品零售总额434.56亿元，出口总额12.41亿美元。在经济发展的三驾马车中，投资对经济发展的贡献率最大，大约占60%。出口总额仅占全省的16%。实际利用外商直接投资8.22亿美元，仅为全省的22.8%。(3)城乡结构不合理。集中体现在城镇化进程滞后、城市竞争力不强。1998年赣州的城镇化率为14.5%，2000年抚州为23.2%，2004年中央苏区为28.5%，以后逐年提高至2008年的37.5%左右，分别低于全国(45.68%)、全省(41.36%)平均水平约8个和4个百分点。城镇无法充分发挥聚集生产要素、发展现代产业并带动农村发展的作用；农村人口转移困难，第一产业所占比例偏高而且集约化、现代化进程缓慢。中央苏区长期以来一直难以摆脱粗放型的发展模式。

2. 公共服务水平十分低下

中央苏区人均地方财政收入比全省少443元，比全国少1 534元，比东部地区少2 821元，仅为全省水平的60%，全国水平的30%，东部地区水平的19%。地方财政收入的严重不足，导致对社会事业、公共设施、农村民生工程、教育文化卫生等的投入很少。人民群众难以享受到更好的交通邮电、文化卫生教育的发展成果。中央苏区的电话普及率比全国低23.3个百分点，反映教育普及程度的初中毕业升入高中阶段的比例比全国低10个百分点，每万人拥有卫生机构床位比全国平均水平少8.3张，仅达到全国平均水平的69%，每万人拥有职业医师和助理医师数量仅达到全国平均水平的64%。每万人拥有民用轿车数量比全国平均水平少143辆，比全省平均水平少25辆，分别只为两者的23%和63%。

此外中央苏区贫困地区的基本生产条件和基础设施尚未得到根本改变，吃水难、行路难的问题还没有彻底解决，中央苏区贫困地区耕地面积中，基本农田只占80%，基本农田中80%属于中低产田。中央苏区尚有111.5万人存在饮水困难。

3. 人民生活质量普遍不高

城镇居民人均可支配收入比全省、全国、东部地区分别少811元、3 726元、8 140元，农民人均纯收入比全省、全国和东部地区分别少763元、827元、4 174元。特别是职工平均工资差距显著，比全省、全国和东部地区分别少6 391元、14 620元、19 707元，仅是全省平均水平的70%，全国平均水平的50%，东部地区的42.6%。由此造成消费动力不足。人均储蓄存款余额比全省平均值少1 908元，比全国平均值少8 846元，只有全国的46%，全省的80%。2008年中央苏区社会消费品零售总额434.6亿元，占全省的20.9%。按照国家确定的扶贫标准人均收入1 196元统计，中央苏区低于这一标准的人口还有32.5万人，占农村人口的6.3%。长期以来，中央苏区农村居民消费滞后于城镇居民消费，2008年城镇居民人均生活消费支出为8 073元，农村居民为2 815元，不足城镇居民的25%。农民收入增长缓慢，消费能力弱。

4. 重大基础设施保障不力

中央苏区地区交通还不便捷，路网功能等级低、路况差，对外通道明显不足，2008年公路通车里程37 166公里，每平方公里0.64公里。旅客周转量621 150万人公里，仅占全省总量的8%。货物周转量691 197万吨公里，仅占全省总量的6.5%。能源建设滞后。表现为能源自给率偏低、电网建设滞后、电业发展严重滞后、能源利用效率低、优质能源消费比例低下、能源环境问题日趋严重等问题。2008年中央苏区发电量144 529万千瓦时，仅占全省总量的3.1%。特别是抚州市发电量仅为14 244万千瓦时，仅占全省总量的0.3%。原煤产量64.13万吨，仅占全省的2.5%。水利设施普遍老化，农业基础设施依然薄弱，抵御各种自然灾害的能力弱，综合生产能力低，水土流失治理困难。项目建设资金缺口较大，资金紧缺的问题突出。

三、加快中央苏区发展的重大意义

当前，国际国内环境继续处在深刻复杂的变化之中，改革发展稳定任务艰巨繁重，我国发展面临的新机遇新挑战都很突出，同时也是江西省全面实施鄱阳湖生态经济区规划的先行先试、强基固本阶段，中央苏区发展面临的新机遇新挑战也都很突出。虽然中央苏区发展取得了巨大成就，但仍是全省相对落后的地区，与东部地区发展水平的差距仍然较大，中央苏区仍然是我省全面建设小康社会的难点和重点。中央苏区发展相对滞后，要如期实现全面建设小康社会目标，需要付出更多、更艰苦的努力。没有中央苏区的小康就没有全省的小康，没有中央苏区的现代化就不能说实现了全国的现代化。逐步缩小地区发展差距，实现全省经济社会协调发展，最终实现全体人民共同富裕，是社会主义的本质要求，是关系我省发展全局的重大问题。加快这一地区的发展，对于推进我省社会主义现代化建设，尤其是鄱阳湖生态经济区的建设具有重要作用。

1. 加快中央苏区发展是全面建设小康社会的必然要求

首先，全面建设小康社会是实现社会公正的基本要求。中央苏区目前存在明显的发展滞后现象，广大人民群众有强烈的发展欲望和致富要求，如果中央苏区的落后面貌得不到有效的改变，人民群众不能分享改革的成果，政府制定的各项政治目标就难以实现。其次，中央苏区占全省国土面积的35%，总人口的28%。因此，中央苏区全面建设小康社会，关系到我省全面建设小康社会的成败。最后，鄱阳湖流域第一大河赣江以及抚河、东江的源头都在中央苏区，赣州、抚州的森林覆盖率分别为74.2%、61.5%。中央苏区生态环境的保护、可持续发展能力的增强，关系到其他地区的全面小康社会能否实现。因此，没有中央苏区的“全面小康”，我省的全面小康社会也就不“全面”。

2. 加快中央苏区发展是构建社会主义和谐社会的必然要求

首先，我国正处于社会主义的初级阶段，生产力发展水平低，江西又是一个欠发达的中部省份，坚持以经济建设为中心，大力发展生产力，增强中央苏区经济实力是构建社会主义和谐社会的必然要求。其次，人口的不断增多，给自然资源和生态环境带来了沉重压力，鉴于中央苏区的特殊地理区域条件，加快中央苏区发展，对于保护江西生态环境特别是水环境，实施生态立省、绿色发展战略，推动鄱阳湖生态经济区建设，促进区域经济社会发展，保障长江中下游和粤港地区生态安全具有重要意义。同时也是实现人与自然和谐相处，走可持续发展道路以及构建和谐社会的正确选择。最后，江西省地区经济发展不平衡，特别是与东部发达地区贫富差距比较大，加快中央苏区发展是促进地区经济协调发展，实现全体人民共同富裕的迫切要求。

3. 加快中央苏区发展是贯彻落实科学发展观的必然要求

首先把整个中央苏区的发展纳入长三角、珠三角以及鄱阳湖生态经济区、海峡西岸经济区的发展全局，作为一个相互联系、相互依存的完整系统，从统筹城乡发展、统筹区域发展的角度，推进经济、政治、文化协调发展，是贯彻落实科学发展观的必然要求。其次从生态环境得到保护与改善，资源利用效率显著提高，可持续发展能力不断增强的角度看，加快中央苏区的发展，实现人与自然的和谐，推动江西省及周边整个社会走上生产发展、生活富裕、生态良好的文明发展道路，是贯彻落实科学发展观的必然要求。

四、加快中央苏区发展的基本思路

继续加大对中央苏区财税、投资、金融、产业等方面的支持力度，更加注重基础设施建设，更加注重生态环境保护与建设，更加注重经济结构调整，更加注重社会事业发展，更加注重优化布局，更加注重体制机制创新，努力把中央苏区建设成为承接沿海绿色产业转移的集聚区、连片综合扶贫开发的示范区、江河源头生态安全的保障区，推动中央苏区经济社会跨越发展，与全国、全省基本同步实现全面建设小康社会的奋斗目标。

1. 战略定位

承接沿海绿色产业转移的集聚区：改革开放 30 多年来，我国东部沿海地区与中西部地区的经济格局正在发生重要变化。东部沿海地区受国外市场需求变化和周边国家竞争加剧的影响，传统产业的发展优势逐步减弱，进一步加快发展面临着资源环境约束矛盾日益突出、生产要素供给趋紧、产业升级压力增大等诸多问题，迫切需要通过产业转移来加快经济转型和结构升级。中央苏区环境承载能力较强，要素成本较低、市场潜力大，具有承接产业转移的优越条件和加快发展的迫切需要，是闽东南三角、珠三角向中西部地区产业转移和辐射的最接近区域。要把承接产业转移与调整区域经济结构、优化产业空间布局结合起来。一是以赣州市、抚州市为核心，在此基础上，构建大中小城市和小城镇协调发展的现代城镇体系，形成产业合理布局、错位发展，城市功能完善、各具特色的空间开发格局；二是把承接产业转移与推进开发园区转型升级、打造承接载体结合起来。适应产业大规模、集群式转移的趋势，在沿交通干线适宜开发地区高水平规划建设承接产业转移集中区，打造出新兴的现代产业密集区。创新园区合作共建方式和利益分享机制，鼓励示范区与沿海地区政府、开发园区、战略投资者和中央直属企业采取建设园中园、托管园区和共管园的方式合作共建开发园区，鼓励示范区内有条件的市、县突破行政区划界限，跨区域合作共建开发园区，推进组团式承接产业转移。三是把承接产业转移与加快推进生态文明建设、实现可持续发展结合起来。积极探索节约集约资源的新举措，按照“布局集中、用地集约、产业集聚、资源节约”的原则，严格执行产业准入标准，加强生态建设和环境保护，推进节能减排，促进资源综合利用，大力推行清洁生产，发展循环经济和低碳经济，创新资源节约和环境保护的体制机制，加快推进示范区资源节约型和环境友好型社会建设，努力把集聚区建设成为中西部地区资源节约集约利用水平最高的区域之一，实现人与自然和谐发展，经济社会发展和环境保护相协调。四是发挥比较优势和后发优势，围绕重点产品、重大项目和龙头企业，推进结构调整，加快产业对接，促进开放型经济和内生型经济的融合，逐步形成产业集聚，提升综合竞争力，构筑中央苏区产业高速成长的新高地。在与“长珠闽”对接和互动中，不断壮大主导产业，形成全国有影响的集矿产开采、生产、加工贸易和科研为一体的有色冶金产业，辐射周边及大城市的绿色、有机食品生产产业。

连片综合扶贫开发的示范区：坚持以科学发展观为指导，把尽快稳定解决扶贫对象温饱、实现脱贫致富奔小康作为根本任务，把提高农村贫困人口的自我发展能力作为着力重点，按照“整合项目、聚集资金，综合投入、连片开发，比选立项、群众主体”的原则，深入搞好扶贫连片开发试点，加快贫困村、贫困户向建设新农村、小康户转变，推动中央苏区连片贫困人口脱贫致富的跨越发展，推动贫困地区经济社会统筹协调发展。一是科学制定规划，集中连片推进。对山、水、田、林、路进行综合规划，与现代农业发展和新农村建设相配套，整体推进基础设施、产业发展、社会事业、人居环境、组织建设等方面的工作，做到建设一片、脱贫一片、致富一片。二是突出产业支撑，提高发展能力。发展优势特色产业，提高农民素质，培养新型农民。三是建立整合使用资金、充分发挥农民主体作用、农民直接受益、持续受益的机制，完善政策引导。四是切实加强领导，形成整体合力。

江河源头生态安全的保障区：长江暨鄱阳湖源头水资源生态保护工程是鄱阳湖生态经济区建设的第一大工程。中央苏区是赣江、抚河、东江等河流的发源地。赣江、抚河汇入鄱阳湖，形成相对独立的水系。源头保护区总面积3 256平方公里。占“五河一湖”及东江源头保护区面积的1/3。加强赣江、抚河及东江源头生态安全建设，对于实施生态立省、绿色发展战略，保护江西生态环境特别是水环境，维护长江中下游水生态稳定和粤港地区饮用水安全具有重要意义。要把中央苏区建设成为鄱阳湖流域、闽江流域水生态安全的重要保障区。继续加强生态功能保护区、自然保护区建设。优化源头产业布局，淘汰落后生产能力，实行严格的环境准入制度，加快城镇生活污水和生活垃圾处理步伐，严格控制农村面源污染，严格环境执法，科学制定和稳步实施生态移民规划。

2. 战略任务

(1)着力壮大县域经济

充分发挥各地比较优势，推进形成主体功能区，积极完善区域政策，全面构建区域分工合理、主体功能清晰、区际良性互动、基本公共服务均等的县域协调发展新格局。

① 发挥各地比较优势，增强综合竞争力。各地要充分发挥资源、区位等比较优势，调整优化产业布局，错位发展特色优势产

业，形成特色经济。着力壮大工业，做强农业，因地制宜发展资源经济、劳务经济、生态经济，促进各县工业由小到大、农业由大到强，实现工业化、城镇化、农业产业化“三化”互动。发展基础好的县要加快发展，进入全省县域经济发展前列，发展基础一般的县要迎头赶上，进一步增强县域经济综合竞争力。打造好赣州开发区、沙河工业园和水西钴钼有色冶金基地发展平台，积极发展有色冶金深加工、机电制造、食品加工、制药及现代轻纺业，拓展新型能源、节能环保设备等低碳经济新型产业，建设循环经济示范基地。大力发展东乡燃料乙醇等新能源产业及生物医药、中药饮片加工、生物农药、中成药制造、生物肥料等高新技术产业。促进抚北有色金属、南丰蜜橘、广昌太空莲、崇仁麻鸡等特色产业发展，将其打造成省级产业基地。

② 加强区域间经济联动，形成整体推进合力。创新县(市、区)合作共建机制，加强在经济、社会、文化等方面的密切合作，实现资源共享、优势互补、产业互融、市场共兴。坚持区域一体化发展原则，以落实中部地区崛起、鄱阳湖生态经济区以及海西经济区等区域规划为契机，统筹推进赣粤、赣闽产业走廊建设规划的实施，强化县域合作，狠抓要素整合，推动产业集聚平台构建集约化，实现优势互补、竞相发展、共同繁荣。

③ 大力发展民营经济，大力促进全民创业。要坚持不懈地培育“人人创业”的人文精神，鼓励引导人们勇于创业、合法致富。要认真贯彻落实中央和省制定的各项政策措施、特别是前不久国务院出台的进一步鼓励和引导民间投资健康发展的政策措施，按照“非禁即入”的原则，进一步拓宽民间投资的领域和范围，吸引民间资本进入基础设施、市政公用事业，兴办金融机构，投资商贸流通产业，参与发展文化、教育、体育、医疗、社会福利事业，使全民创业的热潮不断升温。着眼于优化环境，进一步为县域经济发展“松绑”。在“强县扩权”方面有新的突破、新的作为。按照“能减就减，能放都放”的原则，在不违背国家政策的前提下，凡是能够下放给县(市、区)的经济和社会管理权限全部下放，凡是县(市、区)能做的事情全部交出，让各县(市、区)有更大的空间创造性地

开展工作，为县域经济的超常规发展创造最为有利的体制机制环境。

(2)加快重大基础设施建设

① 着力完善现代立体交通网络建设，将中央苏区打造成连接长三角经济区、珠三角经济区、海西经济区、中西部腹地的交通大通道。一是建成济广高速赣州段、厦蓉高速隘岭至瑞金段、泉南高速赣州段、大广高速龙南段，加快建设鹰瑞高速公路和厦蓉高速赣州至崇义段，抓紧开工建设丰杉线、黎泰线、黎川樟溪至建宁、广昌塘坊至宁化安远等出省公路以及寻乌至全南、兴国至赣县高速公路，努力促进抚吉、资溪花山界至里木、广昌—建宁—泰宁等高速公路尽快开工建设，实现县县通高速公路的目标。加快国省道和农村公路建设步伐，全面提高公路等级和通达程度，实现县乡公路等级化，县至县公路达二级以上标准，县乡公路上等级，村村通水泥路。二是加快向莆铁路建设，确保2012年建成通车。着力谋划南昌—抚州—福州城际高速铁路，争取尽快列入国家铁路网规划。加快推进阜鹰汕铁路前期工作，力争2010年开工建设，打通衔接“长三角”的快速通道；争取衡茶吉铁路东延纳入国家铁路网规划，实现与向莆铁路对接，打通面向“长株潭”等中西部地区的快速通道。加快建设赣州至韶关、赣龙扩能改造、昌吉赣客专、鹰潭至瑞金至梅州、赣州至井冈山以及昌吉赣南延赣州至深圳(京九客专赣州段)等铁路，力争形成赣州至深圳、赣州至厦门的金三角高速铁路网，推进三明至赣州至吉安、赣州至郴州铁路前期工作，实施赣州火车站改扩建和京九电气化改造工程，完善客货运站场配套设施建设。三是提高赣江、贡江航道及其水系支流的航道等级，推进赣粤运河前期研究，完善港口码头集疏运体系，建设赣州港水西综合(货运)码头及一批优秀水上旅游景区码头。积极参与湄洲湾集装箱货运专用码头建设，打通中央苏区的出海通道。四是建设赣州机场国际候机楼，扩建机场停机坪及辅道，加密赣州至北京、上海、广州等主要城市的航班，争取新增过站航线，力争赣州机场旅客年吞吐量突破50万人次，货邮吞吐量达3 000吨以上。抓紧开展抚州机场项目前期工作，争取使抚州机场项目列入国家规划。

② 加快能源保障体系建设。一是进一步强化电力供给保障能力，建设华能瑞金电厂二期工程，开展赣州核电前期工作。建设赣州南500千伏输变电工程，形成南北双回辐射的500千伏主网架，积极开展赣州1 000千伏特高压交流输变电工程、赣州东（瑞金）500千伏输变电工程等超高压、特高压电网建设项目前期工作。争取抚州电厂在2010年由国家发改委核准开工建设，加快建设坚强的中央苏区电网。二是发挥铀矿资源优势，大力推进抚州核电站选址等前期工作，争取该项目尽早列入国家规划。三是新建成品油管道及赣州和乐油库、瑞金铁路油库。实施“西气东输”工程，统筹布局城市天然气管网，提高民用和企业用气覆盖率，争取县县通管道天然气。四是加强水资源开发利用，大力发展新能源和可再生能源，积极开发利用太阳能、风电、生物质能，推广应用清洁能源。

③ 进一步加强农林水基础设施建设力度。重点实施一批具有防洪、灌溉、供水等功能的综合水利工程，切实提高和改善农业生产条件，增加农业生产效率。做好廖坊灌区二期工程的前期工作，争取国家发改委年内批复可研报告；实施好临川唱凯、崇仁沙堤、金溪浒湾堤、南城胜利堤等13条万亩以上圩堤的除险加固工程；继续实施农村人口饮水安全工程，在“十二五”期间解决中央苏区农村人口饮水安全问题；重点抓好道路、供水、城市污水及垃圾处理等项目建设，加快完善城市综合服务功能，提高城区供水能力，加强各类公园、中心绿地和重要地段、江河湖沿岸的绿化建设，加强风景名胜资源、历史文化遗产的保护。

（3）加强环境保护与生态建设

把推进工业化城镇化与生态文明有机统一起来，把建设资源节约型社会、环境友好型社会放在更加突出的位置，大力发展绿色经济、生态经济，加快形成节约能源资源、保护生态环境和适应气候变化的产业结构、增长方式和消费模式，促进人与自然的和谐相处，促进代际公平和永续发展。

① 大力推进绿色低碳经济，改善生态结构，发展壮大生态产业。统筹经济发展和生态保护，积极发展绿色低碳经济，培育以低碳为特征的新经济增长点，建设以低碳排放为特征的工业、建筑和

交通体系，大力发展绿色食品等产业，城市建设采用节能环保的新型建筑材料和工艺，城市功能设计提前考虑将来低碳生活的需求，推动经济社会发展向高能效、低能耗、低排放模式转型。转变能源资源开发利用方式，优化能源结构，发展可再生能源和核能。发挥科技对发展绿色低碳经济的支撑作用，加快低碳技术研发和产业化。

② 加强生态文明区域经济体系建设，创建宜居环境，树立生态品牌。加强生态环境保护，坚持预防为主、源头控制、综合整治、强化监管，严格防范环境风险，改善环境质量。控制工业污染物的产生和排放。加强水环境综合治理，持续改善大气环境质量。参与和落实好鄱阳湖全流域综合治理规划和十八个专项规划，积极争取生态环境补偿政策和生态保障基金，推进鄱阳湖流域水生态安全的重要保障区建设。组织实施好污水处理、垃圾处理、循环经济发展、源头保护、农业面源污染综合防治、新型能源开发和节约利用、环境恢复整治、绿色公交网络、生态景观、生态移民等十大基础工程。

③ 建立和完善领导干部环境保护考核体系，将环境保护纳入政绩考核体系，积极探索和推动绿色 GDP 核算体系的建立。

(4)大力实施民生工程

① 优先发展教育事业。保障基础教育财政支出，依法保障弱势群体受教育权益，逐步解决中小学大班额和务工人员子女平等接受义务教育问题。着力提高教师队伍素质，妥善解决公办中小学代课教师问题。进一步优化教育布局，积极改善办学条件，逐步解决农村教学点问题。推进中小学校基础设施建设，规划实施县级教育园区，加快建设中小学校安工程。大力发展职业教育，规划建设赣州职教园区，新建赣州市职业技能公共实训中心，启动实施中等职业教育二期工程，完成赣州技师学院迁建工程，积极推进赣州卫生学校等学校申办高等职业院校。

② 完善就业和社会保障体系。全面落实就业扶持政策，拓宽就业、择业、创业渠道，鼓励自主创业、自谋职业等多种形式的灵活就业，全面推进落实小额贷款政策，推进创业带动就业。抓好高

校毕业生、困难人员、农民工等重点群体的就业再就业，进一步完善大学毕业见习生制度。加大职业培训力度，提高劳动者整体素质。加强统筹城乡社会保障体系建设，推进各项社会保险扩面征缴工作。加快建立新型农村社会养老保险制度，继续贯彻落实被征地农民参加养老保险办法。健全完善社会救助体系，提高城乡低保标准，加快发展社会福利和慈善事业。抓好保障性住房建设，切实解决低收入家庭住房困难。

③ 完善公共卫生和基本医疗服务体系。完善公共卫生服务功能，提高突发公共卫生事件应急处置能力。建立健全疾病预防控制、传染病救治、应急救治、采供血等专业公共卫生服务网络，构建新型医疗服务体系。加快建立和完善以县医院为龙头、乡镇卫生院为枢纽、村卫生室为基础的农村三级医疗卫生服务网络和以社区卫生服务中心为主体的城市社区卫生服务网络。加快赣州市人民医院等重点项目建设，提升中心城区医疗服务水平。深化医药卫生体制改革，进一步扩大医疗保障范围，确保农民参合率达到95%以上，城镇居民医疗保险覆盖面达到100%。

④ 大力实施民生工程，改善和提高人民生活水平。大力推进保障性住房建设，加快棚户区改造、新市民公寓和廉租房建设，推进和提升社区建设的综合水平。切实抓好“米袋子”、“菜篮子”工程，保障市场有效供给。加快推进实施广播电视村村通、文化信息资源共享、乡镇综合文化站和基层文化阵地建设等文化惠民工程。扎实推进赣州市自然博物馆、马祖岩文化生态公园、赣州市文化艺术中心等的建设。加快市养老服务行业和残疾人综合服务设施等项目建设，积极推进殡葬服务体系建设。加快农民体育健身工程和城市社区体育场馆设施建设，不断提高体育健身人口比例。

(5)扎实推进城乡一体化进程

把加快城镇化作为统筹城乡发展的主攻方向，把促进农民工安居乐业作为统筹城乡发展的突破口，把促进城乡基本公共服务和基础设施一体化作为统筹城乡发展的着力点，加快建立健全以工促农、以城带乡的长效机制，促进城乡规划共绘、设施共建、产业共兴、市场共融、政策共享，推动城乡协调发展、共同发展。

① 以“两核两轴”为主体，构建新型城镇化战略格局。制订和实施城乡一体化规划，突出发展以赣州、抚州中心城区为核心、以入闽通道和入粤通道为两条主轴、包括两小时经济圈在内的中央苏区板块，另外进行瑞金、龙南(另加抚州地区)次中心城市建设，以增强综合承载能力为重点，以特大城市为依托，形成辐射作用大的城市群。按照统筹城乡、布局合理、节约土地、功能完善、以大带小的原则，围绕“两核两轴”中心城市，配套发展城镇体系，形成中间带动、两点呼应、全区联动、城乡一体的新型城镇化发展格局。

② 以生态文明、宜业宜居为重要建设内容，加快推进特大城市建设。通过3~5年的建设，使赣州中心城区面积超过100平方公里，人口超过100万人，成为四省通衢的区域性现代化中心城市、省域副中心城市、东南沿海腹地核心城市。再用10~15年时间，将赣州建成中心城区面积为200~300平方公里、人口为200~300万的特大城市。抚州市建设目标为力争社会治安综合治理保持全国先进水平；廉租房、经济适用房、新市民公寓、廉租店铺、棚户区改造规模居全省和周边地区前列；城乡居民就业、就学、医疗等问题得到解决，实现城乡医疗救助全覆盖和合作医疗全覆盖以及养老保险全覆盖；主要环境指标保持良好水平，人口资源环境相协调，成为生态环境优美的宜居宜业之城和幸福指数高、品质生活优的和谐之城。

③ 以完善交通运输网络为重要支撑，统筹落实好城乡基础设施体系。完善城市基础设施网络体系，改造和新建重要出口、桥梁和快速干道，实施城市路网加密和主干道建设工程，提高快速疏散能力。形成以高速公路、铁路、航运、水运为主线，外连内环的交通网络。加快建设城市群间的立体快速客运网络，完善城市公共交通网络，建设中心城市轨道交通。进一步提高中小城市和小城镇公路网络通达程度。统筹交通基础设施布局，加强各种运输方式之间、城市交通与对外交通之间的一体化有效衔接与便捷换乘。以信息化、智能化为手段，提升交通运输服务保障能力。大力加强县城和中心镇基础设施和环境建设，为非农产业和农村人口集聚创造

条件。

④ 以现代生产型和消费型服务业为重点，加快推进城市现代服务业发展。加快建设现代生产型和现代消费型两大功能服务平台，逐步形成运行机制完善，市场化和开放性程度高的城市现代服务业格局。中心城区加快形成现代物流、旅游休闲、都市商贸、金融服务、信息中介等五大体系，建成赣州综合物流园区、市旅游集散中心、赣州市农产品综合批发交易市场、赣州粮食城、章江新城区金融中心、开发区劳动力市场、体育健身综合训练馆等重点项目。瑞金围绕红色故都、共和国摇篮，打造红色旅游产业；依托区位优势积极对接海西经济区，大力发展现代物流产业和商贸业。以广昌物流队伍、南城运输队伍、南丰营销队伍和中央苏区在广州、上海、北京、南昌等各大城市创办的物流公司为依托，通过引导、扶持、整合，抱团成势，发展一批大型化、社会化、专业化现代物流企业，形成集报关、仓储、装卸、运输、电子商务为一体的物流配送网络。龙南围绕建设赣粤边际服务中心城市目标，加快发展客家围屋文化旅游产业、商贸与物流业等现代服务业。其他地区要充分发挥交通网络和区位条件的潜力，加快要素集聚和产业集聚，发展各具特色的城市现代服务业，提升现代服务业的发展层次。

(6)不断创新机制体制

改革创新是推动经济发展的根本动力。实现进位赶超跨越发展，必须进一步解放思想，加大重点领域和关键环节的体制机制创新，营造追赶跨越发展的良好氛围。

① 推动十大体系建设形成载体、形成机制、形成环境。创新性地抓好十大体系“进园区、进市场、进社区”工作，不断探索加快十大体系建设成果转化的新方法，推动体制机制向关键环节和重点领域突破。以十大体系建设为重点加速形成转变发展方式的新体制机制。推进重点物质载体建设，加快完善口岸和物流服务、信息网络、技术标准等体系，进一步改善承接产业转移的配套条件。抓好政策文件的落实与完善。研究探索开发区和相关县的税收分享机制，建立完善“飞地”政策，制定合理的利益分配机制，调动中央苏区内赣州开发区、抚州金巢开发区和相关县的积极性。

② 加强对接融合与对外开放。对接融入国家区域发展战略，争取更大的政策空间和更多的项目支持，全面促进与珠三角、长三角和海西经济区中心城市的区域合作。大力推进赣州综合物流园区、“无水港”、黄金机场空港物流中心等重点项目建设，加快形成集公路、铁路、航空、水路于一体的现代交通物流体系，全面提高对接融合水平。充分利用香港产业园、台资工业园等重要平台，积极引进战略投资者，加大重大产业项目招商力度，重点推进产业组团式转移和产业链整体转移，提升产业整体竞争力。加强与我国台湾地区的农业合作，引进农业新技术改造传统农业，促进农产品深加工。创建我国台湾地区农民创业园、现代园艺业合作示范区、现代畜牧业合作示范区、现代林业合作示范区、农产品加工合作示范区。大力发展品牌农业，形成一批各具特色，具有规模效益、品牌效应和产业集聚力强的优质农业产业群。

③ 积极培育资本要素市场。深化投资体制改革，加强政府投资管理，建立固定资产投资节能评估制度，进一步提高政府投资效益。大力推进金融组织创新，完善中小企业贷款担保机制，充分运用好金融衍生产品，推进资源证券化，力争在组建矿业银行、培育农村新型金融组织上取得实质性进展。加强资源整合和资本运作，组建和完善交通集团、城投集团、水务集团、工业投资集团、客家旅游集团和农业实业集团等投融资平台。完善推进企业上市的工作机制，加快培育上市后备企业资源，积极推进更多企业进入上市程序。支持发展股权融资和债务融资，培育和发展私募基金。推进设立赣州创业投资引导基金。建立完善建设用地保障体系，优化建设用地规划布局，促进土地要素向优势地区、重点地区、重点产业和重大建设项目倾斜。

五、加快中央苏区发展的政策建议

1. 规划引导

把推进中央苏区发展列入议事日程，制定《中央苏区振兴发展规划》，把其纳入国家“十二五”规划纲要，明确中央苏区发展的重大意义、战略目标、基本原则、指标任务和实施步骤，提出振兴中央苏区的具体政策措施。

2. 财税政策支持

将中央苏区列入国家重点扶持地区，享受国家扶贫开发重点县政策和比照西部地区政策。设立中央促进老区经济社会发展基金，并列入财政预算，实施连片开发；实行基础设施和义务教育、公共卫生、社会保障投入，老区优先的政策；中央财政拨出专款核减贫困老区既有债务的政策；大幅度提升对贫困老区转移支付力度，取消其对公路等基础设施建设配套资金要求的政策等。

要健全财政转移支付办法，加大对生态建设和环境保护以及改善老区人民生产生活条件项目的支持力度；加大中央财政性建设资金投入，重点安排区域内重大基础设施、生态环境保护等项目建设；对资源综合利用、替代能源和清洁生产、节能节水、环境保护专用设备等符合国家产业政策的产品以及国家需要重点扶持的高新技术企业，按规定给予税收政策支持。扶持中央苏区扩大对外开放，享受进口设备免税政策。

3. 投融资支持

要按照相关管理办法设立“振兴原中央苏区”经济股权（产业）投资基金、区域生态环境保护基金和行业性的创业投资基金；支持区域内城市商业银行改革发展，引进战略投资者，并支持符合条件的中小银行跨区域设立分支机构；按规定程序和条件给予再贷款、再贴现资金支持；支持符合条件的企业发行企业债券；加强与国际金融组织合作，推进金融支持节能减排和绿色信贷的示范项目；加大对政策性险种的财税支持力度；鼓励保险公司开设农业保险、环境保险和科技保险等专业保险品种；开展保险资金投资未上市公司股权试点。建议国家和省安排资金用于对农业银行、农业发展银行和农村信用社支持原中央苏区县农民经营贷款的贴息；增加对农业、生态环境保护建设、优势产业、小城镇建设、企业技术改造、高新技术企业和中小企业发展的信贷支持；投资大、建设周期长的基础设施项目，应根据项目建设周期和还贷能力，适当增加贷款数量和延长贷款期限。建议国家开发银行新增贷款逐年提高用于中央苏区基础设施等领域的比重，扩大和延长以交通道路项目收费权或收益权为质押发放贷款的范围和期限。

4. 先行先试政策试点

在行政管理体制改革、建立开放合作机制上先行先试。一是抓紧整合目前的功能区政策，将先行先试放到一个区域合作平台上运行，建设集投资贸易、出口加工、国际物流于一体的多功能经济区；二是通过体制创新，整合社会管理资源，构建具有国际区域特色的高效扁平的社会管理新格局。可以借鉴广西北部湾等地的开发经验，聘请有关部委专家组成高层专家咨询组，以急需破解的难题为切入点，逐一研究先行先试路径和在政策上如何突破。学习上海浦东、湖南长株潭的经验，争取国家部委在中央苏区进行分类改革试点。

5. 重大项目支持

优先安排中央苏区铁路和高速公路建设项目，国道、省道改造和战备公路建设项目，赣江、抚河、东江源头治理项目，水土流失治理项目。在建设资金上，尽可能安排国家预算内和专项建设资金，不留或者少留资金缺口。国家在有关规划、重大项目布局及项目审批、核准等方面予以重点倾斜；对钨、稀土等资源性产业，推进其向深、精方向发展。将中央苏区纳入国家重点流域治理范围，支持区域内重大环保设施和生态工程建设；国家在土地开发整理、农业综合开发、标准农田建设等项目资金上要优先安排；推进开发区、工业园扩区升级，建设一批生态农业示范园、生态工业示范园、循环经济实验区和生态旅游示范区；支持符合条件的地区设立海关特殊监管区。

“十二五”时期中部地区对外开放发展研究*

张司飞　孙元元　张秀生

（武汉大学中国中部发展研究院　武汉 430072）

大量理论研究和实证研究都表明对外开放对中国经济发展的贡献是存在的，也是东、中、西地区差距形成的主要原因之一。温家宝总理在十一届全国人大三次会议上所作的政府工作报告中强调区域经济应协调发展，要“继续深入推进西部大开发，全面振兴东北地区等老工业基地，大力促进中部地区崛起，积极支持东部地区率先发展”。因此，我们在讨论中部地区崛起之时很有必要研究中部地区的对外开放状况、探讨如何提高对外开放水平来弥补中部地区资本供给的不足，促进中部地区市场化体制改革的深化、政府行政效率的提高和企业家精神的培养，提高中部地区的技术水准、孕育创新精神，充分发挥中部地区的后发优势来提高中部地区的经济发展绩效。

一、中部地区总体对外开放水平的评价

（一）关于对外开放度度量研究的回顾

如何构建一个合理的对外开放度度量体系，客观、全面地测算出一个国家或地区的对外开放程度，国内外学者对之论述颇多，但

* 本文系国家发改委“‘十二五’时期中国中部地区发展思路研究”课题阶段性研究成果，暂仅供“中国中部发展论坛 2010”会议及会议论文集使用。

在以下方面存在着不同看法：即选择单一指标还是建立指标体系、选取何种指标以及如何确定各指标在指标体系中的权重。

在很多研究中，往往采用外贸依存度(即一个国家或地区的进出口额占该国或地区的GDP的百分比)来作为对外开放度的衡量指标。商品、服务的进出口活动是一个国家或地区参与国际经济活动的重要组成部分，相应的外贸依存度的确在很大程度上反映了该国或该地区的对外开放水平。但是，随着经济全球化的不断加深，各国及地区的对外经济联系不仅限于商品和服务贸易，国际投资、国际金融活动等日益活跃，仅用外贸依存度来刻画一国或地区对国际经济的依存度会忽视国际经济活动的其他方面，从而在一定程度扭曲了对外开放度，如发达国家的金融开放度高于发展中国家，那么仅用外贸依存度就难以反映各国的开放程度(李心丹等，1999)。因此，鉴于一个国家或地区对外开放是多渠道、多领域、全方位的，衡量其对外开放度也不能只选取一个指标，而需要有多重指标构成的指标体系(曲如晓，1997；谭慧影，2000)。事实上，选用单一指标来衡量对外开放度的方法主要出现在一些只是在分析中涉及对外开放度的研究中，而在专门研究对外开放度的文献中，指标体系法完全居于主导地位。

关于指标选取的分歧主要在于是否要考虑具体的开放政策、体制。不少学者认为，通常选取的关于对外开放度方面的指标，如外贸依存度、金融依存度(对外债权债务总额占GDP的比重)、投资依存度(对外直接投资总额和接受外来直接投资总额的加总占GDP的比重)等是对外开放程度在结果层面上的度量，但是该度量结果与实体经济规模往往呈负相关(库兹涅茨，1989)，如我国的外贸依存度高于美国，但我们不能就据此判断美国的对外开放度低于中国(童有好，2001)。一国或地区的对外开放程度不能仅考虑其结果层面上的度量，还应考虑过程层面上的度量，如对外开放政策、国家体制等因素。而过程因素和结果度量之间因为存在诸多影响和制约因素(如实体经济规模、世界经济环境、生产力发展水平等)而呈非线性相关，因此不能对过程予以简单替代。但是这些制度因素不像结果指标，难以直接量化，大多研究以有效保护率、平均关税率、贸易数量限制、集成关税率等指标来代替；另外，也有学者通过扭曲程度来进行考察，如商品实际价格对贸易开放条件下价格的偏差程度(Dollars，1992)、外汇市场的黑市交易费用(Levine 和 Renelt，1992)等。与之相反的是，李翀(1998)认为分析对外开放程度应该注重考察结果而不是过程，对外开放和对外开放程度是不同的概念，无须考虑贸易体制和政策，认为对外开放度的比较在各实体经济规模接近的前提下进行方有意义，从而避免了对外开放度量指标与实体经济规模之间负相关的尴尬。事实上，我国学者只是在理论上考虑到制度体制方面的过程因素，而在中国经济对外开放度的实际研究中大多是直接量化的结果度量。此外，在关于指标选取方法和子指标之间的关系上，不少学者采用统计手段来确定具体的子指标，避免了指标选择过程中带有过多的人为因素和各子指标的相关性问题，如有些学者通过建立回归方程来选取相关指标(Harrison，1996)，也有学者结合主成分分析法和因子分析法来研究各子指标的贡献率和归类(方国斌，2003)。

关于各子指标权重的确定问题，主要有主观赋权法和客观赋权法。在绝大多数的研究中，对于权重的确定选择了主观赋权法，这种方法简便高效。但是有学者认为这种主观方法缺乏理论上的系统性和逻辑上的严密性，且难以统一、不利于比较(刘朝明，2001)。应健和张国林(2002)提出了将各子指标所度量的金额占全部对外联系指标量总和的比重作为权重的方法；刘朝明等(2001)根据对外开放在经济贸易的面和量上的广泛性和复杂性，运用多元统计分析中的聚类分析方法对各单项指标分组，利用相关系数确定权数。这些在客观赋权法上的探索为提高对外开放度评价指标的客观性做出了努力。

(二)度量模型的构建及说明

1. 子指标的选择

本文倾向于构建一个涉及相关方面的综合性指标，以求全面完整地反映该国或地区在一定时期内在国际分工、国际贸易、生产要素国际流动等方面的参与程度。一般来说，子指标的选择取决于两个因素：一是建模的目的，二是子指标取值的可获得性。本文的模型是为了度量我国中部地区的总体对外开放度并与东部、西部地区比较。对外开放度是一种相对指标，其本身的意义在于比较，而在本文中的比较是在同一国境、同一关境内的比较，所以此处的对外开放度度量模型在子指标的选择上有别于一般意义上的、着重于衡量不同关境下比较的度量模型。因此，在常见的政策、体制方面的度量指标，如平均关税率、有效保护率、贸易数量限制、集成关税率、商品实际价格对贸易开放条件下价格的偏差程度、外汇市场的黑市交易费用等，在一定程度上失去了意义。从中国20世纪70年代末以来对外开放的进程来看，我们无法忽视由非平衡开放体制这类过程因素给各地区对外开放度的结果指标所带来的影响。但是，进入21世纪以来，特别是加入世贸组织后，这类政策层面上的区域开放结构失衡正随着我国市场经济体制改革的深入、对外开放水平的深化而逐渐消除。我们在此考察的是各地区2008年的开放度水平，因此可以不考虑这样一类体制政策方面的因素。此外，金融开放度方面缺乏相应的分省区统计资料，故无法纳入分析范围。

我们根据上述考虑并结合前人的研究，将以下指标选入对外开放度的指标体系：外贸依存度、进口依存度、出口依存度、外商实际投资额、外商投资企业数(年末注册登记数)、人均对外承包工程经营额、人均对外劳务经营额、人均对外设计咨询营业额、国际旅游外汇收入比重(国际旅游外汇收入/GDP)。① 以上指标主要涉及国际商品贸易、国际投资、国际服务贸易、国际旅游四个方面。

2. 因子分析

我们选择了10个子指标，各子指标的权重难以主观加以判断；同时，各子指标值之间相关度较高，直接进行加权计算不合乎统计要求。为此我们尝试运用因子分析方法，从反映各区域对外开放度水平的众多变量中提取几个能够反映原变量所代表的主要信息的重要公因子，进而确定权重，最后得出对外开放度评价值。

首先，利用公式 $O_{ij}=(o_{ij}-o_j)/\delta_j$(若 $\delta_j=0$，则令 $O_{ij}=0$；o_{ij}是

① 资料来源：《中国统计年鉴2009》、《中国贸易外经统计年鉴2009》、《中国城市统计年鉴2009》。

第 i 个地区 j 指标的值，o_j 是各地区 j 指标的均值，δ_j 是 j 指标值的标准差）对各子指标值进行无量纲化处理；然后将标准化后的数据输入 SPSS13.0 进行因子分析，经 PROMAX 转化，得出公因子载荷矩阵（见表 1）。

表 1 **公因子载荷矩阵**

公因子	特征值	方差贡献率(%)	累积贡献率(%)
1	6.340	63.405	63.405
2	1.407	14.075	77.480
3	0.998	9.980	87.460

从上表可以看出，前三个公因子的累积贡献率已达到 87.46%，大于 85%，因此可以用前三个公因子的变化代表整个样本相关变量的变化。

从根据 Quartimax 法得到的旋转后的因子载荷矩阵（见表 2）可以看出，外商实际投资额、三资企业工业产值、外商投资企业数、出口依存度、国际旅游外汇收入比重这 5 个指标在公因子 1 中承担了较大的载荷，这 5 个指标我们称之为国际资本项目流动因子；外贸依存度、进口依存度、人均对外设计咨询营业额、人均对外劳务经营额这 4 个指标在公因子 2 中承担了较大的载荷，我们称之为国际经常项目流动因子；人均对外承包工程经营额在公因子 3 上的载荷很大，单独归为对外承包工程因子。

表 2 **旋转后的因子载荷矩阵表**

指标	公因子 1	公因子 2	公因子 3
三资企业工业产值	0.968	0.042	-0.053
外商投资企业数	0.960	0.176	-0.083
外商实际投资额	0.931	0.177	-0.119
国际旅游外汇收入比重	0.920	0.256	-0.147
出口依存度	0.835	0.479	0.023

续表

指标	公因子1	公因子2	公因子3
外贸依存度	0.510	0.660	-0.135
人均对外设计咨询营业额	-.086	0.786	0.211
人均对外劳务经营额	0.378	0.768	-0.198
进口依存度	0.469	0.699	-0.238
人均对外承包工程经营额	-0.087	-0.025	0.963

接着，利用公因子权重计算公式（$W_j=\lambda_j/\sum\lambda_j$，$j=1，2$）得到三个公因子的权重 W_1、W_2、W_3；同时，根据因子值和公式（$O_i=\sum W_j\times F_{ij}$，$O_i$ 为第 i 个地区的对外开放度，F_{ij}为第 i 个地区公因子 j 的值），最终得出各地区对外开放度的评价值（见表3）。

表3　**2009年各地区的对外开放度评价值**

地区	对外开放度评价值	名次	地区	对外开放度评价值	名次
广　东	2.455 202	1	湖　南	-0.239 9	16
江　苏	1.541 811	2	海　南	-0.246 38	17
上　海	0.822 501	3	黑龙江	-0.248 94	18
浙　江	0.612 037	4	广　西	-0.257 74	19
福　建	0.304 982	5	江　西	-0.274 13	20
辽　宁	0.159 963	6	云　南	-0.285 27	21
山　东	0.145 065	7	重　庆	-0.289 49	22
北　京	0.126 545	8	贵　州	-0.315 73	23
新　疆	-0.041 23	9	甘　肃	-0.327 1	24
四　川	-0.106 53	10	天　津	-0.340 36	25
安　徽	-0.173 73	11	宁　夏	-0.406 1	26
山　西	-0.191 3	12	青　海	-0.422 17	27
河　南	-0.199 33	13	内蒙古	-0.439 57	28
湖　北	-0.201 96	14	吉　林	-0.449 21	29
河　北	-0.228 65	15	陕　西	-0.483 28	30

3. 度量结果说明

由表3可知，我国各地区的对外开放水平呈现出明显的地域化特征：东部沿海地区的对外开放水平高于内陆地区，其中前15位中东部地区省市占了9位(含辽宁)，中部省区占了4位，西部省区占了2位。因此，以广大内陆为主的中部地区其他省份总体对外开放度水平不容乐观，远低于东部；与西部相比，也不存在优势，甚至落后于西部某些省份。从中部地区的内部结构来看，安徽省的对外开放水平处于这一集团的上游，在全国也是处于对外开放度较高的水平；山西、河南、湖北三省高于中部地区其他两省，从排名上看在全国也恰好居中，高于东部地区的河北等省；而湖南、江西的对外开放度处于中下游水平。虽然中部六省对外开放度整体居中，但形势依然严峻。

二、中部地区对内开放和对外开放水平不高的原因

(一)一般性因素

1. 区位和历史因素

历史因素和区位因素往往决定着一个区域对外开放的初始水平。从中国对外开放的流向结构来看，主要集中于中国港澳台地区、美国、日本、欧盟、韩国以及东南亚等区域；从世界市场形成、世界经济一体化的进程来看，海洋文明是其不可或缺的组成部分，因此，紧邻中国港澳台地区，面朝美国、日本、韩国等国的东部沿海地区在其中的区位优势不言自明。而中部地区在封闭经济条件下所谓的“得中独厚”的区位优势，在这一对外开放的条件下却恰恰成了区位劣势。这种区位劣势主要体现为因距离引起的运输成本的提高和有效经济信息传递的衰减，从而阻滞外贸的发展、外资的进入，不利于对外开放水平的提高。

从历史的角度看，东部沿海地区自近代以来，经济发展水平高，对外通商、外商投资频繁，较早接触西方文明、商业意识强，形成

了独特的区域性对外经济交流的商业文化。无论是在清代的海禁期间还是改革开放初期，东南沿海一带的走私活动屡禁不止，这在一定程度上表现了这一地区对外经济交流的民间冲动。而处于内陆的中部地区，缺乏这样一种历史氛围，这种历史文化传统上的东部和中部地区之间的差异影响着两个地带对外经济交往的民间氛围。

2. 政策因素

在我国，对外开放政策差异是影响各地区对外开放结果差异的重要因素。自改革开放以来，我国推行渐进式的对外开放政策，在区域层面上表现为由点到线再到面、自东向西、自南向北依次推进。东部地区在这一梯度开放战略下拥有大量对外开放的优惠政策，而中西部地区则在一定程度上被政策边缘化了。保税区、经济特区、经济技术开发区、各类开放城市、高新技术产业开发区、国家旅游度假区等区域往往是对外开放优惠政策集中区，各地区对它们的拥有量可以反映各地区在政策层面上的差距。据郭克莎和李海舰(1995)的统计，东部地区有各类国家级经济开放地区 362 个,①占总数的 85.4%；中部地区仅有 36 个，比重为 8.5%；西部更少，只有 26 个，比重为 6.1%。东、中、西部三大地带在区域层面上的政策差异可见一斑。尽管区域间开放水平客观上存在着差异性和梯度性，但是将这种客观存在的结果意义上的梯度性作为实施所谓的梯度开放战略的理论依据，该政策行为本身就是对梯度理论的曲解，这种曲解使我们并没有看到设想中的梯度转移及扩散效应，反而进一步强化了其中的极化效应，东、中、西之间的对外开放水平在初始条件下的差异反而进一步扩大了。

此外，值得探讨的是渐进式的对外开放不仅直接表现在区域层面上，在产业层面上也是一个逐步推进的过程。我国的对外开放并不是一下子对所有行业全面开放，而是在产业、行业层面上渐进式开放。中国最初进行市场开放和放弃外商投资限制的是大量低技能劳动密集型产业，该类产业和东部地区、特别是东南沿海地区的产业结构和资源禀赋结构相一致，从而对该地区吸收外来投资、提升

① 包括上海市的浦东新区和福建省的台商投资区。

该产业的竞争力，促进该产业的出口有着重要意义，进而提高了东南沿海地区的对外开放水平。而同期的中部地区仍是我国在赶超战略下的重化工业基地，其产业市场开放程度低，进口受限，不存在着促进管理、技术等创新的竞争效应，且往往与中部地区的资源禀赋错位，出口竞争力低下；其产业的外资投资限制较多，且赶超战略下所发展的产业存在着很难看好的市场前景、较高的生产成本等不利因素，影响了资本在市场意义上的投资效益，从而严重影响该产业甚至中部地区的外资吸收能力。因此，这种产业层面上的渐进式开放战略在客观上造成了中部地区与东部地区在对外开放结果上的差距。

3. 体制因素

很多研究表明市场化程度、民营经济活力、政府工作效率等体制因素对一个地区对外开放水平影响很大。一个能促使效率改进的体制可以通过降低交易成本、促进外部性内在化、提供激励机制、抑制机会主义行为等机制来改善一个地区的投资软环境，从而提升一个地区的外资吸引力、产品竞争力以及对外开放程度。而且，中国这个发展中国家从封闭走向开放的过程本身就是体制变迁的过程，开放的速度和程度取决于体制、制度变迁的进度(牛南洁，2000)。樊纲、王小鲁等(2003)建立的市场化指数，涉及政府与市场的关系、非国有经济的发展、要素市场的发育程度、产品市场的发育程度、市场中介组织发育程度和法律环境制度等分项指标，较好地度量了地区之间体制改革进程的差异。该研究表明2000年中部地区除了安徽一省进入前十位、超过部分东部省市之外，其余中部省份的市场化指数都低于东部地区，即中部地区的市场化程度低于东部。而且从数值上看，中部地区平均得分为5.47分，比东部地区低1.69分，差距明显；但其与西部地区差距不大，这大致和对外开放总体水平评价的三大地带分类结果相吻合，这也表明了体制因素是中部地区对外开放水平落后的一个重要原因。

(二)基础能力因素

一个地区的基础设施、区域创新能力、区域融资能力等基础能力影响一个地区的经济发展，也同样影响该地区对外开放水平的提高。良好的基础能力有助于一个地区吸引大量投资，包括国内投资和外商投资，提升该地区产品的竞争力、有助于促进该地区产品的出口和提高该地区的国民收入水平，增加该地区的进口需求，从而全面提高该地区的对外开放水平。而我国中部地区在相关基础能力方面都明显落后于东部地区。不仅在涉及基础设施投资的固定资产投资和涉及具体基础设施项目的公路密度指标上，中部地区落后于东部地区，而且在区域创新能力方面，根据中国科技发展战略研究小组(2006)统计的涉及知识创造能力、知识获取(流动)能力、企业技术创新能力、技术创新环境、创新绩效多项分指标的区域创新能力综合指标分析，2005 年中部 6 省的区域创新能力落后于除河北、海南之外的东部省市，按各省得分值计算的中部平均分为 24. 74 分，大大低于东部的 40. 74 分。从区域融资能力来看，以证券交易所为例，中国仅有的两大证券交易所一家在上海、一家在深圳，无缘于中部地区，而且东部地区民间融资活动异常活跃，这也是中部地区所无法比拟的。

(三)对外贸易区域差异的特殊性因素

在因子分析中，我们发现 2008 年各地区进出口商品总值和外商实际投资额之间高度相关，相关系数为 92. 4%，这意味着进出口商品总值和外商直接投资之间存在着某种机制上的相关性。许和连和赖明勇(2002)根据 1979—1999 年的相关资料，利用协整分析技术和误差修正模型从长期和短期分析了外商直接投资对我国出口总额及结构的影响，他们发现外商直接投资有利于促进我国出口贸易，其中对工业制成品的促进作用大于初级产品。在 2002—2005 年，外商投资企业进出口额占我国进出口总额的比重分别为 53. 2%、55. 5%、57. 4%、58. 5%，也就是说，2002 年以来外商投资企业占据了我国对外贸易的半壁江山，且这一份额呈递增之势，这表明了外商投资对我国进出口贸易的重要作用。因此，在分析各地区对外贸易差异的特殊性因素时，我们不能忽略外资分布的地区差异这一特殊因素。

(四)外资利用区域差异的特殊性因素

关于外资利用区域差异的特殊性因素可以从影响外商直接投资区位选择的因素来考虑:

1. 产业结构因素

外商在进行投资区位选择时往往要考虑一个地区的产业结构是否和该地区的资源禀赋相匹配，是否发挥了该地区的比较优势，是否和自己的产业选择相适应，因此一个地区的产业结构将影响其对外资的吸引力。孙俊(2002)使用28个省市1985—1999年的跨地区时间序列资料分析了各地区产业结构对外商投资的影响，研究结果表明在1992年后，随着政策性区域差异的缩小、开放程度、市场化水平的提高，各地区的产业结构成为外商选择直接投资地的决定因素之一。鉴于我国的资源禀赋，外商投资行业主要集中在低技能劳动密集型的制造业上，近年来电子设备、信息产品的投资发展较快，农业、采掘业等产业的比例较小。而中部地区在第一产业的比重高于东部，而第二产业的比重又低于东部；而且，第二产业内部中采掘、能源、原材料工业比重较大。因此，中部地区的产业构成和外商直接投资的行业选择很难匹配。

2. 信息成本因素

外商直接投资决策受到诸多不确定性的影响，和本地厂商相比，外商因为信息不对称而面临较高的信息成本。在其他情况相同的条件下，外商倾向于投资信息成本较低的区域。Wei(1995)认为不完全的产权、合同法律是我国吸引外国直接投资的重要障碍，而我国港台地区依靠共同的文化圈和家庭关系等非正式联系在一定程度上降低了这种法律不完善带来的信息成本，成为我国实际利用外资的最重要的来源地。这种非正式关系的地理分布主要集中于东部沿海地区、特别是东南沿海，因此，客观上造成了中部地区引资的落后态势。除此之外，梁灿飞和魏后凯(2001)的研究表明地区经济中心、已建立大量三资企业的区域以及外商可以享受优惠政策的区域也是信息成本较低的区域，而中部地区与东部地区在这些区域的拥有量上的区别也是极为明显的。又如上文提到的两大地带在国家级经济开放地区的拥有量上也存在很大的差距。因此，中部地区面临着较高的信息成本。

3. 聚集效应因素

规模报酬递增和外部经济的存在是各类资本为了获得其中的效益而趋于集中的动力，这对于外商直接投资来说，也不例外。为了避免较高的信息成本、更方便地获取来自于专业化的劳动力供给和专业化的配套服务以及非正式性关系的利益，外商投资更趋于集中。梁灿飞和魏后凯(2001)根据城市截面资料的实证研究证明了涉及集聚效应的若干变量对外商直接投资的正向作用。这种由于集聚效应导致的外商直接投资的路径依赖和自我强化机制无疑使在吸引外资方面初始水平较低的中部地区雪上加霜，这样一种外资利用的区域结构失衡在相当长的时间内是难以在纯市场环境下改变的。

4. 投资效率因素

外商直接投资基本上是市场行为，追求的是利润最大化，因此投资回报成为影响外商投资区位决策的重要因素。尽管外资区域结构严重失衡，但是聚集效应抑制了资本边际报酬递减的效应。武剑(2003)计算了1995—1999年各地区外商直接资投资效率，发现中部地区的投资效率为1.305，低于东部地区的1.517。投资效率和投资收益相关，这直接影响着外商的投资决策。在其他条件相同的情况下，较高的投资效率意味着较高的投资收益，因此，中部地区投资效率的低下抑制了该地区的外资吸引力。

三、提高中部地区对外开放水平的对策

综上所述，从对外开放的总体水平来看，中部大大落后于东部地区，略高于西部地区；从对外开放的结构来看，中部地区在进出口商品、外资利用、服务贸易等开放客体上，无论是在商品总量构成、结构、贸易方式，还是在投资规模、行业、方式、来源地构成以及服务贸易总量的比较上，均落后于东部地区，个别项目甚至落后于西部地区。因此，中部地区对外开放水平比较落后，亟待提高。

导致中部地区对外开放水平落后的原因涉及历史、地理、文化、经济、政治等诸多因素，各因素之间又相互交织。中部地区如何走出这片纷繁复杂的泥泞之地、提高对外开放水平呢?

(一)认识对外开放潜力，积极迎接挑战、扩大开放

首先，从对外开放的国家政策层面上看，加入 WTO 后，我国全面对外开放的格局逐渐形成，渐进式的开放政策逐渐宣告终结，区域性的优惠性开放措施逐渐退出历史舞台，不利于中部地区的国家政策层面上的区域失衡逐渐退去了。其次，各地社会主义市场化改革不断深入，体制性的区域差距可能会进一步缩小。再次，国家对经济发展区域失衡尤为重视，自 20 世纪 90 年代末以来，相继提出了西部大开发、振兴东北老工业基地、促进中部地区崛起等若干战略，加大了对这些地区基础设施建设方面的投入，并给予了一定的政策支持。最后，中部地区自身的资源禀赋结构将会为之带来更多的机会，如中部地区拥有丰富的劳动力，可以承接大量东部地区由于产业升级、生产成本上升等转移过来的劳动密集型产业，其中包括大量外商投资企业。

(二)中央政府应适当给予中部地区政策、投资方面的倾斜

改革开放以来，东部沿海地区凭借政策、区位、历史基础等优势迅速发展起来。在市场机制下，集聚效应的存在弱化了扩散效应，难以在一定时期内产生先富区域帮助后富区域最终实现共同富裕的效应。因此，中央政府应当在尊重市场经济规律的前提下，实行适当的政策倾斜，给予中部地区一些关于产业开放等方面的优惠政策，在中部地区开辟部分“特区”；增加对中部地区的财政转移支付，加大基础设施投入；实现先进地区对后发地区的反哺。

(三)中部地区要加快产业结构调整

产业结构合理与否直接影响着一个区域对外开放的水平和质量，对中部地区来说，也是其提高对外开放水平、增强整体竞争力

的关键。中部地区应当根据自身的资源禀赋，以市场为主导手段，尽快调整不尽合理的产业结构，促进对外贸易和吸引外商投资：首先，在巩固粮食生产的基础上，大力发展具有国际比较优势的特色、高效农业，加快发展以农副产品为原料的特色轻工业加工工业，形成一批富有国际竞争力的农业企业；合理开发优势突出的能源矿产资源，积极吸引外资、引进适用性技术，深化能源矿产资源的加工；承接东部地区和世界范围内的产业梯度转移，大力发展劳动密集型产业，提高自我积累和自我发展能力，提升国际竞争力；推动国际劳务输出、对外承包工程的发展，为剩余劳动力开辟新的出路；积极跟进部分具有优势地位的第三产业的发展，如旅游业、教育业，促进这些行业的开放，加强国际交流；依托武汉等大城市较为发达的科教实力，增加这些区域的人力资本、R&D投入，引进适用的先进技术，不失时机地促成比较优势层次的提升，从依赖于自然资源和非熟练劳动力的“自然的”比较优势上升至熟练劳动力密集型、技术密集型的“创造的”比较优势，进而带动整个地区产业结构的提升，实现跨越式发展。

（四）中部地区要积极营造良好的对外开放的软环境和硬环境

软环境主要指一个地区的法律环境、政府工作效率与廉洁度、税负水平、非国有经济的发展程度、产品市场、要素市场、中介组织的发育程度等。中部地区要进一步转变政府职能、改进行政方式，提高政府办事效率；切实依法减轻企业负担，促进非国有经济的发展，打破出口以外贸企业为主、招商以国有企业为主的传统，形成国有企业、三资企业、乡镇企业、民营企业共同参与对外开放的新格局，实现贸易方式、引资方式的多样性，降低风险，提高效率；激发民众的商品意识、市场意识；完善各类中介组织、要素市场、产品市场，从而形成一个政府、企业、民众之间良性互动的网络。这有助于降低区域信息成本、生产成本、提高投资效率，对于提升本区域企业的竞争力和外资吸引力也具有深远意义。硬环境主要指一个地区的基础能力，如基础设施、创新能力、融资能力等。

鉴于中部地区目前的经济实力，很难全面加大基础能力的投资，只能对重点区域、重点部门进行基础能力建设，如加强对长江沿岸、重要铁路、公路沿线的重要城市的基础能力建设，搞好各类工业园区的建设，提供一定的优惠性政策，以其为载体吸引外资集聚，逐步形成以点带线的对外开放格局。

（五）中部地区要加强与东、西部地区的经济合作

中部地区提高对外开放的潜力的发挥和良好对外开放环境的营建在一定程度上取决于其与东部、西部地区的经济合作。东部地区经过多年的快速发展，比较优势得以提升、产业结构升级在即，部分丧失比较优势的低技能劳动密集型产业有待转移；同时，西部地区工、农业水平在总体上落后于中部，在充分利用西部地区丰富的资源和市场方面，中部地区有一定的区位、文化上的优势，而且在如火如荼的西部大开发中大量基础设施建设已惠及中部地区部分省份。所以，中部地区应以此为契机，在优势互补、互利互惠的原则下，建立以企业为主体、政府为推动力的东、中、西部区域合作机制，承接东部地区的产业转移，拓展东西部市场，促进中部地区对外开放水平的提高，实现中部地区的崛起。

参考文献

[1] D. Dollars, *Outward-oriented Developing Economies Really Do Grow More Rapidly: Evidence from 95 LDCs, 1976—1985. Economic Development and Cultural Change*, 1992, 40(3): 523-544.

[2] A. Harrison, *Openness and Growth: A Time-series, Cross-country Analysis for Developing Countries. Journal of Development Economics*, 1996, 48(2): 419-447.

[3] R. Levine, D. Renelt *A Sensitivity Analysis of Cross-Country Growth Regressions. American Economic Review*, 1992, 82(4): 942-963.

[4] H. Sun, *Direct Foreign Investment and Linkage Effects: The*

Experience of China. Asian Economics, 1996, 25(1): 5-28.
[5] S. J. Wei, *The Open Door Policy and China's Rapid Growth*: Evidence from City-level Data. 1995. 见魏尚进. 经济全球化: 金融、贸易与政策改革. 北京: 北京大学出版社, 2000: 300-325.
[6] 安徽省人民政府. 国民经济和社会发展统计公报(2005—2009). 安徽省人民政府门户网站.
[7] 樊纲, 王小鲁, 张立文, 朱恒鹏. 中国各地区市场化相对进程报告. 经济研究, 2003(3): 9-18.
[8] 方国斌. 我国各地区对外开放度研究. 山西统计, 2003(5): 8-10.
[9] 郭克莎, 李海舰. 中国对外开放地区差异研究. 中国工业经济, 1995(8): 61-68.
[10] 国家旅游局, www. cnta. com.
[11] 国家统计局. 中国城市统计年鉴 2009. 北京: 中国统计出版社, 2009.
[12] 国家统计局. 中国贸易外经统计年鉴 2009. 北京: 中国统计出版社, 2009.
[13] 国家统计局. 中国统计年鉴. 北京: 中国统计出版社, 2005—2009.
[14] 河南省人民政府. 国民经济和社会发展统计公报(2005—2009). 河南省人民政府门户网站.
[15] 湖北省人民政府. 国民经济和社会发展统计公报(2005—2009). 湖北省人民政府门户网站.
[16] 湖南省人民政府. 国民经济和社会发展统计公报(2005—2009). 湖南省人民政府门户网站.
[17] 江西省人民政府. 国民经济和社会发展统计公报(2005—2009). 江西省人民政府门户网站.
[18] 库兹涅茨. 现代经济增长. 北京: 北京经济学院出版社, 1989: 263.
[19] 李翀. 我国对外开放度的度量与比较. 经济研究, 1998(1):

26-29.
[20] 李心丹，路林，傅浩. 中国经济的对外开放度研究. 财贸经济，1999(8)：14-20.
[21] 梁灿飞，魏后凯. 信息成本、集聚经济与中国外商直接投资区位. 中国工业经济，2001(9)：38-45.
[22] 刘朝明，韦海鸣. 对外开放的度量方法与模型分析. 财经科学，2001(2)：34-36.
[23] 牛南洁. 开放与经济增长. 北京：中国发展出版社，2000.
[24] 曲如晓. 经济开放度指标新探. 经济学家，1997(5)：77-83.
[25] 孙俊. 中国 FDI 地点选择的因素分析. 经济学(季刊)，2002，1(3)：687-698.
[26] 谭慧影. 论对外开放度的度量. 上海大学学报：社会科学版，2000，7(2)：72-75.
[27] 童有好. 浅论经济全球化利益与风险的分担. 经济前沿，2001(8)：25-28.
[28] 汪玉奇. 中国中部地区发展报告(2011). 北京：社会科学文献出版社：2010：84-98.
[29] 武剑. 外国直接投资的区域分布及其经济效应//王小鲁，樊纲. 中国地区差距：20 年变化趋势和影响因素. 北京：经济科学出版社，2004：84-112.
[30] 许和连，赖明勇. 我国出口与经济增长关系分析. 湖南大学学报：社会科学版，2001，15(3)：33-35.
[31] 应健，张国林. 经济开放度及其度量方法研究. 财经问题研究，2002(10)：8-11.
[32] 张秀生. 中部地区经济发展. 武汉：中国地质大学出版社，2009：152-172.
[33] 中国科技发展战略研究小组. 中国区域创新能力报告 2005—2006. 北京：科学出版社，2006：8-9.
[34] 中央人民政府. 国民经济和社会发展统计公报(2005—2009). 中央人民政府门户网站.

专题二

"十二五"时期中部地区经济发展方式转变研究

实施中部崛起战略　加快国家资源型经济转型综合配套改革试验区建设

王晓胜

（山西省发展和改革委员会　太原 030006）

各位领导、各位朋友：

大家好！

非常高兴参加“中国中部发展论坛2010”，与大家共同研究探讨“十二五”期间中部地区的发展问题。借此机会，向国家发改委和中部兄弟省的大力支持和帮助，表示衷心感谢！

今天，我的发言题目是“实施中部崛起战略　加快国家资源型经济转型综合配套改革试验区建设”。下面，我就有关情况汇报如下：

山西是老工业基地和资源大省。自然、文化资源丰富，拥有比较完善的交通运输网络和比较雄厚的工业基础，是中部地区的典型代表。促进中部地区崛起战略实施以来，山西省抓住机遇、乘势而上，依托资源优势，按照转型发展跨越发展的战略思路，大力推进国家新型能源和工业基地建设，经济社会迈出了实质性步子，取得了积极成效。经过努力，山西战胜了国际金融危机的严重冲击，经济回升稳步向好；煤炭资源整合和煤矿兼并重组取得重要成果，煤炭产业的规模化、集约化水平明显提高；循环经济迈出坚实步伐，节能减排得到切实加强，造林绿化和生态建设取得重大进展，城乡环境质量明显改善；基础设施建设力度加大，交通、水利等方面的瓶颈制约得到缓解；城乡统筹取得新进展，“三农”工作不断加强，新农村建设扎实推进；以“五大惠民工程”和农村“五个全覆盖”为重点的民生工程成效明显，人民群众得到更多实惠；以强有力措施加强安全生产工作，扭转了一段时期安全生产的被动局面，安全生产形势明显好转；晋陕豫黄河金三角区域协调发展综合试验区建设不断推进，太原都市圈发展不断加快。

主要经济指标快速增长，全省生产总值从2005年的4 230.5亿元增长到2009年的7 358.3亿元，年均增长10.6%。财政总收入从758.1亿元增长到1 538亿元，年均增长19.3%；一般预算收入从368.3亿元增长到805.8亿元，年均增长21.6%，城镇居民人均可支配收入从8 914元增长到13 997元，年均增长11.9%；农民人均纯收入从2 890.7元增长到4 244元，年均增长10.1%。

2010年1~3季度全省生产总值完成6 262.61亿元，同比增长15.7%；财政总收入1 371.5亿元，同比增长15.2%；全省外贸进出口总额90.9亿美元，同比增长51%；城镇居民人均可支配收入11 296元，增长10.7%；农民人均现金收入3 769.7元，增长14%。

山西省委、省政府着眼“十二五”发展，以科学发展观为指导，从省情出发，进一步确定发展方向、完善发展思路、突出发展重点，提出以转型发展为主线，以赶超发展为战略，以跨越发展为目标，推动又好又快发展。

在实施中部崛起战略的宏观背景下，国家先后赋予我省煤炭工业可持续发展试点省、循环经济试点省和生态试点省政策，特别是近日国家批复设立“山西省国家资源型经济转型综合配套改革试验区”。山西成为全国设立的第9个综合配套改革试验区，也是我国第一个全省领域、全方位、系统性的国家级综合配套改革试验区。这些都为我省提供了极为有利的发展机遇和重要的工作抓手。

建设山西国家资源型经济转型综合配套改革试验区，是促进中部地区崛起、推动区域协调发展的重大举措，对山西实施赶超战略，加快转型发展、跨越发展，再造一个新山西，具有重大的历史意义。根据中央要求，山西省国家资源型经济转型综合配套改革试验区将通过大胆探索，先行先试，率先突破，破除长期制约全省经济社会发展的瓶颈，实现资源型地区的全面协调可持续发展。进一步加快山西产业结构优化调整步伐，加快转变经济发展方式，促进资源开发与生态环境保护相协调，增强经济社会可持续发展能力；进一步提升山西的能源基地战略地位，保障国家能源安全；加快山西转型发展跨越发展步伐，实现区域经济可持续发展；有效地发挥典型示范作用，促进全国资源型地区经济转型。

建设国家资源型经济转型综合配套改革试验区重点从以下几个方面推进：一是全面推进产业结构转型。按照巩固加强第一产业、优化提升第二产业、大力发展第三产业的思路，促进三次产业在更高水平上协同发展。提升农业现代化水平；加快工业新型化步伐；大力发展服务业。二是统筹推动城乡协调发展。以规划为引领，以产业为支撑，以市域城镇化为目标，大力实施城中村改造、棚户区改造、旧城改造和采煤沉陷区治理，加快资源型城市转型，加快城镇化进程，推动区域结构调整，增强发展均衡性。统筹城乡基础设施建设和教育、医疗卫生等社会事业发展，建立城乡一体化的就业和社会保障体系，拓宽资源型产业反哺农业、城市支持农村的具体途径，加快推进新农村建设，促进城乡协调发展。三是积极实施社会管理创新。进一步解放思想，革除不符合科学发展观的思想、体制机制，加快转变政府职能，精简行政审批事项，提高行政效率，提高政府各部门社会管理、公共服务的能力。健全部门协调配合机制，增强服务能力，形成促进转型发展的强大合力。做好安全生产工作，保持社会和谐稳定，促进经济社会协调发展。四是深入推进节能减排和生态环境保护。以“绿化山西、气化山西、净化山西、健康山西”为目标，深入推进国家循环经济试点和生态省建设试点工作，按照不欠新账、渐还旧账的原则，建立健全生态建设和环境保护的补偿机制，加大生态环境治理修复力度，实现可持续发展。五是大力加强区域创新体系建设。进一步完善区域技术创新平台建设，实施“科技创新跨越工程”，围绕产业转型中的共性技术和关键技术实施科技重大专项，推进产学研结合，增强资源型经济转型的技术支撑，创新人才培养引进机制，增强自主创新能力。

山西的“十二五”规划即将起航，在实施中部崛起战略时，山西将抓住建设国家资源型经济转型发展综合配套改革试验区的重大战略机遇，以建设国家新型能源和工业基地为基础，努力建设全国重要的现代制造业基地、中西部现代物流中心和生产服务业大省，早日建成中部地区经济强省和文化大省，在中部崛起和全国竞相发展中再造一个新山西。

基于河南视角探索中部地区县域经济发展模式及路径*

牛树海

（河南省发展和改革委员会　郑州 450008）

县域经济是整个国民经济的微观基础，它为整个国民经济的发展做出了重要的贡献。当前，国家非常重视区域经济协调发展，《促进中部地区崛起规划》已经进入深入实施阶段，中部地区实现整体崛起也已经进入了关键时期，中部地区县域经济实力不强，发展速度相对滞后，是造成“中部塌陷”现象的重要原因之一，也应该成为实现中部地区崛起的主攻方向。

一、中部地区县域经济发展现状

截至 2010 年，中部六省共有县级行政区划 707 个，其中市辖区 208 个，县（含县级市）499 个。2009 年，全国县域平均人口 58.13 万人，平均地区生产总值 72.83 亿元，平均县域地方财政收入 2.81 亿元。中部地区县域人口占全国县域人口的比重同东部地区一样，都是 31.2%，但是中部地区县域 GDP 和县域财政收入占全国县域 GDP 和财政收入的比重分别为 24.2% 和 21.4%，经过分析可知，中部地区县域经济发展与东部地区尚有较大差距，甚至在财政收入指标方面还落后于西部地区。总体来说，中部地区县域经济发展呈现如下几个特征：

---

* 本研究得到国家自然科学基金（项目编号：40901071/D010201）的资助。

(一)县域经济总体发展速度较快

自党的十六大第一次非常明确地提出要“壮大县域经济”后，特别是随着中部崛起战略的提出与逐步深入贯彻实施以及党中央对县域经济工作的重视，中部地区县域经济发展受到了极大的重视和关注，中部地区各省针对县域经济发展过程中存在的问题，都提出了一些措施力促经济发展。中部地区县域经济发展取得了很大成绩，经济总量快速增长，经济结构逐步优化，人民生活不断改善，各项社会事业全面进步。从表1、表2、表3可以看到，中部地区县域平均GDP由2003年的29.4亿元增加到2009年的72.83亿元，县域地方财政收入由2003年的1.03亿元增加到2009年的2.81亿元，县域经济综合实力明显提升，财政实力大大增强。同时，中部地区县域GDP总量占全国县域GDP总量的比重由2003年的22.7%增加到2009年的24.2%，中部地区在全国百强县中的数量也呈现大幅度增长，2008年和2009年均稳定在16个，这说明中部地区县域经济在全国县域经济中发展速度快。同时还可以看出，在中部地区经济发展中，县域经济已经成为拉动区域经济发展的主要引擎，2009年，整个中部地区生产总值占全国GDP比重为19.3%，而同期中部六省县域经济GDP总量占全国县域GDP总量的比重为24.2%，高于整体经济发展比重近5个百分点。这说明中部地区县域经济不仅对中部地区经济发展有极大的贡献，而且对全国的县域经济都有极大的促进作用。

表1　**2003年和2009年中部地区县域平均经济指标**

	县域人口(万人)		县域GDP(亿元)		县域地方财政收入(亿元)	
	2003年	2009年	2003年	2009年	2003年	2009年
东部	58.7	60.22	65.5	146.31	2.51	6.85
东北	44.9	45.24	35.1	78.76	1.08	2.80
中部	56.8	58.13	29.4	72.83	1.03	2.81
西部	31.9	32.46	14.5	36.11	0.6	1.65
全国	45.53	46.53	32.04	75.21	1.21	3.29

资料来源：表中数据主要根据历年《中国统计年鉴》、行政区划网、中国县域经济网整理而得。

表2　2009年中部地区县域主要指标占全国主要指标的比重

	县域人口占全国县域人口的比例		县域GDP占全国县域GDP的比例		县域财政收入占全国县域财政收入的比例	
	2003年	2009年	2003年	2009年	2003年	2009年
东部	31.1	31.2	49.4	47.1	49.9	50.4
东北	7.4	7.2	8.2	7.8		6.3
中部	30.9	31.2	22.7	24.2	20.6	21.4
西部	30.5	30.4	19.6	21.0		21.9

资料来源：表中数据主要根据历年《中国统计年鉴》、行政区划网、中国县域经济网整理而得。

表3　中部地区拥有的全国百强县数量

省份	一届	二届	三届	四届	五届	六届	七届	八届	九届	十届
山西				1	1	1	2	2	2	1
安徽										1
江西									2	2
河南	2	1	1	2	2	3	7	7	8	8
湖北	6	1	1	1				1		
湖南	1	1	1	1	1	2	2	3	4	4
总计	9	3	3	5	4	6	11	13	16	16

资料来源：表中数据主要根据历年中国县域经济百强县排名整理而得。

（二）县域经济发展不平衡

近几年来，中部地区县域经济的各项指标有了进一步的发展，但受经济发展基础、区位、资源、交通设施、劳动力素质等诸多因素的限制，中部地区的县域经济发展呈现出不平衡性。

一是发展水平不平衡。以河南省为例，2008年，河南省108个县平均生产总值为120亿元，有70个县未能达到平均值；县域人均创造GDP为15 973元，有66个县低于平均水平。二是非农产业差异。2008年，县域三次产业结构为18.4%:57.4%:24.2%，有64个县第一产业比重高于全省平均值，仅有44个县超过平均值；县域工业增加值占GDP比重超过全省平均水平的县有43个，而低于50%的县却有52个。三是两极分化。2000年河南省GDP最大县和最小县的GDP比值为9.4，2008年比值上升到11.21，人均GDP最大县和最小县的人均GDP比值2000年为5.58，2008年上升到9.35，对县域GDP总量和人均GDP水平变化的计算，反映出河南省五年来县域的发展差距依旧显著，而且绝对差距呈上升趋势。

（三）县域经济增长的基础脆弱

中部县域城镇化水平较低，经济产业结构水平较低，县域经济增长的基础脆弱。中部县域虽然自然资源丰富，但深加工能力明显不足，产业结构雷同，重复建设严重，产业间缺乏内在的联结机制，特别是三次产业之间关联度小，县域工业未能有效地支援农业及其他产业的发展，第三产业也没有有效地形成为农业、工业服务的产前、产中和产后服务体系，农业结构调整仍处在种养业结构调整阶段。反映在产业结构上，就是农业占县域经济的比重偏高，工业和第三产业等非农产业发展滞后，从而导致中部县域城镇化水平较低，如河南省，2009年城镇化水平仅有37%，县域三次产业结构为18.4%:57.4%:24.2%。县域经济是决定中部地区能否崛起的关键，中部六省大多是人口大省、农业大省，城镇化和产业结构落后表明，中部县域农村人口向非农产业和城市转移过程中仍然存在着严重的体制障碍，农村剩余劳动力转移压力较大。

（四）县域经济发展资金短缺

调查研究表明，中部地区多数县域经济发展的资金因素比较突出，主要表现为：一是金融机构网点收缩，金融机构信贷权限上收，县域基层金融机构的信贷功能逐渐"萎缩"，金融机构组织体系和经营体系不能适应中部地区县域经济发展的需要。二是现有县域金融体系的主要组成——农村信用社实力不足，提供的服务产品仅局限于传统的存贷业务，而且受贷款方式、贷款期限、贷款政策取向的制约，对县域经济发展的支持力度十分有限。三是中部地区县域经济欠发达，担保体系尚未健全，社会信用基础较差，使得银行、信用社在支持县域经济发展的过程中面临一些外部环境制约。四是中部地区多数县域企业自身发展不理想，加上信用环境欠佳，贷款安全系数低，不良贷款清收难，造成一些民营企业存在"贷款难"问题，银行贷款门槛高、条件严，融资困难大。

（五）县乡财政债务化解问题

中部作为国家粮食生产基地，相当多县域财政依靠农业税收入，中部地区六省陆续取消"农业税"后，由于税源不足、收入上移、支出下移、体制不顺等原因，相当多县乡债务问题比较突出，沉重的债务包袱严重影响着县乡财政的正常运行和发展。如河南省濮阳县截至2008年年底，全县县乡村债务余额54 239万元，其中县级债务24 965万元，乡级债务15 653万元，村级债务13 621万元。债务形成的原因主要是基础设施建设、"普九"工程欠款、白色工程贷款等政策性债务，这造成了县级财政压力过大，不稳定因素增多。

（六）县域经济科技创新能力差

中部县域经济基础差，影响了县域对科技发展的资金支持，同时，由于中部地理位置在内陆，对外开放的时间晚且力度不够，中部地区的县域内科技作为第一生产力的观念还不能真正深入社会各个层面，特别是县域内企业主要属于高能耗、高污染、劳动密集型产业，对科技对劳动生产力的促进作用认识不足，科技人员的平均工资远远低于东部的平均工资水平，影响了科技人员创新的积极性，从而造成中部县域科技资源得不到充分利用，科技资源大量流失。

二、中部地区县域经济发展模式

县域经济发展具有一定的规律性，总结并遵循县域经济发展规律对于中部地区县域经济发展具有重要借鉴意义。

（一）对外开放模式

对外开放模式指的是通过吸引地区以外的资金投入本县，建立工厂，来带动本地方县域经济的发展，或者鼓励本地企业加大产品出口。中部地区县域独特的区位条件、优越的资源基础、丰富的人力资源和赋予中部地区崛起的政策支持，使中部地区县域成为国内外企业发展的“价格洼地，价值高地”。通过立足本地特色，优化环境，以商招商，以“外”引外，形成以开放谋发展，以发展促开放的互动格局。如河南许昌县立足档发和豆制品加工等优势产业，壮大出口创汇产业，成为全国最大的档发加工出口基地，荣获河南省首批对外开放重点县、发展开放型经济先进县等称号。

（二）资源型发展模式

资源型发展模式是依据古典经济学中的资源禀赋比较优势以及专业化分工理论，依托当地丰富的矿产资源和山水人文旅游资源等自然资源的开发来带动当地经济的发展。中部地区资源丰富，县域可以通过深层次、高强度、综合性的科学开发，拉长资源开发链条，促进产业升级，把资源优势转化成产业优势及品牌优势。中部六省的煤炭资源十分丰富，在山西、河南、安徽等煤炭富省，很多县的经济都靠大型煤炭企业集团支撑。

（三）产业集聚化发展模式

产业集聚化发展模式是依据产业集群化理论，以发展工业的产业集群来带动当地经济发展的模式。如河南长垣县地上地下均无资源，在“零资源”上无中生有，从“点状经济”到“块状经济”，形成了以防腐、起重机械、医用卫材、烹饪等为主的“小资本、大聚集”的产业集群。湖南长沙县在2007年，工程机械、汽车及零部件两个产业集群的产值均超过百亿元，占全县规模工业总产值50%以上。县城星沙镇集中了中国工程机械的优势代表企业：三一重工、中联重科、山河智能。这个县的发展范例使我们看到，工业产业集群化对当地的带动作用，不仅能促进当地经济发展，还能解决当地的就业问题。这种模式的优点是往往能形成产业集聚的大多集中在几个领域，一旦这种效应形成，对当地经济发展就具有长期效应。

(四)农业产业化发展模式

中部六省都有着雄厚的农业基础，如何利用丰富的农产品来发展中部的县域经济是当务之急，也是充分发挥地区优势的必然要求。农业产业化模式是依据农业产业化理论，用发展工业的理念发展农业，扬长避短，发挥优势，发展规模化和基地化特色农业，走农业产业化强县的道路。如河南省潢川县大力扶持华英集团，拉长产业链条，合资兴建华英羽绒、熟食制品项目，规划建设华英工业城，进一步增强企业辐射带动能力，带动了3万农户脱贫致富。

(五)劳务经济主导模式

劳务经济主导模式依据城市化及劳动力转移理论，使边远贫困县和农业人口大县特别是贫困地区富余劳动力快速有序地向城市转移，农民在异地打工挣钱，在本乡本土消费，有力地拉动本土经济的发展；同时城市支持农村、工业反哺农业，积累了一定资金和技术的经济能人又返乡创业，使劳务经济成长为县域经济发展的重要支撑。如河南固始县是河南省第一人口大县、农业大县、劳务大县，同时也是国家级扶贫开发重点县，通过大力发展劳务经济，最大限度地调动了人的积极性，让人最大范围地流动起来，实现了50万农民大转移，年创劳务收入40亿元，每年仅从金融及邮政部门寄回固始县的资金就在15亿元以上。

(六)借势发展模式

借势发展模式依据增长极和都市圈一体化理论，促进周边县(市)区域利用中心城市的发展空间快速扩展，中心城市对周边县(市)的辐射带动作用不断增强，使其主动积极融入中心城市，实现一体化发展，一体化的重点是实现产业上的专业化分工和优势互补，目标是要实现中心城市与卫星城在功能上的错位发展、特色发展、专业化发展、协调发展、融合发展和共赢发展。如河南省荥阳市融入郑州市，偃师市加紧融入洛阳市，许昌县加紧融入许昌市，安阳县加紧融入安阳市等，这些城郊型县(市)通过融入都市圈、推进一体化，找准了发展方向，抓住了发展机遇，拓展了发展空间。

三、中部地区县域经济发展路径

从对中部地区县域经济发展的分析可以看出，壮大特色主导产业和工业兴县是中部地区县域经济发展的重要路径。一方面，中部地区县域具备发展特色化主导产业的条件。另一方面，中部地区县域只有形成特色的主导产业才能够实现经济的跨越式发展。具体实现路径有以下几点：

(一)找准比较优势培育特色经济

县域经济相对于城市经济，存在基础设施落后，资金、技术、人才缺乏，产业规模小等劣势。因此，发展县域经济不能与大城市雷同，应立足于自身实际，发展特色经济。树立“特色就是竞争力，特色就是生命力”的发展理念，挖掘县域有形和无形资源，发展“人无我有，人有我优，人优我特”的特色产业和产品。

(二)大力发展新型工业

中部地区县域经济中工业化的水平还十分低，所以，实现县域经济跨越式发展的突破口和主动力在于工业化。一方面要围绕支柱产业进行产业整合，发展优势产业，推进高科技产业，提升现代服务业，形成以高增值、广就业为特征的新型产业体系。另一方面，要以产业集聚区作为县域经济发展的平台和载体，培育一批规模优势突出、功能定位明晰、集聚效应明显、辐射带动有力的产业集聚区。

（三）创造良好发展的环境

县域经济发展，取决于体制支持是否健全、发展环境是否优化。一是要消除各种机制障碍，进一步激发市场主体的积极性。二是要进一步推进“省直管县”改革，以减少管理层次、降低行政成本、提高管理效率、壮大县域经济实力。三是要进一步探索县域财政体制。坚持财政资源配置向县域倾斜，增强县域财政实力和统筹能力，提高县域对农村公共物品和服务的供给能力。加强对欠发达和贫困县域的转移支付。四是要大力推进融资思路创新，建立和拓展融资平台，加强政府、企业、银行间的联系和互动，更好地发挥银行等金融机构对县域经济的促进作用。五是要进一步解放思想，加强县域间的交流与合作。允许生产要素特别是劳动力、技术等在县与县之间流动。

（四）提升城镇化水平

县域是一个县的政治、经济、文化中心，是城市和乡村的结合部。相对于大、中城市而言，“门槛低”，农民进入较容易，县城具有很强的承载能力，提高县城的城镇化水平对县域经济的发展具有很大的推动作用。一是要加强基础设施建设。多渠道筹措资金，加强县城水、电、气、暖等设施建设。全面建成县级垃圾无害化处理场站。加大县乡公路和大中桥改造力度，完善农村公路管理养护体制，确保养护资金来源。二是要大量吸纳农村人口、拓宽农村富余劳动力向城市转移的渠道，积极探索农民进城就业、落户后的社会保障制度，实现农村人口的市民化。通过人口的规模化集聚，促进消费、拉动投资、改善就业，真正发挥城镇化对经济发展的倍增效应。三是要实施县城老城区和城中村改造工程，完善县城整体规划。启动县城老城区和城中村改造工程，对老城区和城中村改造返迁户给予合理补偿，减免新开发住房公共设施配套费。老城区和城中村改造过程中腾出的建设用地集中用于商品房开发和服务业设施建设，并禁止占用宅基地。四是要着力提升公共服务水平。要不断完善城市功能，提高城市的管理水平，大力提升城镇居民的文明程度。

(五)提高科技创新能力建设

中部县域经济发展滞后，最根本的一条就是科技创新能力较差，因此，中部地区县域经济的发展必须以提高科技创新能力作为支撑和保障，一方面要广泛引进各类高科技人才，不断充实县域科技队伍实力，另一方面要留住本地人才和加强本地人才培训，通过对企业家、企业员工、农民、机关事业单位工作人员的培训，提升全民素质，增强发展后劲。

参考文献

[1]刘良军. 县域经济：中部地区崛起的路径选择. 现代企业文化，2009(32)：35-36.

[2]王秉安，罗海成，等. 县域经济发展战略. 北京：社会科学文献出版社，2007.

[3]汪玉奇. 中国中部地区发展报告(2011). 北京：社会科学文献出版社，2010.

[4]王军民. 县域经济发展与中部地区崛起. 武汉大学学报：哲学社会科学版，2007：31-35.

[5]赵峰. 中部地区县域经济发展战略与政策研究. 西南财经大学硕士学位论文，2007.

[6]林寿富. 考虑环境因素的中部县域经济发展实证分析及发展模式转变研究. 中国科技技术大学博士学位论文，2009.

中部地区资源节约、环境友好型可持续发展模式研究

贺清云　黄　吉　朱　翔　胡爱民　李静芝　徐　美
（湖南师范大学资源与环境科学学院　长沙 410081）

一、两型社会可持续发展模式理论综述

可持续发展思想产生于20世纪六七十年代，1980年国际自然保护同盟在其发表的《世界自然保护大纲》中正式提出了“可持续发展”概念，之后可持续发展理论研究在全世界范围内得到不断发展和深化。20世纪60年代以来，人类对资源巨大的无节制的消耗，使得人类赖以生存的资源基础遭到了持续削弱，以人为中心的资源无限论受到质疑和反对。1972年，罗马俱乐部发表《增长的极限》，随后麻省理工学院教授梅多斯等人从物质资源、生物学和生态学方面论证了极限的存在。这些对极限的探讨向人类昭示可供人类利用的资源是有限的，并唤起了世界各国对合理利用和保护资源、实现资源的可持续利用的关注和重视。同时，60年代环境问题局部爆发，出现了伦敦烟雾、洛杉矶化学烟雾等一系列公害事件，惨痛的教训引发了国际社会对环境问题的思考。1992年联合国环境与发展大会通过的《21世纪议程》中率先提出了环境友好理念，此后它得到大力提倡。20世纪90年代中后期，国际社会将“环境友好”的覆盖范围扩大到实行环境友好土地利用和环境友好流域管理，建设环境友好城市，发展环境友好农业、环境友好建筑业等。

国内对可持续发展的理论研究基本上是从20世纪80年代开始的，主要是以马世骏、牛文元为代表，他们根据中国的实际，重点研究适合中国国情特点的可持续发展理论与方法。随着可持续发展战略的实质性推进，与之一脉相承的资源节约、环境友好的理念逐步形成。资源节约方面，1989年，经济地理学家周立三率先提出实行低度消耗资源的生产体系和适度消费生活体系，随后于1992年在《开源与节约》报告中提出要根据我国国情国力，建立资源节约型的国民经济体系。1993年，陆大道院士根据我国人口、资源、环境现状提出了建设资源节约型社会经济体系的构想。

随着“两型社会”认识的不断深化，中国将“两型社会”建设提升到战略高度。2005年3月，胡锦涛总书记在中央人口资源环境工作座谈会上，首次提出建设环境友好型社会的号召。同年10月，党的十六届五中全会通过了《中共中央关于制定国民经济和社会发展第十一个五年规划建议》，把建设资源节约型和环境友好型社会，确定为我国国民经济和社会发展中长期规划的一项战略任务。在“两型社会”战略的统领下，全国各地进一步加快探索“两型社会”建设道路，形成了社会积极倡导、政府加快引导、企业和个人努力实施的局面，“两型社会”建设如火如荼。在探索过程中各地根据自身社会经济特点形成了各种“两型社会”建设模式，并得到不断的改进和完善。中部地区以武汉城市圈和长株潭城市群获批两型社会建设综合配套改革试验区为契机，开始了产业模式和区域模式的探索。

国外比较典型的可持续发展模式有比利时节能模式（见图1），该模式主要通过培养居民节能意识和发展节能交通来实现可持续发展。

国内的甘肃循环经济发展模式也有一定的借鉴意义，2009年12月24日，国务院正式批复了《甘肃省循环经济总体规划》，这是我国第一个由国家批复的区域循环经济发展规划，实现了循环经济由理论到实践的重大突破。甘肃在发展循环经济过程中，将循环经

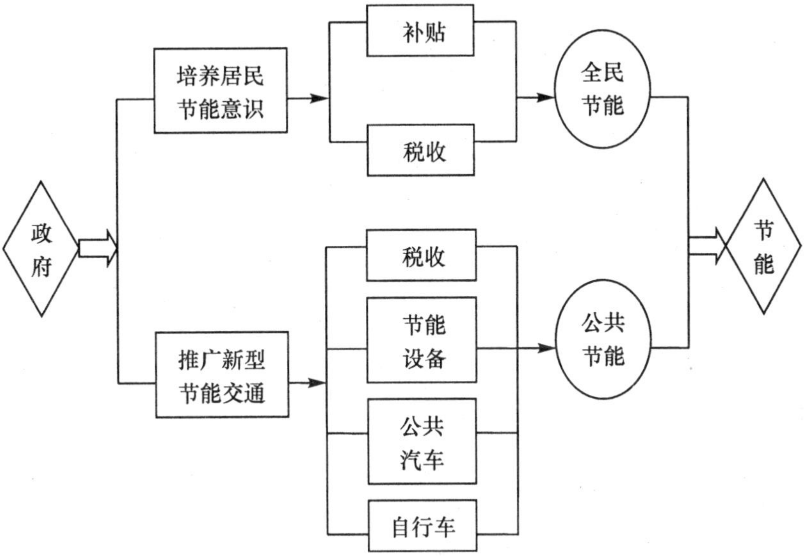

图1 比利时“政府主导、市民参与”型节能模式

济理念贯穿到整个经济和社会发展的全过程，围绕循环型工业、循环型农业和循环型社会建设，提出要着力构建循环型工业体系，探索循环型农业模式，推进循环型社会建设。

2008年，湖南省为了推进“两型社会”实验区的建设，规划成立了长沙市大河西先导区，总面积1 200平方公里。将“生态优先”作为先导区的核心发展理念，全面启动资源节约、环境保护、产业优化、科技人才、土地管理等核心改革，配套推进融资、对外开放、财税、城乡统筹以及行政管理大部制等体制改革。以国际通行的“反规划”规则，确定开发建设用地规模。在380平方公里的建设用地内，采取“三集中”模式，确定了“五条发展路径”，解决了区域发展制约因素，有效控制了工业和生活污染，找准了实现“两型社会”建设目标的有效途径。长沙市大河西先导区“两型”社会建设模式见图2。

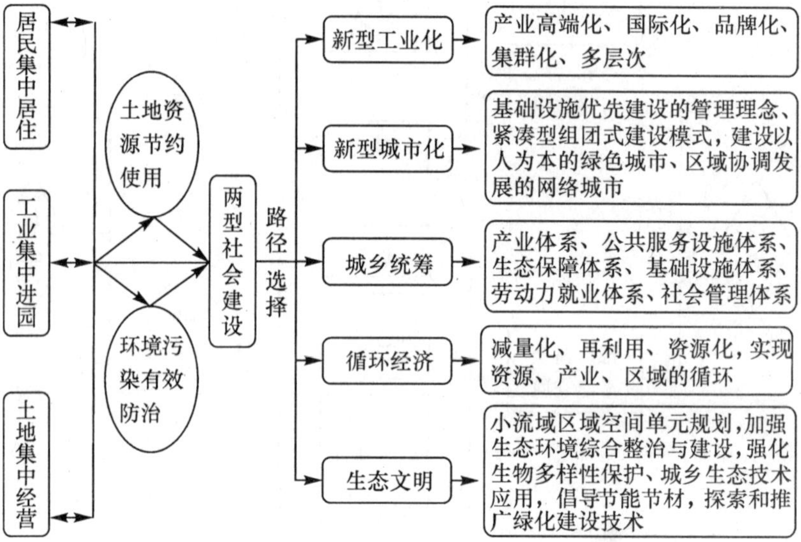

图2　长沙市大河西先导区“两型”社会建设模式

二、中部地区资源节约型、环境友好型社会建设的现状特征

一是重点突破，全面启动“两型社会”建设。2007 年 12 月 14 日国务院批准武汉城市圈和长株潭城市群成为全国资源节约型和环境友好型社会建设综合配套改革试验区，这标志着中部地区“两型社会”建设进入正式实施阶段。近年来，由于资金、资源和人才相对有限，中部六省的“两型社会”建设采取了“非均衡”发展策略，通过重点区域和重点产业的突破，谋取全局的互动发展。具体而言湖北武汉城市圈、河南中原城市群、湖南长株潭城市群、安徽皖江城市带、江西环鄱阳湖城市群、山西太原城市圈成为中部六省各自推进“两型社会”建设的重点区域，集中部署先进制造、新材料、新能源、电子信息、文化创意、生物医药、节能环保等战略性新兴产业。各省希冀将其重点地区发展成为省域范围内的核心增长极，

以此撬动整个省域乃至中部地区经济社会的发展，全面推动中部地区“两型社会”建设的步伐。

二是坚持“调结构”和“转方式”的紧密结合。中部各省大力倡导有利于资源节约和环境保护的生产、生活方式和消费模式，相继将低碳经济列为未来发展的重点，建设低碳城市，构建低碳社会逐渐成为中部各省在建设“两型社会”过程中的共识。六省积极推进节能减排，大力发展核能、水能、风能、天然气和太阳能等清洁能源，逐步减少煤炭在国民经济中的能源消耗比重，减少大气污染物的排放；各省各级政府加快组织领导，创新机制体制，增强自主创新能力，构建以政府为主导、企业为主体、产学研相结合的技术创新体系；加快淘汰落后工艺和落后产能，大力发展以节能环保产业、光伏产业、新能源和高科技产业等为主的低碳产业，加快高精新产业培育，大力发展循环经济。经过几年的努力发展，各省的万元生产总值能耗量有效降低，节能减排取得长足进步，产业结构也逐渐趋向合理。

三是以完善基础设施建设为首要任务。交通、医疗、文化、教育等基础设施相对落后多年来一直制约着中部各省的经济、社会和文化的发展，也是制约中部地区“两型社会”建设中的一大瓶颈，近年来，在建设“两型社会”和中部崛起战略的指导下，国家加大了对中部地区投资的扶持力度，中部各省坚决贯彻中央“保增长、扩内需、调结构”的政策，大幅度地增加了固定资产投资额度，特别是在基础设施建设方面的投入，为现在和未来的“两型社会”建设打下扎实的基础。2007—2009 年，中部地区投资增长速度为全国最快，每年以超过 30% 的速度增长，尤其是以高速公路、城市群轨道交通、高速铁路为代表的交通基础设施投入额度得到快速增长。同时湖南、湖北和河南三省将城际铁路作为未来基础设施建设的重点，必将大大加快省域城市之间的经济联系和往来，推动经济和社会的发展。

四是以整治污染和保护环境为重要推手。近年来，中部六省在循环经济、低碳经济和“两型社会”发展理念的指导下，根据各省实际开始了以整治污染和保护环境为重要推手，以工业污染的整治和防护为主题的生态环境保护工作，并大力推进水专项治理和生态修复工程，将“两型社会”建设推向实质性阶段。湖南省借助“两型社会”实验区的平台，开启了以湘江综合整治为突破口的环境治理工作；湖北在全省范围展开了以“小造纸、小水泥、小火电、城市污水”为重点的四个专项治理工作，并强化了长江、库区及其上游水污染防治和水土保持工作等；河南省对电力、铁合金、电石、刚玉行业和卫河、贾鲁河、惠济河流域实施环境综合整治；安徽省积极推进循环经济试点工作，加快城市污水处理厂的建设，推进淮河、巢湖两流域水体污染治理工作；江西省加大淘汰落后产能力度；山西省启动实施了生态环境补偿机制，开展了城镇饮用水源地基础环境调查与评估工作。

五是以信息化建设助力“两型社会”建设。中部六省在建设“两型社会”过程中，积极利用现代信息技术，加快推进信息化建设的步伐。具体而言，中国移动、中国联通和中国电信三大电信运营商利用技术优势，发挥信息化建设排头兵和主力军作用，加强并深化与中部各省在信息基础设施建设、电子政务、农村信息化等方面的合作，全面深入各省的政府信息化、经济信息化、社会信息化和信息基础设施建设，以此推动中部地区信息化建设和“两型社会”建设。

六是共同推进新型工业化、新型城镇化和新农村建设。中部六省在建设“两型社会”过程中，坚持走新型工业化、新型城镇化和新农村建设共同推进的发展道路，以新型工业化推动产业结构优化升级、以新型城镇化统筹城乡发展、以新农村建设着力解决“三农”问题，繁荣农村经济，以此推进中部地区“两型社会”建设。中部各省坚持传统产业的改造与战略性新兴产业培育相结合，加快推进自主创新，大力培育自主知识产权和自主品牌；坚持城乡统筹、区域协调，加速形成以城市群为主体形态，以特大城市为依托，大中小城市和小城镇协调发展的新型城镇体系；坚持以新农村建设来着力解决“三农”问题，创新经营模式、加快农村土地流转、大力发展农产品精深加工业，带动农村地区现代农业的发展。

七是强化区域交流与合作。中部各省纷纷搭建了与“长三角”

地区、“珠三角”地区、“环渤海”地区、沿黄河、中部地区、港澳台地区的区域合作平台，充分利用其丰富的矿产资源、廉价劳动力和较高素质的人才队伍，依托各自的发展重点区域和优势产业，抓住发展论坛、洽谈会、研讨会等各项活动机遇，加快承接海外以及东部沿海地区的产业转移；六省之间进一步加强区域旅游人才、信息、技术交流与产业合作，深化合作交流，寻求互利共赢，构建起区域合作新格局，开启了全面交流与合作的新阶段，有力地推动了各省的“两型社会”建设进程。

三、中部地区传统建设模式的问题剖析

中部地区六省，地处我国内陆腹地，以其“承东启西、联南结北”的区位优势、综合资源优势和产业基础较为完备、科技和人力资源丰富等有利条件，将中部地区建设成为我国重要的能源原材料工业基地和农产品生产基地，具有巨大的发展潜力。然而，受传统建设模式的制约，仍然存在如下问题。

1. 资源开发效益不高，可持续发展能力较低

中部地区具有不可复制的资源优势。水土条件好，农产品丰富，以占我国 10.7% 的土地，提供了全国 1/3 左右的农产品，是我国不可缺少的产粮区域，其中土质肥沃的江汉、洞庭湖、鄱阳湖平原是我国重要的粮食生产基地；矿产资源丰富，已探明储量的矿产有 80 多种，贵重金属、有色金属、稀有金属、能源矿产等占全国矿产资源总量的 1/3 以上，黑色金属、化工原料等的所占份额也在 1/5 以上，均高于中部地区所占的国土份额，且资源配套程度较高，为能源和原材料等基础产业提供了广阔的发展前景。但是随着交通运输基础设施的不断改善，资源运输成本大大降低，近年来出现了“北煤南运”、“北煤东运”、“西电东送”、“西气东输”、“南水北调”等地区间资源大调动格局，在一定程度上弱化了中部地区资源的横向比较优势。更为严重的问题是，长期以来中部地区形成了资源开发利用的粗放式经营模式，资源低水平开发形成了效益低下的资源型经济，造成了一系列环境问题，资源可持续利用能力

低，资源优势并未转化为经济优势，还要承担因此造成的生态破坏和环境污染的严重后果。究其原因，不外乎以下几点：第一，在发展思路上重开发、轻节约，重外延、轻内涵，重速度、轻效益，对资源节约的重要性缺乏足够的认识，“资源开发与节约并举、节约优先”的方针没有落到实处；第二，不符合可持续发展的生产方式、消费方式和生活方式还没有得到根本改变，存在着“高投入、高消耗、高排放、不协调、难循环、低效率”等问题；第三，资源节约法规、标准不完善，尚未建立适应市场经济体制要求的资源节约机制。我国虽然有《节约能源法》、《水法》等，但可操作性差，配套法规不完善，缺乏有效的资源节约激励政策，标准制定工作滞后，有法不依，执法不力；第四，资源开发技术装备水平落后。

“十二五”时期，要实现资源型经济的规避或转型，最为重要的是对传统资源开发模式进行深刻反思，创新发展观念和体制机制，理顺资源开发与经济发展、环境保护的关系，建立起科学的资源产权、资源收益分配、资源财富管理、资源生态环境补偿以及资源开发行为管理等制度体系，促进资源的合理开发、永续利用和生态环境问题的解决。

2. 生产发展成本均处于高位，经济可持续发展水平较低

中部六省经济总体规模较小，以占全国 27% 的人口实现了 19% 的国内生产总值，人均 GDP、城镇居民可支配收入和农村居民人均纯收入均低于全国平均水平；单位产出占用的资源和能源需求处于较高水平，每平方公里产出水平尚不足东部沿海地区的1/3，单位 GDP 能耗和水耗均高于全国平均水平。支撑生产发展的能源生产和消费结构也不合理，能源生产以初级产品为主、附加值低，能源消费以煤炭等传统化石能源为代表的高碳能源为主，其中煤炭在各省一次能源消费中的比例均大于 70%，风能、太阳能、生物质能等清洁能源和替代能源的应用比例依然偏小，并由此造成污染排放较高。2008 年二氧化硫和化学需氧量排放强度均高于全国平均水平，生产发展给生态环境带来了巨大压力。

经济结构欠合理，2008 年中部地区三次产业增加值的结构比例为 15∶51∶34，与全国平均水平相比，产业结构处于较低层次且劳动力就业结构与增加值结构之间有较大反差，第一产业所占比重过大，效益和效率都比较低，存在大量的剩余劳动力，第二产业发展相对滞后，最具有吸纳劳动力能力的第三产业发展严重不足，产值比重和就业比重均偏低；三次产业的内部结构也不合理，第一产业中种植业比重过大，农产品产业链短、精深加工落后，附加值低，产业化水平低，第二产业的内部结构畸轻畸重，超重型、原料型、初级型是中部一些省份工业结构的主要特征，第三产业的发展主要集中在批发、零售、餐饮、交通运输、仓储、邮电等传统服务产业上，而金融、保险、物流、科技服务、信息咨询、文化、旅游等新兴服务业发展相对滞后。

从发展动力来看，中部地区投资、外贸和消费“三驾马车”发展不均衡。2004—2008 年，消费率基本持平，对外贸易所占份额极低，投资对 GDP 增长的贡献率超过 70%，且呈逐年上升的趋势，社会经济的发展很大程度上依赖于投资的拉动，然而投资率由 2004 年的 39% 上升到 2008 年的 58%，投资效果系数却一直在 0.3 上下徘徊，这说明 GDP 增加所需成本保持在较高的水平，投资效益不佳。此外，“投资驱动型”发展模式还有地方政府深层次的体制性因素。“十二五”时期，中部地区必须调整发展动力，由单纯的“投资驱动型”逐步向“四轮驱动”转变，即投资、消费、外贸与体制创新四轮驱动中部地区的经济发展，尤其是要破解区域经济发展的体制性障碍、强化企业的自主创新能力与机制。

3. 城市化和城市经济发展水平较低

随着我国城市化进程的推进和城镇经济的繁荣发展，我国中部地区城市化水平得到了很大提高，有 4 000 万人从乡村向城镇转移，城镇人口比重由 2000 年的 29.73% 上升到 2008 年 40.92%。但是总体来说，中部六省城市化水平普遍较低，城镇人口比重在 36% 至 45%，平均城镇人口比重比东部低 15 个百分点，甚至比西部低 0.6 个百分点，比全国平均水平低 4.8 个百分点，城市化水平最低的河南，低于全国水平近 10 个百分点。

中部地区城市整体规模偏小，城市密度偏低。城镇体系不合理，缺乏可以统领区域经济发展的超大城市，各省首位城市规模小、带动作用不足，至今没有一个中心城市竞争力进入全国前十位，中小城市和小城市数量太少，对区域经济和社会发展及城市化进程推动乏力。城市间联系薄弱，支柱产业结构雷同、重复建设现象非常突出，城市基础设施和公共服务设施落后。中部地区与东部地区在经济实力和经济发展水平上的差距，主要是城市化和城市经济发展水平上的差距，中部崛起在很大程度上依赖于城市和城市经济的崛起。

4. 发展面临严峻的资源环境约束

中部地区的可持续发展面临严峻的资源环境约束，尤其是受土地资源的制约。中部地区人口密度是全国平均水平的2.5倍，人均耕地面积低于全国平均水平。2000年至2008年，中部地区城市化水平提高了11.2个百分点，耕地面积减少了近157万公顷，城市建成区面积增加了2 257平方公里。城镇人口与建城区面积的增长弹性系数逐年下降，城镇人口增速已低于建成区面积的增速，用地方式属于外延性的粗犷式扩展。“十二五”时期，中部地区处于社会经济跨越式发展和快速城市化阶段，交通、能源、水利等基础设施建设力度的加大将对建设用地产生更大的需求，城镇建设用地对耕地与其他农用地的占有和争夺将日趋激烈，城市建设用地扩张加剧和土地利用方式粗放已经成为中部地区推进城市化进程的关键和焦点问题。

中部地区水资源供给并非总量问题，但其水资源丰富的背后正隐藏着严重的“水资源危机”，水的问题已经成为地区可持续发展的重要瓶颈。主要表现在以下两个方面：一是水资源时空分布不均，造成地区缺水差异较大，局部供需矛盾突出。年内降雨60%以上集中在春夏的四五个月之内，而且多以暴雨形式出现，超过现有工程的蓄水能力，真正的丰水区在湖南、湖北、江西三省，山西、河南水资源相对匮乏；二是水环境污染十分严重，尤其是流经城镇和工矿企业江河段区域的水质较差，造成水质性缺水问题突出。

中部地区在发展建设中环境污染严重，大气污染、水污染、固体废弃物污染、重金属污染等环境问题日趋严峻，生态资源破坏严重，生态环境承载力处于超负荷状态，生态安全面临着严重威胁，这在很大程度上制约了中部地区的可持续发展。

四、中部地区“两型社会”可持续发展模式与框架体系

1. 中部地区“两型社会”可持续发展的整体模式与框架体系

“十二五”时期，是中部地区发挥优势、实现突破、加快崛起的关键时期，立足并发挥好其区位、资源、产业优势，搞好内需市场和本地资源的开发，创造可持续发展的基础条件；针对其发展中存在的问题和不足，大力推进科技和制度创新，积极推进新型城市化、新型工业化和新农村建设，加快推进生产生活方式的低碳化、“两型化”转型，创造可持续发展的不竭动力；结合其在全国的战略定位及发展目标，积极推进项目建设，创造可持续发展的重要推动力，意义重大。故而其发展的整体模式可概括为“七以”导向模式，即：以内需市场为主要依托，以本地优势资源为基础，以科技创新为动力，以“三新”(新型城市化、新型工业化和新农村建设)并进为根本，以制度创新为保障，以方式转型为关键，以项目建设为手段，通过“七以”的导向和实施，使中部地区在发展中找准立足点和方向，正确处理好经济发展与生态建设、资源开发与保护、当前发展与长远发展的关系，积极推进资源节约集约利用，在此基础上，进一步推进经济发展与社会发展的协调、城市与农村的统筹、工业与农业的互动、制造业与服务业的整合，将中部地区建成全国重要的粮食生产基地、能源原材料基地、现代装备制造及高技术产业基地和综合交通枢纽，最终实现其“两型社会”的建设目标，推进区域可持续发展(见图3)。该模式的主要内容如下。

(1)以内需市场为主要依托

中部地区地处我国中部，具有承东启西的区位优势，这对于人流、物流、资金流、技术流、信息流在全国范围的顺畅流动和资源的有效配置，对于全国区域经济格局的塑造和实现地区经济协调发展，有着不可替代的重要作用，是国内市场有效运转的重要枢纽。中部地区人口密集，是国内市场培育潜力最大的区域。同时，中部地区地处内陆，不具备东部地区开放发展的区位条件，发展外向型

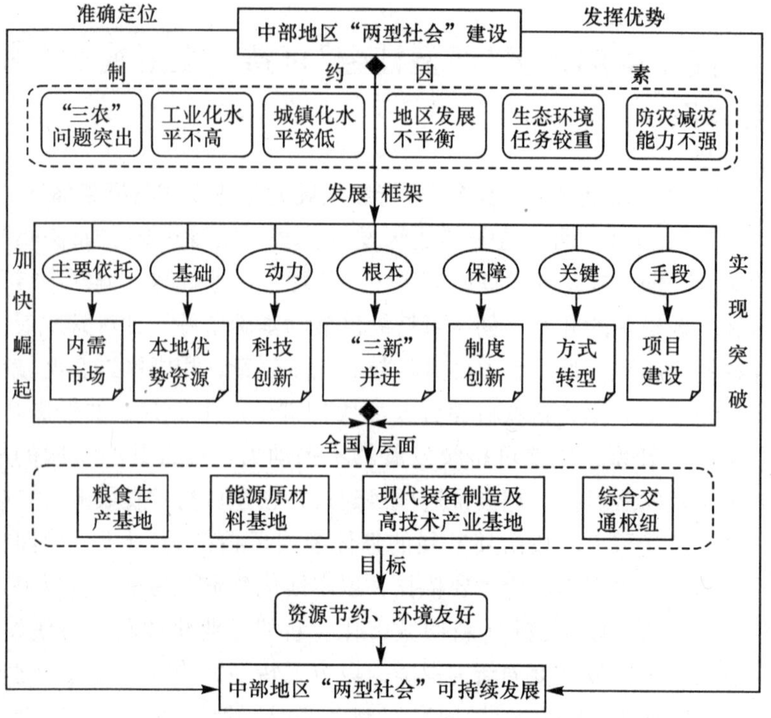

图3　中部地区“两型社会”可持续发展的“‘七以’导向”模式框架

经济的条件相对受限。综合考虑这些因素，中部地区的持续发展，不能照搬东部地区的发展道路，而应发挥承东启西的区位优势，扮演好市场枢纽的角色，以内需市场为主要依托，在充分开发利用国外的资源、资本、技术和市场的同时，更多、更好地开发和利用国内的资源、资本、技术和市场，走出一条有别于东部地区的内生型持续发展道路。

(2)以本地优势资源为基础

中部地区是我国重要的农副产品、能源、原材料及主要初级产品的生产和输出基地，拥有丰富的自然资源、产业资源、资本资源、人力资源、文化资源，这是其他区域无可比拟的优势，也是中部地区发展的基础，在未来的探索进程中，应进一步挖掘和发挥这种优势，加大本地自然资源和产业资源的开发与精深加工力度，积极推进创业来充分开发区域内的资本和人力资源，实现本地区优势资源的整体开发和有机整合，将资源和潜在比较优势转化为资本和现实的经济优势，推动区域社会经济持续发展。

(3)以科技创新为动力

创新是中部地区持续发展的不竭动力，应突出中部地区科技经济发展的特点和优势，加强科技基础条件资源建设和整合力度，大力弘扬创新求实、敢为人先、允许失败、循序渐进的科学精神，营造自主创新的优良环境；创新人才培养和引进机制，加大科技投入，为科技创新提供良好的基础保障；主动融入国家科技发展战略，积极参与国家重大创新工程项目，提高自主创新能力；坚持不懈地抓好区域创新体系建设，围绕优势领域和重大需求，以形成重大产品和有竞争力的产业为目标，强化技术集成创新，努力实现在关键领域的科技突破和跃升，带动科技创新能力的全面提升，形成可持续发展的坚实技术基础，发挥科技对经济社会发展应有的支撑和引领作用。

(4)以“三新”并进为根本

中部是传统的农业省区，经济基础薄弱，三农问题仍较为严重，工业尤为落后，城市化总体水平低且发展较慢，发展中面临的挑战十分严峻。在新的历史时期，立足区域实际大力推进新农村建设、新型工业化和新型城市化发展，是中部地区实现自我崛起，降低资源能源消耗，推进可持续发展的根本举措。应积极推进农业现代化发展，破解“三农”问题壁垒，有序推进农业剩余劳动力转移；加大产业结构调整力度，大力发展战略性新兴产业、高新技术产业和现代服务业，发挥信息产业的先导作用，以信息化带动工业化；加快推进城市群、城市带建设，积极发展县域经济，大力加强小城镇建设，稳步推进城乡统筹及一体化发展，以此推动城市化快速发展。

(5)以制度创新为保障

当前，在中部地区的发展中，“等、靠、要”等依赖思想较严重，市场化程度不高，政府对经济的干预过多，非国有经济比重过小，产权改革滞后，信用缺失等问题仍较明显，在一定程度上制约了中部地区的持续发展。积极推进制度创新，大力推进经济体制改革和行政体制改革，是增强中部地区可持续发展活力的重要保障。

应继续深化大中型国有企业改革，建立健全现代企业制度；支持非公有制经济发展，完善自主创业支持政策；积极发展非公有制经济，放宽对非公有制企业投资领域和行业的限制；健全财力与事权相匹配的财政管理体制，科学配置各级政府财力；转变政府职能，建设服务型、责任型、法治型和廉洁型政府；重点支持中部地区“三个基地、一个枢纽”的建设，出台相关专题性政策，在促进中部地区发展的同时突出中部地区在全国区域格局中的定位特征。

(6)以方式转型为关键

当前，中部地区在发展中仍面临着严峻的资源环境问题，加快转变生产、生活方式，推进生产、生活方式的节约化、低碳化、“两型”化发展，是中部地区实现可持续发展的关键。结合中部地区实际，一是推进生产方式的转型，在生产的各个环节、领域大力提倡发展低碳经济和循环经济，加快产业结构的优化调整，形成节约能源资源和保护生态环境的产业结构和增长方式，降低经济发展对资源能源的依赖度及对生态环境的影响度；二是推进生活方式的转型，积极倡导低碳、环保、健康的生活理念，将资源节约、环境友好的观念落实到每个单位、每个家庭，甚至每一个人，建立起“两型”的生活和消费模式。

(7)以项目建设为手段

将区域定位要求项目化，是东北振兴和西部大开发的一项成功经验。中部地区的可持续发展，也离不开一系列项目的实施和推进，可适当借鉴这一成功经验，结合中部地区在全国的功能定位，将促进中部崛起的主要任务落实到具体的项目上，确立若干重点项目，如中部地区粮食生产基地建设工程、中部地区能源原材料基地建设工程、中部地区现代装备制造基地建设工程、中部地区高新技术产业基地建设工程、中部地区综合交通枢纽建设工程等。同时，围绕中部崛起及可持续发展面临的突出问题，推进若干建设工程或计划，如中部地区新农村建设实施工程、中部地区城市群区域提升计划、中部地区大江大河综合整治工程、中部地区老工业基地改造计划、中部地区资源型城市转型计划等。通过一系列项目和工程的推进，将中部地区可持续发展的任务具体化、明确化，推进全区域的可持续发展。

2. 中部地区"两型社会"建设中城市群的可持续发展模式与框架体系

随着全球城市化进程的加速，中部各省的城市化步伐也明显加快，分别形成了以武汉城市圈、长株潭城市群、中原城市群、皖江城市带、环鄱阳湖城市群、太原城市圈为核心的城市群，有效地带动了各省社会经济的发展。然而，各省城市化发展中仍存在一些共性问题，如：城乡二元经济结构明显、城市之间产业结构同构、生态环境问题严重、资源利用效率不高、城市化进程滞后于经济发展、城市群辐射影响力有限等。"十二五"时期是中部地区加快城市化发展的关键时期，积极培育城市群核心增长极，将其打造成中部崛起的重要战略切入点，推进城市与区域健康发展，意义非同一般。针对中部地区城市化发展中面临的关键问题，各大城市群在发展中应加快新型城市化、新型工业化和新农村建设(即"三新")步伐，紧跟"两型社会"建设要求，积极推进城市群资源节约集约利用、生态环境有效保护，故而其发展模式可定位为"两型三新互动"模式(见图4)，通过"两型"、"三新"的互动发展，推进中部地区城市群走出一条协调、持续、健康、高效的发展道路，打造新型城市群。

该发展模式的运行，是在资源节约型和环境友好型社会建设基本要求的引领下，借助于新型工业化、新型城市化、新农村建设和城乡统筹发展的"引擎"作用，遵循动态性、完整性、综合性等原则，从理论、规划、管理、评价和体制机制五方面加以创新，形成从城市群发展的指导理论到具体的规划建设及建设效果评价全过程的完整的支撑与保障体系。在此基础上，基于城市和区域发展的主要要素——产业、文化、人居、环境、管理、城市建设、人文素质等，形成城市群的发展与提升体系，在该体系中，发展核心是产业系统、环境系统和城市建设系统，关键环节在于人居系统、文化系统、管理系统和人文素质系统的有机融和，七大系统相互联系，彼此促进，共同推动城市群的发展。城市群支撑与保障体系及发展与提升体系的有机联系、相互促进，将进一步推进"两型"与"三新"的互动共生，从而最终推进城市群区域的协调、持续、高效发展。

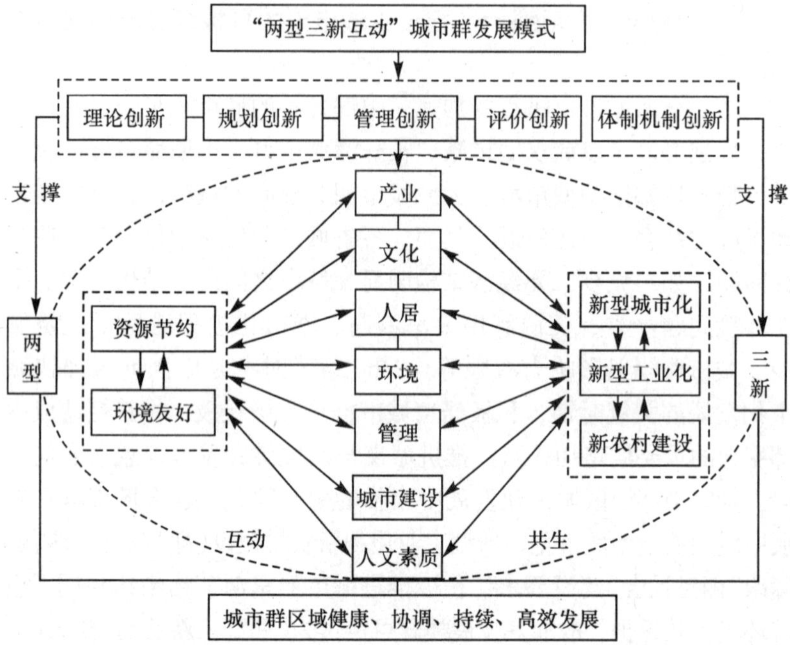

图4 中部地区城市群可持续发展的“两型三新互动”模式框架

3. 中部地区“两型社会”建设中产业可持续发展模式与框架体系

(1)农业可持续发展模式与框架体系

中部地区作为全国的粮食生产基地，其农业发展在确保农业产量稳步增加的同时，还应结合“两型社会”建设及可持续发展的要求，强化合理利用资源、保护生态环境，增加农民收入，改善农民生活条件，实现农业生产、生活、生态的有机统一。根据这一要求，“十二五”时期，中部地区农业的可持续发展模式可定位为“五位一体”模式，即在现代农业理论的指导和现代农业技术的支撑下，着力从提高粮食综合生产能力、加快农业产业结构调整、提升农业产业化经营水平、完善农业基础设施、保护农业发展生态环境五方面着手，大力推进农业现代化发展，建立高产优质高效的农业生产体系，大幅度提高农业综合生产能力、不断增加农产品的有效供给和农民收入，实现中部地区农业、农村、农民的可持续发展(见图5)。

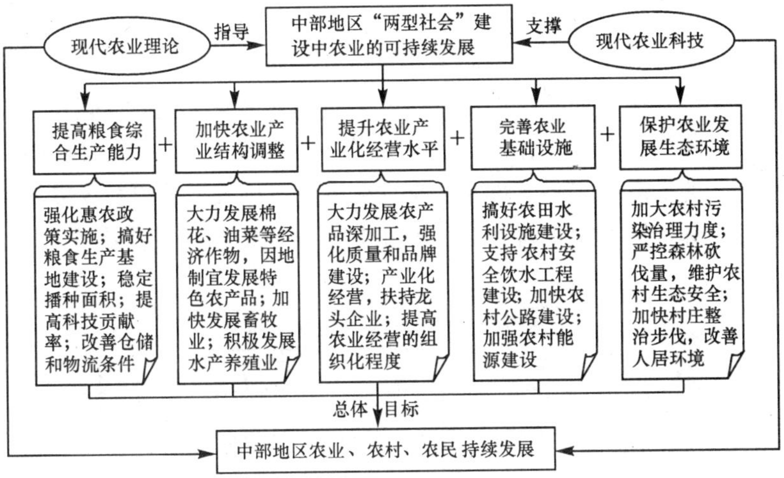

图5　中部地区“两型社会”建设中农业可持续发展的“五位一体”模式框架

该模式是基于中部地区为传统的农业大区，农业现代化发展任务十分艰巨这一实际，结合现代发展方向和趋势而提出的，因而比较符合中部地区的实际，具有一定的现实性和可操作性，有利于推进中部各省发挥优势，提高农业发展整体水平，变传统的农业大省为现代的农业强省。

(2)工业可持续发展模式与框架体系

“十二五”时期，中部地区工业可持续发展的重点在于立足中部地区在全国的比较优势，积极发展重型机械工业、重大成套设备、汽车、轨道交通、船舶工业等装备制造业，电子信息、生物、民用航空配套产业、新能源和新材料产业等高新技术产业，改造提升食品加工、家电制造、纺织服装、现代造纸等传统产业水平，同时，积极发展战略性新兴产业，推进中部地区工业发展体系不断完善、结构不断完整、水平不断提升，巩固现代装备制造及高新技术产业基地地位。基于上述要求，结合新型工业化发展、低碳经济发展和“两型社会”建设的要求，大力推进工业的信息化发展、低碳化发展、循环化发展、集聚化发展和创新化发展，有助于推进工业在发展中更加注重技术改造和自主创新，更加注重淘汰落后产能、兼并重组和节能减排，更加注重优化调整产业结构和转变增长方式，切实提高工业增长的质量和效益，实现其高效、持续发展。因此，中部地区工业的可持续发展模式可概括为信息化、低碳化、循环化、集聚化、创新化“五化联动”模式（见图6），这既符合中部地区工业发展的实际，也是中部地区工业持续发展的内在要求，对推进中部地区工业走符合“两型”的持续发展道路具有重要意义。

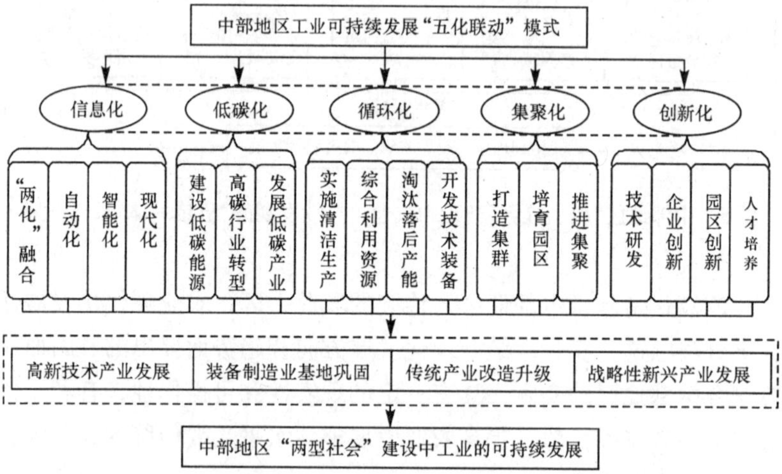

图6　中部地区“两型社会”建设中工业可持续发展的“五化联动”模式框架

① 信息化发展。大力推进工业信息化发展，是中部地区工业持续发展的内在要求，应加大“两化”融合力度，将信息化技术积极融入工业企业的技术、营销、制造、采购、财务、人力资源管理等各个环节，提高工业企业运作效率。尤其值得注意的是，中部地区传统的食品加工、家电制造、纺织、造纸等产业比重仍较大，整体素质不高，资源配置能力较低，改造和提升的任务仍较繁重，这些产业的持续发展，应结合新型工业化要求，促进信息产业和传统产业的有机融合，在生产和服务的各个环节提高自动化、智能化水平和现代管理水平，提高产品质量和经济效益，从而实现传统产业

的升级换代。

② 低碳化发展。坚持结构节能和技术减排相结合，逐步推动工业低碳化发展。一是大力推进清洁煤技术和二氧化碳捕捉及储存技术等低碳技术的应用，促进化石能源的低碳化发展，同时积极开发和推广使用新能源，减少能源使用的碳排放量。二是对钢铁、有色、卷烟制造、食品加工、建筑材料、石油化工、林纸加工等主要“高碳”行业，明确提出节能减排的约束性要求，通过积极推进火电减排、推行环保设备和节能材料等方式，加快这些“高碳”产业的低碳改造、低碳升级、低碳转型和无碳替代，在重点企业、重点产品和重点工序上逐步实现低碳化。三是结合“低碳”发展要求，积极培育发展“低碳”产业，大力发展高端制造、航空航天、生物医药、节能环保、电子信息、新能源和新材料等战略性新兴产业，积极发展中部地区优势明显的现代装备制造和高新技术产业，推进产业结构的逐步高端化、低碳化，确保中部地区的新能源汽车、节能环保、现代装备制造、生物医药等“低碳”、“高效”产业在全国具有一定的竞争优势，不断优化中部地区工业产业结构。

③ 循环化发展。一是全面推行清洁生产。积极推广清洁生产技术及装备，从源头减少废物的产生，实现由末端治理向污染预防和生产全过程控制转变。二是大力推进资源综合利用。统筹规划矿产资源开发，提高采矿回采率、选矿和冶炼回收率，推进尾矿、废石综合利用，大力提高资源综合回收利用率；大力回收和循环利用各种废旧资源，积极发展废旧机器设备再制造产业；不断完善再生资源回收利用体系，推进垃圾资源化利用；加快再生水利用设施建设，循环利用水资源。三是加大落后生产能力淘汰力度，严格限制高能耗、高耗水、高污染产业的发展，加快淘汰破坏资源、污染环境的落后工艺、技术、设备和产品。四是积极开发减量化、再利用和资源化技术与装备，为资源高效利用、循环利用和减少废物排放提供技术保障。

④ 集聚化发展。一是推动相关企业、行业间相互协作、融合和提高，以延伸产业链条为主线，引导企业通过上下游产业的延伸，带动相关产业的发展，促进优势产业、关联企业和相关保障要素集

约建设，提高行业集中度，打造高水平的产业链、产业基地和产业集群，推进工业经济要素的集约和优化配置。二是进一步抓好园区建设，整合园区数量、种类和产业类型，积极推进规范工业园区建设，避免低水平重复建设，将工业园区打造成实现产业集聚、优化产业布局的良好载体和重要平台，大力发展园区经济。三是积极推进中小企业集聚发展，完善基础设施和配套服务体系，引导乡镇、县域中小型工业企业相对集中、连片发展，搞好产业集聚区建设。

⑤ 创新化发展。即提升工业企业自主创新能力，积极培育自主品牌，以此推进工业化发展。发展举措包括：其一，依托骨干企业，加快产业发展核心技术、关键技术研发和联合攻关，开发具有自主知识产权和品牌的新产品、新技术，解决制约发展的重大技术难题。其二，依托中部地区主要开发区，建设科技创新园区，提升园区的集聚创新能力，搭建共性技术和公共服务平台。其三，以市场为导向，产学研用相结合，积极引导创新要素向企业聚集，促进产业链上各环节的合作，推动企业联合创新，加快推动科技成果尽快形成产业化能力。其四，加大创新型人才的培养和引进力度，为工业持续发展提供人才保障。

该模式中，信息化是基础，是推进工业持续发展及传统产业优化升级的内在要求和必然选择；创新化是必然要求，是提高产业竞争力和发展水平，推进工业持续发展的源泉和不竭动力；循环化、集聚化、低碳化发展既是重要举措，也是工业持续发展的主要落脚点。“五化”各有侧重，联合驱动，共同推进中部地区高新技术产业和装备制造业发展水平的提高，巩固其现代装备制造及高新技术产业基地地位，推动中部地区工业的持续发展。

(3)旅游业可持续发展模式与框架体系

中部地区旅游资源丰富、等级高、品味独特，旅游产业发展迅速，市场前景广阔。然而，在快速发展中，中部地区旅游业发展也存在不少问题，如精品旅游资源挖掘力度不够，旅游拳头产品优势凸显有待加强；旅游业排放出的大量温室气体长期被忽视，及时、有效的政策措施缺乏；旅游发展中重开发、轻保护的现象仍较严重，旅游环境破坏明显；旅游产品形式单一，难以满足大众需求；

宣传与推介力度不够，服务水平有限等，“十二五”时期，应针对这些问题，紧密结合国际旅游业发展趋势及大众的需求，考虑中部地区旅游业发展的实际及方向，积极推进旅游业的精品化、低碳化、持续化、多元化、数字化发展，形成“五化并举”的发展模式（见图7）。该模式基于中部地区旅游发展的实际和需要及当前旅游业发展的趋势和方向而提出，有利于对症下药，推动中部地区旅游业朝更加合理的方向发展，可行性较强，应用前景较广阔。在该模式中，精品化是提高旅游资源品位和竞争力的内在要求和重要举措；低碳化是紧跟旅游业发展要求及趋势，转变旅游业增长方式的重要推动力；持续化是确保旅游业和旅游资源可持续发展的前提和保障；多元化是适应旅游市场需求多样化、扩大旅游客源市场的必然举措；数字化是提高旅游发展总体水平、提升旅游服务功能的必然要求。“五化并举”，共同作用，推进中部地区旅游朝多目标、多层次综合开发的方向发展，最终实现其可持续发展。

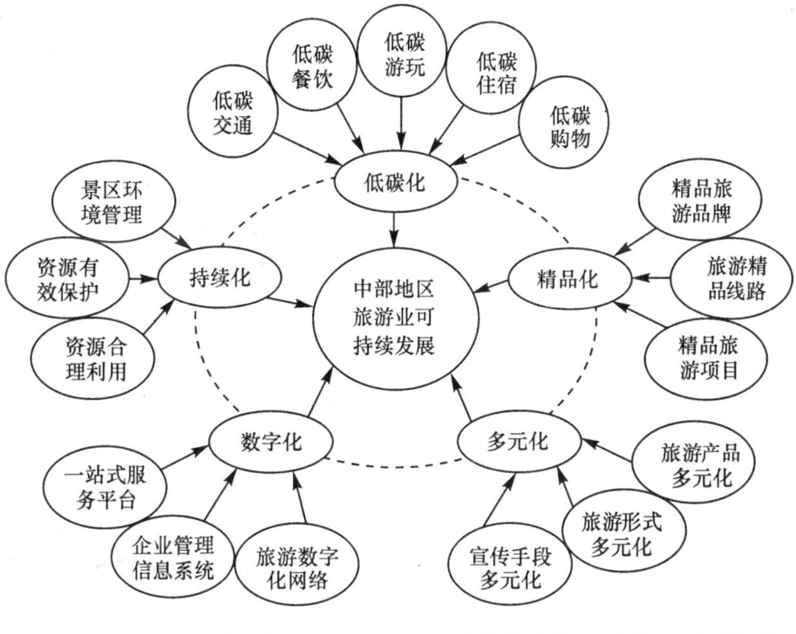

图7　中部地区“两型社会”建设中旅游业可持续发展的“五化并举”模式框架

4. 中部地区“两型社会”建设中生态环境可持续发展模式与框架体系

当前，中部地区面临的生态环境形势不容乐观，大气污染、水污染、固体废弃物污染、重金属污染等环境问题日趋严峻，生态资源破坏严重，生态安全正面临着严重威胁，在一定程度上制约了中部地区的可持续发展。基于中部地区面临严峻的生态环境形势这一现实，中部地区生态环境若要实现可持续发展，就既要加大环境综合整治力度，改善环境质量；又要进一步搞好生态建设，保护主要的生态资源，两者缺一不可。因此，中部地区生态环境的可持续发展模式可定位为“治建联合”模式，通过治理与建设的共同推进，实现生态环境的可持续发展(见图8)。该模式的运行，需要把握好如下几大原则：其一，多措施相结合原则。环境治理和生态建设均涉及生态环境建设的方方面面，不能仅靠单一措施，而应将生物、工程、管理、农业等多种措施有机结合，全面推进生态环境的综合整治，实现区域生态环境的根本好转。其二，共同参与原则。生态环境建设是全社会共同的责任，应充分运用市场机制，调动各方面的积极性和创造性，形成全社会自觉开展生态保护与建设的氛围和机制。其三，系统性原则。生态系统是一个开放而复杂的巨系统，应遵循系统性原则，从区域环境和区域生态协调的角度考虑生态环境问题，注重城乡建设与生态环境建设的结合，构建起集约化的生态结构功能体系、生产体系和管理体系，确保生态系统结构的完整性和生态过程的连续性，实现区域生态系统结构与功能的和谐。其四，生态优先原则。当前，中部地区社会经济发展迅速，对生态环境的影响程度也越来越大，在未来的进一步发展中，不能忽视生态环境的承载力，而应坚持生态优先，确保各项建设均维持在地区自然环境和生态系统的承载能力范围之内，确保生态系统不受破坏，功能完整，运转正常。

该模式还提出了环境治理和生态建设的具体措施，其中加强工业污染治理的主要措施有：对污染严重的造纸、石化、建材等产业类型，按照“关、治、投、转”四字方针，积极推行工业污染综合

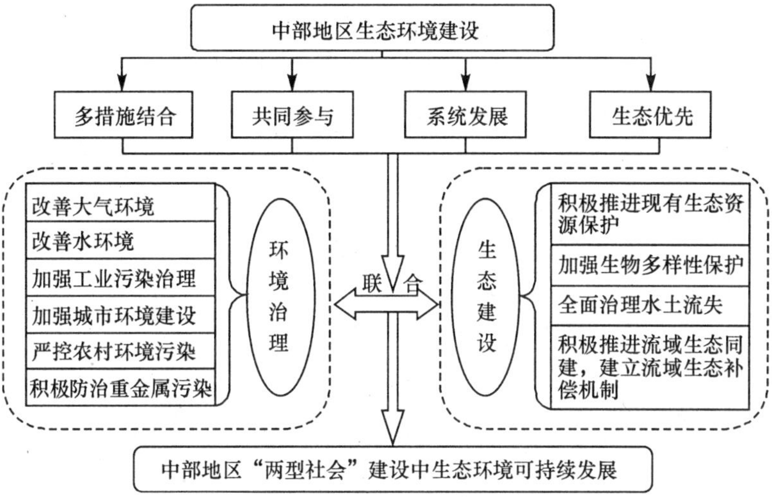

图8　中部地区生态环境可持续发展的“治建联合”模式框架

整治。关，即适时关停一批污染严重和不符合国家产业政策的小冶炼、造纸、化工、印染、电镀等工业企业，禁止新建小型相关企业。治，即及时治理一批污染较严重的企业，要求各新建企业必须按照规划、建设、环保等部门的技术规范进行建设，并经相关部门验收合格后方可进行生产，确保达标排放。投，即采取政府投入与市场投入相结合的方式加大工业污染治理投资力度，根据各个地区的实际，分阶段、有计划地投入资金进行环境污染恢复治理。转，即将现有生产要素进行转型利用，引导相关企业延伸产业链，向深层次加工、附加值高、环境污染小的项目转变。

5. 中部地区资源能源可持续利用模式与框架体系

(1)水资源可持续利用模式与框架体系

水资源关系到国民经济发展的方方面面，其可持续利用是我国经济社会发展的重要战略问题之一。就中部地区而言，洪涝灾害、干旱缺水、水污染严重、水土流失等问题正严重制约着该地区水资源的可持续利用，针对这一实际，“十二五”时期，结合

"两型社会"建设要求，中部地区水资源的可持续利用一应节约利用水资源，二应优化配置水资源，三应搞好水资源综合管理，四应积极治理水污染问题，故而其模式可概括为节水、配水、管水、治水"四举齐驱"模式，其中，节水是根本、配水是关键、治水是前提、管水是保障，四举联袂推动水资源的高效持续利用（见图9）。

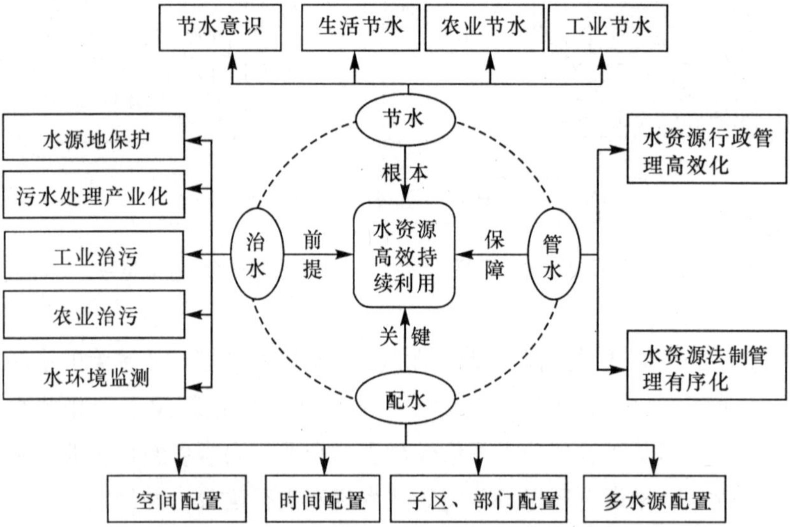

图9　中部地区水资源可持续利用的"四举齐驱"模式与框架体系

该模式的可操作性主要体现在：其一，从节水角度看，随着节约型社会建设观念的日益深入人心，水资源短缺带来的严峻形势正日益被人们所了解和重视，人们的节水意识在增强。同时，各种节水技术的发展和推广也使得水资源的进一步节约利用成为可能。其二，从配水上看，一系列水利枢纽、设施等的建设和修缮，将进一步提高各个地区配置水资源的能力，各种水资源优化调度模型的研究、建立和推广也将在一定程度上推进水资源的优化配置。其三，从治水上看，随着人们对水资源重要性及短缺形势认识的深化，水资源治理的力度在加大。同时，现代技术的发展，也在一定程度上推进了水资源治理水平的提升。其四，从管水上看，不少地区都研究和提出了更加科学、合理的水资源管理政策和举措，如英国的水资源管理立法和监测措施、浙江省探索的水务管理体制改革举措等，对中部地区都有很强的借鉴和指导意义，中部各省若能结合各自实际加以借鉴、完善、推广和实施，提高水资源管理水平的前景将十分广阔。

(2)土地资源可持续利用模式与框架体系

中部地区土地资源的可持续利用旨在保持土地系统生态平衡的前提下，以最小的投入，取得最大的经济和社会效益，确保土地利用在生态、经济、社会三方面的可持续发展。基于此，“十二五”时期中部地区土地资源的可持续利用模式可概括为生态友好型、经济可行型、社会接受型“三型统一”模式，其中生态友好是基础和前提，经济可行是核心和关键，社会接受是目的和归宿，三者相辅相成，共同构成一个有机的统一体，推动中部地区土地资源开发利用综合效益的有效发挥(见图10)。该模式的运行，需要有长远和全局的观点，可积极引入反规划的理念，变以往重建设用地、轻非建设用地的“经济导向型”土地利用方式为建设用地与非建设用地并重的“多价值导向型”土地利用方式，改变环境效益和社会效益在土地利用效益中的不对等地位，重构土地资源利用的价值体系，建立起以人口、资源、环境、经济为核心的多目标土地利用模型，优先确定强制性的非建设用地范围，在此基础上强调先安排生态基础设施用地和公共用地，再落实建设用地，使土地利用各部门、各类用地在时间和空间上与生态环境相一致、与社会需要相符合，确保土地利用的环境、社会和经济效益均有效发挥，实现其可持续发展。

(3)能源、矿产资源可持续利用模式与框架体系

“十二五”时期是中部地区实现崛起的关键时期，对能源、矿产资源的需求量也将进一步增加，只有开源与节流并重，才能保证有限的能源、矿产资源满足可持续发展的社会经济的需求。据此，

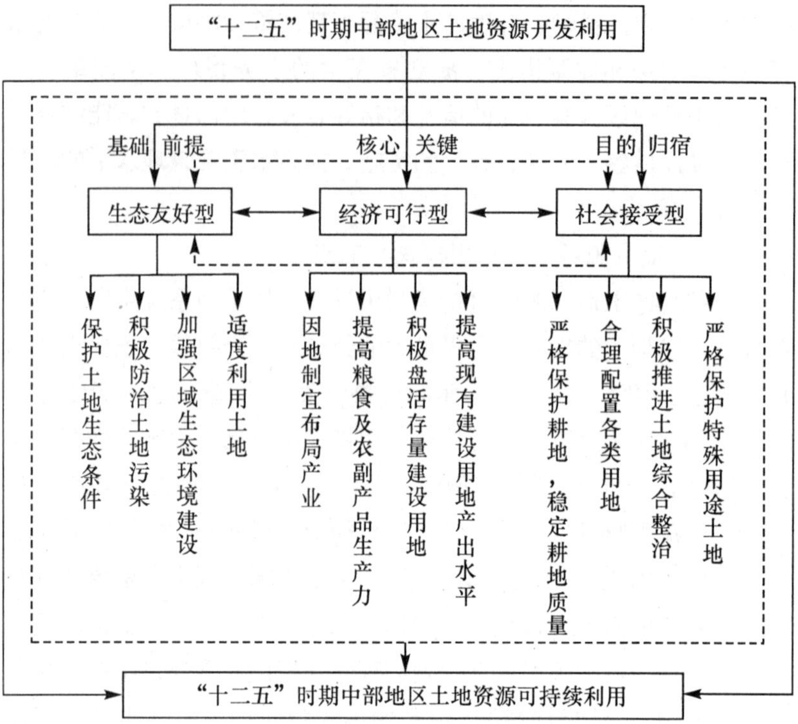

图10 中部地区土地资源可持续利用的"三型统一"模式框架

"十二五"时期中部地区能源、矿产资源的可持续利用模式可定位为"源流并重"模式(见图11)。该模式的运行，需要重点完成如下几方面的工作：其一，下大力气寻找更多的化石能源，尽量延长化石能源的使用年限，给新能源的开发赢得更多的时间；其二，积极开发新的主导能源，建立新的能源利用技术体系，接替化石能源；其三，提高能源利用综合效率，开发新型节能环保设备、技术；其四，积极推动全社会节能，建立起节约型的生产生活体系和国民经济运行体系，减少社会经济发展和人民生活对能源和矿产资源的消耗量，节约资源。

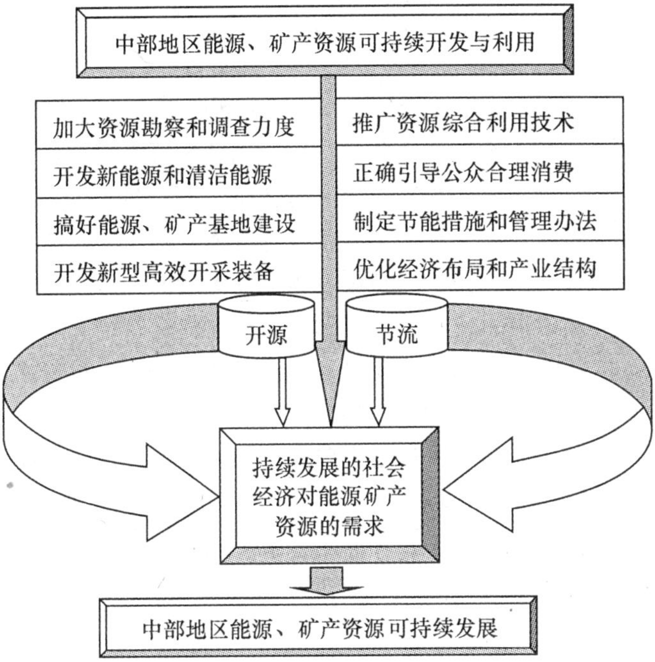

图11　中部地区能源、矿产资源可持续利用的“源流并重”模式框架

五、中部地区两型社会可持续发展模式的实施建议

1. 加强组织管理

可持续发展模式建设是一项错综复杂的系统工程，需要强有力的领导和各行各业的支持。为此，各省应加强组织领导，成立专门的可持续发展领导小组，由各省主要领导担任组长，领导小组的主要职责是：进行可持续发展模式实施的部署动员，对实施过程中的重大问题进行决策。领导小组在发改委设办公室，办公室主任由各省发改委主任担任，各省有关职能部门领导皆为领导小组成员，全面负责本部门建设事宜，对相关问题统筹管理。对需要多个部门办

理的事项，则明确牵头部门，分清主次责任，理顺部门职责关系，建立健全“职责明确、协调联动、严格督查”的管理协调机制。

2. 抓好投入保障

可持续发展模式的建设，需要投入巨额资金，应鼓励金融创新，加快中部地区金融体系建设，积极拓宽融资渠道，调整财政支出结构，推动中央和省级财政投资适当向“两型社会”建设、循环经济与低碳经济、各项社会事业发展等方面倾斜，为可持续发展模式的建立提供财力保障；可持续发展需要大量的人力投入，应深化人事管理制度改革，完善激励机制，多渠道引进、培养人才，创造吸引人才、人尽其才的制度环境，形成尊重知识、尊重人才、鼓励创业、促使优秀人才脱颖而出的良好社会氛围，为可持续发展建设提供人才保障；可持续发展还需要大量的物资投入，现阶段应重点加强区域合作，完善区域物流体系建设，搭建区域性物流资源交易平台，理顺物资的供应关系和渠道，引导生产企业和商贸企业推广供应链管理和智能化、自动化管理，通过协调物资的生产、采购、运输、存储和管理等单位和部门，提高物资保障度。

3. 完善政策法规

为顺利推进中部地区可持续发展模式建设，必须制定和完善产业发展、土地管理、投资、资源、环境等方面的政策体系。在产业发展上，全面支持经济转型和产业调整，鼓励重点骨干企业开展技术改造和战略重组，打造大规模、高效益、联系紧密的产业集群和产业基地；土地管理方面坚决贯彻严格控制建设用地新增规模、盘活存量、节约和集约用地、优化用地结构、合理布局、保护耕地的原则，结合产业发展政策，严格土地供应管理；创新资源管理方式，完善政策机制，明确界定资源归属，强化资源保护的产权约束机制，通过调整财税政策，引导和调节资源的开发和利用；建立环境与发展的综合决策体系，各省应按照不同地区的资源环境承载能力、环境容量、生态功能等因素实施严格的总量控制标准、各项污染物排放标准，并根据工作效果和技术进步对环境标准实行动态调整。

4. 强化科技创新

结合可持续发展、低碳循环经济、“两型社会”建设需要，突出技术创新，有计划地引进、开发和推广一批先进适用的成套技术和设备，包括替代技术、资源耗用减量化、再利用和再循环等绿色技术、环境监测技术等，运用先进的技术来解决项目实施中的关键问题，依靠科技进步来引导和推动各行业的可持续发展。现阶段中部六省应进一步解决好科技资源配置中的行政区域关系问题，逐步形成以优势互补为基础，以市场机制为纽带，以产学研为载体的科技合作与交流机制，推进科技资源共享服务平台建设，加快关键技术、重点领域的人才培养步伐，重点研发和推广各项先进适用技术，进行资源节约与高效利用、清洁能源、新材料、节能节水、清洁生产、化肥农药和地膜的高效清洁利用、良品繁育、动植物疫病防控、农产品精深加工、生态保护等技术的联合攻关，构筑中部地区开放型的区域创新体系。

5. 创新发展机制

体制机制创新是建立可持续发展模式的重要保障。中部地区可持续发展模式的建立需要搞好如下几个方面的体制机制创新工作：一是创新行政管理体制机制，改变过去长期以产值增长为目标的政绩观，转变政府职能，构建生态型服务政府。二是创新低碳循环发展机制，探索建立生产者责任延伸和工业废弃物处理认证等制度，建立“消费拉动、政府采购、政策激励”的循环经济发展体系。三是进一步完善差别化的资源、能源价格制度，理顺产品价格，适当提高能源资源税征收标准，逐步建立体现资源稀缺程度、市场供求关系和环境恢复成本的资源价格形成机制。四是积极实行排污权交易制度，完善排污权交易制度和交易市场，促进企业自觉减少污染物的排放。五是加快生态补偿机制建设，积极开展生态环境补偿基金的探索，建立有利于生态环境保护的财政转移支付制度，创新“资金横向转移”补偿模式，配套建设和完善生态友好型的税费制度，加速推进生态补偿机制法制化进程。

6. 突出能力建设

一是加强资源环境承载能力建设，坚持在保护中开发的原则，重点保护能源资源、土地资源、森林资源和水资源等自然资源，抓好各项资源、能源综合治理与利用示范工程，建成全国特色精品原材料深加工基地、原材料产业节能降耗示范基地、新型能源生产基地，为中部地区可持续发展提供资源保障。二是加强基础设施支撑能力建设，加强包括铁路、高速公路、机场、港口、航道及交通枢纽在内的综合交通设施建设，高度重视农业和农村的水利设施建设，加快建设电力基地和电网设施，以特高压和500千伏超高压为骨干网架、各级电网协调发展为目标，进一步提高电网资源优化配置能力。三是中部六省应该凭借自身优势条件，强化“造血”功能，加快自我发展能力建设。

参考文献

[1] *Julie Brotje Higgins. Emergy Analysis of the Oak Openings Region. Ecological Engineering*, 2003, 21(1).

[2] 张文尝，樊杰，张雷，等. 中国中部地区21世纪持续发展. 武汉：湖北科学技术出版社，2000.

[3] 中国科学院可持续发展战略研究组. 2006中国可持续发展战略报告. 北京：科学出版社，2006.

[4] 刘湘溶，朱翔. 生态文明：人类可持续发展的必由之路. 长沙：湖南师范大学出版社，2003.

[5] 朱翔，贺清云，等. 长株潭城市群发展模式研究. 长沙：湖南教育出版社，2009.

[6] 国家发展和改革委员会. 促进中部地区崛起规划，2010.

[7] 江西省发改委地区经济处. 环鄱阳湖经济圈规划(2006—2010)，2006.

[8] 中国城市规划设计研究院. 长株潭城市群区域规划提升专题之绿心地区发展与建设概念规划研究，2008.

[9] 安徽省经济研究院. 皖江城市带承接产业转移示范区规划纲要，2009.

[10] 长沙市人民政府. 长沙大河西先导区建设总体方案，2009.

[11] 谭飞，宋常青. 我国资源枯竭型城市转型四大模式. 瞭望，

2006，5(2)：43.
[12]俞海，任勇. 中国生态补偿：概念、问题类型与政策路径选择. 中国软科学，2008，(6)：7-15.
[13]张先进，容宁. 中西部地区承接产业转移应注意的问题与对策研究. 改革与战略，2008，(4)：15-19.
[14]张占仓. 论中原崛起的基本问题. 地域研究与开发，2004，(6)：9-14.

大力促进新型工业化　加快中部地区经济发展方式转变

刘维奇　李志强
（山西大学　太原 030006）

党的十七大明确提出“转变经济发展方式”，并将其作为“关系国民经济全局紧迫而重大的战略任务”，同时再次强调要坚持走中国特色新型工业化道路。加快转变经济发展方式是推动科学发展的必由之路，也是实施中部崛起战略的必然选择，而走新型工业化道路则是实现经济发展方式转变的重要途径。

一、问题的提出

中部地区是我国重要的农产品基地和能源、原材料基地。粮食、棉花产量占全国的1/3，油料产量占全国的比重超过40%，煤、金、银、铜、钨、铝土等近40种重要或稀有矿产储量居全国第一。长期以来，中部地区直接开采较多，往往出售资源和一些简单的初级加工产品，走的是一条“挖资源、卖资源”的路子，产业加工度不高，产业链条短，产品附加值低，不仅未能充分发挥中部地区的资源优势，还消耗了大量有限的资源，这种以高投入、高能耗、高消耗、高污染、多占地为特征的“四高一多”式的粗放型发展方式所带来的资源环境矛盾、经济社会发展不协调的矛盾、社会结构问题等潜伏的矛盾已日益突出，某种程度上已经严重制约了经济社会的健康发展。因此，中部地区如何及时实现经济发展方式转变，实现经济社会全面、协调、可持续发展是非常紧迫的重大问题。

实践证明，走出一条又好又快的新型工业化道路，既是加快经济发展的内在要求，也是促进经济可持续发展的根本要求，更是实现中部地区经济发展方式转变的必由之路。新型工业化是针对经济发展方式中最为紧迫的市场、产业和环境问题所采取的有效措施，中部崛起必须立足实际，发挥优势，找准路径，切实推进新型工业化，加快转变经济发展方式。

二、中部地区新型工业化进程的现状、问题及成因

(一)中部地区经济发展方式转变与新型工业化进程的基本情况

1. 中部地区对全国经济总量的贡献仍较低，人均 GDP 低于全国平均水平，工业生产总水平对区域经济总量的贡献高于全国平均水平

2009 年，中部 GDP 总量占全国的比重为 20.7%，东部地区占全国的比重为 61.8%，中部不及东部的一半。中部地区人均 GDP，增速较快，但远低于东部，中部新型工业化水平还较滞后。2009 年，中部地区三次产业结构为 13.2∶50.1∶36.7，工业产值占生产总值的比重为 42.95%，中部地区新型工业化取得了长足的进步。2009 年各地区收入水平、工业产值总量情况见表 1。

表 1　**2009 年各地区人均 GDP、工业产值占 GDP 比重、三次产业结构**

地区	人均 GDP(元)	工业产值占 GDP 比重(%)	三次产业结构
全国平均	25 575	39.72	10.3∶46.3∶43.4
中部平均	19 828	42.95	13.2∶50.1∶36.7
上海	78 989	35.95	0.8∶39.9∶59.4
山西	21 522	47.82	6.5∶54.3∶39.2
安徽	16 408	40.39	14.9∶48.7∶36.4

续表

地区	人均 GDP(元)	工业产值 占 GDP 比重(%)	三次产业结构
江西	17 335	41.76	14.4:51.2:34.4
河南	20 597	50.82	14.2:56.5:29.3
湖北	22 677	39.99	13.9:46.6:39.6
湖南	20 428	36.90	15.1:43.5:41.4

资料来源：中华人民共和国国家统计局. 中国统计年鉴 2010. 北京：中国统计出版社，2010：38，41，51，53.

2. 中部地区传统工业与新兴工业并存、传统工业占主导的二元结构凸显，工业生产内部结构偏“重”，新兴工业发展缓慢

工业生产内部结构偏重。从表 2 可以看出，2009 年，中部地区轻重工业增加值的比值为 0.38 <1，根据霍夫曼系数进行判断，中部地区处于工业化第四阶段，即资本品工业规模大于消费品工业规模的阶段。

表 2　**2009 年各地区工业生产内部结构(%)**

地区	轻重工业增加值之比	规模轻工业增长率	规模重工业增长率
全国	29.5:70.5	9.7	11.5
上海	31.7:68.3	1.5	3.7
中部	27.5:72.5	19.8	16.0
山西	5.0:95.0	10.1	2.2
安徽	30.9:69.1	29.3	19.9
江西	33.6:66.4	20.9	19.7
河南	31.7:68.3	13.7	15.0
湖北	30.9:69.1	25.3	18.0
湖南	32.8:67.2	19.6	20.9

资料来源：①中华人民共和国国家统计局. 中国统计年鉴 2010. 北京：中国统计出版社，2010：207，524，534；②2009 年各地区国民经济和社会发展统计公报。

传统工业占主导。中部主导行业分布在原料工业、燃料动力工业和农产品加工业等领域，传统工业占有很大的比重。但信息产业、生物制药、光通信等高附加值的新兴产业并没有在中部六省的工业结构中占据主导地位，也没有成为支柱产业，不利于中部地区快速实现新型工业化和现代化。

3. 中部地区三次产业劳动力就业结构水平低于全国平均水平，中部六省尚处于从传统型向发展型转化阶段

经济发展方式的转变任重道远。2009 年，中部第二、三产业就业比重分别为 26.5%、32%，远低于工业化发达的上海（见表 3）。按照国际上三次产业就业人口的结构标准来判断，① 中部尚处于从传统型向发展型转化阶段。

表 3　**2009 年各地区三次产业就业比重（%）**

地区	第一产业	第二产业	第三产业
全国	38.1	27.8	34.1
上海	5.1	37.4	57.5
中部	41.5	26.5	32.0
山西	39.7	26.2	34.0
安徽	42.8	28.2	29.0
江西	39.3	28.3	32.4
河南	46.5	28.2	25.4
湖北	32.7	26.9	40.3
湖南	48.0	20.9	31.1

资料来源：中华人民共和国国家统计局．中国统计年鉴 2010．北京：中国统计出版社，2010：120-121．

4. 中部地区信息网络的建设和利用水平、信息技术的开发和应用水平得到显著提高，社会信息化水平上升到新的台阶

① 按此标准有传统型、发展型、现代型三种模式，发展型模式是第二产业比重在 40% 左右，第三产业比重为 35% 以上。其中现代型模式是第二产业比重在 35% 左右，第三产业比重在 50% 以上。

推进了信息基础设施全面覆盖、广泛服务、多网融合、安全可靠的进程，中部信息技术应用水平、信息资源共享水平和公共信息服务水平得到显著提高。但还存在一些问题：信息技术应用水平和融合度不高，基础网络、业务系统和信息资源共享不够；信息产业底子较薄，自主创新能力不强；区域、行业、企业之间信息化发展不平衡；城乡社会生活信息化水平不均衡。

5. 中部地区强化大科技理念，科技持续创新能力提高，区域创新体系建设进一步得到改善，但与东部发达地区的差距仍较大

运用高新技术改造提升传统产业技术水平和市场竞争能力，中部地区现已打造和形成了一批具有竞争力的优势产业和产品。如湖北、湖南、安徽的钢铁、汽车、装备制造，河南的食品加工和公路客车，江西的特色冶金和精密制造，山西的能源开发和不锈钢等产业，都已成为本省的支柱产业或拳头产品。武汉的国家光电子产业基地初步形成，光纤通信、激光、生物工程、计算机软件等产品处于国内领先水平。

科技投入产出效率低，科技成果产业化能力不强。中部高新技术产业发展迅速，但产业规模小，技术密集度不高。2008 年，中部工业新产品产值占工业总产值的比重为 14.86%，低于全国 24.24% 的平均水平，远远落后于上海的 28.45%；中部六省高技术产业的工业总产值占全国的 7.2%。

表 4　**2008 年各地工业新产品产值技术市场及专利申请授权数情况**

地区	工业新产品产值占工业总产值比重(%)	技术市场成交合同金额（万元）	专利申请授权数(件)		
			发明	实用新型	外观设计
全国平均	24.24	859 751	1503	5 651	4 214
上海	28.45	3 861 695	4 258	11 973	8 237
中部平均	14.86	315 225	691	3 348	1 389
山西	14.91	128 425	420	1 559	300

续表

地区	工业新产品产值占工业总产值比重(%)	技术市场成交合同金额（万元）	专利申请授权数(件)		
			发明	实用新型	外观设计
安徽	17.21	324 865	489	2 512	1 345
江西	11.79	77 641	218	1 520	557
河南	11.39	254 425	668	5 317	3 148
湖北	17.05	628 971	1 152	5 732	1 490
湖南	16.83	477 024	1 196	3 446	1 491

资料来源：国家统计局，科学技术部. 中国科技统计年鉴2009. 北京：中国统计出版社，2009：382-395。

6. 中部地区仍是经济发展方式转变滞后的地区之一，污染物排放量、单位产值能源消耗量，大大高于全国平均水平及东部发达省份.

经济发展粗放型特征比较明显。从表5可以明显看出，中部地区能源消耗大，经济效益低，资源消耗利用率低，浪费严重，废弃物排放量大，污染严重。因此，中部地区必须优化产业结构和布局，大力发展高新技术产业，加快传统产业技术升级，加快推进新型工业化，转变经济发展方式，走可持续发展之路。

表5　**2009年各地区可持续发展情况**

地区	工业废水排放达标量（万吨）	工业废气排放总量（亿标立方米）	二氧化硫排放量（万吨）	工业固体废物产生量（万吨）	单位地区生产总值能耗（吨标准煤/万元）
全国平均	71 250	14 067	71.4	6 578.8	1.077
上海	40 687	10 059	37.9	2 254.6	0.727
中部平均	79 484	15 489	86.4	8 925.3	1.308
山西	32 694	23 693	126.8	14 742.9	2.364
安徽	70 657	15 273	53.8	8 470.8	1.017
江西	63 047	8 286	56.4	8 898.2	0.880

续表

地区	工业废水排放达标量（万吨）	工业废气排放总量（亿标立方米）	二氧化硫排放量（万吨）	工业固体废物产生量（万吨）	单位地区生产总值能耗（吨标准煤/万元）
河南	134 850	22 186	135.5	10 785.8	1.156
湖北	87 594	12 523	64.4	5 561.5	1.230
湖南	88 059	10 973	81.2	5 092.8	1.202

资料来源：①中华人民共和国国家统计局. 中国统计年鉴 2010. 北京：中国统计出版社，2010：419-431；②《2009 年各省、自治区、直辖市单位国内生产总值(GDP)能耗等指标公报》。

7. 中部地区城镇化水平与开放水平不高，支撑新型工业化发展的基础条件还未成熟

城市化水平稳步提高，但整体规模偏小。中部六省中除山西以外都是农业大省，这是中部地区的特殊性。从表 6 可以看出，中部地区城镇化率接近全国平均水平，而工业化、城市化发展不足，其城市的经济发展水平对农村发展带动乏力，辐射和带动作用较弱，进而制约了中部地区新型工业化进程。

表 6　**2009 年各地区新型工业化的基础条件**

地区	城镇化率(%)	实际利用外资额(亿美元)
全国平均	46.6	29.0
上海	88.6	105.4
中部平均	43.0	37.1
山西	46.0	13.5
安徽	42.1	38.3
江西	43.2	40.2
河南	37.7	48.0
湖北	46.0	36.6
湖南	43.2	46.0

资料来源：中华人民共和国国家统计局. 中国统计年鉴 2010. 北京：中国统计出版社，2010：97，417，439，441.

开放度处于上升趋势，但整体水平偏低。2009 年，中部地区进出口总额①占全国的比重为 3% ~4%，东部地区这一比重高达 90%。中部实际利用外资额是东部的 1/3。

(二)制约中部地区经济发展方式转变与新型工业化进程的成因分析

1. “骄”、“僵”、“惰”的思想观念，束缚了中部地区转变经济发展方式

加快转变经济发展方式关键在于落实，有些地方各级政府视野不够宽阔，对深入贯彻落实科学发展观、牢固树立科学发展理念、坚持走科学发展道路思想认识不足，满足于已有成绩，看不到差距和问题，对加快转变经济发展方式的重要性、紧迫性认识不足。拘泥于原有的一些僵化思想、懒惰习惯，不能根据变化了的形势提出新思路、新举措，束缚了中部经济发展方式的转变。

2. 在增长主义理念下形成的经济、社会、行政体制，是制约经济发展方式转变的制度根源

长期以来，在增长主义的理念下形成了政府追求经济总量扩张的一整套政策。上级政府确立一个量化的发展目标，再层层分解、落实到各地各级官员身上，GDP 的增长成为官员考核升迁的最主要考量指标。正是在这一理念下，形成了当前以 GDP 为主要目标的政府官员政绩考核和干部升迁机制，而这一机制的形成，又反过来强化了增长主义的理念。这种增长主义理念必然促使权力干预经济，在社会矛盾的处理上往往倾向于为 GDP 让路，这不可能不积累资源环境矛盾、社会矛盾等多种矛盾。

3. 不合理的双层刚性二元经济结构，不发达的现代生产性服务，严重制约了中部地区新型工业化的发展

中部地区表现出传统产业比重过大、新兴产业比重太小的产业结构。工业结构偏重，产业链不连贯，产业链断裂层较多，产业内

---

① 本节进出口总额按“各地区按经营单位所在地分货物进出口总额”统计指标计算得到。

缺乏有效支持，工业装备技术水平低，缺乏优势产业与支柱产业。组织结构的专业化、集约化程度低，缺乏规模优势。信息产业处于产业链低端，先进的生产要素无法与本地区的技术环境相融合，对地区工业产生的影响力和推动力不足。

4. 信息技术的应用深度不够，信息化与工业化融合水平不高，制约了中部地区新型工业化的发展

中部地区工业在行业、企业和区域三个层面，没有形成信息化与新型工业化的全方位、多层次、高水平融合。信息产业发展不快，科技创新不足，信息化与科学技术对新型工业化的贡献偏低，信息化对新型工业化的带动作用不强，新兴产业的先导作用还没有得到充分发挥，特别是高新技术产业比重很低，产业竞争力不强。钢铁、石化、有色、消费品等传统产业信息化与新型工业化的融合滞后。

5. 中部地区缓慢的新型工业化进程，导致生态环境整体功能下降，严重阻碍了区域经济可持续发展

中部地区工业领域高能耗、高排放、高污染，影响了资源节约型和环境友好型工业发展的实现。中部地区森林质量不高，草地退化、土地沙化和水土流失速度加快，生态恶化范围扩大、程度加剧、危害加重，环境污染问题严重。迫切需要推进节约生产、清洁生产，促进循环经济，提高资源综合利用水平，推进制造产业发展；迫切需要发展低碳产业，形成低投入、高产出，低消耗、低排放、可持续的发展方式。

三、推进中部地区新型工业化，加快转变经济发展方式的战略构想与主要路径

（一）推进中部地区新型工业化，加快转变经济发展方式的战略构想

根据中央提出的加快转变经济发展方式的总体战略，结合中部地区的自身情况，中部崛起必须立足实际，发挥优势，找准路径，

切实推进新型工业化，加快转变经济发展方式。

要以加快转变经济发展方式为主线，以经济结构战略性调整为突破点，提升经济整体实力和竞争力；以改造提升传统产业为重点，带动关联产业发展，培育发展战略性新兴产业，促进产业结构战略性调整；以科技进步和创新为支撑，发展新能源新材料产业及节能环保产业，实现环境压力向发展动力的转化；以传统优势产业为依托，壮大传统产业优势，加快文化旅游产业转型发展，培育新的经济支撑点，大力推进新型工业化，把经济增长转到以现代农业为基础、战略性新兴产业为先导、先进制造业和现代服务业为支撑的发展轨道上来，着力优化产业集聚区空间布局，着力加快工业化和信息化融合步伐，着力提高产业集聚和辐射带动能力，促进经济长期平稳较快发展和社会和谐稳定，为全面建成小康社会打下具有决定性意义的基础。

(二)推进中部地区新型工业化，加快转变经济发展方式的主要路径

1. 提升改造传统产业，提高产业核心竞争力

按照高质、高端、高效的方向，提升装备制造、有色、化工、食品、纺织服装等战略支撑产业的竞争力，集约化发展有色、化工等产业，大力发展食品工业和纺织服装制鞋业。坚持优势优先与整合提升并举、壮大规模与提升品质并重，调整优化以钢铁、有色、石化为代表的原材料工业。推动能源结构调整和布局优化，稳定煤炭产量，加强电源、电网和油气管网建设，发展智能电网，加快核电、风能、太阳能、生物质能等新能源开发，建设全国重要的综合能源基地。做大做强以工程机械、轨道交通、汽车为代表的装备制造业，改造提升以食品加工、纺织为代表的消费品工业。加强技术改造和技术进步，提升食品、纺织服装、家电、建材等传统优势产业。推动工业化与信息化、制造业与服务业融合，提高产业核心竞争能力。按照规模化、品牌化、集群化、信息化、低碳化的导向，壮大汽车、家电、装备制造等先进制造产业，改造提升煤炭、冶金、非金属材料、化工等能源原材料产业，积极发展农副产品加

工、纺织服装等劳动密集型产业，促进产业转型升级。

2. 发展战略性新兴产业，优化产业结构

抓住国家培育和发展战略新兴产业的机遇，按照创新驱动、重点突破、市场主导、引领发展的要求，加强规划引导和政策支持，实施产业创新发展工程，发挥重大科技专项的引领作用，强化核心关键技术研发，突破重点领域，大力发展新能源汽车、生物、电子信息、文化创意、节能环保、先进装备制造、新能源和新材料等战略性新兴产业。把握科技和产业发展新方向，以新能源汽车、生物等基础条件较好的产业为突破口，弥补产业短板，促进生产要素向优势领域集聚，培育支撑未来发展的先导产业，抢占产业发展制高点。加强规划引导和财税、金融等政策支持，强化核心关键技术研发，实施新兴产业“千百十”工程。坚持高端化、系列化、成套化方向，大力发展煤机、汽车、铁路装备、重型机械等制造业。围绕“气、醇、烯、苯、油”五条主线，重点发展煤制油、煤制烯烃、煤制天然气、精细化工等。积极发展化工新材料、高性能结构材料、新型功能材料和高精尖新材料，努力实现“材料加工”向“加工材料”转变。

3. 发展现代服务业，构建现代服务业体系

把推动服务业大发展作为产业结构优化升级的战略重点，以重点项目、龙头企业、特色园区建设为抓手，以改善政策和体制环境为保障，以市场化、产业化、社会化为方向，大力推进生产性服务业与先进制造业有机融合，改造提升传统服务业，推动规模化、标准化、品牌化、网络化经营。大力发展生产性服务业和生活性服务业，拓展服务业新领域，发展新业态，培育新热点。大力发展现代物流业，积极推动中部地区物流集聚区建设，形成中部区域性物流中心，通过分离、整合、发展等方式，大力培育专业销售企业和专业采购组织等流通主体，重点规划、建设好专业市场、专业购销网络等流通平台，进一步完善资金、人才和政策等支撑，加快构建工业购销专业化流通体系。重点发展关联性强、拉动作用大的金融、保险、物流、信息、中介等服务业，引导资源要素集聚，带动产业调整升级。

4. 推动产业集群化发展，促进优势资源整合

把产业集聚区建设作为拉动增长、优化结构、增强竞争力的战略举措，努力增强载体功能。坚持因地制宜、分类指导，积极承接集群式、链式产业转移，培育和壮大主导产业，着力建设一批具有国际国内先进水平的重大产业基地和特色专业园区。依托园区建设，发挥大园区承载作用，充分发挥核心企业龙头带动作用和大中小企业集聚功能互补作用，走集聚集群发展之路。科学承接产业转移，合理引导企业兼并重组，推动优势资源的跨地区整合。加大政策扶持力度，完善创新园区发展政策，促进项目向园区集中，提高园区的产业层次、科技含量、经济规模和产出水平。

5. 加大节能减排力度，加快淘汰落后产能

中部地区要继续加大节能减排力度，抑制高耗能、高污染行业过快增长，加快淘汰落后产能，积极推进能源结构调整。以循环经济试点省建设为契机，大力发展循环型农业、循环型工业、循环型服务业，建设循环型社会，使循环经济成为基本经济形态和产业发展模式。按照“多联产、全循环、抓高端”的思路，全面推进各类产业特别是传统产业循环化发展。积极发展可再生能源，构建循环经济关键、共性技术研发体系，促进化石能源高效和清洁利用，加强能源储备。积极发展核电，深度开发水电，有序发展火电，加快太阳能、风能、生物质能、沼气等其他新能源的开发利用，形成水电、火电、核电等多元化发展的能源格局。依靠科技促进节能减排的技术研发和推广应用。

四、大力推进中部地区新型工业化，加快转变经济发展方式的政策建议

1. 加快行政管理体制改革，转变政府职能

积极转变政府职能，注重发挥政府和市场的双重引导作用。政府要加强产业规划和指导，明确新型工业发展的主要方向，营造良好的政策环境、体制环境和市场环境，优化经济结构。突破体制障碍，坚持市场导向的经济管理模式，转变唯 GDP 增速为目标的政

绩观，切实加大改革力度，充分发挥政府在经济宏观调控中的积极作用。

2. 鼓励综合改革试点，强化政策扶持

切实贯彻执行《中共中央国务院关于促进中部地区崛起的若干意见》以及相关的政策措施，大胆创新，不断充实和完善中部地区各省有关促进经济发展方式转变的政策体系。建立有利于新型工业化快速发展的财政与税收政策体系。完善财税支持政策，重点向有利于促进基本公共服务均等化的领域倾斜，继续加大对各级经济技术开发区和高新技术开发区公共基础设施项目的资金支持。中部各省政府应出台支持新型工业化发展的政策，建立新型工业服务体系。实施鼓励节能省电环保型建筑和现有建筑节能改造的税收优惠政策。对发展新型工业企业和行业实施税收减免政策，对高碳消耗和排放的企业征收环境税。进一步完善资源价格形成机制，加快资源要素价格改革。鼓励和支持中部各省加快各类综合改革和专项改革试点，积极推进中部各地区进行区域合作机制的创新性改革试验。

3. 完善以企业为主体的技术创新体系，加大科技创新力度

加强各类企业技术研发中心的建设，依托中小企业集群，建立和完善面向中小企业的行业性、区域性技术创新体系。进一步加快建立和健全企业技术创新服务体系及重点行业共性技术和关键技术的开发推广体系，在重点行业和关键领域突破一批核心技术。进一步加强产学研联合，积极探索多种形式的产学研合作模式，形成以企业为主体、高校和科研院所广泛参与、利益共享、风险共担的产学研合作机制，加速研制开发符合市场需求、拥有自主知识产权的科技产品和新型产品。努力打造"新能源特色产业基地"、"国防民用成果转化基地"等科技成果转化基地，加快科技成果转化为生产力的步伐。

4. 加快金融业发展与改革，打造资本市场新平台

推动企业发展由间接融资为主向间接融资与直接融资并重转变，大力培育企业上市后备资源，促进一批科技含量高、增长速度快、盈利能力强的企业，尤其是品牌工业制造企业上市发展，通过资本市场培育龙头企业。进一步优化金融生态环境，吸引股份制商业银行和外资银行到中部地区发展，为中部地区提供更完善的资本平台、更丰富的金融产品，鼓励外资和民间资本参与城市基础设施建设和社会事业发展。加快发展股权投资和担保业务，强化防范金融风险预警机制。加快产权交易市场建设。大力发展保险业。

5. 大力推进资源节约与综合利用，严格控制和治理工业污染

落实国家资源综合利用指导意见，重点加大矿产资源、固体废物综合利用和再生资源、水资源的循环利用，着力打造“水体、能量、尾气、废弃物”四条循环链。积极组织实施重大资源节约与综合利用示范工程，加快企业资源节约与综合利用技术改造。全面推行清洁生产，围绕有色、冶金、石化、造纸、纺织、制革、电镀等重点行业，严格执行国家行业清洁生产标准，大力控制污水、废气、固体废弃物和噪声等各种工业污染，减少和避免对环境和生态的破坏，推进污染全程预防和源头治理，提高工业文明水平。加大对重点污染企业的整治力度，逐个落实污染物排放的总量控制和削减目标。发展环保产业服务体系，规范和培育环保市场。

6. 加大高素质人才培育和引进力度，营造有利于创新的人才发展环境

实施人才优先发展战略，不断加大人才投入，创新人才工作体制机制，营造有利于人才培养、吸引、使用的政策、体制、服务环境。按照国家人才规划提出的政策和体制机制创新目标，积极探索制定符合中部各省实际的人才发展政策。创新人才投入政策，创新人才创业扶持政策，创新人才激励保障政策，创新人才评价发现机制和人才流动配置机制。积极推进人才市场体系建设，完善市场服务功能，加快建立统一规范、更加开放的人力资源市场。加强政府对人才流动的政策引导和监督，扩大和落实单位用人自主权和人才择业自主权，重视发挥中介组织服务功能，促进人才合理流动，提高人才配置效益。积极发展职业培训，完善再教育制度，推进校企合作，推动职业教育与新型工业化的互动发展，为新型工业化培养和储备具有较强研发能力的科技创新人才和较高技术水平的熟练产业技工。

7. 加强区域经济合作，开展区际分工协作

大力推进中部地区全方位对外开放，加强与京津冀、长三角、珠三角和海峡西岸地区的合作交流，积极推动泛长三角、泛珠三角产业分工与合作，有序承接沿海产业转移。积极推动中部地区与西部毗邻地区合作，推进晋陕豫黄河金三角地区突破行政界限，开展区域协调发展试验。提升中部地区与我国港澳台地区等的合作层次，拓宽合作领域。

强化政府在区域合作中的统筹、协调、指导和服务职能，完善地方政府联席会议机制。发挥区域型合作组织的作用，支持建立跨行业的行业协会、商会，加快形成政府、企业、社会团体等共同参与、相互协作的多层次区域合作体系。在跨地区的发展规划、基础设施建设、生态环境保护、市场要素流动等重点领域建立协调机制、推进区域务实合作。中部各省在总的工业发展战略框架内，应充分发挥本省比较优势并与中部其他省份错位发展，形成中部各省分工协作、中部与东西部优势互补的发展新格局。

8. 加强对外交流，努力提高对外开放水平

进一步拓展外商投资领域，吸收外资参与多方面的投资和经营活动，引导外资投向能源原材料产业、装备制造业、高技术产业和现代服务业，争取外国银行到中部地区开设分支机构，搞好中部地区的开发区建设。支持企业加快“走出去”战略，鼓励有条件的企业在境外建立生产基地、营销中心、研发机构，进行境外资源合作开发和国际科技合作，在参与国际分工中加快技术进步与产业结构升级。加快中部地区口岸大通关建设，完善口岸基础设施建设，完善口岸功能布局，推进铁路公路水路联运，增加口岸作业区，开辟航空口岸通道，建立大通关联络协调机制，促进信息资源共享。

参考文献

[1]中共中央．中共中央关于制定国民经济和社会发展第十二个五年规划的建议．人民日报，2010-10-28.

[2]李本和，等．促进中部崛起与区域经济协调发展．北京：人民

出版社，2009：290-324，375-398.
[3]国家发展和改革委员会地区经济司. 促进中部地区崛起文件资料汇编，2009：265-269.
[4]张锐，林宪斋. 中国中部地区发展报告(2010)——国际金融危机背景下的中部经济增长. 北京：社会科学文献出版社，2010：32-63，95-96，102-132.
[5]李欣广，等. 国际产业转移与中国工业化新路. 北京：中国时代经济出版社，2007：29-54.
[6]吴敬琏. 中国增长模式抉择. 增订版. 上海：上海远东出版社，2010：376-398.
[7]胡书东. 中国经济现代化透视——经验与未来. 上海：上海三联书店，2010：206-268.
[8]湖北省政府研究室(省政府发展研究中心)课题组. 应对国际金融危机背景下的中部地区比较优势研究[EB/OL]. 中南财经政法大学网站，2010.
[9]霍蕾，李克克. 湖北省新型工业化进程中存在的主要问题和对策分析. 知识经济，2010(15)：66-67.
[10]袁纯清. 以转型发展为主线为实现山西经济社会跨越发展努力奋斗——在全省领导干部大会上的讲话. 山西日报，2010-07-31.
[11]郑海航，戚聿东. 中国产业经济发展回顾与展望——中国工业经济学会成立30周年庆典研讨会论文集. 北京：经济管理出版社，2009：295-303，314-324.
[12]杨世伟. 国际产业转移与中国新型工业化道路. 北京：经济管理出版社，2009：23-44.
[13]国家发展和改革委员会产业经济与技术经济研究所. 中国产业发展报告(2009)——国际金融危机背景下的中国产业发展研究. 北京：经济管理出版社，2010：182-186.
[14]国务院发展研究中心. 转变经济发展方式的战略重点. 北京：中国发展出版社，2010：31-122.
[15]南昌大学中国中部经济发展研究中心. 中国中部经济发展研

究．北京：经济科学出版社，2010：63-106.
[16]聂华林，马增明．中国西部新型工业化道路研究．北京：中国社会科学出版社，2008：1-107.
[17]赵国鸿．论中国新型工业化道路．北京：人民出版社，2005：52-93.

武汉城市圈存在的主要问题及未来的发展方向

李　明

（武汉大学中国中部发展研究院　武汉 430072）

一、武汉城市圈的发展现状和已采取的政策措施

武汉城市圈指的是以武汉为圆心，包括黄石、鄂州、黄冈、孝感、咸宁、仙桃、天门、潜江等周边 8 个城市所组成的城市圈。2008 年 10 月，武汉城市圈“两型社会”建设试点获国务院批准。2009 年 1 月至 8 月，武汉城市圈共实现 GDP 3 397. 3 亿元，同比增长 10. 9%，占全省比重为 63. 2%，比去年年底提升 1. 7 个百分点；城镇以上固定资产投资 2 878. 61 亿元，增长 37. 41%，占全省比重为 64. 2%；社会消费品零售总额 2 287. 71 亿元，增长 18. 4%，占全省比重为 62. 8%；实际外商直接投资 18. 4 亿美元，增长 3. 4%，占全省比重为 79%。今年上半年，武汉城市圈万元生产总值能耗降低 6. 97%，二氧化硫、化学需氧量排放量分别下降 4. 8% 和 5%；工业废水、废气排放达标率、固体废物综合利用率、城市空气质量优良率均好于去年同期水平。武汉城市圈“两型”社会综合配套试点成效明显。①

武汉城市圈“两型”社会综合配套改革试点工作获国务院批准后，湖北省政府做了大量工作：编制了“56531”实施框架，并研究

① 数据来源于武汉城市圈 1 + 8 城市的政府网站。

制定了投资、财税、土地、环保、金融、人才支撑等六个配套支持政策；在城市圈内确定了产业双向转移、社会事业资源共享、圈域快速通道建设、现代农业产业化、商业集团连锁经营等五个武汉城市圈“一体化”措施，围绕总体方案提出了“九大体制机制创新”。同时制订了改革试验三年行动计划，明确了20个改革专项和38项改革任务，编制了城市圈试验区的项目清单，一共列入启动项目177项，投资总规模12 874亿元。

二、武汉城市圈发展中存在的主要问题

在过去的一年时间里，武汉城市圈的发展取得了非常显著的成效，政府的工作主要集中在武汉城市圈1＋8城市内部的区域一体化方面，主要体现在消除实现区域一体化的各方面障碍、大力加强交通基础设施建设和水资源保护等方面，这些措施一方面需要大规模的资金投入，另一方面也需要按照区域经济融合的要求来改革城市圈的管理。不过这些措施是任何城市圈在实现区域一体化的过程中都会采取的必要措施，并不一定是武汉城市圈建设的专利。但是，中央政府对武汉城市圈改革试点的要求是建设“环境友好型和资源节约型”社会，其重点是对环境保护和资源节约方面的较高要求。目前，武汉城市圈在这方面还存在一些问题有待解决。

第一，武汉城市圈在建设“环境友好型和资源节约型”社会的过程中，尽管在环境友好和资源节约方面采取了一些措施，但是成效并不显著。这表现在武汉城市圈与全国的其他一些地区相比，在环境保护和资源节约方面的优势并不突出，因此其体现的“两型”社会建设的特色并不鲜明。而“两型社会”建设正是国务院批准武汉城市圈建设的方向和重点。同时，在建设“环境友好型和资源节约型”社会的过程中，武汉城市圈在环境保护和资源节约方面的重点和突破口不太明确，这就使得政府在建设过程中投入了大量的资金、建设了一大批项目，这对于提升城市圈的经济实力至关重要，但是对于改善环境和节约资源却收效不大。

第二，武汉城市圈的64个工业园区①是城市圈产业发展的重要基础。目前这些工业园区存在的主要问题是工业园区产业结构趋同、尚未形成比较完善的工业园区网络；缺乏城市圈内部各工业园区统一的产业规划布局，在承接东部地区产业转移和招商引资的过程中存在盲目恶性竞争的现象；工业园区在生产运行过程中在环境污染治理和资源节约方面的努力还不够；在招商引资的过程中出于局部利益的考虑，在土地和环境保护方面所采取的措施不是特别得力，不能够很好地体现武汉城市圈“环境友好型和资源节约型”社会建设试点的特点。

第三，武汉城市圈不仅包括武汉等城市的中心城区，而且还应该包括这些中心城区的周边地区，因此在地理范围上是以行政区划为基础、包括中心城区和周边农村在内的一个区域。武汉城市圈内部的农村地区也是城市圈的重要组成部分，剥离农村地区而单独建设“环境友好型和资源节约型”的武汉城市圈是不现实的。如何在重点建设1+8城市的同时，使中心城区外围的农村地区更好地为城市圈的“两型社会”建设服务将是一个非常值得政府关注的问题。

第四，在武汉城市圈“两型社会”建设试点和承接我国东部地区产业转移的过程中，中心城区周边的农村县乡级政府在招商引资和谋求发展的过程中，在产业布局和产业结构上如何协调与武汉城市圈1+8城市的关系，共同构筑一个层次分明、各有分工的武汉城市圈产业体系也会是一个非常重要的问题。

第五，由于武汉城市圈是国家批准的“环境友好型和资源节约型”社会建设的试点区域，因此在对政府官员的政绩进行考核的时候，省政府也可以考虑向环境保护和资源节约等方面进行倾斜。但是目前在这一方面政府采取的措施并不多，因此也就不能够将武汉城市圈1+8城市政府官员的注意力从单纯发展地区经济转移到“两型社会”建设的要求上来。这也是政府在未来需要关注的重要问题。

① 数据来源于武汉城市圈1+8个城市的政府网站。

三、武汉城市圈未来发展的主要方向

武汉城市圈自从获得国务院批准以来取得了非常显著的效果，尤其是在硬件基础设施上政府投入的力度非常大，这对于促进武汉城市圈区域经济的跨越式发展发挥了至关重要的作用。未来武汉城市圈的发展重点是进一步突出“环境友好型和资源节约型社会”建设的特色，在环境保护和资源节约上采取更加有效的措施。同时，由于城市不可能是孤立的城市，中心城区是与周边的农村地区紧密联系在一起的。如何更好地将武汉城市圈的“两型社会”建设推广到城市圈内中心城区周边的农村地区，将“两型社会”建设试点与新农村建设相结合也是未来值得政府加以关注的重要领域。具体来讲，政府可以在如下几个方面采取措施将武汉城市圈“两型社会”建设推向深入。

第一，武汉城市圈“环境友好型和资源节约型社会”建设已经有一段时间了，但是政府在环境保护和资源节约方面政策改进的重点领域和突破口却并不是很明确，只是一味地按照国家节能减排的标准来对企业进行引导，这就使得政府难以采取明确和有效的措施来凸显“两型社会”的鲜明特色。未来，政府可以将建设一批生态工业园区或循环经济园区、有效利用工业“三废”以实现循环利用作为武汉城市圈“环境友好型”社会建设的重点。在政府的鼓励和倡导下，通过引进先进的设备和技术来改进污染企业的生产工艺，将污染企业对环境的负面影响降低到最低程度。同时，由于武汉城市圈地处平原地区、区位条件优越，可以将集约高效利用土地和水电资源作为武汉城市圈“资源节约型”社会建设的重点，充分发挥土地这一稀缺资源的经济价值。这样就可以通过在这两个方面采取相应的措施来凸显“两型社会”的特色。

第二，在武汉城市圈的1+8城市的中心城区，64个工业园区是产业布局的重点，因此如何让这些工业园区更好地体现“两型社会”建设的特色是未来政府需要关注的重要突破口。省政府需要对武汉城市圈内的64个工业园区进行一次比较全面的摸底工作，进一步理顺武汉城市圈内的64个工业园区的管理级别和管理层次。在此基础上建立起结构完善、层次分明的由国家级、省级和市级工业园业所组成的武汉城市圈工业园区网络。政府还需要在国家级、省级和市级工业园区的产业分工方面制定相对细化的划分标准，并为不同级别的工业园区制定出分层次的招商引资门槛。另外在调查研究的基础上，可以考虑对武汉城市圈内的64个工业园区进行“环境友好型和资源节约型”改造，打造一批适合中国国情、体现中部特色的生态工业园区和循环经济园区。同时，在协调好各方利益的基础上，对武汉城市圈内的64个工业园区中的企业进行布局调整和产业集聚。

第三，武汉城市圈1+8城市中心城区外围的农村地区也应该为武汉城市圈的“环境友好型和资源节约型社会”建设服务。政府可以出台《武汉城市圈农村地区产业发展指南》，对武汉城市圈农村地区适宜发展的产业类型和招商引资门槛(包括土地、环境保护和节能减排方面的措施)进行具体的规定。这样一方面有利于集约高效地利用土地、避免盲目招商引资，另一方面也可以将产业发展对农村地区环境的破坏和负面影响减小到最低的水平。对于已经存在的农村污染企业，政府可以进行一次彻底的摸底调查，详细了解污染企业对周边环境所产生的负面影响的现状，政府可以通过一些鼓励性措施引导和督促这些企业采取必要的节能减排和环境保护措施以降低污染的程度，对于限期难以达标的企业应该责令其关闭。只有这样才能真正使农村地区成为武汉城市圈的外围环境缓冲地带，为城市圈中心城区污染物稀释提供条件。

第四，可以尝试改革武汉城市圈内政府官员的政绩考核办法，对不同地区、不同职能的官员采取分门别类的政绩考核标准。特别是对城市地区和农村地区、工业地区和农业地区、经济发展部门和环境保护部门应该采取不同的政绩考核指标和体系。可以尝试引进绿色GDP指标对武汉城市圈内的相关区域和部门进行考核。绿色GDP指标可以按照城市区域和农村区域的购买力平价进行一定的折算，综合考虑植被覆盖率、空气、水体和土壤污染状况、绿色产业发展(例如生态农业)等方面的具体情况每年进行计算。在一般情况下，农村地区由于工业企业分布较少、植被覆盖率较高、污染程度较轻，绿色 GDP 指标会明显优于城市圈内的城市地区和工业地区，这也将成为农村地区"两型社会"建设的重要成果。武汉城市圈内的农村地区在绿色 GDP 方面的政府业绩也应该作为政府官员政绩考核的重要内容。由于绿色 GDP 这一指标目前在全国范围内还没有真正实施，因此如果武汉城市圈能够率先采纳将会产生很好的社会影响。

中部地区“两型社会”建设体制机制创新研究

李雪松　叶小俊
（武汉大学经济与管理学院　武汉 430072）

一、引言

“中部崛起”战略实施以来，中部各省份在经济和社会各个领域都取得了丰硕的成果，但与此同时，高消耗、高污染的生产方式使得其发展付出了沉重的代价，导致了资源短缺、环境污染、生态失衡等一系列问题，经济活动与生态环境之间的矛盾日益激化。这些问题已经严重制约我国中部地区经济社会的发展，如果继续走以破坏资源环境为代价的老路，则中部发展将难以为继，中部崛起也将成为一句空话。

《中共中央关于制定国民经济和社会发展第十二个五年规划的建议》中明确提出要大力促进中部地区崛起，发挥承东启西的区位优势，改善投资环境，壮大优势产业，发展现代产业体系，强化交通运输枢纽地位。同时，面对日趋强化的资源环境约束，“十二五”规划进一步提出了“加快建设资源节约型、环境友好型社会，提高生态文明水平”。“两型社会”建设是在全面落实科学发展观、加快推进改革开放、加快转变经济增长方式、构建社会主义和谐社会的大背景下提出来的，是国家整体战略部署的重要组成部分，中部地区建设“两型社会”是一项长期而艰巨的历史任务，是一项十分复杂的系统工程。

中部地区要实现崛起，必须进一步深化两型社会建设理念，增强危机意识，树立绿色、低碳发展理念，健全“两型社会”建设体制机制，加快构建资源节约、环境友好的生产方式和消费模式，增强中部地区的可持续发展能力。

二、中部地区“两型社会”建设体制机制创新的必要性

（一）进行体制机制创新是中部地区发展突破当前资源环境瓶颈的客观要求

近年来，在资源利用与环境保护方面，中部地区虽然采取了一系列措施，取得了一定成效，但总体而言，其经济发展方式仍然没有实现根本转变，生态保护和环境治理任务较重，两型社会建设任务相当艰巨。2008 年东中西部地区城市环境情况与环境污染治理投资情况分别如表 1、表 2 所示。

表 1　**2008 年东中西部地区城市环境情况**

地区	城市污水排放量（万立方米）	城市污水处理率（%）	城市燃气普及率（%）	生活垃圾无害化处理率（%）
全国	3 648 782	70.2	89.6	66.8
东部小计	1 929 401	73	93.6	65.6
中部小计	724 900	58.4	72.1	40.8
山西	59 518	71.4	82.6	47.5
安徽	113 306	78.9	87.6	54
江西	67 701	51.5	90.2	79.7
河南	133 969	77.6	66.9	67.3
湖北	201 909	66.8	90.9	53
湖南	148 497	52.1	84.3	59.5
西部小计	596 285	54.7	70.4	42.3

注：①资料来源：住房和城乡建设部；②表中删除了东北地区的数据。

表 2　　**2008 年东中西部地区环境污染治理投资情况**　　单位：亿元

区域	环境污染治理投资总额	城市环境基础设施	工业污染源治理	“三同时”项目	环境污染治理投资占 GDP 的比重
全国	4 490.3	1 801	542.6	2 146.7	1.49
东部小计	2 191	984.4	250.8	955.8	1.23
中部小计	610.5	288.1	124.7	197.8	0.97
山西	140.9	42.6	52.9	45.4	2.03
安徽	139	70.8	11.5	56.7	1.57
江西	39.2	23.9	5.1	10.2	0.6
河南	109.9	49.9	24.6	35.4	0.6
湖北	90.1	48.4	16.1	25.6	0.8
湖南	91.4	52.5	14.4	24.5	0.82
西部小计	666.9	323.1	128.1	215.6	1.14

注：①资料来源：中国统计局 2008 年环境统计数据；②表中删除了东北地区的数据。

表 1 可以看出，中部地区城市污水排放量、处理率与生活垃圾无害化处理率都明显低于东部水平甚至全国平均水平，与西部情况相当，可以看出中部地区城市环境情况不容乐观，环境污染比较严重，进行相关制度创新迫在眉睫。

表 2 显示了 2008 年东中西部地区环境污染治理投资情况，从中可以看出，中部地区环境污染治理投资总额、环境污染治理投资占 GDP 的比重都明显低于东西部地区，城市环境基础设施投入、工业污染源治理的投入也明显低于东西部地区。

一方面，中部地区环境污染较为严重，另一方面，中部地区在环境污染治理投资的绝对量与相对量上都相对较低，这就造成了中部地区资源环境现状的进一步恶化，面对日趋强化的资源环境约束，必须增强危机意识，进一步创新“两型社会”建设的体制机制，突破中部地区发展瓶颈，从而促进中部地区的经济、资源环境的协调发展。

（二）进行体制机制创新是缩小与东部发展差距，增强中部地区可持续发展能力的内在要求

从表3可以看到，中部六省环境相对友好指数的排序均落后于东部的两个省份，这反映了中部各省整体环境压力大、环境承载水平低和环境治理不佳的现状。从环境间接压力上看，山西、湖南及安徽压力较大，这反映了这些省份经济发展方式较为粗放；从环境直接压力上看，山西、河南及湖南三省的压力比较大，这表明三省环境污染严重；从环境治理方面看，山西、湖北及江西比较重视，对环境污染治理力度较大。与此形成鲜明对比的是，东部发达省份在经济快速发展的同时，兼顾了环境保护和生态建设，中东部地区环境状况差距较大的现状，会进一步使中部地区的环境经济处于不协调发展状态，从而影响中部地区的可持续发展。因此，中部地区要实现跨越式发展，缩小与东部发达地区的差距，必须进行“两型社会”建设的体制机制创新。

表3　　　　**中部六省环境相对友好指数**

	山西	湖南	河南	安徽	湖北	江西	江苏	浙江
环境间接压力	0.942	0.867	0.568	0.843	0.623	0.431	0.287	0.222
环境直接压力	0.826	0.763	0.812	0.462	0.533	0.389	0.466	0.388
环境治理能力	0.595	0.887	0.677	0.664	0.476	0.411	0.243	0.285
指数排序	8	7	6	5	4	3	2	1

资料来源：黄细兵．中部地区环境相对友好指数测度及综合调控机制研究．合肥：中国科学技术大学博士学位论文，2010：39.

（三）进行体制机制创新是实现中部崛起、建设两型社会的必然要求

中部要崛起、要承担起历史使命，必须一心一意谋发展。但是，这种发展决不能是传统的只讲速度不讲质量的粗放式的经济增长，而是要坚持科学发展，把建设资源节约型、环境友好型社会放

在突出位置。否则，中部地区将再次丧失发展机遇，不仅难以完成其历史使命，甚至有可能被抛在历史的后头。因此，“十二五”期间，要促进中部崛起，必须坚持以科学发展观为指导，探索研究新的经济发展制度框架，试行新的体制机制，依靠体制机制创新来实现中部地区全面协调可持续的发展。

随着我国中部地区社会经济的快速发展以及工业化进程的不断加快，资源利用、生态环境处于不断恶化的趋势，经济发展与资源、生态环境保护之间的矛盾日益突出。从中部地区当前的环境现状来看，要实现中部崛起、区域的可持续发展，必须将中部地区发展的速度、资源的可承载能力与环境的保护结合起来，构建和完善中部地区“两型社会”建设的体制机制，从而更好地实现中部地区跨越式发展。

三、中部地区“两型社会”建设“三位一体”模式的制度设计

“十二五”期间，中部地区要实现跨越式发展，必须贯彻科学发展观理念，建设资源节约型、环境友好型社会。这就要求中部地区要不断创新“两型社会”建设的体制机制，实行更加完善的社会主义市场调节机制、更加科学合理的政府调控机制和更加丰富细致的社会调教机制，三者相互协调，相互促进，构成一个完整的体系。

中部地区“两型社会”建设“三位一体”的体制机制如图 1 所示。

在该制度模式下，社会、政府和市场三者鼎足而立，但是社会处于制度的顶端。社会的主体是人民，人民发挥作用的主体形式是宪政、民主。市场配置①和政府配置②的作用是不同的，政府配置考虑宏观利益、长远利益、生态利益、自然资源的公平；市场对于自然资源的配置则讲求效益。三者相互配合，共同促进中部地区“两型社会”建设的发展。

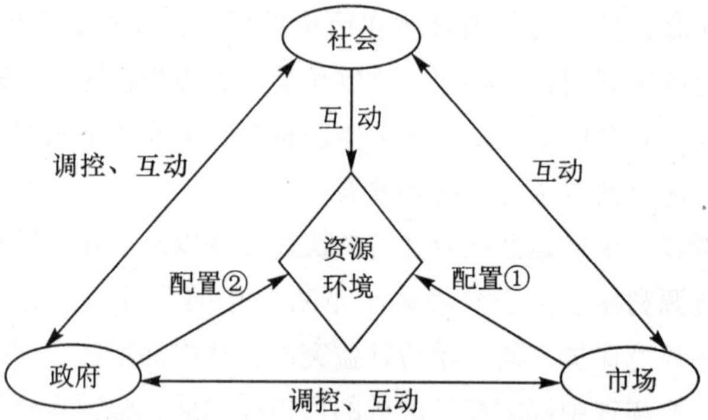

图1　中部地区“两型社会”建设“三位一体”的体制机制图

(一)构建完善的社会主义市场调节机制

中部地区建立“两型社会”的根本途径，就是要建立起完善的市场经济体制，实现资源的优化配置，提高社会经济发展的效率。

1. 完善基本经济制度，加快构建高效率的市场经济主体

加快完善国有经济，推动建立现代企业制度。中部地区要不断加快调整国有经济的布局和结构，进一步增强公有制经济的活力，大力发展混合所有制经济，实现投资主体多元化，使股份制成为公有制的主要实现形式，同时将资源节约和环境保护领域指标纳入考核指标体系。进一步鼓励非公有制经济发展，给予非公有制企业与其他企业同等的待遇。

2. 清除产业进出壁垒，推动资源在产业间优化配置

加快完善相关法律法规，依法行政，建立公平、公正、公开的准入机制。在完善社会保障机制的基础上，破除行政性产业的退出壁垒，鼓励各种资本在国家产业政策允许范围内根据市场规律进行跨地区、跨国的优化重组，支持企业自主联合、自由兼并、多样化经营，以提高资源配置效率。

3. 消除区域壁垒、城乡壁垒，促进资源空间优化配置

消除中部地区城市圈内的区域进入壁垒，建立统一的招商引资平台，促进引资项目实现合理的空间布局，破除制约城市圈生产要素流动的社会性障碍，优化资源配置效率。按照公平竞争的原则开放彼此的市场，清理废除一系列不合理的保护措施，支持建立有关仲裁机构，对地方保护主义行为进行仲裁。

（二）建立科学合理的政府调控机制

建立科学合理的政府调控机制，关键要转变政府职能，将政府定位于市场经济的监管者。政府将主要精力转移到完善社会公共服务，确保社会公平正义和弥补市场经济不足等方面。

1. 转变政府职能，建设服务型政府

中共十七大报告提出，必须在经济发展的基础上，更加注重社会建设，着力保障和改善民生，推进社会体制改革，扩大公共服务，完善社会管理，促进社会公平正义。因而，政府要将有限的资源尽量投入到提供社会公共品和公共服务的相关领域，着重解决市场机制失效所引起的一系列经济、社会和生态问题，建成有助于“两型社会”建设的服务型政府。

2. 减少政府对微观经济的过多干预，形成有效的政府干预机制

继续推进政企分开、政资分开、政事分开、政府与市场中介组织分开，切实防止政府部门直接或间接干预企业具体投资经营活动，保证企业生产经营和投资决策自主权。将两型社会建设规划纳入中部地区国民经济和社会发展的五年规划，加快节约型政府建设，大力发展电子政务，提升政府信息服务水平。

3. 改革领导干部绩效评估体系，形成新型政绩观和考评机制

探索建立新型的官员政绩评价与考核机制，建立包括经济、环境、社会、行政等各个领域在内的新型考核指标体系，将“两型社会”建设的有关指标纳入其中，加快完善相关统计制度。通过制定科学发展、和谐发展的考核指标体系，创新绩效考核方式，引导政府规范行为。

4. 改变政出多门、推诿扯皮的局面，形成有效的部门协调机制

合理界定政府部门的职能，明确各部门责任，确保权责一致。本着职责分工优化的原则，尝试调整政府机构设置，率先形成中部地区地方政府的大部门体制。坚持一件事情原则上由一个部门负责，严格控制议事协调机构的设置，确需多个部门管理的事项，要明确牵头部门，分清主次责任，健全部门间的协调配合机制，完善相关规则与程序。

（三）建立丰富多彩的社会调教机制

完善的市场调节机制和科学合理的政府调控机制能够确保两型社会建设的方向正确，但要真正唤起民众参与“两型社会”建设的积极性，形成最广泛的群众基础，则必须构建丰富多彩的社会调教机制。启发民众、引导民众、依靠民众，积累雄厚的两型社会建设的社会资本，成为体制机制创新的社会基础，形成一个完整的“三位一体”体系，更好地促进中部地区“两型社会”发展。

（1）建立“两型社会”人才培养机制。成立两型社会研究院，专门从事两型社会理论研究和两型社会人才培养工作。呼吁全体社会成员每年至少参加一项两型社会宣传培训活动。

（2）建立“两型社会”宣传教育机制。多渠道、全方位宣传两型社会知识，大力倡导有利于两型社会建设的伦理价值观，树立尊重自然的道德观念，使两型社会建设的理念成为全社会共识和共同奉行的价值观。

（3）支持“两型社会”建设的志愿者组织。充分发挥环保志愿者组织的积极性、专业性和奉献精神，一方面监督政府和企业的行为，减少破坏生态环境事件的发生；另一方面，向民众灌输两型社会建设的相关理念与知识，激起民众对两型社会建设的激情，促进中部地区两型社会建设的加速发展。

加快中部地区两型社会建设，一方面要构建符合两型社会建设理念的“三位一体”体制机制，使其相互协调，相互促进，不断促进中部地区两型社会建设的快速发展。同时，也要积极探索更为切实可行的具体措施，实现中部地区两型社会建设的体制机制创新，促进中部地区经济、社会发展与人口资源环境相协调，走可持续发展之路，增强中部可持续发展能力。

四、促进中部地区“两型社会”建设体制机制创新的若干建议

（一）探索低消耗生产方式的体制机制

1. 建立循环经济发展模式

循环经济是一种新的经济发展模式，发展循环经济是建设资源节约型、环境友好型社会和实现可持续发展的重要途径。要按照“减量化、再利用、再循环”的原则，积极开展和推广应用能源资源节约、替代、循环利用和治理污染的先进适用技术。通过财税、金融、价格等手段，建立循环经济发展的激励与约束机制；加大政府引导、企业为主的节能减排投入，建立节能减排的监督管理机制。

2. 优化产业结构

中部地区工业结构偏重，产业水平总体上比较低，能源资源消耗比重偏高，在加快发展的过程中，环境的压力将越来越大。因此，要保持经济又好又快地发展，必须加快产业结构的调整，大力发展低能耗的产业，提高高新技术产业、先进制造业、现代服务业在经济中的比重。完善产业政策，对符合两型社会建设要求的产业，在税收、用地、信贷等方面给予政策倾斜。建立健全产业合理布局的体制机制，突破性地发展高新技术产业、优先发展先进制造业、大力发展现代服务业，加快发展现代农业，构建现代产业体系。

3. 探索资源价格形成机制

资源价格中没能反映资源稀缺程度和环境损害成本，是造成我国主要依靠资源投入和消耗来实现经济增长的粗放型增长方式的重要原因之一。可以进行工业化城市化发展水平与建设用地指标挂钩试点，扩大城镇建设用地增加与农村建设用地减少挂钩试点。推动集体建设用地使用权流转，建立农村土地经营权流转交易平台。综合运用价格、收费、税收、财政、金融等经济杠杆，适时推进天然

气、水、热力等资源性产品价格改革，深化阶梯式价格改革，促进资源节约。

（二）探索适度消费生活方式的体制机制

1. 培育绿色消费模式

消费是生产的起点，也是生产的终点。经营者、消费者、政府部门都要履行相应的社会责任，树立适度消费、文明消费和可持续消费的理念，共同营造一个和谐的消费环境，促进经济又好又快发展。建设两型社会建设宣传教育的长效机制，普及推广资源节约、生态环境保护知识，把资源节约、环境友好的观念渗透进每一个单位、每一个家庭，培育两型社会文化氛围。发挥消费对生产的引导作用，形成绿色生产与消费之间的良性互动机制。

2. 建立城市节电的管理制度

加强节电技术产品、节电工艺应用，限期淘汰高耗电设备及工艺。建立健全节电工作机制，编制节电指令计划，把节约用电纳入节能减排管理。建立新扩建项目节电制度，加强源头控制。针对企业生产、生产照明、城市公共照明、居民照明用电等领域的不同特点，广泛应用绿色照明技术和产品，探索建立节约用电的长效机制。

3. 大力发展绿色交通

探索交通投融资创新方式，拓宽城市交通建设资金渠道。加快地铁网络建设，逐步将轨道交通占公共交通的比重提高到25%以上。以城市轨道及公交快线为公交骨架网络，整合线路和站点，构建城市公交无缝换乘系统。研究开发导航系统、智能信号灯，发展高速公路自动收费系统，提高公交智能化水平。推行公共交通“一卡通”。加快燃气、电动汽车的研发和推广应用，形成布局相对合理的加气网络。

（三）探索保护环境的体制机制

1. 建立新建项目准入机制

严格执行新建项目节能评估审查、环境影响评价制度和项目核准程序，提高节能环保市场准入门槛。对重点耗能产品、新建建筑和高消耗、高污染行业的新建项目，在能源、水资源消耗以及土地、环保方面实行更为严格的产业准入标准。

2. 建立落后产能退出机制

积极争取中央财政资金支持，综合运用经济、行政、法律等手段，淘汰落后产能和技术，从源头上控制能源消耗和环境污染。大力淘汰电力、钢铁、建材、电解铝、铁合金、电石、平板玻璃、造纸等行业落后产能，重点落实小水泥、小火电、小造纸、城市污水专项治理工作。

3. 建立生产者责任延伸制度

发挥价格杠杆的作用，建立能够反映污染治理成本的排污价格和收费机制，全面实施城镇污水处理和生活垃圾处理的收费政策。逐步提高工业企业排污收费标准，建立企业保护环境的激励机制和减少污染排放的约束机制。按照"谁开发谁保护、谁破坏谁恢复、谁受益谁补偿、谁排污谁付费"的原则，完善生态补偿政策，建立生态补偿机制。

（四）探索有利于"两型社会"建设的政府管理体制

1. 加强对"两型社会"建设的宏观调控

深化投资体制改革，强化政府投资引导作用，按照两型社会的要求，完善审批制度和代建制度。完善有利于节约能源资源和保护生态环境的经济政策，建立健全促进节约能源资源和保护生态环境的价格、税收、信贷、贸易、土地和政府采购等政策体系。

2. 完善公共财政体制

要把节约资源、保护环境方面的投入作为公共财政支出的重点，要调整支出结构，保证环保投入增长速度高于经济增长速度。加强污染防治和生态保护项目、环境公共设施建设。拓宽投融资渠道，鼓励企业增加环保投入，积极引导社会资金参与环保建设，形成多元投资格局。

3. 强化规划管理

探索主体功能区规划管理模式，在整体土地利用规划、城市总体规划基础上，明确城市优化开发、重点开发、限制开发、禁止开发的区域范围。优化城市空间布局和功能分区，根据资源承载能力和发展潜力，科学划分主城、新城及新城组群、农业生态区职能。完善城镇规划体系，实行城乡规划一体化管理，完善以主城、新城及新城组群、建制镇、中心村为主体，布局合理、梯次鲜明、设施齐全、功能完备的城镇规划，推进城乡协调发展。

（五）探索中部地区城乡统筹和区域一体化发展的体制机制

1. 加快城乡二元体制改革

统筹编制实施城乡土地利用、开发建设、产业发展等方面的规划，实现生产、生活和生态功能的科学布局。可试行逐步建立城乡无差别的户籍管理制度，实现农民向市民身份的转变；逐步建立城乡统一的就业制度，通过多种途径解决农民的就业问题。根据国家“十二五”规划的要求，应加大公共财政对农村地区义务教育、公共卫生、农业科技推广、职业教育、农村劳动力培训、社会保障、公共文化等领域的投入。

2. 加强中部地区协调和合作，逐步实现“五个一体化”

中部地区要进一步加强协调和发展合作，进而实现“五个一体化”，即基础设施建设一体化，产业发展与布局一体化，区域市场一体化，城乡建设一体化，资源保障、环境保护与生态建设一体化。着力破除行政分割、城乡分割的体制障碍，充分发挥市场配置资源的基础性作用，促进中部地区优势互补、互惠互利、联动发展。

参考文献

[1] 张秀生. 落实科学发展观 促进中部地区崛起. 武汉大学学报：哲学社会科学版，2006，59(4)：437.

[2] 武汉市经济研究所课题组. 武汉“两型社会”综合配套改革试验区的总体思路研究. 学习与实践，2008(7)：39-43.

[3] 王洪彬. “两型社会”建设的生态文明视角. 环境保护，2008

(16).
[4] 侯华. 发展循环经济是建设资源节约型环境友好型社会的必然选择[J]. 工业技术经济，2007(7).
[5] 钟水映，简新华. 人口、资源与环境经济学. 北京：科学出版社，2005.
[6] 黄细兵. 中部地区环境相对友好指数测度及综合调控机制研究. 合肥：中国科学技术大学博士学位论文，2010.
[7] 李杜. 发展循环经济建设资源节约型和环境友好型社会. 学术论坛，2005(12)：106-110.
[8] 乔琼. “两型社会”建设的理论与体制机制创新研究——以武汉城市圈“两型社会”建设的实践为例. 武汉：武汉大学博士学位论文，2010.
[9] 邹首民，王金南，洪亚雄. 国家“十一五”环境保护规划研究报告. 北京：中国环境科学出版社，2006.
[10] 国家环保总局，国家发展和改革委员会，国家统计局. 2008年全国环境保护相关产业状况公报. 2009.
[11] 中共中央关于制定国民经济和社会发展第十二个五年规划的建议. 人民日报，2010-10-28.
[12] 解振华. 关于循环经济理论与政策的几点思考，光明日报，2003-11-03.
[13] Brian H. Roberts, *The Application of Industrial Ecology Principles and Planning Guidelines for the Development of Eco-industrial Parks. Journal of Cleaner Production*, 2004, 12(1): 997-1010.
[14] Stuart Ross, *Use of Life Cycle Assessment in Environmental Management. Environmental Management*, 2002, 29(1): 132-142.

区域经济发展方式转型与中部崛起战略选择

王　磊
（武汉大学中国中部发展研究院　武汉 430072）

自 2004 年 3 月，温家宝总理在政府工作报告中首次明确提出促进中部地区崛起以来，随着中共中央、国务院于 2006 年 4 月发布《关于促进中部地区崛起的若干意见》，国务院常务会议于 2009 年 9 月通过《促进中部地区崛起规划》以及一系列支持中部崛起的相关政策的出台，中部地区经济发展的步伐明显加快。2009 年，中部六省的地区生产总值超过 7 万亿元，占全国比重由 2005 年 18.8%上升到 19.4%，人均 GDP 达到 2 万元，比 2005 年翻了一番。2010 年，中部地区经济发展延续了 2009 年以来回升向好的势头，上半年实现生产总值 3.78 万亿元，同比增长 15%，比上年同期提高 6.2 个百分点，增速居东、中、西和东北四大经济板块之首。

然而，透过这些业已取得的成绩，我们也需要清醒地看到，中部地区经济发展方式不可持续的问题依然突出。而放眼全球，区域经济的发展正在由以刚性投入产出关系为核心的理论范式与实践模式，转向对于特定区域中的具有黏性（Sticky）的关系型（Relational）要素的关注和孵化，这意味着中部地区要通过“弯道超车”来实现跨越式发展和全面崛起，就必须系统地认识世界发展的趋势和潮流，将经济增长和区域发展的主要动力由固定资产投资逐步转变为集群创新，从而不仅在经济总量上缩小与发达地区的差距，而且在以节能减排为代表的经济结构与质量上实现超越。鉴于此，本文首先对 2005 年以来中部地区的经济结构与特征进行简要的回顾，接着对西方区域经济发展的传统理论进行简要分类和述评，并在此基础之上进一步介绍西方区域经济研究的前沿方向，最后根据上述的理论与实践对中部地区的区域发展政策提出了相关建议。

一、中部地区经济发展的结构性特征

（一）经济增长依赖于投资拉动

过去五年来，中部地区经济增长以投资拉动为主的特征进一步增强。2005 年到 2009 年，全国资本形成率，即资本形成占国内生产总值的比例从 42.6% 上升到 47.7%，而攀升发生的时间段全部集中在国际金融危机爆发后的 2008 年与 2009 年。而在 2005 年到 2007 年的三年时间内，这一结构性指标基本维持不变，甚至是略有下降的。尤其是以北京、上海、江苏、浙江、广东为代表的发达省市，都出现明显的下调。如北京由 52% 下降至 48.7%，浙江由 48% 降至 45.3%。即使是在中央为应对国际金融危机的巨大冲击，为实现保增长、保就业、保民生而制订 4 万亿投资计划和颁布 10 大产业振兴计划，实施积极财政政策与适度宽松的货币政策的 2008—2009 年，上述发达地区的资本形成率依然变化不大，均保持在 2% 以内。

反观中部六省，其资本形成率即使在金融危机爆发前的 2005—2007 年也是无一例外出现明显上升，其中山西从 53.1% 增加到 55.9%，安徽从 44% 增加到 46.4%，江西从 48.8% 增加到 50.3%，河南从 47.4% 增加到 55.7%，湖北与湖南分别从 45.1% 和 39.5% 增加到 46.6% 和 43.9%。而在 2008—2009 年间，中部地区的资本形成率更是出现了比全国平均水平都要高出许多的大幅度攀升。其中山西 2009 年达到 66%，河南为 68.3%，即两年间上升了 10 多个百分点，不仅远远超过了上述发达地区 2% 的最高增幅，而且也显著高于全国 5.4% 的水平。也就是说，中部地区的经济增长对于固定资产投资的高度依赖不仅显现无疑，而且正在呈现出固化的趋势，这在很大程度上挤出了消费对于经济发展的积极推动作用，阻碍了对经济发展方式的转变。

（二）经济增长节能减排效益弱化

如果说中部地区经济增长对于投资的依赖在很大程度上是由于其发展不足的现实所导致的某种必然，那么其在节能减排上所面临的局面就更能直接地说明其转变发展方式，实现弯道超越的刻不容缓了。为了便于同时进行横向省之间与纵向跨年度的比较，我们将统计年鉴中各省市的地区生产总值换算为不变价格，在此基础上计算生产单位 GDP 的能耗与工业“三废”排放。结果表明，除个别省份和个别年份外，中部 6 省在 2006—2009 年间单位 GDP 能耗指标，几乎都高于全国平均水平，且无一例外地高于前述发达省市，而值得注意的是，在中部六省之中，湖北的能耗水平仅次于能源大省山西。尽管中部地区单位 GDP 能耗也呈现出逐年下降的趋势，但其步伐依然显著慢于全国平均水平。

在工业“三废”的排放上，中部地区的情况也不容乐观。如单位 GDP 所产生的工业固体废弃物和工业废气，尽管除山西外的各省指标在 2005—2009 年间大多低于国家平均水平，但与发达省市还有较大差距，这也从一个侧面反映出其经济结构中工业，尤其是重工业所占比重较大。由于中部地区除山西外各省均位于长江流域，水资源较为充沛，因此工业比重较大的一个最为直接的后果是除山西、河南等华北地区省份外，各省单位 GDP 的工业污水排放量均高于全国平均水平。从以上能源投入和废物排放的角度可以看出，中部地区目前的产业结构和技术水平都还比较粗放，能源消耗大，排放产生多，需要进行较大的调整和改进，才能避免发达地区先污染后治理的老路，实现居民生活环境和生活质量上的“弯道超车”，以此来形成自己独特的竞争优势。

二、区域发展研究的主要流派

自 20 世纪 70 年代末以来，世界范围内以美国加州硅谷、意大利东北到中部地区、法国图卢兹科学城、德国巴登-乌腾伯格地区为代表的区域经济体的迅速崛起，是传统福特制（Fordist）生产方式在全球化背景下解体后，经济要素在世界范围内重新配置与空间上重新集聚的结果。针对这些区域经济体的迅速崛起，来自经济学、社会学、政治学和地理学等不同学科领域的西方学者分别从交易成本、制度以及创新的角度进行了广泛的研究。这些不同流派之间批判传承的关系，充分显示了区域发展的理论与实践范式正在呈现出由"硬质型"向"关系型"的重大转型，而这对于我国中部崛起战略的实现具有重要的参照意义。

（一）交易成本学派

20 世纪 80 年代前期，大量生产女性服装的企业在洛杉矶地区的空间聚集吸引了美国地理学家 Allen Scott 的注意。他发现由于存在交易成本的原因，该行业中劳动分工与地理集聚之间具有因果关联。具体而言，企业间的劳动分工一方面可以将市场和技术不确定性以及由此带来的风险降到最低限度，促进劳动生产效率的提高和有效地避免出现生产技术上的"锁定"效应，另一方面却不可避免地也会增加上下游企业之间的交易成本。因为在很多情况下，这些交易的频率高、性质复杂，而且无法通过企业管理加以内部化（Williamson，1985）。这种成本往往随着交易企业之间地理距离的增加而增加（如交通运输成本）。在某些情况下，当企业之间的相互信任和默契共识对交易的达成至关重要时，地理距离以及由此带来的缺乏相互了解会直接阻碍交易的进行。因此，相关企业在空间上的集聚就成为减少此类交易成本的一个有效办法。随后，Chistopherson 和 Storper（1986）对加州好莱坞地区的媒体产业以及其他学者对法国以及意大利产业集群（Holmes，1986）的研究，也都得出了同样的结论。

尽管交易成本学派在区域经济研究中具有很大的影响，但由于它是从降低交易成本的角度来解释企业的空间集聚现象，因此容易忽略促成区域经济发展的其他条件和要素——制度与创新。事实上，交易成本的减少既不是集聚的唯一、甚至不是最为重要的动因，也不一定是集聚形成后的必然结果。在该学派学者后期的研究中，他们自己也逐渐发现集聚本身不是目的，而是实现创新的手段（Cooke 和 Morgan，1985）。也就是说，企业的自发聚集并不完全或者并不主要是出于减少彼此之间的交易成本的考虑，而是为了进一步实现知识共享和技术创新。同样，物理空间上的集聚最终是否能够带来交易成本的减少，乃至促进创新的发生，还有赖于除市场力量之外的其他一系列关于人才流动、金融支持、研发活动等方面的制度安排以及构成政府与企业之间、企业与企业之间合理关系的区域治理结构和地方文化氛围。正是在这样的条件下，区域经济研究中的新制度学派便应运而生了。

（二）新制度学派

区域经济研究中新制度学派的产生可以追溯到对20世纪70年代中期意大利东北部到中部一带，即所谓“第三意大利”地区中小企业集群的崛起的研究。Piore 与 Sable(1984)将其特点概括为灵活性(Flexibility)加专业化(Specialization)以及在此基础上产生的企业之间的竞合关系(Collaborative Competition)，以区别于福特制模式下以大规模流水线为典型代表的生产方式，并将这种产业模式和社会关系的兴起归因于该地区历史上所形成的以信任、合作为特点的文化传统。这种从某个地区特定的“软制度”着手，分析该地区经济结构与其之间的嵌入性(Embededness)的方法(Polanyi，1992)，已逐步成为研究区域经济，尤其是以硅谷、波士顿地区128公路、北卡罗来纳州三角区为代表的新工业区(New Industrial District)的主流趋势之一(Harrison，1992)，并以此形成了区域经济研究中的新制度学派。在这个意义上的制度，不仅仅包括成文的法律、规章和机构等显性制度，还包括不成文的宗教、文化、习俗等隐性制度。新制度学派的核心就是将制度视为不断重复的社会实践过程，并通过这一视角对社会经济问题展开研究。

新制度学派的兴起颠覆了长久以来所形成的线性(Linear)发展观。首先，区域经济发展没有标准化的模式可供遵循，尽管发展的终极目标是大体一致的，但是各个地方发展的具体路径却要因地制宜。小企业和灵活专精(Flexible Specialization)生产方式的出现并不意味着对大企业和传统流水线生产方式的完全替代。单个企业的规模大小，基于集成的一体化与基于分工的分散化以及介于两者之间的混合经济体，都有可能是成功发展的方向。其次，企业之间的关联互动也没有所谓唯一最优的模式可供选择。一个抽象空间意义上并不完美的网络拓扑结构，有时在政治和文化上的实际运作却最为顺畅。而后者对于整体经济发展带来的益处，可能会远远超出前者在结构上的不足。也就是说，新制度学派将区域发展的路径选择视做在该地区社会文化基础上内生的结果，也因此对其后区域发展研究与政策实践的方向产生了深远的影响。

(三)创新体系学派

事实上，在交易成本学派和新制度学派的研究中，对于创新这一主题已有所涉及。如前者的代表人物 Scott 和 Storper(1987)就曾提出，技术创新可以从劳动分工和产业集聚的角度加以解读，而 Saxenian(1994)对于硅谷创新优势的阐述采用的也是以灵活专精为研究对象的新制度学派的方法。然而，创新体系学派与前述学派的根本区别在于，它是以创新本身作为研究对象的，它所关注的是以高新技术产业集群为代表的“高级”区域经济发展模式。而交易成本学派和新制度学派分别只是从经济成本或历史文脉的角度对产业组织形态加以说明，并没有对产业的内容和性质加以进一步区分，如同样是具有灵活性与专业化特征的不同地区，却可以在技术创新表现上大相径庭。

创新体系学派有两个主要分支。一个是以北美学者为主的研究群体，其主要关注硅谷、波士顿地区 128 公路等高新技术中心形成的原因，尤其是研究性大学，如加利福尼亚州的斯坦福大学、马萨诸塞州麻省理工学院等机构对技术研发活动的孵化和孕育。然而，尽管这些研究表明科学研究与产业发展之间存在相关性，却并未清楚阐明两者之间的内在机制和因果关联。换句话说，世界上有很多研究性大学，但为什么偏偏是硅谷和波士顿地区 128 公路最终成为举世瞩目的高新科技产业基地？对此，部分学者注意到，一些特定的政策措施也是促进这些高新技术中心形成的重要原因。比如，硅谷的诞生除了与大学毗邻之外，也与美国军事工业选择布局于西海岸密不可分(Markusen，2000)。然而，同样的问题依然存在：政策因素带来的产业发展机遇同样也存在于美国和世界其他地区，为什么偏偏是硅谷等地区？也就是说，以上经验研究都未能对高新技术发展的空间规律给出理论上的解释。

创新体系学派的另一个分支是欧洲以法国、意大利和瑞士等国的区域经济学家为主的研究群体，即 GREMI(Groupement Européen des Milieux Innovateurs)所创立的方法，其关注的核心是创新的社会环境(Milieu)，也就是导致创新的文化传统、法律制度与社会实践，或者说是在各个社会经济主体，如厂商、消费者、科研人员、政府官员以及社会中介机构之间建立的有利于创新的网络关系。因此，GREMI 不仅在方法论的意义上与新制度学派对地方社会文化背景的研究有共通之处，认为人的行为与经济主体间的关系往往受到特定地域文化的限制，从而使区域经济研究的学科领域冲出了经济学以抽象理性(Rationality)为前提的逻辑框架，而且就目的意义上的创新指向而言，GREMI 对于创新环境，也就是马歇尔所说的“集群中飘荡着行业秘密的空气”的研究，也突破了新古典经济学以实现静态均衡(Equilibrium)为目标的固有范式。然而，与马歇尔一样，GREMI 未能阐明创新环境的运行机制与具体内容，也就未能在理论上将区域这一空间维度纳入对创新环境的研究。

三、区域发展研究的再发展：相互依赖与集体行为

鉴于交易成本学派和新制度学派在视角和内容上的局限以及创新体系学派在理论一般性上的不足，Nelson 和 Winter(1982)等人开创的演化经济学(Evolutionary Economics)率先对以技术创新为特征的区域经济现象作出了系统回答。他们认为：技术是沿着某种轨迹(Trajectory)逐步发展起来的。创新不应该被简单理解为某个天才的伟大发现，而是在一定共识基础上创新主体之间相互学习和了解

这一长期过程的结果。也就是说，创新是一系列相互影响的选择的结果，经济活动主体之间通过共享劳动力与人才市场、公共机构与制度、风俗习惯与传统价值观等不可移植(Non-traded)因素而形成的相互依赖(Inter-dependence)和集体行为(Collective Action)是创新所必需的基础和必经的过程。

演化经济学所开创的研究方法，不仅对创新过程给予了完整的理论阐述，而且发掘了主体间的相互依赖和共同构成的集体行为对于推动以创新为核心动力的区域经济发展的重要意义。当创新，尤其是重大创新活动容易受到很多潜在变数的影响时，相互依赖对于主体规避风险、实现创新的重要性就会大大增加，而这些条件只有在一定的区域空间范围内才有可能具备。对此以内生技术进步为核心的新增长理论也有类似的分析(Romer，1990)。正是由于这种彼此间的相互依赖，使技术创新一定时期内也往往呈现出批量涌现的特点(Lundvall，1992)。换言之，这种不可移植的相互依赖在空间上的集聚，会促使该范围内的经济活动主体产生协同一致的集体行为，并描绘出更高的创新轨迹，从而使它们能够以高端的竞争优势(如技术优势)而不是低端比较优势(如成本优势)立足于全球市场，并最终表现为区域间的专业化和差异化。也就是说，经济活动主体间的学习互动和相互依赖越普遍，其集体行为的效应越显著，经济区域化的趋势越明显，创新的动力也就越强大。

法国学者 Maurice 等人(1986)曾以德国制造业技术工人的培养为例对这种相互依赖和集体行为作出了形象的说明。他们指出，德国技术工人从其做学徒时起，接受的就不仅仅只是政府所提供的技术培训，而是走进了一个精耕细作的生产文化。在这样的文化体系中，“技术工人”的身份是受到尊重和崇尚的，他们也因此对自身的职业道路有着明确的预期，从而大多愿意利用终身持续的技术培训来不断地充实提高。在德国社会文化基础上产生的这种高度协同一致的集体行为，才是其制造业得以走向世界尖端的真正基石。沿着演化经济学所开辟的这条道路，一系列以区域内主体间“相互依赖”为重点的新兴研究方向也应运而生，其中最为突出的是内生经济增长理论对于“干中学”(Learn by Doing)和知识外溢(Knowledge

Spillover)的研究(张延，2009)以及跨学科研究中对文化创意产业的分析(王磊，2008)，这些研究无一例外地都指向在区域这一空间维度上孵化形成的集体意识和集体行为，对推动创新活动、促进经济发展的不可或缺的重要意义。

此外，演化经济学理论还通过阐述“相互依赖”随时间推移而发生的动态演变，解释了区域经济的起伏兴衰。在某种技术诞生的初期，由于市场上几乎没有为其量身定做的零部件和技术人才，创新主体就必须自行打造和培养其所需要的产业链和人才。在这个同步演化的过程中，创新所需要的物理中间投入和专业技术人员都从起初通用性(Generic)很高的要素，转变为与创新主体具有紧密联系的专用性(Specific)很强的资产。随着基于创新的技术知识和行为规范成为这个范围内的行业共识，主体间的共识从无到有、由弱变强，相互间的协同配合也从生疏到默契、由自发到自觉，从而使该产业在人才、劳动力、供应链等方面均建立起自身的空间影响范围，促进了区域经济的崛起。当技术走向成熟而变得易于模仿(如成为全行业标准)时，其物理资产和研发人员的专用程度出现下降，主体间的相互依赖性开始由强转弱，原有的协同行为减少甚至产生分化时，在空间上就表现为生产活动的扩散，基于技术创新的竞争优势也逐渐被基于成本考量的比较优势所替代，区域发展也会随之由兴盛走向衰退。

四、区域发展理论与实践对中部崛起战略的启示

以上对于西方区域经济发展理论与实践的回顾表明，近30年来区域经济的崛起不再是古典区位论中厂商最小化交通成本后的结果，或者经典经济发展理论(如增长极)中经济政策下外生的空间结果，而是当代在全球化以及以垂直解体(Vertical Disintegration)为代表的后福特制生产方式(Post-Fordist)的共同作用下，社会经济生活所内生的一个基本过程(Process)，而这个过程的本质特征是主体间形成的相互依赖以及在此基础上产生的创新活动。这就决定了当今区域经济发展模式正在由依赖基础设施投资等“硬”性政策

带动，转向取决于经济活动主体间的信任合作以及由此产生的集体协同行为。相应地，区域经济研究的主要对象也从线性的投入产出关系转变为以相互依赖为基础的技术、制度和思想创新。换句话说，区域所蕴含的无形(Intangible)社会关系，而不是承载的有形(Tangible)物质投入，正在成为区域经济研究所关注的热点和区域经济能否成功崛起的关键。

与上述第三意大利、硅谷等地区的成功经验形成鲜明对照的是，意大利南部梅佐乔诺(Mezzogiorno)地区的区域发展实践提供了一个值得吸取的教训。20 世纪 70 年代该地区政府在拥有更大自主权的条件下，借助欧洲范围内的大量资金投入，广泛兴建了道路、机场、桥梁、市政和教育设施，寄望以此能带动该地区经济迅速发展，然而结果却事与愿违。Putnam(1993)在长达 20 年的研究后发现，其失败的根本原因在于该地区缺乏一种能动员各种经济活动主体以形成协同力的“公民文化”(Civic Culture)。由于该地区长期存在着畏惧新生事物和彼此间不信任的社会气氛，这使得希望借助资金投入和设立制度来发展经济的种种努力最终都成为徒劳。而同样的问题也出现在 80 年代的法国。当时由社会党执政的法国政府希望通过中央向地方放权和在交通、通信和教育等基础设施领域的投资，来加快落后地区的发展，而忽视了这些地区长期以来形成的不利于经济发展的保守意识和文化，结果政策收效甚微。

西方区域经济发展理论由着眼于“有形”要素投入向重视“无形”关系形成的转型和世界范围内区域发展实践正反两方面的经验教训，对于我国中部崛起战略和模式选择具有重要的借鉴意义。如前所述，中部地区发展对于投资的依赖性强，经济结构和生产技术都呈现出以高能耗、高排放为代表的粗放型特征，而这种外生型、粗放型经济发展方式无论是在社会经济层面还是在资源环境领域都是难以持续的。科学发展需要依靠技术进步与制度创新，而后者又与一个国家或者地区的政策环境和文化传统有着直接的关联(吴敬琏，2009)。只有当政府职能回归到提供公共服务与制定公共政策的本位，使创新和创造活动得到制度上的鼓励与保护，使尊重创新、宽容失败成为全社会的普遍共识时，企业才会成为真正意义上市场经济活动的主体，发挥出其应有的活力与光芒。

值得注意的是，“借鉴”发达国家和地区所谓成功的创新扶持政策，是区域发展实践中时常采用的另一项措施。然而，这些“空降”的制度往往都因其难以获得本地区经济活动主体的认同，而最终无法产生预期的效果。前述区域经济发展的理论和实践均已表明，作为经济持续发展的根本动力，创新并非只是简单地颁布奖惩条例和规章规定，而是指其精神深入人心，从而推动经济活动主体产生自觉的集体协同行为和相互依赖效应。在这个意义上，一项成功的政策制度因与当地的政治、经济、文化生态之间具有高度的契合，而难以被简单地进行复制和移植。刚刚获得通过的深圳“十二五”规划建议中明确提出的建设现代公民社会，就是朝着制度内生化、本土化方向的一次重大的尝试和努力。因此，中部崛起的战略选择也应从片面注重经济总量指标，转移到结合本地区的具体实际确定相应的发展道路和发展模式，因地制宜地发掘和培育该地区的制度、文化和社会关系中有利于强化主体间的相互依赖效应，有利于实现集体创新的方面。只有这样，我国中部地区才能通过发展方式的创新，逐步缩小与东部发达地区的差距，并以此实现“弯道超车”，我国也才能形成各具特色，协调发展的区域经济格局，并为世界经济的可持续发展作出贡献。

参考文献

[1] S. Christopherson, M. Storper, *The City as a Studio: the World as Back Lot: the Impacts of Vertical Disintegration on the Motion Picture Industry*, *Society and Space*, 1986, 4 (3): 305-320.

[2] P. Cooke, K. Morgan, *Learning through Networking: Regional Innovation and the Lessons of Baden-Wurtemburg*, Cardiff: University of Wales Press, 1990, 1-10.

[3] B. Harrison, *Industrial Districts: Old Wine in New Bottles? Regional Studies*, 1992, 26: 469-483.

[4] J. Holmes, *The Organization and Locational Structure of Production Subcontracting*, in Allen Scott and Michael Storper (eds.) *Production*,

Work, *Territory*: *the Geographical Anatomy of Industrial Capitalism*. Boston: Unwin Hyman, 1986, 80-106.

[5] B-Å. Lundvall, *National Systems of Innovation*: *Toward a Theory of Innovation and Interactive Learning*, London: Frances Pinter, 1992, 8-10.

[6] A. Markusen, M. Brzoska, *The Regional Role in Post-Cold War Military Industrial Conversion*, *International Regional Science Review*, 2000, 23 (1): 3-24.

[7] M. Maurice, F. Sellier, J. Silvestre, *The Social Foundation of Industrial Power*: *A Comparison of France and Germany*, Cambridge, MA: MIT Press, 1986. 1-58.

[8] R. Nelson, S. Winter, *An Evolutionary Theory of Economic Change*, Cambridge, M. A.: Harvard University Press, 1982. 234-245.

[9] M. Piore, C. Sable, *The Second Industrial Divide*: *Possibilities for Prosperity*, New York: Basic Books. 1984. 251-280.

[10] K. Polanyi, *The Economy as Instituted Process*, in Mark Granovetter and Richard Swedberg (eds.), *The Sociology of Economic Life*, Boulder, Colorado: Westview Press. 1992. 31-50.

[11] R. Putnam, *Making Democracy Work*: *Civic Traditions in Modern Italy*, Princeton, NJ: Princeton University Press, 1994. 121-163.

[12] P. Romer, *Endogenous Technological Change*, *Journal of Political Economy*, 1990, 98 (5): 71-102.

[13] A. Saxenian, *Regional Advantage*: *Culture and Competition in Silicon Valley and Route 128*, Cambridge, M. A.: Harvard University Press, 1994. 4-8.

[14] A. Scott, M. Storper, *High Technology Industry and Regional Development*: *A Theoretical Critique and Reconstruction*, *International Social Science Journal*, 1987, 39 (2): 215-232.

[15] O. Williamson, *The Economic Institutions of Capitalism*, New York: Basic Books, 1985. 15-16.

[16] World Bank, *World Development Report* 2009: *Reshaping Economic Geography*, Washington, D. C.: World Bank, 2009: 8-11.

[17] 国家统计局. 中国统计年鉴 2010. 北京: 中国统计出版社, 2010.

[18] 王磊. 文化产业、创意经济与和谐社会. 城市发展研究, 2008, 83(2): 1-5.

[19] 吴敬琏. 增长模式与技术进步//张维迎. 中国改革 30 年. 上海: 世纪出版集团, 2008: 52-80.

[20] 张延. 干中学模型对我国经济增长路径的检验. 财政研究, 2009(6): 33-38.

世界低碳城市建设的实践模式及对中部城市发展的启示

熊　灵　张建清

（武汉大学国际问题研究院　武汉 4300727）

全球化背景下的城市发展，正面临着贫困、住房短缺、交通拥堵、资源匮乏、环境退化等一系列问题，特别是温室气体排放量增加导致的气候变化问题尤为严峻。① 发展低碳经济，培育低碳社会，建设低碳城市，能够为城市建设提供一条新的发展路径，不仅可以达到减少温室气体排放的目标，还会为城市发展带来新的机遇。低碳城市建设已逐步成为 21 世纪城市可持续发展的重要内涵。②

一、低碳概念的演变：从"低碳经济"到"低碳社会"再到"低碳城市"

2007 年，联合国政府间气候变化专门委员会(IPCC)发表的第 4 份全球气候评估报告指出，全球气候变暖已是"毫无争议的事实"，人类活动排放的温室气体是导致近 50 年来全球气候变暖的主要原因。③ 面临全球气候变暖带来的严重危机和挑战，人类社会

---

① 顾朝林. 城市与区域规划研究. 北京：商务印书馆，2008.

② 中国科学院可持续发展战略研究组. 2009 中国可持续发展战略报告——探索中国特色的低碳道路. 北京：科学出版社，2009.

③ IPCC Fourth Assessment Report (AR4). *Climate Change 2007: Synthesis Report* [EB/OL]. [2010-11-28]. http://www.ipcc.ch/publications_and_data/publications_ipcc_fourth_assessment_report_synthesis_report.htm.

急需转变发展方式，寻找减少温室气体排放的发展模式。在此背景下，以碳减排为目标的“低碳经济”、“低碳社会”、“低碳城市”等低碳概念应时而生。

（一）英国首次提出“低碳经济”概念

2003 年英国政府发表了《我们未来的能源：创建低碳经济》的能源白皮书，首次提出“低碳经济”（Low Carbon Economy）的概念，引起了国际社会的广泛关注。能源白皮书指出，低碳经济是通过更少的自然资源消耗和环境污染获得更多的经济产出，创造实现更高的生活标准和更好的生活质量的途径和机会，并为发展、应用和输出先进技术创造新的商机和更多的就业机会。① 英国不仅是低碳概念的缔造者，也是低碳经济的先行者。为了实现低碳经济发展目标，英国制定了《气候变化法案》，出台了气候变化税等经济政策，推动建立全球碳交易市场，加大对可再生能源和低碳技术的投入，同时强调建筑和交通等重点部门的减排，从而建立了完善的减排政策措施体系。②

（二）日本首次阐述“低碳社会”理念

自从英国提出“低碳经济”概念以来，向低碳经济转型成为世界经济发展的大趋势，低碳的理念由经济发展领域扩展到社会生活领域。日本政府和学者于 2004 年开始对“低碳社会”模式与途径进行研究，2007 年 2 月日本颁布了《日本低碳社会模式及其可行性研究》，以日本 2050 年二氧化碳排放在 1990 年水平上降低 70% 为目标，提出了可供选择的低碳社会模式，并在 2008 年 5 月进一步提出了《低碳社会规划行动方案》。③ 低碳社会主要遵循三个基本原

---

① Department of Trade and Industry (DTI). *UK Energy White Paper: Our Energy Future—Creating a Low Carbon Economy*. London: TSO, 2003.

② 仇保兴. 创建低碳社会、提升国家竞争力——英国减排温室气体的经验与启示. 城市发展研究, 2008, 15(2): 1-8.

③ “2050 Japan Low-Carbon Society” Scenario team. *Japan Scenarios and Actions towards Low-Carbon Societies* [EB/OL]. [2010-11-28]. http://2050.nies.go.jp/material/2050-LCS-Scenarios-Actions-English-080715.pdf.

则，即在所有部门减少碳排放；提倡节俭精神，通过更简单的生活方式达到高质量的生活，从高消费社会向高质量社会转变；与大自然和谐生存，保持和维护自然环境成为人类社会的本质追求。日本环境大臣咨询机构——中央环境审议会也提出低碳社会的基本理念是争取将温室气体排放量控制在能被自然吸收的范围之内，为此需要摆脱以往大量生产、消费和废弃的社会经济运行模式。

(三)国际社会聚焦“低碳城市”模式

城市作为世界人口的生产和生活中心，是能源的主要消耗者和温室气体的主要排放者。随着城市化进程的加速，城市的发展模式和发展轨迹成为全球低碳发展的关注热点，国际组织、学术界和各国政府于 2007 年开始聚焦于“低碳城市”的概念。① 世界自然基金会(WWF)将低碳城市定义为城市在经济高速发展的前提下，保持能源消耗和二氧化碳排放处于较低水平，其基本内涵包括：城市以低碳经济为发展模式及方向，市民以低碳生活为理念和行为特征，政府公务管理层以低碳社会为建设目标。② 气候组织(the Climate Group)则将低碳城市定义为在城市内推行低碳经济，实现城市的低碳排放，甚至是零碳排放。

国内学者也从不同的方面对低碳城市进行了描述。夏堃堡认为，低碳城市就是在城市实行低碳经济，包括低碳生产和低碳消费，建立资源节约型、环境友好型社会，建设一个良性的、可持续的能源生态体系。③ 付允等认为低碳城市就是通过在城市发展低碳经济，创新低碳技术，改变生活方式，最大限度减少城市的温室气体排放，彻底摆脱以往大量生产、大量消费和大量废弃的社会经济运行模式，形成结构优化、循环利用、节能高效的经济体系，形成

① 戴亦欣. 我国低碳城市发展的必要性和治理模式分析. 中国人口·资源与环境,2009,19(3):12-18.

② 庄贵阳. 低碳经济:气候变化背景下中国的发展之路. 北京:气象出版社,2007:11.

③ 夏堃堡. 发展低碳经济,实现城市可持续发展. 环境保护,2008(2):33-35.

健康、节约、低碳的生活方式和消费模式，最终实现城市的清洁发展、高效发展、低碳发展和可持续发展。① 刘志林等提出低碳城市应被理解为通过经济发展模式、消费理念和生活方式的转变，在保证生活质量不断提高的前提下，实现有助于减少碳排放的城市建设模式和社会发展方式。② 胡鞍钢指出，在中国从高碳经济向低碳经济转型的过程中，低碳城市是一个重要的推动力。③

二、世界低碳城市建设的实践：模式和经验

城市是温室气体的主要排放源，城市政府也是全球应对气候变化、向低碳转型的主要推动者。近年来，全球有许多城市开展了以低碳社会和低碳消费理念为基本目标的低碳城市建设实践，其中尤为引人瞩目的是英国、日本及世界大城市气候领导联盟(C40)的低碳城市实践模式。

(一)英国的低碳城市实践模式

英国是低碳城市规划和实践的先行者。为尽快推动英国向低碳经济转型，英国碳信托基金会与能源节约基金会联合推出了英国的低碳城市项目，首批3个示范城市布里斯托、利兹和曼彻斯特制定了各自的低碳城市规划(Low Carbon Cities Program, LCCP)。伦敦在低碳城市建设方面起到了领跑的作用，出台了世界上第一个城市范围内的“碳预算”，同时就应对全球气候变化提出了一系列低碳行动计划，特别是2007年颁布的《市长应对气候变化的行动计划》(*The Mayor's Climate Change Action Plan*)，在不同的行动方案中制定了许多具体措施和目标，致力于解决诸如绿色家园、商业、能源

---

① 付允，汪云林，李丁. 低碳城市的发展路径研究. 科学对社会的影响，2008，(2):5-10.

② 刘志林，戴亦欣，董长贵，等. 低碳城市理念与国际经验. 城市发展研究，2009(6):1-7.

③ 胡鞍钢. 中国如何应对全球气候变暖的挑战. 国情报告，2007(29).

效率和运输等问题。①

英国的低碳城市规划和行动方案有以下主要特点:

一是低碳城市规划目标清晰，即促进城市总的碳排放量降低，并为此提出了量化指标。减碳目标的设定基础是英国政府承诺到2020年全英国CO_2排放量在1990年水平上降低26%~32%，2050年降低60%。根据英国全国目标，伦敦低碳城市行动计划明确提出要将2007—2025年的碳排放量控制在6亿吨之内，即每年的碳排放量要降低4%。②

二是低碳城市规划的重点领域是建筑和交通。伦敦的碳排放量占全英国碳排放量的8%，并且可能在2025年上升至15%，而在伦敦市碳排放总量中，家庭住宅占到38%，商用和公共建筑占33%，交通占22%。③因此英国低碳城市的重点在于降低这三个领域的碳排放量。

三是低碳城市主要实现途径为推广可再生能源应用、提高能效和控制能源需求。在布里斯托市的《气候保护与可持续能源战略行动计划》中，控制碳排放的重点在于更好地利用能源，包括减少不必要的能源需求、提高能源利用效率、应用可再生能源。④

四是低碳城市规划注重战略性和实用性的结合。在提出可测量的碳减排目标和基本战略的同时，实现途径的选择强调实用性，以争取最大程度的公众支持。如《伦敦应对气候变化行动计划》中专门指出，存量住宅是伦敦最主要的碳排放部门，但只要2/3的伦敦家庭采用节能灯泡，每年能够少排放57.5万吨CO_2。⑤

---

① *Urban Frontrunners-Cities and the Fight against Global Warming* [EB/OL]. [2010-12-08]. http://www.eea.europa.eu/articles/urban-frontrunners-2013-cities-and-the-fight-against-global-warming.

②③ Greater London Authority. *Action Today to Protect Tomorrow: The Mayor's Climate Change Action Plan*. February 2007.

④ Bristol City Council. *Bristol Climate Protection & Sustainable Energy Strategy /Corporate Action Plan: Developed for the Local Authority Carbon Management Programme*.

⑤ 刘志林,戴亦欣,董长贵,等.低碳城市理念与国际经验.城市发展研究,2009(6):1-7.

五是低碳城市建设强调技术、政策和公共治理多种手段并重。在推广新技术、新产品应用的同时，构建鼓励低碳消费的城市规划、政策和管理体系。特别是政府应发挥引导和示范作用，综合运用财政投入、宣传激励、规划建设等手段，鼓励企业和市民参与；并结合城市实际情况，通过重点工程带动低碳城市的全面建设。

（二）日本的低碳城市建设模式

2008 年 7 月，日本政府通过了依据“福田蓝图”制订的“低碳社会行动计划”，其中包含对低碳城市进行评定的先进性和地区性等标准。作为日本低碳城市的先行者和建设低碳社会的模范城市，富山市为了实现减排目标，从交通工具、生活方式和城市建设等各方面改变社会形态，采取了许多措施。2010 年 8 月，日本国土交通省正式颁布了《低碳城市建设指导手册》，在对全球气候变化形势、各国发展低碳经济的方向和努力进行全面系统总结分析的基础上，从低碳城市建设的基本方针推进方向、建设方式方法、地区实施计划、效果评价分析方法等多个方面对日本未来低碳城市建设提出了详尽、具体的要求，这将对日本未来低碳城市建设发挥重要的指导作用。①

日本低碳城市建设的基本内容包括：

一是低碳城市建设的基本方针与目标。日本的低碳城市建设基本方针是在使城市向集约型节能转变的同时，在相关领域逐步实现低碳化。在交通和城市结构、能源、绿色三个领域采取综合性的低碳化组合策略。具体来讲，主要涵盖实现集约型城市结构、交通管理的改进、促进公交设施的利用、建筑的低碳节能改造、能源的系统化利用、可再生能源的利用、热岛效应的改善等。日本希望通过上述具体目标的实现达到土地利用的具体化、城市功能的复合化、

① 崔成，牛建国. 日本低碳城市建设经验及启示. 中国科技投资，2010(11)：73-76.

城市生物多样性保全、建筑效率化及与环境共生以及高效率的交通移动与往返能力。

二是低碳城市建设的方式方法。《低碳城市建设指导手册》，根据日本的国情和城市未来发展趋势，强调从交通和城市结构、能源以及绿色三个主要方面来实现城市的低碳化。交通和城市结构领域低碳化的主要方式方法包括公共设施与服务设施集约据点建设、为汽车交通灵活化而进行道路整治、汽车交通需求的调整、公共交通整治等。能源领域低碳化的主要方式方法包括区域能源管理及系统建设、区域制冷制热及建筑物之间的热流通、未利用能源的有效利用、可再生能源的有效利用。绿色领域低碳化的主要方式方法包括与公交和土地利用相关的绿化、植树造林计划、对社会环境有贡献的绿地评估体系建设、绿税及协力金制度建设、大规模绿地保全和修整管理、绿地保全区规划建设以及水网和绿网建设。

从日本低碳城市建设规划的实践中，我们可以看出日本低碳城市建设充分体现了规划领域的多元性、部门的共同参与性和政府的主导性。

（三）世界大城市气候领导联盟（C40）的低碳城市模式

2005 年 10 月，由当时的伦敦市长利文斯顿（Livingston）提议，18 个世界一线城市的代表在伦敦集会商讨全球气候变化问题。会议上，与会代表共同发表公报承诺将通过彼此间的协作来应对气候变化。此后该组织成员逐步扩充至 40 个世界级大城市，被称为世界大城市气候领导联盟（Large Cities Climate Leadership Group），简称“C40”。2006 年 8 月美国前总统克林顿和利文斯顿宣布，克林顿气候行动计划（Clinton Climate Initiative，CCI）与 C40 建立合作关系，CCI 为 C40 城市提供清洁交通、可再生能源、废弃物管理等领域的专业技术支持，为减少全球碳排放、提高世界大城市的能源效率提供帮助，并鼓励 C40 联盟成员参与 CCI 的碳减排项目。

目前 C40 拥有包括伦敦、巴黎、纽约、芝加哥、多伦多、东京、悉尼、香港在内的 40 个成员以及哥本哈根、阿姆斯特丹、斯德哥尔摩、旧金山、横滨等 19 个关联城市（见表 1）。这些成员的共同特点是经济发展水平较高、城市规模较大，它们都有明确的量化减排目标和行动计划(见表2)，并且对其国家和周边地区有较强的辐射带动能力。C40城市的共同目标是最大限度地减少温室气体排放，加强对气候变化的灵活应对，提高恢复能力，将各城市打造为低碳城市。① C40规定了各成员在市政运营及城市开发过程中要确切掌握各自的碳排放情况，通过政策、计划、项目的制定来减少碳排放量，同时还要采取措施尽量消除已排温室气体造成的影响。C40要求城市履行"气候变化行动计划"，对温室气体进行分类和监督，指定负责气候变化应对问题的官员，制定温室气体的阶段性减排目标、各自的行动计划及具体时间表并向C40事务局报告温室气体的减少情况。②

表1　**世界大城市气候领导联盟(C40)的成员城市和关联城市**

成员城市	亚的斯亚贝巴(埃塞俄比亚)，雅典(希腊)，曼谷(泰国)，北京(中国)，柏林(德国)，波哥大(哥伦比亚)，布宜诺斯艾利斯(阿根廷)，开罗(埃及)，加拉加斯(委内瑞拉)，芝加哥(美国)，德里(印度)，达卡(孟加拉国)，河内(越南)，休斯敦(美国)，香港(中国)，伊斯坦布尔(土耳其)，雅加达(印度尼西亚)，约翰内斯堡(南非)，卡拉奇(巴基斯坦)，拉各斯(尼日利亚)，利马(秘鲁)，伦敦(英国)，洛杉矶(美国)，马德里(西班牙)，墨尔本(澳大利亚)，墨西哥城(墨西哥)，莫斯科(俄罗斯)，孟买(印度)，纽约(美国)，巴黎(法国)，费城(美国)，里约热内卢(巴西)，罗马(意大利)，圣保罗(巴西)，首尔(韩国)，上海(中国)，悉尼(澳大利亚)，东京(日本)，多伦多(加拿大)，华沙(波兰)
关联城市	阿姆斯特丹(荷兰)，奥斯丁(美国)，巴塞罗那(西班牙)，巴塞尔(瑞士)，昌原(韩国)，哥本哈根(丹麦)，库里提巴(巴西)，海德堡(德国)，胡志明市(越南)，米兰(意大利)，新奥尔良(美国)，波特兰(美国)，鹿特丹(荷兰)，盐湖城(美国)，旧金山(美国)，圣地亚哥(智利)，西雅图(美国)，斯德哥尔摩(瑞典)，横滨(日本)

资料来源：C40 Cities Climate Leadership Group，http：//www.c40cities.org/cities.

①② 第三届C40会议首尔宣言，2009.

表2　　C40 部分成员城市应对气候变化低碳行动计划

C40 城市		低碳行动计划	发布时间	基准时间	减碳目标
主要成员城市	布宜诺斯艾利斯	Buenos Aires Climate Change Action Plan	2009 年 12 月	2008 年	到 2030 年减少 32.7%
	芝加哥	Climate Action Plan	2008 年 9 月	1990 年	到 2020 年减少 20%，到 2050 年减少 80%
	香港	Hong Kong's Climate Change Strategy and Action Agenda	2010 年 9 月	2005 年	到 2020 年减少 50% ~60%
	伦敦	The Mayor's Climate Change Action Plan	2007 年 2 月	1990 年	到 2025 年减少 60%，总量限制在 6 亿吨
	洛杉矶	Green Los Angeles	2007 年 5 月	1990 年	到 2030 年减少 35%
	马德里	Plan for the Sustainable Use of Energy and Climate Change Prevention	2008 年	2004 年	到 2020 年减少 20%，到 2050 年减少 50%
	墨西哥城	Mexico City Climate Action Program 2008—2012	2008 年	2007 年	到 2012 年减少 12%
	纽约	Climate Change component of PLANYC	2007 年 4 月	2007 年	到 2030 年减少 30%（加速目标是到 2017 年减少 30%）
	巴黎	Paris Climate protect Plan	2007 年	2004 年	到 2050 年减少 75%
	费城	Greenworks Philadelphia	2009 年	1990 年	到 2010 年至少减少 10%
	罗马	Roma Per Kyoto	2008 年	1990 年	到 2012 年减少 6.5%
	圣保罗	Sao Paulo Municipal Act on Climate Change	2009 年 6 月	2003 年	到 2012 年减少 30%

续表

C40 城市		低碳行动计划	发布年份	基准年份	减碳目标
主要成员城市	首尔	Seoul Low Carbon Green Growth Master Plan	2009 年 12 月	1990 年	到 2030 年减少 40%
	悉尼	Targets set out in Sustainable Sydney 2030	2007 年 6 月	2006 年	到 2030 年减少 70%
	东京	Climate Change Strategy	2007 年 6 月	2000 年	到 2020 年减少 25%
	多伦多	Climate Change, Clean Air and Sustainable Energy Action Plan	2007 年 6 月	1990 年	到 2012 年减少 6%,到 2020 年减少 30%,到 2050 年减少 80%
主要关联城市	阿姆斯特丹	Amsterdam Climate Change Action Plan	2008 年 8 月	1990 年	到 2025 年减少 40%
	哥本哈根	Copenhagen Climate Plan	2009 年 8 月	2005 年	到 2015 年减少 20%
	波特兰	Climate Action Plan 2009	2009 年	1990 年	到 2030 年减少 40%,到 2050 年减少 80%
	鹿特丹	Rotterdam Climate Initiative	2007 年 5 月	1990 年	到 2025 年减少 50%
	盐湖城	Salt Lake City Green-Climate Action Plan	2009 年	2009 年	10 年内年均减少 3%,长期目标是到 2040 年减少 70%
	旧金山	Climate Action Plan for San Francisco	2004 年 9 月	1990 年	到 2012 年减少 20%
	西雅图	Seattle Climate Action Plan	2006 年 9 月	1990 年	到 2012 年减少 7%
	斯德哥尔摩	The City of Stockholm's Climate Initiatives	2009 年	1990 年	到 2050 年减少 60% ~80%
	横滨	Yokohama Climate Action Plan	2009 年 3 月	2004 年	到 2025 年减少 30%,到 2050 年减少 60%

资料来源：C40 Cities Climate Leadership Group, http://www.c40cities.org/ccap.

C40成员的低碳城市建设实践和经验可以总结为5种低碳城市实践模式。

一是城市能源结构的低碳化。能源消耗是城市碳排放的重要源头，改变城市生产、生活中主要能源类型，由高碳能源向低碳能源转变是最基本也是最彻底的城市低碳化发展思路。这方面往往需要大力支持可再生能源的研发和投资，并给予使用者政策或资金补贴。例如，哥本哈根利用风能资源，实施海上风能发电厂项目，为15万户居民提供电能，年碳减排66万吨。①。

二是城市产业结构的低碳化。依靠循环经济产业和低碳生产方式的推广来实现低碳经济结构转型。积极推动城市低碳产业转型、控制高碳产业发展是从结构上控制碳排放的主要途径。当然，除了发展第三产业以外，还应促进电力、建筑冶金、化工等传统高能耗工业部门向新型低碳工业转变②。

三是城市空间形态的低碳化。通过低碳城市空间规划来塑造紧凑的城市形态，促进适度混合的土地利用，提高交通效率、降低机动车交通需求，优化微气候促进街区和建筑的被动调节与节能，合理布局城市生态网络以实现有效固碳。例如，哥本哈根的"指状规划"就是一种典型的低碳城市形态策略，通过有效调控城市的空间发展形态，形成高效利用公共交通体系的城市发展走廊，降低交通碳排放③。

四是城市基础设施和低碳技术支撑的低碳化。绿色交通基础设施建设和低碳技术应用能够为低碳城市的长远发展提供支撑。C40成员在该领域的实践走在世界前列，取得了提升城市未来竞争力的先机。例如，墨尔本市通过大型项目的推进带动了低碳技术发展，新市政办公楼项目中就应用太阳能供暖、水循环处理等多项建筑节

---

① *C40 Cities Climate Leadership Group-Best Practice* [EB/OL]. [2010-12-08]. http://www.c40cities.org/bestpractices.

② 林姚宇，吴佳明. 低碳城市的国际实践解析. 国际城市规划，2010，25(1)：121-124.

③ *C40 Cities Climate Leadership Group-Best Practice* [EB/OL]. [2010-12-08]. http://www.c40cities.org/bestpractices.

能新技术，年碳减排514吨。芝加哥市政府制定了交通基础设施的升级规划，计划在3年内将全市2 900个路口的交通灯升级为LED灯，与改造前相比将节能85%，年碳减排8 000吨。①

五是城市居民行为的低碳化。人类活动与温室气体排放息息相关，为了促进城市的节能减排就必须积极宣传低碳理念、引导居民和企业的低碳行为方式。多数C40城市隶属于发达国家或地区，经济发展和人均消费水平较高，日常生活能耗也比较高，因此有必要依靠公众教育和经济措施，调整人们的居住、工作、休闲和交通出行方式。例如，首尔市政府为改变居民过度依赖私人轿车的生活方式而采取了一系列手段，包括提供免费停车和洗车、减税、拥堵费打折等优惠措施，鼓励居民每周一天“无车日”。该活动年碳减排243 000吨，不仅没有影响居民出行还缓解了城市交通拥堵的问题②。

三、对中部地区城市发展的借鉴与启示

受城市气候安全、减排责任、经济转型等内因驱动以及国际社会应对气候变化的谈判和行动、国内政府对低碳经济理念的认同、企业低碳解决方案的推广及学术机构“低碳城市项目”的研究实践等外部因素影响，中国城市纷纷选择低碳发展，并从城市自身的基础和优势出发，进行了不同路径的尝试和思考。在此过程中，出现了以杭州、成都、无锡为代表的城市低碳发展综合化规划；以厦门为代表的注重城市空间低碳规划；以天津为代表的城市全面应对气候变化思考。③ 2010年7月，我国低碳城市建设进入新阶段，国家发改委下发了《关于开展低碳省区和低碳城市试点工作的通知》，

① *C40 Cities Climate Leadership Group-Best Practice* [EB/OL]. [2010-12-08]. http://www.c40cities.org/bestpractices.

② *C40 Cities Climate Leadership Group-Best Practice* [EB/OL]. [2010-12-08]. http://www.c40cities.org/bestpractices.

③ 气候组织. 中国清洁革命报告Ⅲ：城市，[EB/OL] [2010-12-08]. http://www.theclimategroup.org.cn/news_and_events/tcg_news/2010-12-07.

明确了低碳省区和低碳城市试点工作的试点范围、具体任务和工作要求，确定了广东、辽宁、湖北、陕西、云南五省和天津、重庆、深圳、厦门、南昌、贵阳、保定八市开展试点工作，中部地区的湖北省和南昌市位列低碳试点省市之列。

尽管国内城市已经进行了有益的尝试和初期的探索，但毕竟处于起步阶段，还没有摸索出明确的发展路径。国外低碳城市建设的实践模式与规划设计理念，为中部地区城市低碳发展提供了很多可资借鉴的经验。

一是强化政府的引导作用，加强低碳城市规划的编制和实施。国外低碳城市的实践经验表明，通过编制和实施“零排放”城市或区域规划，可以实现城市的低碳发展，而城市政府在编制低碳城市规划和低碳技术规划、制定低碳发展政策和法规等方面起着重要作用。① 因此，中部地区城市政府尤其是列为低碳试点的武汉城市圈，应该以低碳理念编制武汉城市圈低碳城市群建设规划，制定低碳城市群建设政策，进行重点领域的制度创新，充分发挥政府在低碳城市群建设中的引导作用。

二是调整优化城市结构，打下低碳城市发展的坚实基础。城市的结构调整包括城市能源结构调整、城市产业结构调整和城市空间结构调整。中部地区城市大多处于能源贫乏区域，产业结构“偏重偏硬”，城市发展空间布局散乱，导致城市高碳排放。建立低碳城市结构体系是建设中部地区低碳城市的重中之重，关键就是要逐步改变以煤为主的能源结构体系，大力发展可再生能源，不断提高能源利用效率；大力发展第三产业，建立以低碳农业、低碳工业、低碳服务业为核心的新型城市产业体系；加强城市功能区布局优化，加强城市绿化建设，营造良好的生态宜居宜业环境，构建资源节约、环境友好、不断完善的城市运行机制。②

三是加快低碳技术创新，构建低碳城市持续发展的支撑体系。

① 王家庭．基于低碳经济视角的我国城市发展模式研究．江西社会科学，2010(3)：85-90.

② 陈博．西方国家的低碳城市建设．环境保护，2009(24)：74-76.

低碳技术是实现中部地区城市低碳发展的核心，是提升未来城市竞争力的关键，也是摒弃落后的发展理念和旧的技术模式、实现中部城市跨越式发展的途径。中部地区的武汉城市圈和长株潭城市群，都是高校和科研机构高度聚集的区域，其中武汉市的科技资源尤其独特，中部城市应该加大对低碳技术创新的资金支持和激励优惠政策，充分发挥本地科技优势，为低碳城市建设的长远之路提供可靠支撑。

四是积极培育低碳理念，转变城市居民的生活消费方式。培养低碳理念和宣传低碳生活方式是建设低碳城市的基本要义。联合国环境规划署指出：人们只需要采用气候友好的生活方式，在生活中注意一些行为，就可以在不需要做出特别大的牺牲的情况下，轻松实现碳减排。理念应当先行，理念影响行为。因此，中部地区的低碳城市建设必须将低碳理念引入到城市生活的衣、食、住、行等各个方面，从而推进城市生活低碳化。①

四、结语

低碳转型为中国经济的发展带来了挑战和新机遇，也让中部地区普遍以资源型和工业型为主的城市发展面临不小的压力。世界低碳城市建设的发展模式与规划设计理念，为我们提供了很多可资借鉴的经验。然而必须注意的是，同发达国家不同，中国的低碳城市建设不是后工业化的低碳发展，中部地区的发展更具有其独特性，目前还不可能以牺牲经济发展为代价，低碳城市定位也不可能像发达国家如英国、日本的低碳城市那样，以温室气体排放的绝对量减排为目标。中部地区的低碳城市发展，需要以经济发展与气候保护相互协调为目标，发展优先是中部地区低碳城市发展的现实途径。对于进入快速工业化和城镇化进程的中部地区城市来说，能源结构转变、产业结构升级、低碳意识提高等应该作为中部地区低碳城市

① 钟静婧. 国际典型低碳城市实践模式及其对中国的启示. 城市，2010(9)：34-37.

发展的重要内容。中部地区的低碳城市建设不能完全遵循发达国家的低碳城市发展模式，还需要我们自己不断地探索和创新。

参考文献

[1] 陈博. 西方国家的低碳城市建设. 环境保护，2009(24)：74-76.

[2] 仇保兴. 创建低碳社会、提升国家竞争力——英国减排温室气体的经验与启示. 城市发展研究，2008，15(2)：1-8.

[3] 崔成，牛建国. 日本低碳城市建设经验及启示. 中国科技投资，2010(11)：73-76.

[4] 戴亦欣. 我国低碳城市发展的必要性和治理模式分析. 中国人口·资源与环境，2009，19(3)：12-18.

[5] 顾朝林. 城市与区域规划研究. 北京：商务印书馆，2008.

[6] 付允，汪云林，李丁. 低碳城市的发展路径研究. 科学对社会的影响，2008(2)：5-10.

[7] 胡鞍钢. 中国如何应对全球气候变暖的挑战. 国情报告，2007(29).

[8] 刘志林，戴亦欣，董长贵，等. 低碳城市理念与国际经验. 城市发展研究，2009(6)：1-7.

[9] 林姚宇，吴佳明. 低碳城市的国际实践解析. 国际城市规划，2010，25(1)：121-124.

[10] 刘文玲，王灿. 低碳城市发展实践与发展模式. 中国人口. 资源与环境，2010，20(4)：17-22.

[11] 王家庭. 基于低碳经济视角的我国城市发展模式研究. 江西社会科学，2010(3)：85-90.

专题三

“十二五”时期中部地区产业发展战略研究

中部崛起与中部县域新型工业化道路选择

周金堂
（井冈山干部学院　井冈山 343600）

我国正处于城市化、工业化双轮驱动发展的宝贵时期。如何按照党的十七大报告提出的“大力促进中部地区崛起”的要求和2010年8月25日国家发改委公布的《促进中部地区崛起规划实施意见》，通过转变发展方式大力推进新型工业化，根据建设资源节约型、环境友好型“两型”社会的目标，建设好武汉城市圈、中原城市群、长株潭城市群、皖江城市带、环鄱阳湖城市群和太原城市圈等六大城市群，不断提升县域经济社会发展水平，促进中部地区经济社会、人与自然的协调发展与和谐发展，这是中部六省必须正视和回答的问题。

一、中部的重要地位决定了中部崛起必须发挥县域新型工业化的牵引和带动作用

我国县域国土面积占全国的92%，人口占70%多。中部县域的情况大抵如此。中部六省有县（市）499个，占全国2 003个县（市）的24.91%；中部六省面积102.8万平方公里，占全国的10.7%，中部六省人口3.7亿，占全国的近30%。2009年中部六省有关指标与全国的比较见表1。

中部六省地处我国中心地带，铁路、公路、河流密度居全国之首。河南和湖北地处南北交通运输大通道与欧亚大陆桥和长江黄金航道的大“十”字架上，有京广铁路、陇海铁路、宁西铁路、京九铁路、焦柳铁路、湘黔铁路、湘赣铁路穿越其中，区位优势和战略地位尤其突出，是西部资源输出、东部产业转移的战略枢纽。中部

崛起是贯彻落实科学发展观、转变发展方式、解决我国“三农”问题、提升县域经济竞争力、全面建设小康社会的迫切需要；是充分发挥中部潜力、扩大对外开放的迫切需要；是顺应经济发展规律和发展趋势的必然要求。

表1　**2009年中部六省有关指标与全国的比较(单位：亿元)**

单　位	全国	中部六省平均水平	湖　北	湖　南	江　西	河南	安　徽	山西
生产总值	340506.9	11762.93	12961.10	13059.69	7655.18	19480.46	10062.82	7358.31
第一产业	35226.0	1601.06	1795.90	1969.69	1098.66	2769.05	1495.45	477.59
第二产业	157638.8	5925.71	6038.08	5687.19	3919.45	11010.50	4905.22	3993.80
第三产业	147642.1	4236.16	5127.12	5402.81	2637.07	5700.91	3662.15	2886.92
城市化率	46.59%	42.26%	46.00%	43.20%	43.18%	37.70%	42.10%	45.99%

数据来源：中华人民共和国国家统计局．中国统计年鉴2010．北京：中国统计出版社，2010.

就现实而言，中部地区城市工业发展效益较低，不少工业企业效益指标低于全国平均水平，这不仅影响了城市化与城市发展，而且使得城市对整个区域特别是城市群周边的县域带动作用不强。从2009年中部六省主要工业指标占全国平均水平的比重来看：生产总值70 575亿元占全国的19.4%；规模以上工业企业总产值79 126亿元占全国的16.26%，利润总额占17.70%；私营企业工业总产值占18.16%，税收占28.97%；外商投资和港澳台商投资工业企业总产值占6.45%，税收占8.72%。另外，人均GDP只有全国平均水平的78.9%，城市化率比全国平均水平低7个百分点，人均受教育在四大区域中处于垫底水平，人均财力比较弱，单位生产能耗比较高。这组数据足以说明，转变发展方式、促进城市化与工业化的协调发展是中部崛起必须解决的关键问题之一。在实施“十二五”规划期间，随着经济发展方式的转变，要充分发挥县域在中部崛起中的作用，选择有中部特色的新型工业化道路，必须结合中部的实际情况，落实好党的十七大精神和中央促进中部崛起的决策部署，用足用好“两个比照”的具体政策措施，大力推进新型工业化，坚决按照主体功能区建设和区域经济协调发展的要求，努力在加快推进“三个基地、一个枢纽”建设的实践中，提升县域新型工业化的水平和质量。

二、中部崛起过程中推进县域新型工业化的主要路径选择

中部崛起要发挥县域经济的作用，大力推进新型工业化，转变发展方式是关键，要根据各地实际，按照建设环境友好型、资源节约型社会的要求，积极建设生态工业园区，发挥产业集群效应，发挥人力资源优势，加速县域内人力资本积累，坚持以信息化带动工业化，以工业化促进信息化。

（一）加快转变经济发展方式，不断增强自主创新能力，是中部县域新型工业化的必由之路

走科技含量高、经济效益好、资源消耗低、环境污染少、人力资源丰富的优势得到充分发挥的中国特色新型工业化道路，提高工业自主创新能力、技术水平和产品质量是中部县域实现科学发展的题中应有之义。科学技术是生产力发展和变革的决定因素，也是中部地区提高竞争力的核心因素，是县域经济创新与发展的持久动力。新型工业化的灵魂和支撑是自主创新。对于后发达地区来说，实现跨越式发展不可能是先进地区经济的简单重复和量上的扩张，只有实行自主创新，最终取得技术领先地位，跨越式发展才能有可靠的支撑点。中部地区处于我国京广、陇海、长江三大空间发展轴的交汇地区，已被国家列为重点开发区域。国家“十二五”规划要求中部地区要依托现有基础，提升产业层次，推进工业化和城镇化，加速经济崛起。

县域强，则省域强；县域富，则人民富。据有关方面统计，2009 年全国百强县（市）有关指标的平均值为：人口 83.49 万人，地区生产总值 407.10 亿元，地方财政一般预算收入 22.93 亿元，

人均地区生产总值 54 350 元，城镇居民人均可支配收入约 19 750 元，农民人均纯收入约 9 240 元。中部百强县(市)有关指标的平均值为：人口 73.31 万人，地区生产总值 173.59 亿元，地方财政一般预算收入 7.44 亿元，人均地区生产总值 26 960 元，城镇居民人均可支配收入 13 880 元，农民人均纯收入 6 220 元。可以看出，中部地区经过多年发展，已经取得了不少成就，培育了一些经济强县(市)，但总体上与全国经济强县(市)相比，差距仍不小。当然，我们也要认识到，中部县域经济体现了中部经济的区域特色，是中部经济的比较优势所在，后发优势所在，竞争优势所在，是中部实现战略崛起的重要支点。随着国家中部地区崛起战略的深入实施，一批具有优势产业的强县会在中部崛起，成为区域经济新的增长极。

在推进新型工业化的过程中，如何促进经济由主要依靠投资、出口拉动向依靠消费、投资、出口协同拉动转变，由主要依靠第二产业带动向依靠第一、第二、第三产业协同带动转变，由主要依靠增加物资资源消耗向依靠科技进步、劳动者素质提高、管理创新转变，县域大有文章可做，尤其是在技术创新上潜力很大，前景广阔。要依靠广大县域范围内的中小企业，特别是民营企业的创造力来促进新型工业化。《福布斯》中文版揭晓的“2010 中国大陆创新城市”排行榜对 2009 年 GDP 在 360 亿元以上的 132 个大陆城市进行了调查，并参考新申请专利数(人均及总量)、科技三项支出占地方财政支出比例等指标，加权计算出城市的创新能力，并进行了综合排名，最终排出中国大陆创新能力最强的 25 个城市。小型城市创新能力令人瞩目，25 个上榜城市中，有 6 个县级市、10 个地级市入选创新城市 25 强。江苏省吴江市成为创新能力最强的县级城市，在榜单中位列第 5。吴江的创新主要体现在民营企业的主体作用上，吴江市累计注册私营企业 12 490 家，注册资本 198.7 亿元，同比分别增长 16.4% 和 28.4%；吴江市民资技改投入批准额、完成工作量分别达 152 亿元和 76 亿元；高新技术产品产值超过 200 亿元，占全市工业总产值的 30% 以上。其民营企业的创新主要表现在：一是民营企业技术投入不断加强。吴江市有 100 多家科技企业的技术开发费用占销售收入的比例达到 2% 以上，有 30 家企业达到5%以上。二是自主知识产权建设成效不断显现。目前，吴江市累计申请专利达850件，其中实现产业化的达700件，共有注册商标2 795件，商标注册企业1 674家。三是技术创新载体平台不断完善。吴江市已组建羊毛衫、彩钢夹芯板、工业缝纫机等5家行业技术服务(援助)中心，积极筹建吴江市中高级工业技术人才服务网络，建立合作研发机构100多家，3个博士后流动工作站。目前，吴江市拥有8万名技术人才，其中60%直接在民营企业工作。四是高新技术产业化步伐不断加快。目前已拥有国家级重点高新技术企业5家，江苏省高新技术企业26家，省级民营科技企业累计达137家。

中部地区的县域和吴江市相比虽然存在不少差距，但完全可以向吴江市看齐，不等不靠。为此，一要依托以中原城市群、武汉都市圈、长株潭城市群、皖江城市带等为重点的六大城市群建设，拉动和带动县域新型工业化的发展，使粮食生产加工、能源材料、现代装备制造及高技术产业的发展能更有效地提升县域工业发展水平。二要加快县域创新，提高县域中小企业特别是民营企业的创新能力，使县域经济的发展能更好地建立在科技进步之上，能更加自然合度地融入“六大城市群”的建设之中。三要推动产业结构优化升级。中部地区不少县域的经济发展方式仍比较粗放，要继续坚持引进吸收消化和再创新，支持和鼓励县域用当今世界最先进、最成熟的高新技术改造传统产业，加快主导产品升级换代，为县域工业参与国际国内两个市场的竞争，有效地利用两种资源、开拓两个市场创造条件。

(二)大力建设工业园区，发挥产业集群效应，是中部县域加速推进新型工业化的重要依托

工业园区是工业企业的摇篮，是推进新型工业化的载体，是发展县域经济的引擎。依托工业园区，大力发展产业集群，是推动产业优化升级，全面提升产业竞争力，促进县域经济发展的有效途径，也是各县(市)根据各自经济社会发展实际和资源能源状况，走出一条具有中部县域特色的新型工业化道路的必然选择。走新型工业化道路，最根本的目的就是要实现工业增长由粗放型向集约型

转变。产业集群的形成和发展是实现产业集约增长的新型模式，同时产业集群能够以专业配套协作的全球化来应对经济全球化，将专业化与全球化紧密结合，是实现工业化的新路径。

走新型工业化的道路，要坚持在专业化协作的过程中，促进产业集聚和产业链的配套发展。要按照建设环境友好型、资源节约型“两型”社会的要求，通过发展低碳经济、循环经济，为建设好中部县域工业发展园区、六大城市群周边的卫星小城市以及县域范围内的中心镇提供产业依托和发展环境。像长沙县那样，通过“工业兴县”，将远大空调、三一重工、猎豹汽车等著名企业引到工业园区落户，与此同时对县域内的小水泥、硫酸锰等不少消耗多、污染重的企业进行关停和改造，使工业园区建设不断取得生态、经济和社会三重效应。据调查，目前长沙县空气污染指数优良率不小于85%，集中式饮用水源地水质达标率达96.52%，建成区绿化率为43.5%。长沙县因此获得全国生态示范县、国家园林县城、全国卫生县城、中国人居环境范例奖等荣誉。长沙县通过打造优势产业集群，引导集约发展，推动自主创新，构建最大的蓝领工人摇篮，推动了产业向高端转变，企业抱团发展，做大做强产业集群。再如，江西省的南昌县通过确立“新型工业化标志区”、“新型城镇化试验区”、“新型农业产业化示范区”、“低碳生态经济先行区”等“四区”建设目标，为该县的科学发展、绿色崛起注入了新的活力。近年来，湖北省沙洋县通过走新型工业化道路，形成了农产品加工、建材、医药化工等三大产业集群。未来几年，沙洋县还将坚持走新型工业化道路，突出企业主体和市场导向，紧紧围绕主导产业、骨干企业、重点园区、重大项目、知名品牌，优化资源配置，细化专业分工，延伸产业链条，加速生产要素集聚和产业升级，促进产业联系，引导产业集聚，不断提升全县工业发展水平和区域竞争能力。这些足以说明，中部地区在大力推进县域新型工业化的过程中，产业集群具有重要作用。

（三）发挥人力资源优势，加速县域内人力资本积累，是中部县域不断提升新型工业化发展水平的有力保障

我国新型工业化道路的一个鲜明特点，就是要使人力资源优势

得到充分发挥。当前，中部县域范围是劳动力资源丰富的地区。就全国而言，县域内人力资源的主要特点是存量大、质量差、科技文化素质低。据统计，2005 年，全国各地 15 岁及其以上人口的文盲、半文盲比例达 10.37%；大专以上文化程度仅占从业人员总数的 4.71%，而美国 1994 年为 46.5%，日本 1990 年为 20.7%，韩国 1995 年为 21.2%。从 2010 年县域经济百强县排行榜的情况不难得出这样的结论：凡是经济发达地区、县(市)，那里的农民都有较高的文化素养和科技素质。

从统计数据来看，中部六省尽管教育投入比较少，但受教育水平在全国的排名还是比较靠前的，这是因为中原及荆楚地区自古以来文风鼎盛，素来重视教育。2009 年中部地区人口受教育情况如表 2 所示，2007 年中部地区 6 岁及以上人口人均受教育情况如表 3 所示。

表 2　**2009 年中部地区人口受教育情况(单位：千人)**

省份	湖北	湖南	江西	河南	安徽	山西	全国	中部比例 %
未上过学	3764	2886	1836	5278	6181	1234	77716	27.25
小学	13274	16228	11817	19769	15505	7052	328934	25.43
初中	19438	22800	13650	38264	21334	13756	455002	28.40
高中	7841	7843	5937	10389	5268	4441	150648	27.69
大专及以上	3662	3254	2447	4006	2360	2198	79567	22.53

数据来源：中华人民共和国国家统计局. 中国统计年鉴 2010. 北京：中国统计出版社，2010；2009 年全国人口变动情况抽样调查样本数据，抽样比为 0.873‰。

表 3　**2007 年中部地区 6 岁及以上人口人均受教育情况(单位：年)**

全国	湖北	湖南	江西	河南	安徽	山西
8.15	8.38	8.38	8.2	8.15	7.21	8.68

资料来源：山西晚报，2008-05-31.

中部地区人口虽然受教育水平较高，但不少人才很难被当地留住，“孔雀东南飞”现象比较突出，这说明中部的经济环境、政策环境、人文环境还有进一步优化的空间。因此，推进新型工业化，大力促进县域经济的发展，必须把发挥人力资源丰富的比较优势，作为经济发展、社会进步、人类进化的关键性工作来抓，在提高劳动力受教育水平的同时，也要注重创新精神的培育，同时也要逐步改善政策环境、经济环境、人文环境，逐步增大区域的吸引力，引导各类人力资源向区域内回流。

在实施县域新型工业化的过程中，最突出的问题是农村人口在人力资源的质量上与城市存在着巨大的差距。要解决以上问题，必须利用中部独特的交通和区位优势，发挥六大城市群中高校较多和集中的优势，采取一系列政策和措施，加速县域人力资本积累，缩小与发达地区人力资源存量上的差距；要开通多种渠道，切实加大培训教育的力度，不断提高县域内劳动力的文化知识水平；要通过职业技术教育提高农民工的职业素养，为农村富余劳动力的转移，为城镇服务业的发展培养更多的适用型人才；要在充分发挥六省人力资源优势上做文章，让六大城市群成为吸纳周边地区丰富的人力资源的首选地，进而为进入工业化、城市化的农村富余劳动力提供更多更好的生存和发展机会，努力实现经济增长与就业增长和收入增长相统一，产业政策与就业政策相和谐，中部崛起与人的幸福指数提高相协调。

（四）以信息化带动工业化，以工业化促进信息化，是中部县域经济实现跨越式发展的重要举措

坚持以信息化带动工业化，以工业化促进信息化，使信息化与工业化融为一体，才能真正加快我国工业化、现代化的进程，才能实现县域经济的跨越式发展与可持续发展。信息化是实现跨越式发展的一个重要支柱，信息化支撑跨越式发展。发达国家是在工业化之后推行信息化的，目前已经完成了经典工业化时代的任务，进入到了信息化时代。我国是一个后发的工业化国家，经典工业化时代的任务没有完成，而又遇到信息化的挑战，工业化时代的任务与信息化时代的任务叠加在一起。在这样的背景下，实施以信息化带动工业化，以工业化促进信息化，就必须做到工业化与信息化同时并

举，这样才有可能实现经济的跨越式发展。工业化与信息化之间相互联系、相互依赖、相互促进。一方面，信息化是工业化的产物，另一方面，信息化又能带动工业化的发展，促进传统产业的嬗变，推动产业结构升级。

县域经济与都市圈经济相比存在着短板，这就是缺乏资金优势、人才优势和市场优势，但是通过信息化的手段可以有效地弥补这个缺陷。因为信息化如果与县域特有的能源、原材料、劳动力优势相结合的话，就可以形成自己特有优势，中部地区县域可以通过信息化这一手段，有效地融入六大城市群建设，在粮食生产基地、能源材料基地、现代装备制造及高技术产业基地和综合交通运输枢纽的建设中发挥自己的优势。要充分利用信息化产生的“四带动”效应。即：带动工业化速度的提高，缩短工业化的时间；带动工业化质量的提高，提高工业化的技术水平；带动工业化面貌的改变，更新工业化的内容；带动工业化整体的协调，使工业化与城市化、节约资源与保护环境相协调相统一。利用“四带动”释放后发优势，达到由新型工业化推进县域经济跨越式发展的目的。与此同时，县域还必须在信息化基础设施建设、人才培养储备、信息化管理、六省县域之间信息化平台互联互通以及城市化和农业农村现代化的融合上培养典型、创造经验、积蓄力量，努力实现体制机制创新，为跨越式发展夯实基础。

推进新型工业化，促进中部县域经济的科学发展，必须加快完善区域合作机制，营造促进中部地区崛起的共赢局面。要围绕重要交通线，共同建设经济发展带；要围绕中部综合交通运输枢纽建设，加强省际交通对接；要围绕中部能源原材料基地建设，加强能源相互支持；要围绕产业竞争力提升，加强产业发展合作；要围绕和谐社会建设，加强社会事业领域的合作。要努力构建区域合作新机制，使中部崛起与中部县域新型工业化、城镇化和农业农村现代化同步推进、协调发展。

参考文献

[1] 埃德加·M. 胡佛. 区域经济学导论. 王翼龙，等，译. 北

京：商务印书馆，1990.

[2] 陈秀山，张可云．区域经济理论．北京：商务印书馆，2004.

[3] 国务院发展研究中心战略和区域经济研究部，中部六省政府发展研究中心联合课题组．中部崛起：战略与对策．北京：经济科学出版社，2006.

[4] 上海财经大学区域经济研究中心．2003 中国区域经济发展报告．上海：上海财经大学出版社，2009.

[5] 国家知识产权网．依靠科技江苏吴江民营企业创新能力倍增，http：//www. 21etm. com/bencandy. php？fid =88&id =5544.

[6] 山西晚报，2008-05-31.

湖北省未来产业结构优化升级的方向与重点*

张建华

（华中科技大学经济学院　武汉 430074）

近年来湖北省在经济实现快速发展的同时，总体产业结构不断升级，主导产业层次逐步提升，产业集群迅速发展，但转变发展方式形势依然严峻，低成本竞争优势逐渐丧失、资源环境约束日益严重，需求结构面临挑战，工业结构不协调。目前，湖北省正处于产业结构大调整的关键时期。在即将到来的“十二五”时期，必须紧紧抓住机遇，充分发挥优势，坚定不移地推动产业结构优化升级，加快转变经济发展方式。重点在于：科学构建区域产业布局，加快促进传统农业向现代农业转变，着力提升六大优势产业的竞争优势，大力培育战略性新兴产业，发展壮大现代服务业，走符合省情的新型工业化道路，实现经济社会全面可持续发展。

一、湖北省未来产业结构优化升级的重点领域

（一）科学构建区域产业布局

（1）优质农产品加工区——利用现有基础，发挥资源优势，逐步形成以武汉统一和正昌、监利福娃和京山桥米等为龙头的江汉平原粮食转化深度开发和双低油菜子规模化加工板块；以鄂州武昌

＊ 本文系作者受湖北省发改委委托承担的研究课题“加快湖北省产业结构优化升级以促进经济发展方式转变研究”的阶段性成果的一部分，也是国家社科重大招标课题（06&ZD035）的成果之一。

鱼、武汉梁子湖、潜江龙虾、洪湖德炎等为龙头的沿江淡水产品深加工板块；以安陆神丹、仙桃九珠企业为龙头的江汉平原腹地禽蛋深加工板块以及以宜昌双汇、荆州天荣、武汉双汇为龙头的宜昌至武汉沿线肉制品深加工等优势和特色农产品生产加工板块。

(2)高新技术发展区——以大专院校、科研院所密集区和国家级工程技术中心为依托，以光纤光缆、移动通信终端及设备等电子信息产品为主的光电子信息产业基地；激光、大型发电、环保设备等为主的光机电一体化产业基地、生物工程和生物制药等为主的现代生物工程与医药产业基地；化妆品、专用化学品等沿沪蓉主干线布局的精细化工产业基地等四大产业基地建设为支撑，建成优势突出的高新技术产业发展区。

(3)先进制造业聚集区——按照延伸产业链、形成产业群的总体要求，加快形成“一核四带”，构筑以武汉为核心，以武汉—鄂州—黄石冶金建材产业带、武汉—随州—襄阳—十堰汽车及汽车零部件产业带、武汉—潜江—荆门石油化工和盐化工深加工产业带、荆州—仙桃—武汉—鄂州—黄石纺织服装和家用电器产业带为主的“四大”先进制造业产业带。

(4)现代物流中心区——构筑以国内大中型城市和跨国民用航空系统为依托，面向远东、东南亚及欧美地区的48小时国际城市终端配送物流圈；以高速铁路干线铁路通道为依托，面向国内中心城市的24小时终端配送物流圈；以省际通道为支撑，面向华中的12小时分拨与终端配送物流圈；以五纵三横一环高速公路为纽带，面向省内的3～6小时终端配送物流圈。

(二)加快促进传统农业向现代农业转变

(1)优质粮生产——稳定发展粮食生产，注重优化品种结构，稳定种植面积，主攻单产，改善品质。发展多种经营，促进粮食稳定发展。

(2)养殖业——在稳步改善主要水域环境质量的同时，科学利用养殖水面，合理调整水产品结构，提高名特优比重，逐步形成平原以名优品种养殖为主、湖区和库区以特种水产养殖为主、城郊以休闲观赏养殖为主的三类养殖区；大力发展畜牧业，推广养殖小区模式、规模化和标准化养殖；建设江汉平原优质三元猪和水禽产业带、襄汉公路沿线家禽产业带、鄂西山区草食家畜养殖区。

(3)林业——在三峡库区、清江流域、汉江中上游、南水北调中线工程水源区和大别山区、幕阜山区等生态脆弱区加快植树造林，稳步推进退耕还林还草，重视保护神农架原始森林及其他自然保护区，加强大中城市周围森林保护圈建设，江汉平原、鄂北岗地等区域结合农田林网建设，因地制宜发展速生丰产林，山区发展板栗、竹类等高效经济林。

(三)着力提升六大优势产业的竞争优势

(1)食品行业——按照安全卫生和天然保健的发展原则，积极采用生物技术和工程化食品技术，发挥农副产品资源优势，加快发展各类方便、功能、绿色有机食品，整合相关资源，实施异地改造，优化产品结构，形成食品加工制造与农副产品原料基地相结合的现代食品产业链和特色食品产业群。

(2)纺织业——推进纺织业向荆州等棉麻产区集聚；加快先进技术、工艺应用和更新改造步伐；淘汰落后生产能力，促进化纤规模化、差异化发展，积极发展新型绿色环保和再生纤维，改善纺织品种结构；引进先进印染技术和设备，提高现有印染企业装备水平，形成一批具有国际竞争能力的大型棉纺织服装集团。

(3)汽车产业——重点发展小排量经济型轿车、轻型车和专用车，研究开发电动汽车和混合动力汽车；引导汽车消费者购买和使用低能耗、低污染、小排量、新能源汽车，不断推出适应市场需求的新车型，稳步提高产量，争取更大的市场占有率；重点支持东汽与日产、标致—雪铁龙、本田的深化合作，积极开发生产各类专用汽车、客车，加快电动汽车研发和产业化进程；加强东风电动车公司和华中科技大学、武汉理工大学的合作，把武汉建成全国重要的电动汽车研发生产基地。

(4)钢铁产业——通过精品基地建设和工艺升级，扩大精品钢铁生产规模；不断促进新产品的研究开发，大力发展多元化产品，拓展钢铁产业链；积极引导、协调、促进武钢与下游企业广泛开展互动合作，拉长并强化武汉钢铁产业链，努力将武钢集团打造为钢铁航母，建设成为我国中部最强、具有世界一流水平的千万吨级钢铁企业。

(5)石化工业——以武汉石化和荆门石化为龙头企业，重点发展原油深加工及精细化工产品，化工原料及其衍生产品，形成石油化工产品产业链，培育化工企业群；重点发展乙烯及下游产品，扩大武汉、荆门石化的原油加工能力；加快化肥等农用化工产品结构调整，提高高浓度化肥比重；重点支持楚源化工活性染料及中间体扩建、沙隆达新型农药等项目建设。

(6)装备制造业——以武汉为中心的机械装备制造业中发电装备、数控机床、船舶三大制造行业在国内具有一定的优势。装备制造业的发展要以三大动力设备(锅炉、轮机、发电机)为龙头，以武锅、阿尔斯通两大优势企业为依托，重点发展发电及输变电设备，促进鼓风机等输变电配套产品的发展，延长电力设备产业链；以武重和华中数控为龙头，以发展中小数控机床为补充，形成以数控机床为重点的机械制造产业链和专业化配套协作企业群；以武船、青山船厂、南化高速为龙头，逐步形成船舶设计等产业链及围绕船舶制造的专业配套企业群。

(四)大力培育战略性新兴产业

战略性新兴产业是具有技术领先、能耗低、投入少、产值高等特征，能带动其他产业发展的产业，是未来发展的方向。我省培育战略性新兴产业的重点在于：第一，强化光通信、激光产业的特色优势，发展新一代信息技术产业。重点实施一批光电子重大产业项目，扶持一批龙头企业和名牌产品，形成完整的产业链和创新型企业群。第二，培育生物能源、生物环保等产业，大力推广生物技术在传统制药领域的应用，将武汉国家生物产业基地打造成为“亚洲一流、世界知名”产业基地。第三，发展新材料、新能源汽车等新兴产业。重点抓好超级结构材料、新一代功能材料、环境友好材料和生物医用材料，把握微纳电子材料和器件、光电子材料与器件、大直径单晶及相关配件以及材料与环境的协调技术四大新材料发展方向，在十堰、武汉等汽车产业集聚地研发新能源汽车等，培育新的集聚增长点。

（五）发展壮大现代服务业

充分发挥我省的区位、文化资源和市场优势，重点发展旅游、文化产业、金融等。首先，弘扬荆楚文化，大力发展文化产业。实施重大文化产业项目带动战略，以地域和民族特色文化为内涵，以品牌运作为核心，加快文化产业基地的建设，培育文化创意产业。其次，重点建设“鄂西生态文化旅游圈”。突出巴楚、荆楚等特色文化，培育高品质旅游产品，努力构建区域一体化增长的骨架，通过打造“一轴、两极、三圈”的空间格局，促进鄂西生态文化旅游圈的梯度发展。再次，加快金融行业地发展。建立武汉城市圈两型社会产业发展基金，积极争取新三板落户武汉，加大银行等金融资源的整合力度，发挥武汉作为区域性金融中心的优势，带动宜昌等其他城市金融发展。最后，促进自主研发。吸引大型企业研发中心、软件与增值服务外包企业落户，大力发展网络增值、空间信息、软件外包服务、创意动漫等行业，确保产业结构优化升级。

二、政策建议

（一）继续坚持扩大内需政策，拓展省内省外市场，为产业结构优化升级注入活力

在完善供给政策的同时，适应消费结构升级和未来大众消费时代的需求，强化供给政策和需求政策的协调性，完善汽车、家电等扩大内需政策，积极引导市场需求，加快新技术、新产品的应用，调整财政支出方向，健全社会保障体系，扩大社会就业，减低居民赋税，提高居民收入水平，改善居民消费预期，培育热点，大力发展内需型产业。

(二)深化体制改革，完善产业政策，为产业结构优化升级提供导向

在完善市场机制和产业发展等相关政策时，一是要转变政府的经济职能，充分利用市场机制对资源的配置作用，为产业结构调整创造有利的制度环境；二是要提高产业政策的法制化程度，打破行业垄断，引入竞争机制，充分发挥法制部门和行业协会在产业政策制定、实施和修改过程中的积极作用；三是要加强对高新技术产业和装备制造业薄弱环节的扶持，引导产业集群发展，减少资源跨区域大规模调动，优化产业布局；四是要按照保护消费者合法权益和提高资源配置效率的原则，加强对垄断性行业的监管，形成竞争性市场结构；五是要通过严格技术标准和排放标准等措施，控制高耗能产业生产能力盲目扩张，依法淘汰落后工艺技术，关闭破坏资源、污染环境和不具备安全生产条件的企业。

(三)加大开放力度，承接产业转移，为促进产业结构优化升级提供方向

适应国际和国内发达地区产业转移趋势和全球化资源配置要求，建立市场化取向的、开放的外商投资产业政策，加大引进高新技术产业项目、对传统产业结构调整有重大带动作用的项目等；以优化投资环境为突破口，紧紧抓住国际及发达地区产业向我国及内地转移的机遇，继续加大招商引资的力度，借助外力，促进湖北产业结构优化升级；支持产能富余和具有竞争力的省内企业向其他地区进行产业转移、企业兼并和合资合作；加快出口退税，财政对退税贷款给予一定比例的贴息，承担部分出口信贷担保费；大胆尝试并推广新的吸引外资的方式，建立外资金融资本和产业资本参与国有企业改革的政策体系；实施开放先导战略，充分利用国际国内两个市场两种资源促改革、促调整、促发展；加强与沿海地区及中西部地区的经济合作，在承接产业转移、资源开发、城市群建设、旅游联合开发等方面取得新的突破。

(四)因地制宜合理布局，引导产业集群促进区域经济协调发展

未来产业地区结构将会大变动，我省既要充分考虑产业区域间转移规律，又要广泛开展高层次的产业区域合作，以地区间合理分工、优化布局结构为目标，根据已有产业基础和比较优势，建立全省统一市场，区域公平竞争，遵循市场规律的产业布局，把握产业政策的统一性和差别性，使各地区的产业能优势互补、协调发展；逐步健全金融、人才、产权等要素市场体系，为合理布局各类产业破除行政区域等体制障碍；建立多层次区域合作机制和“两圈一带”的利益协调机制，逐步形成具有地方特色和规模特色，以工促农，以城带乡，城乡经济社会发展一体化协调发展的新格局。

(五)引进高层次人才，加强自主创新，为产业结构优化升级提供智力保障

调整产业结构、转变经济发展方式的核心在于科技创新，人才特别是高层次人才是科技创新和经济社会发展最重要的资源，因此产业结构调整必须充分发挥各类人才尤其高层次人才的积极性、主动性和创造性，从根本上提升产业的整体竞争力。具体措施如下：一是深入实施人才强省战略，加大创新人才培养和引进力度，加强科技和创新型人才队伍建设；二是建立以企业为主体，政府引导、市场化运作、产学研相结合的符合科技自身发展规律的自主创新体系；三是密切跟踪世界经济科技发展趋势，努力掌握一批核心技术，拥有一批知识产权，充分发挥武汉与襄阳在全省高新技术产业发展中的核心极作用，造就一批具有国际竞争力的企业和品牌；四是努力弘扬创新文化，营造推动创新的社会氛围，尽快让全省经济发展走上创新驱动、内生增长的轨道上来。

(六)扶持发展特色工业园区，构筑产业集聚平台

把特色工业园区建设作为构筑产业区、发展城市群的基本依托和重要切入点，抓好 26 个省级以上开发区的整合、扩容和提升。

着眼于经济的跨区域整合和规模化发展，推动园区发展模式、开发机制和管理与服务制度的创新，按产业基础和资源优势对生产力进行科学合理布局，促进产业链相关的企业向园区集聚，引导产业集群和集约化发展。推动各类园区和产业的合理组合，着力打造若干个大型的功能性开发区和特色产业园区，形成若干个具有较大规模的产业链。围绕一批重大项目的实施，着力抓好汽车及零部件产业链、乙烯及下游产品产业链、钢铁及深加工产业链、纺织印染服装产业链、光通信设备、器件和光纤光缆产业链、林浆纸一体化等六大产业链的建设。构筑起产业建设的新的更高水平的平台，成为管理规范、功能完善、产业配套齐全、规模优势明显，并与国际惯例全面接轨的工业发展示范区。

（七）大力发展低碳循环经济，建设资源节约和环境友好型社会

低碳经济是以低能耗、低污染、低排放为基础的经济发展模式，其实质是提高能源利用效率、创建清洁能源结构，发展低碳技术、产品和服务，在保持经济稳定增长的同时削减温室气体的排放量。发展低碳经济，必须以武汉城市圈“两型社会”建设试验区为依托，继续抓好武汉青山区和荆门市等国家循环经济试点，加快建设一批生态工业园区和再生资源基地，不断延伸产业链，实现资源、能源和废弃物的合理有效利用。大力发展循环经济和低碳经济，切实推进节能节水节地节材，提高资源综合利用水平，全面推行清洁生产，完善再生资源回收利用体系，实现全省经济增长与人口资源环境相协调，逐步形成低投入、低消耗、低排放和高效率的节约型经济发展模式。

中部地区产业竞争力提升中的政府作用

张秀生　盛　见

（武汉大学经济与管理学院　武汉 430072）

政府是促进地区产业和经济发展的重要因素，特别是对于欠发达地区而言更是如此。中部地区作为地处中国内陆腹地的欠发达地区，中央及地方政府应该对其产业发展及其竞争力的提升发挥巨大作用。

一、中部地区产业发展特点及政府作用定位

（一）中部地区产业发展特点

1. 中部地区产业发展，不仅是自身的需要，也是其他地区发展的需要，更是国家经济社会发展的需要。中部地区是其他地区的粮食、能源原材料基地，还是大规模劳动力来源地，更是其他地区的潜在市场。

2. 经济发展相对落后，产业竞争力较弱。改革开放以来，中部地区经济和产业竞争力有了长足发展和提高，但是与东部地区相比还有较大差距，很多指标低于全国平均水平。从人均 GDP 水平来看，中部地区一直以来只及全国平均水平的 70% ~80%，东部地区是中部地区的 2. 24 倍，并且绝对差有逐年加大趋势。中部地区产业总体竞争力不高。

3. 市场化程度比较低，市场分割严重。由于地处内陆腹地，经济发展比较封闭，计划经济体制影响较深，传统文化中一些不利于市场经济发展的思想等原因，其市场化程度比较低，市场分割严

重。中部六省之间由于地方保护主义和产业趋同化严重等原因，经济联系并不紧密，作为整体的地域发展优势没有发挥出来。中部地区各省之间以及与其他地区之间，既缺乏有效竞争，更缺乏有效合作，市场机制资源配置的作用难以充分发挥，既制约中部自身的快速发展，也影响到其他地区的进一步发展。因此，必须加快进行市场整合，强化区域产业合作。

(二)政府作用的目标定位

中部地区作为欠发达地区，具有经济发展水平低、产业竞争力弱、市场化程度不高、市场分割、缺乏有效竞争和合作、地区差距加大等特点。对于中部地区的经济和产业发展，各级政府作用重大，可以作如下定位(见表1)。

表1　**政府在培育产业竞争力时的定位**

作用	促进市场化	改善产业竞争的“硬环境”和“软环境”	促进区域合作	积极培育产业竞争力
中央政府	采取有效措施消除地方保护主义,制定相关法律法规	增加对中部地区基础设施建设投入;加大对中部地区的转移支付力度、弱化地方政府对市场干预的动机	制定全国各大区域产业协调发展的法律规范,强化并充分发挥区域协调作用	扶持并补贴中部地区关系国计民生的基础产业、重点产业
中部各级政府	构建和完善地区要素和产品市场;主动开放市场	采取有效措施吸引资本、技术、人才投入区内产业;鼓励创业;发展更有效率的基础设施;改善产业竞争的软环境;激励企业获得国外技术、鼓励出口等	强化区域协调。实现基础设施、信息、环保、法规和政策等方面的共享、合作或协调;同类产业和企业实现跨省区重组、合作,促成区域内规模经济形成	采取支持性措施以扶持缺乏竞争的产业发展,发挥优势产业功能

1. 培育市场，促进市场化。这是因为中部地区市场化水平较低，市场体制不完善。

2. 改善产业竞争的“硬环境”和“软环境”。特别是中部地区的政府应该发挥主导作用。一方面，应该大力改善交通运输、供水供电、教育科研等基础设施的硬件环境；另一方面，也要努力改善经济快速运行的政策、法律和文化等软环境。

3. 促进区域合作。中央和中部地区各级政府应该努力采取各种有效措施，促进中部地区多层面、多角度、全方位的合作，这样，中部地区产业方能优势互补，形成合力，增强实力，最终达到共赢的局面。

4. 积极培育产业竞争力。由于中部地区属于欠发达地区，产业结构低端化严重，有些配套产业还需要尽快建立，不少产业还处于刚刚起步阶段，要想尽快地参与地区间平等竞争，政府应积极主动地培育相关产业竞争力。但是，不能采取地方保护主义，人为地割裂市场、限制竞争，应采取扶持性的产业发展政策。

二、中央政府培育中部地区产业竞争力的作用

（一）中央政府培育中部地区产业竞争力的历史回顾与评价

中华人民共和国成立后的“一五”和“二五”期间，中央政府在中部地区建设了很多重要项目，形成了一批重要工业基地，这对当时中部地区的工业发展有着举足轻重的作用。但是，市场化进程中，这些老工业企业由于长期受计划经济的体制影响，大多出现体制僵化、技术落后、效益下滑、下岗职工多的现象，缺乏市场竞争力。

20世纪六七十年代，国家因国防需要而实施的“三线”建设中，中部六省产业得到了一些发展机会，但“三线”建设主要以国防工业为主，与地区其他产业关联度低，且布局上“靠山”和“进洞”，对区域发展影响较小。在市场化的进程中，由于“三线”企业的天

生弱质(如不合理的区位、过分依赖政府等)，部分企业倒闭，部分企业搬迁，这在一定程度上增加了区域发展的负担。

改革开放以来，基于对过去区域均衡发展政策导致的低效率的反省，中国政府制定了区域非均衡的“梯度推移战略”。这一战略的核心是优先发展沿海地区。在实际操作层面上，政府首先是加大了对沿海地区的投资力度。1978—1994 年，东部 12 个省市共完成固定资产投资 36 208 亿元，占同期总投资额的 60.5%，而中部九省区投资额仅 14 791 亿元，只及东部地区的 40%，西部九省区投资额为 8 882 亿元，只及东部地区的 24.5%。① 其次是对外开放政策向沿海地区倾斜。对外开放作为中国的基本国策，包含有诸如在外资建设项目的审批权限、税收、外汇留成和使用、外贸和信贷等方面的优惠政策。倾斜的沿海开放政策再加上东部沿海地区固有的区位优势和与海外的亲缘关系，使沿海地区成为外商投资(包括我国香港、澳门、台湾地区)的最主要集中地。到 1995 年底，外商直接投资的 89% 集中于沿海地区，而中部仅占 7%，西部仅占 4%。

对沿海地区倾斜政策的实施，导致区域差距越来越大，区域矛盾与摩擦也日益加剧，进而影响到包括东部沿海地区在内的国家的整体发展。差距过大导致的严重不平衡，还带来一系列的社会问题，影响了小康社会与和谐社会的构建。因此，中央政府 2000 年正式出台了“西部大开发”战略。2002 年，中央政府出于对东北地区大量下岗职工、重工业衰退、投资能力低、经济增长和居民收入增长缓慢的考虑，实施“振兴东北老工业基地”的区域发展战略，重点支持东北地区老工业基地的调整和改造。至此，中部六省区成为改革开放以来国家区域发展政策的“边缘”地区。尽管在 20 世纪 90 年代以后，中央政府增加了对中西部地区重大项目建设的支持力度，扶贫资金、政策性贷款和以工代赈资金等各种形式的资金向

① 彭伟. 我国区域政策的演变及其对地区经济发展关系的影响. 开发研究，1999(5):35-36.

中西部地区倾斜，然而，中部地区从整体上说，仍处于被边缘化的境遇之中。在经济上也成为国家经济发展增长速度上的“凹地”。①

在区域经济不断发展的进程中，人们逐渐意识到中部地区发展的重要性，中央政府促进中部地区崛起的战略逐步实施。2004 年 3 月，温家宝总理在政府工作报告中首次明确提出了“促进中部地区崛起”的概念，并指出了促进中部崛起的意义和步骤。2006 年 4 月，国务院颁布了《关于促进中部地区崛起的若干意见》，出台了 36 条政策措施，提出要把中部建成全国重要的粮食生产基地、能源原材料基地、现代装备制造及高技术产业基地以及综合交通运输枢纽。中部崛起成为继东部沿海开放、西部大开发和振兴东北等老工业基地之后的又一重要的国家经济发展战略。2007 年 4 月 13 日，国务院批准设立国家促进中部地区崛起工作办公室，负责研究中部地区发展战略、规划和政策措施，协调和落实促进中部崛起的有关工作。这标志着中部地区崛起进入了更具操作性的实施阶段。

然而，根据中央政府在培育中部地区产业竞争力中目标作用定位的要求，现阶段中央政府无论是在促进中部市场化、改善中部地区产业竞争的软硬环境还是在促进区域产业合作、积极培育产业竞争力方面都存在较大不足，还有许多工作要做。特别是在打破地方保护主义、促进区域合作和积极培育产业竞争力等方面缺乏实质性的措施，与目标作用定位存在很大差距。

（二）充分发挥中央政府对培育中部地区产业竞争力的作用

中央政府具有地方政府无法具备的行政和财政优势，对省际和区际有很强的协调和掌控能力，因此，中央政府要充分发挥对培育中部产业竞争力的作用。

1. 打破地方保护，弱化地方利益保护的动机

地方保护主义既影响产业竞争力持续提高，也造成市场配置资

① 李小建，高更和，李二玲. 公共政策供给不均与中部地区发展. 中州学刊，2005(5)，37-38.

源效率的低下。然而，地方保护主义的产生有客观原因，从一定意义上说有客观必然性，主要由财政分权体制下的地方利益最大化以及地方政府自身利益最大化导致。这种行为依靠地方政府自身是难以完全克服的。为此，中央政府必须采取有效措施来弱化地方政府对地方利益追求的动机。其主要政策措施包括：第一，增加对中部地区的财政资助。中部地区属于欠发达地区，由于财政收入少，所以就产生了干预经济，从中获取利益的动机。第二，增加对中部地区基础设施、社会保障的转移支付，减轻地方财政的压力。第三，改变地方政绩考评机制。把经济发展与地区市场开放程度、经济发展方式转变、生态环境保护结合起来考评。

2. 实施产业扶持政策

保护地方产业发展是地方政府应该做的。但是，中部地区与其他地区没有根本利益上的冲突，只不过地域分工不同、发展不平衡罢了。所以，中部地区不能通过市场分割来保护产业发展，而应当在国内市场开放的前提下，实施产业扶持政策，以逐步培育、提升其市场竞争力。

产业扶持政策是指国家或者地方政府在制定区域发展规划时，针对地区经济发展的实际情况，采取重点倾斜、优先扶持某些产业或部门的措施，促使幼稚产业快速成长，进一步做大做强优势产业以期参与国际竞争，从而促进整个地区经济发展的政策和措施。

中央政府对中部地区的产业扶持政策主要体现在基础产业方面。中部地区的农业、矿产等资源型产业，其收入弹性小且生产率上升率低，对该地区经济增长贡献率低。但从整个国家发展的大局出发，自然资源产业大多是国民经济的基础产业，关乎国计民生，如粮食、石油、稀缺金属等，各国都非常重视自然资源产业的发展。为此，国家要为中部地区发展基础产业进行补贴，这不仅是中部地区基础产业发展的需要，更是国家经济社会发展的需要。

以农业为例。近年来中央政府虽然对包括中部地区在内的农业进行了补贴，但还远远不够。农业发展的基础设施需要大量投入，农业的弱质性是产业发展的客观规律决定的。欧美发达国家无一例外地对农业进行补贴。我国已经进入工业化中期阶段，初步具备

“以工补农”的经济社会条件，但是补贴力度与发达国家相比差距悬殊。2005年经济合作与发展组织(OECD)指出中国政府向农民发放的援助和补贴仅占农民总收入的6%，而欧盟平均为34%，美国为20%，日本和韩国达到58%和64%。中部地区以占全国10.7%的国土提供了30%以上的农产品，是我国粮食生产和其他农产品生产基地，中央政府要大力扶持中部地区的农业，特别是农业的基础设施建设。

3. 促进中部地区产业合作

对于中部地区而言，区域产业合作有三个层次的含义：一是全国范围内中部与东部、西部、东北地区的产业合作；二是中部六省之间的产业合作；三是中部六省各自内部的产业合作。在三个层面的产业合作中，中部六省之间的产业合作较为缺乏。合作更多地带有“论坛式”的特征，既保护过度、竞争不足，又防备有余、缺乏合作。为此，中央政府必须制定有效政策鼓励、引导地区间的产业合作，促使中部地区产业一方面按照比较优势参与全国地区产业分工和规划，避免重复建设，发挥比较优势；另一方面，地区间进行产业对接、整合重组，做大做强，避免力量分散，从而增强产业整体竞争力。

为此，第一，要统一制定中部地区的产业发展规划和产业政策。规划既要考虑全国产业地区分工布局，又要考虑中部地区的比较优势，更要考虑中部六省如何避免产业同构的问题。地区产业结构趋同现象的不断加剧，不仅抑制了地区经济比较优势的发挥，弱化了地区分工效益和规模经济效益，而且影响了国民经济整体效益的提高。① 因此，中央政府应该对中部地区产业实施分布合理的统一规划，对不合理的产业布局实施调整。涉及地方利益时，中央政府要

① 徐立(2007)针对我国一些地方政府的重复建设指出，从20世纪80年代至今，我国工业领域的重复建设经历了三个阶段：以20世纪80年代的彩电、冰箱为代表的家电制造业；以20世纪90年代的汽车、钢铁为代表的重工业；以2000年以来的电子信息、新材料、生物医药工程为代表的“高新”产业。重复投资必然引起产品同构化，低水平的过度竞争加剧，不仅会造成资源的严重浪费，更会对产业合理布局造成严重损伤。

配套资金支持。第二，鼓励中部地区与东部地区、西部地区和东北地区的产业合作。在“东中西互动、优势互补、相互促进、共同发展”的战略格局中，中部地区需要充分利用其地理位置上的战略优势，向西积极呼应西部大开发，充分利用西部地区能源、矿藏和水等资源；向东主动对接东部大发展，尽快适应经济全球化的大趋势，充分利用东部地区人才、技术、资金和先进经验，积极承接产业转移。

三、中部地区各级政府培育产业竞争力的作用

（一）中部地区各级政府培育产业竞争力的现状

中部地区各级政府都十分重视本地区产业和整体经济发展，经过长期的努力，极大地促进了中部地区产业和经济的发展。我们选取“中部六省‘十一五’产业发展战略”进行分析。

从中部六省“十一五”发展战略（见表2）可以看出，中部地区各省都提出走自主创新道路、转变发展方式、实施新型工业化战略，以快速提升产业竞争力。显然，六省都有快速促进产业发展的目标和动力，但是在完善市场体制和区域合作等方面还缺乏战略目标规划。

表2　**中部六省“十一五”产业发展战略**

省份	产业发展战略
山西	着力建设八大支柱产业；加快用高新技术和先进适用技术改造提升煤炭、焦炭、冶金、电力等传统支柱产业，通过整合资源、改革重组、创新管理、调整产品结构等途径，优化产业布局，做大产业规模，提高产业集中度，延伸产业链，促进产业间相互融合，提高行业总体技术水平和核心竞争力。大力培育发展煤化工业、装备制造业、材料工业和旅游业，使之成为新的支柱产业。按照“关小、改中、上大”的思路整合煤焦资源，提升煤焦产业集中度和产业素质。与此同时，继续实施“三大战役”，即：坚决依法关闭所有无证非法开采的煤矿，严厉整治所有违法开采的煤矿，整治不合格的坚决予以关闭；实行煤炭资源整合和有偿使用；加快晋北、晋中、晋东三大煤炭基地建设，鼓励支持煤炭大企业兼并、收购、整合小煤矿资源，扶持发展一批以现代化大型矿井为主、非煤产业并举的大企业

续表

省份	产业发展战略
安徽	发展先进的制造业,包括汽车、化工产业、装备制造业、加工制造业;发展高科技产业、材料产业(加快建设全国精品钢铁基地、有色金属基地新型建材基地)、轻纺产业(纺织、造纸、食品工业、家用电器制造业)
河南	农业建成万亩连片标准粮田:重点建设豫北和豫中强筋小麦、豫南弱筋小麦、沿黄沿淮优质水稻、黄淮平原优质大豆及专用玉米优势产业带(区)。同时,将建设大型商品粮基地,在70个粮食主产县建设万亩连片标准粮田,形成粮食生产核心区。工业打造六个高技术产业集群:把电子信息、生物、新材料培育成具有核心竞争力的新兴先导产业,培育壮大郑州、洛阳、新乡、许昌、安阳、鹤壁六个高技术产业集群,逐步形成安阳—许昌沿京广高新技术产业带。服务业构建物流三大平台:把郑州中原国际物流园区重大物流工程建设作为重点,构建物流基础设施、信息网络、政策法规体系三大平台,初步确立郑州现代物流中心在全国的重要地位
湖北	突破性发展高科技产业,加快发展以电子信息、生物技术与新医药、新材料、光机电一体化等为重点的高科技产业;做大做强支柱产业,支持汽车、钢铁、石化工业加快发展。改造提升优势产业,加快快装备制造、食品、纺织、建材工业的改造和发展步伐。在汽车、钢铁、石化、电子信息、装备制造等产业中,培育形成4~6个销售收入过千亿元的大产业。重点发展金融保险业、信息业和现代物流业。支持一批大城市加强物流园区和配送系统建设
湖南	推进产业结构升级:一是工业化。集中培育十大优势产业,实施一批投资过亿元的重大项目,构筑以高新技术产业为先导、以先进制造业和基础产业等产业集群为支撑、以品牌和竞争力为核心的产业发展新格局。二是农业产业化。集中培育粮油棉麻、畜禽水产、果蔬茶、竹木和烟草等产业链,突出扶持龙头企业、生产基地、农民专业合作组织、服务体系等关键环节,力促上规模、上效益,带动农民增收。三是服务业。适应产业优化升级和社会需求升级的需要,拓宽服务领域,创新服务产品,提升服务能力,做大做强旅游、文化等特色产业,有序推进金融、物流等现代新兴产业,改造提升零售、餐饮等传统产业,逐步形成与工业化、城市化相适应的生产主导型服务业体系
江西	推进产业技术升级、壮大支柱产业、发展重大基础工业、做优做强工业园区、培育骨干龙头企业。规划十大工业基地:铜产业基地、有机硅产业基地、盐化工产业基地、汽车产业基地、新型显示产业基地、钨生产加工产业基地、稀土生产加工产业基地、特色陶瓷研发加工产业基地、中药现代化产业基地、服装鞋帽产业基地

资料来源:根据相关资料整理。参见《经济视角》编辑部. 中部六省"十一五"大布局. 经济视角 2006(6):6-7;上海财经大学区域经济研究中心 2007 中国区域经济发展报告——中部塌陷与中部崛起. 上海:上海人民出版社,2007:335。

从中部六省“十一五”产业发展战略来看，中部六省政府产业发展规划有以下特点：一是各省政府都有强烈的产业发展愿望；二是各省都根据自身产业发展和分布状况来规划产业发展；三是各省都结合自身比较优势，选择相应的优势产业，并采取相应措施进行培育，使之能够做大做强；四是各省根据自身实际情况，把重要产业基地建设作为重点。

但是，按照政府目标作用定位要求，中部地区政府在培育地区产业竞争力过程中的作用还存在诸多问题：一是忽视市场体制的进一步完善。经过多年的市场化，人们往往忽视市场体制的进一步改革。其实中部各省依然面临非国有经济发展缓慢，地区产品和要素市场尚需完善，地方保护主义依然严重等问题，进一步完善市场体制任务艰巨。二是产业竞争的软硬环境有待进一步改善。中部的劳动力、自然资源等要素的成本比较低，但是中部地区的经济运行的软硬环境远不如东部发达地区，产业竞争的交易成本明显高于发达地区，产业环境尚需改善。三是缺乏对幼稚产业有效扶持的制度。中部很多产业由于种种原因，还处于发展的起步阶段，缺乏应有的竞争力，需要政府给予资金、技术、税收等方面的大力扶持。这就需要中部制定一套认定、选取幼稚产业的标准，并规定扶持的限度、方式和终止扶持时间等制度。四是缺乏区域间有效合作的举措。中部六省省内以中心城市为依托，大力推行城市群、城市圈、工业带、开发区等形式的局部区域产业合作，采取建立合作机构，实施政策统一、规划统一、产业对接、基础设施对接等有效措施，合作成效比较好，产业实力大大增强。而中部地区各省之间缺乏有效沟通和合作，独立发展，最明显的后果就是产业趋同现象严重，产业发展大而全、小而全，力量分散，没能形成竞争合力。

(二)强化中部地区各级政府培育中部地区产业竞争力的作用

1. 大力改善中部地区软硬环境。中部地区各级政府应该在改善产业竞争的软硬环境上下工夫，以大大降低产业竞争中的运输成本、交易成本。一是进一步改善基础设施。建设区域快速交通体系，实现连线成网，互联互通。全面推进六省之间的铁路、水运、公路和城市交通建设，构筑立体化、网络化、快速化和智能化的综合交通体系。鉴于物流业的重要地位和国家对中部地区的战略定位，中部地区应加强和完善现代物流业的基础设施。中部地区地处内陆腹地，处于交通枢纽地位，发展现代物流业的前景广阔，中部地区在基础设施投入上要向物流业基础设施倾斜。二是改善中部地区产业竞争的软环境。要进一步转变政府职能、提高服务水平；制定有效的政策来吸引产业发展所需要的重要资源；要规范市场竞争秩序。政府的首要任务是完善市场经济体制，为企业创造公平的竞争环境，鼓励企业竞争和创新。政府应积极提供各类公共物品，包括完善的市场经济法律法规体系等，致力于创造一个有利于提升竞争效率的制度环境。

2. 大力推行产业扶持政策。中部地区应该根据自身产业发展的状况来制定具体的产业扶持政策。产业扶持政策实施的保障政策包括经济、行政、法律等手段和措施，具体可以分为以下几种：一是政府直接干预，即通过政府直接投资、调配物资、强制性行政管制等手段，直接影响各产业及产业部门；二是政府间接干预，即通过政府采取有差异的财政税收政策、金融政策、价格政策、工资政策等，调整某些产业所处的环境条件，合理影响生产力要素的流动，扶植或限制某些产业的发展；三是由政府进行组织和协调，即主要是按市场原则和市场信号提供信息服务，通过劝导、指引、协商和合作来协调企业的行为，使之符合产业扶持政策目标的要求。① 建议有关部门协调区域政策和产业政策，实现区域政策产业化和产业政策区域化。

3. 强化中部地区产业合作。中部六省产业发展过程中存在的最大问题就是缺乏合作，不仅导致产业趋同化，而且整体竞争力也无法提高，为此要强化六省之间的产业合作，形成产业长期有效的合作机制。一是产业规划。把握中部地区产业发展现状，结合各省

---

① 徐立. 产业扶持政策下中国区域经济发展的误区及对策分析. 南华大学学报(社会科学版),2007(4):24-25.

产业比较优势和国家区域产业发展规划，制订中部地区发展规划，既要充分发挥产业比较优势，避免产业趋同化，又要体现六省之间的产业互补性、相关性，以便产业合作。二是产业对接。对于中部六省现在的产业结构，根据产业自身的投入产出关系，确定上、中、下游产业关系，建立长期合作关系，形成纵向一体化的产业结构，从而尽量降低成本，增强产业竞争实力。三是产业整合。中部六省有很多同类产业，在条件允许的情况下，可以积极推动各省采取合作、联营、重组、兼并等方式进行整合，以便做大做强，提升产业竞争力。

参考文献

[1]《经济视角》编辑部. 中部六省“十一五”大布局. 经济视角，2006(6).

[2] 李小建，高更和，李二玲. 公共政策供给不均与中部地区发展. 中州学刊，2005(5).

[3] 彭伟. 我国区域政策的演变及其对地区经济发展关系的影响. 开发研究，1999(5).

[4] 上海财经大学区域经济研究中心. 2007 中国区域经济发展报告——中部塌陷与中部崛起. 上海：上海人民出版社，2007.

[5] 徐立. 产业扶持政策下中国区域经济发展的误区及对策分析. 南华大学学报：社会科学版，2007(4).

河南工业结构状况及其“十二五”期间调整升级的政策思路

郭熙保　吴金铎

（武汉大学经济与管理学院　武汉 430072）

河南是个农业大省，其粮食产量占全国的1/10；同时，河南也是工业大省，其工业增加值在全国排名第五。经过30年的快速发展，尤其是进入21世纪以来，河南工业化水平迅速提高，实现了从农业大省向工业大省的跨越。三次产业结构从1978年的39.8∶42.6∶17.6演变到2009年的14.2∶56.5∶29.3。劳动力结构变化更为显著，从80.6∶10.5∶8.9演变到46.5∶28.2∶25.4。河南工业化进程的加快伴随着工业结构的迅速变化。

一、河南工业结构状况分析

1. 工业所有制结构多元化发展，非公有制工业逐渐成为工业发展的主要推动力量

改革开放以来，河南非公有制工业迅猛发展。从企业数来看，非公有制企业数在增加，1978年非公有制企业数占工业企业总数的82%，1998年开始超过90%，2008年这一比例上升到98.6%。公有制企业数除了1991—1995年呈增加趋势外，其他年份均呈下降趋势。从增加值来看，公有制和非公有制企业工业增加值都在稳步上升，但非公有制企业增长幅度明显大于公有制企业。2005年，河南规模以上公有制企业实现工业增加值1 772.81亿元，2009年达2 444.65亿元，增加了38%。2005年规模以上非公有制企业实现工业增加值1 427.42亿元，2009年增加到5 319.81亿元，是

2005年的3.73倍。规模以上公有制与非公有制工业增加值比重由2005年的55∶45变化到2009年的31∶69。参考这些数据变化情况，河南非公有制工业无论从企业数还是从增加值增长来看都快于公有制工业，非公有制工业已成为工业经济发展的主要推动力量(见表1)。

表1　　工业增加值　　单位：亿元

项　目		2000年	2005年	2006年	2007年	2008年	2009年
按注册类型	内资企业	1 068.67	3 018.37	3 903.71	5 102.00	6 832.25	7 279.18
	国有	461.61	643.40	593.76	651.94	775.88	767.98
	集体	263.75	363.84	360.63	365.32	428.84	324.49
	股份合作	24.07	67.75	69.44	83.03	106.96	74.52
	联营	6.97	10.43	16.09	18.32	26.11	14.80
	有限责任公司	156.75	830.68	1 262.81	1 706.06	2 224.65	2 292.52
	股份有限公司	95.96	345.07	483.74	594.02	707.10	708.43
	私营	59.51	739.10	1 100.05	1 657.91	2 514.50	3 051.13
	其他	0.05	18.11	17.19	25.40	39.21	45.31
	港澳台商投资	56.84	89.42	105.70	143.59	242.62	212.54
	外商投资	28.88	92.44	141.19	192.47	239.52	272.74
按所有制类型	公有制	—	1 772.81	1 998.28	2 294.77	2 659.07	2 444.65
	非公有制	—	1 427.42	2 152.32	3 143.29	4 646.32	5 319.81

数据来源：《河南统计年鉴》(2010年)。

在公有制工业企业中，国有企业工业增加值占全部规模以上工业企业的比重从2000年的39.99%下降到2005年的20.10%，进而减少到2009年的9.89%。集体经济从2000年的22.85%下降到2005年的11.37%，到2009年集体经济占规模以上工业增加值的份额仅有4.18%。规模以上非公有制工业企业中，私营企业是工业增长的主力军，2000年规模以上私营经济实现工业增加值59.51

亿元，占全部工业增加值的5.16%，到2009年私营经济实现工业增加值3 051.13亿元，是2000年的51.3倍，比重上升到39.30%。但是，与私营经济蓬勃发展形成鲜明对照的是，我国港澳台地区及外商投资仅在2%~4%，2000—2009年，我国港澳台地区投资比重从4.92%下降到2.73%，外商投资从2.50%上升到3.51%。

2. 工业企业组织结构不断优化，涌现出一批大企业、大集团以及具有国际知名度的名牌

河南工业企业组织结构逐步趋于合理。20世纪90年代中期国有企业改革以来，响应国家“抓大放小”的战略，河南工业企业在兼并重组中走向集约化。1998年以来河南先后组建了石油、石化、军工等大型企业集团，重组了安钢集团等一批主业突出、管理水平高、竞争力强的大公司和企业集团。制定出台了一系列促进企业集团发展的政策措施，有力地促进了河南工业企业组织结构的完善。同时，河南采取了“放小”、“扶小”政策，通过改组、联合、兼并、租赁、承包经营和股份合作制、出售等形式，加快了放开搞活小企业的步伐。

企业改革取得了一系列进展。全省100户现代企业制度试点企业已有86户进行了较为规范的公司制改造，其中改制为股份有限公司的39户，改制为有限责任公司的12户，改制为国有独资公司的35户。这些企业按照“产权清晰、权责明确、政企分开、管理科学”的要求，初步建立了现代企业制度，确立了投资主体，完善了法人治理结构，企业经营机制得到转变，生产经营水平大大提高。

自企业改革以来，河南工业发展过程中涌现出一批优势大企业、大集团和一批在国内甚至国际上有较高知名度的名牌产品。中国第一拖拉机工程机械公司是中国最大农机及工程机械制造企业；平顶山神马帘子布集团公司是中国最大的锦纶帘子布生产企业，年产锦纶布3万吨。“莲花”味精、“双汇”火腿肠、“新飞”电冰箱、“白鸽”牌磨料磨具、“洛阳浮法”玻璃、“宇通”客车等一批产品在国内外享有盛名，具有较高的市场占有率。

3. 河南工业结构偏于重型化，但重工业化趋势没有其他省份迅速

十一届三中全会之后，河南轻重工业逐步协调发展。针对国民经济比例的失调，河南按照中央“调整、改革、整顿、提高”的方针，加快了轻工业发展的速度，轻工业在市场机制的作用下发展较快，轻重工业比例失调的状况得到改变。1978—1981 年，轻工业发展速度快于重工业，1981 年轻重工业比重达到最大值 55∶45，①此后轻重工业比重缓慢下降。自 2000 年以来，河南出现了显著的重工业化趋势，重工业增长速度大多数年份高于轻工业增长速度，2000 年轻重工业增加值比重为 37.5∶62.5，2009 年轻重工业比重为 31.7∶68.3。

从表 2 可知，河南轻工业主要以农产品为原料，从 1990 年到 2009 年，轻工业中以农产品为原料的工业的比重一直稳定在 78%～79%。而重工业中采掘业和原料工业比重有上升趋势，从 1990 年到 2009 年，采掘业比重上升了 4.6 个百分点，原料工业比重上升了 2.7 个百分点，与此同时，加工业比重却下降了近 9 个百分点。这表明河南工业以资源性和初级加工为主，产业结构不仅没有升级，反而还更加初级化了。

表 2　**轻重工业内部结构**

结构 / 年份	轻工业内部结构（%）		重工业内部结构（%）		
	以农产品为原料	以非农产品为原料	采掘工业	原料工业	加工工业
1990	79.7	20.3	17.6	34.8	47.6
2009	78.6	21.4	22.2	37.1	40.7

资料来源：《河南统计年鉴》（2010 年）。

把河南轻重工业结构与全国和其他省份做些比较，可以看出河南工业结构的一些特点。从表 3 可知，除了个别年份以外，河南、

① 数据来自《河南工业 60 年》。

山东、湖北以及全国整体的工业结构中重工业的比重都是逐年增加的。河南工业的重工业比重由2001年的67.49%上升到2008年的70.98%，上升了3.49个百分点，但是上升的幅度相对较小。与此同时，全国平均上升11.03个百分点，湖北上升了11.53个百分点，山东上升了11.27个百分点。这表明河南虽然出现了重工业化趋势，但相对全国和其他省份却要缓慢得多。河南的重工业比重在21世纪初要高于其他省份，到2008年，河南的重工业比重比全国和湖北都低，仅高于东部地区的山东省。

表3　**全国、河南、山东与湖北轻重工业比例**　单位:%

指标 年份	全国		河南		山东		湖北	
	轻工业	重工业	轻工业	重工业	轻工业	重工业	轻工业	重工业
2001	39.16	60.84	32.51	67.49	44.73	55.27	35.79	64.21
2002	39.24	60.76	32.21	67.79	42.84	57.16	33.35	66.65
2003	35.49	64.51	33.10	66.90	40.80	59.20	31.20	68.80
2005	31.11	68.89	29.97	70.03	37.09	62.91	24.77	75.23
2006	29.96	70.04	29.75	70.25	35.63	64.37	25.47	74.53
2007	29.53	70.47	28.98	71.02	34.93	65.07	25.96	74.04
2008	28.13	71.87	29.02	70.98	33.46	66.54	24.26	75.74

资料来源：根据历年《中国工业经济统计年鉴》中轻重工业总产值计算所得。

从表4可以看出，河南省在1994年到2001年重工业扩张迅速，其重工业年均产值增长率(11.34%)是轻工业(6.15%)的两倍，但从2001年以后则出现了轻重工业齐头并进的局面，这期间轻重工业年均增长率分别是30.33%和33.42%。山东、湖北的情况恰恰相反，这两个省在1994年到2001年轻重工业的增速大体相当，但到了2001年以后，山东省重工业增速高出轻工业8.88个百分点，湖北省更是高出9.56个百分点。从全国数据来看，从1994年到2008年，重工业增长速度始终高于轻工业。由此可以得出结论，河南在进入21世纪前重工业发展迅速，重工业化趋势明显；但进入21世纪后，由于轻工业发展也很快，重工业化趋势在减缓。

表4　全国、河南、山东与湖北轻重工业总产值及增长率

结构 \ 指标		工业总产值(亿元)			年均增长率(%)	
		1994年	2001年	2008年	1994—2001年	2001—2008年
全国	轻工业	21 670.58	37 205.50	141 654.13	8.03	21.04
	重工业	29 682.45	57 812.05	361 855.81	10.00	29.96
河南	轻工业	774.82	1 176.87	7 516.04	6.15	30.33
	重工业	1 151.77	2 443.24	18 386.70	11.34	33.42
山东	轻工业	2 250.46	4 114.72	20 936.37	9.00	26.16
	重工业	2 630.79	5 084.96	41 640.57	9.87	35.04
湖北	轻工业	751.82	1 139.79	3 239.04	6.12	16.09
	重工业	1 308.49	2 044.61	10 110.14	6.58	25.65

资料来源：历年《中国工业经济统计年鉴》。

4. 河南重工业内部结构不合理，初级工业所占比重偏大

我们看看河南重工业结构变化情况。从表5可以看到，2005—2008年，河南的采掘业和原材料制造业的综合比重呈上升趋势，从40.68%上升到41.84%，而重加工制造业的比重相应呈下降趋势，从17.86%下降到17.79%。而且，采掘业和原材料制造业的比重(41.84%)比重加工制造业比重(17.79%)高出24.05个百分点。采掘业和原材料制造业都是初级产品工业，这表明河南重工业仍然偏向资源和初级加工型，深加工和精加工程度较低。不过，采掘业比重有所下降，而原材料加工业比重上升，这从另一方面说明河南工业产业链有所延长，产业结构有所升级。2005—2008年，河南采掘业增加值增长196.98%，原材料工业增长208.35%，重加工业增长197.46%。原材料工业和重加工业增长都比采掘业要高。这也说明近几年河南产业结构正在从以采掘业为主逐步向原材料制造业和重加工制造业转变。

表5　　按国际标准分类的工业行业增加值和比重

年份	指标＼行业	采掘业	制造业	原材料制造业	加工制造业	轻加工业	重加工业
2005	增加值（亿元）	735.89	3 822.02	1 118.10	2 703.89	1 889.90	814.00
	比重（%）	16.15	83.85	24.53	59.32	41.46	17.86
2006	增加值（亿元）	892.30	4 726.20	1 417.38	3 308.76	2 301.80	1 006.99
	比重（%）	15.88	84.12	25.23	58.89	40.97	17.92
2007	增加值（亿元）	1 036.70	6 003.90	1 879.80	4 124.10	2 862.10	1 262.00
	比重（%）	14.72	85.28	26.70	58.58	40.65	17.92
2008	增加值（亿元）	1 449.58	7 584.84	2 329.66	5 255.18	3 647.85	1 607.33
	比重（%）	16.05	83.95	25.79	58.17	40.38	17.79
2005—2008	产值增长（%）	196.98	198.45	208.35	194.35	193.01	197.46

资料来源：《河南统计年鉴》（2009年）。

与其他省份相比，河南以初级工业为主的工业结构更加明显。从表6可知，2008年，河南重工业中，采掘业所占比重为20%，而全国只有10%，东部的山东采掘业比重是12%，中部的湖北更低，6%都不到。从原材料加工业比重看，河南是最高的，达到50%，而全国、山东和湖北分别是35%、36%、39%。再从重加工制造业比重来看，河南是最低的，全国、河南、山东和湖北分别是53%、29%、50%和54%。重加工制造业是重工业产业链中加工程度最高的，河南重加工业比重偏低意味着河南工业加工程度较低，仍然处在产业链的低端。

不过动态地来看，河南的采掘业比重呈下降趋势，原材料制造业和加工制造业比重出现上升趋势，这表明河南最近几年工业结构初级化的状况得到一定程度的改善。与此同时，全国的采矿业和原材料制造业比重在上升，而加工制造业比重在下降。

表 6 **重工业内部结构比例**

指标	年份 \ 行业	全国			河南			山东			湖北		
		采矿业	原材料制造业	加工制造业	采矿业	原材料制造业	加工制造业	采矿业	原材料制造业	加工制造业	采矿业	原材料制造业	加工制造业
工业总产值(亿元)	2005	14 895.55	50 604.66	82 644.14	1 411.68	2 660.57	1 653.62	2 254.38	5 665.05	7 584.66	179.15	1 434.16	1 918.25
		(10.05)	(34.16)	(55.79)	(24.65)	(46.46)	(28.88)	(14.54)	(36.54)	(48.92)	(5.07)	(40.61)	(54.32)
	2006	19 015.86	65 210.83	105 382.80	1 802.76	3 681.31	2 190.30	2 779.47	7 306.27	9 862.41	243.91	1 626.57	2 413.15
		(10.03)	(34.39)	(55.58)	(23.49)	(47.97)	(28.54)	(13.93)	(36.63)	(49.44)	(5.69)	(37.97)	(56.33)
	2007	23 286.87	85 145.21	135 152.80	2 386.18	5 505.67	3 158.47	3 114.03	9 537.64	13 080.27	316.39	2 072.55	3 100.88
		(9.56)	(34.96)	(55.48)	(21.59)	(49.82)	(28.58)	(12.10)	(37.06)	(50.83)	(5.76)	(37.75)	(56.48)
	2008	33 599.86	109 248.80	166 949.90	3 053.36	7 513.08	4 453.44	4 184.53	12 240.78	16 764.23	471.76	3 152.88	4 373.51
		(10.84)	(35.26)	(53.89)	(20.33)	(50.02)	(29.65)	(12.61)	(36.88)	(50.51)	(5.90)	(39.42)	(54.68)
年均增长率(%)		31.15	29.24	26.41	29.32	41.34	39.13	22.90	29.28	30.26	38.09	30.03	31.62

数据来源：《中国工业经济年鉴》(2006—2009 年)。

在表6中，采矿业包括煤炭开采和洗选业、石油和天然气开采业、黑色金属矿采选业、有色金属矿采选业、非金属矿采选业；原材料制造业包括石油加工及炼焦加工业、非金属矿物制品业、黑色金属冶炼及压延加工业、有色金属冶炼及压延加工业；加工制造业包括金属制品业、通用设备制造业、专用设备制造业、交通运输设备制造业、电气机械及器材制造业、通信设备、计算机及其他电子设备制造业、仪器仪表及文化、办公用机械制造业，工业总产值按当年价格计，括号内为该类重工业占全部三类重工业的比重(%)。

再从增长率来看，河南原材料制造业和加工制造业在过去四年中增长最快，分别达到41%和39%，而与此同时，全国、山东和湖北的年均增长率分别为：29%和26%，29%和30%，30%和31%。与此相对应，河南采掘业增长率除比山东高之外，比全国和湖北要低。

通过比较发现，河南重工业结构偏资源性，初级工业特征明显，产业结构升级任务艰巨。但近几年情况有所改变，加工程度较高的重加工业发展很快，产业结构正在朝高级化方向发展。

5. 重点工业企业的产业链延长，产品结构升级加速

产业链的纵向发展以资源加工转化与综合利用为基础。资源型企业的产业链延伸不会脱离原有产业的较低阶段，而是同时兼有开采与综合开发。例如：伊川电力集团，从初级产业到加工产业，不断拉长产业链条。原来产业链很短，从煤炭开采—火力发电，后来发展到炼铝。企业通过产业的功能升级，最近把煤炭开采让渡出来，重点发展铝产品系列，产业链从氧化铝—电解铝到铝锭—铝箔的深加工环节，同时集团开发碳素厂，保证产业链延伸的通畅。据计算，企业自发电成本比市场电价每度节省0.2元，同时自发电可以保证铝加工的顺利进行。1吨铝锭到1吨铝箔可实现1 000～2 000元的附加值。这样企业通过产业链条横向的延伸，扩大了企业产品增值的空间，实现了产品多样化，降低了产品的市场风险，扩展了企业的盈利能力。

产品升级主要表现为增加高端产品减少低端产品。洛阳轴承厂经过几年的结构调整，选择性地发展进入壁垒较低的低端轴承市场，同时，利用其在科技创新方面的优势，重点发展风力发电专用轴承、精密机床轴承及特种精密轴承、汽车专用轴承等具有很高技术含量、高附加值的高端产品，横向延伸了企业产业链，2009 年完成利润 12 913 万元，同比增长 20.39%，产业链的延伸增强了企业的综合实力，巩固了行业地位。

（二）十二五期间河南工业结构调整升级的基本思路与政策建议

1. 基本思路

以科学发展观为指导，按照走新型工业化道路的要求，以推进产业转型升级为主线，以产业集聚发展为载体，以推进信息化和工业化融合为着力点，注重增强自主创新能力，优先发展高新技术产业；做大做强优势产业，改造提升传统产业，培育一批规模大、效益好、竞争力强的大型企业集团、优势产业基地和特色产业集群。推动工业产品结构由以初级为主向以中高端和高附加值为主转变，产业结构由以原材料为主向以高加工度为主转变，工业发展由资源主导型向创新主导型转变，增长方式由粗放型向集约型转变，建设全国重要的先进制造业基地，加快向工业强省迈进。

调整工业结构需要遵循如下基本原则：(1)把市场化和民营经济的发展作为推动工业结构调整的主要力量；(2)在保持现有优势产业的基础上，大力发展高新技术产业和先进制造业，逐步提升河南工业层次；(3)逐步缩小对环境破坏较大的产业在整个工业中的比重，在发展工业的同时加强环境保护，实现工业发展与环境保护同步。

2. 主要措施

(1)培育壮大大型企业集团，提高企业核心竞争力。以百户重点企业为主体，利用资金、技术、品牌和市场网络优势，进行横向重组和上下游整合，实行低成本扩张，向集团化方向发展。扶持一批有优势、有基础、有市场的中型企业上规模，促其快速发展壮大，成为主业突出、特色鲜明、具有竞争力的强势企业，为河南工业经济发展起到更好的带动和示范作用。

（2）充分利用国家政策，加快振兴老工业基地。抓住国家促进中部崛起的机遇，加快能源原材料基地和现代装备制造及高技术产业基地建设，推进工业结构优化升级。支持老工业基地加快向先进制造业基地和精品原材料加工基地转变，使其成为中部崛起的重要支撑力量。充分发挥市场配置资源的作用，加快焦作、平顶山、鹤壁、濮阳、三门峡等资源型城市及煤炭、石油等资源型企业转型。建立资源开发补偿机制和衰退产业援助机制，整合资源开发资金，优先支持资源型城市和企业发展循环经济、深加工、高新技术等接续产业。

（3）促进产业集聚发展，培育工业经济增长极。加强规划引导，吸引相关企业向产业带和特色产业园区集聚发展。产业带发展重点推进郑汴洛城市工业走廊建设，以郑州、洛阳两个城市作为产业、技术、资金、人才等要素高势能的辐射源，以开封、荥阳、巩义、偃师、新安等沿线城市（区）为节点，依托重点企业和重大项目，规划建设高新技术、装备制造、汽车、电力、铝工业、煤化工、石油化工七大产业基地。大力发展新乡—郑州—漯河产业带和新乡—焦作—济源产业带，培育洛阳—平顶山—漯河产业带，形成全省产业发展的核心集聚区。把产业集聚区建设成为优势产业的集聚地、招商引资的载体和高新技术企业的孵化基地。

（4）加强产业政策引导，加快淘汰落后生产能力。综合运用产业政策、环保政策、价格政策和资源配置、行业整合、信息引导等手段，加大对“十五小”、“新五小”①企业和落后工艺技术的淘汰力度，加强对钢铁、电解铝、水泥、造纸等高能耗、高污染行业的调控，限制低水平重复建设和盲目发展。

（5）实施名牌战略，扩大产品市场占有率。充分认识实施名牌战略的重要性和紧迫性，按照统一管理、分工负责的原则，形成政

① 十五小：小造纸、小制革、小染料、土炼焦、土炼硫、土炼砷、土炼汞、土炼铅锌、土炼油、小选金、小农药、小漂染、小电镀、土石棉制品、土法放射性制品。新五小：小炼钢、小发电、小玻璃、小煤矿、小水泥。

府牵头、企业为主、相关部门各司其职、行业协会积极参与的有效工作机制。加强自有品牌的培育、宣传和保护，充分利用品牌的无形资产提高企业和产品的市场知名度和竞争力。建立名牌激励机制，组织、引导社会有效资源流向支柱产业、行业龙头、重点产品的名优品牌企业，实现社会资源的优化配置。

(6)拓宽融资渠道，强力推进项目建设。努力拓宽融资渠道，满足项目建设资金需求。加强银企沟通和合作，创新信贷方式，积极开发金融新产品，不断扩大信贷规模。鼓励和支持企业通过资产重组、合资合作、上市融资等方式，增强企业投资能力。引导民间创业投资发展，加强中小企业融资担保体系建设，切实解决中小企业融资困难。积极争取国债资金，集中运用省工业结构调整等政策性资金，推进重大规划项目建设。

(7)提高资源利用水平，促进可持续发展。加快发展资源消耗少的高新技术产业，严格控制高耗能、高耗材、高耗水产业发展，加快淘汰资源消耗高的落后生产能力。突出抓好电力、钢铁、建材、化工、造纸等重点行业的节能降耗工作，鼓励钢铁、水泥、造纸等行业利用余热发电，实现热电联产。支持开发和大力推广有利于节约资源和综合利用的关键技术，大力发展循环经济，加强对各类工业废弃物的循环利用，推进企业废物“零排放”，实现清洁生产，提高资源利用率。

(8)推进企业改革改制，增强发展活力。完善国有资本有进有退、合理流动的机制，优化国有经济布局和结构。继续加大国有企业改革力度，以产权制度改革为重点，积极引进战略投资者和社会资本，大力发展混合所有制经济。加快国有大中型企业规范的股份制改造，建立现代企业制度，实现体制创新和经营机制转换。继续采取多种形式放开搞活国有中小企业，支持企业加强管理。

(9)强化企业自主创新，加快工业结构调整升级。综合运用省工业结构调整和高新技术产业化资金，引导企业加大研发投入，围绕壮大优势产业、提升传统产业和发展高新技术产业，开发一批重大产业技术创新项目，提高企业核心竞争力。加强企业技术研发中心建设，鼓励企业建立各种形式的技术研发机构，积极支持骨干重点企业建设国家级技术中心，成为全省产业技术创新的主要载体。加快建立以企业为主体、市场为导向、产学研相结合的技术创新体系，支持高等院校和科研院所围绕产业优化升级的关键技术会同企业开展联合攻关，开发具有自主知识产权的核心技术，在一些关键技术领域率先取得突破，为产业结构升级提供技术支撑。

中部地区高技术产业发展及其资本市场利用——以湖北省为例*

张　平　杜　鹏　黄艺蝉
（武汉大学经济与管理学院　武汉 430072）

一、湖北省高技术产业与经济增长的关系

（一）高技术产业对经济增长的贡献率

1998—2008 年，湖北省 GDP 从 3 114.02 亿元增长到11 330.38亿元，年均增长 10.9%；1998—2007 年，湖北省高技术产业增加值从 56.39 亿元增长到 301.01 亿元，年均增长 14.7%（见表 1）。因此，1999—2007 年，湖北省高技术产业的增加值对 GDP 的贡献率平均为 3.95%（见表 2、图 1）。可见，高技术产业对湖北省 GDP 的拉动起到了一定的作用，进一步发展高技术产业可以优化和调整经济结构，促进湖北省经济快速、持续地增长。

表 1　　湖北省高技术产业发展规模及变化（1999—2008 年）

指标 年份	高技术企业数	当年价总产值（亿元）	增加值（亿元）	销售收入（亿元）	利润（亿元）	利税（亿元）
1999	354	189.97	66.28	171.89	14.62	21.80
2000	331	218.61	70.40	194.90	18.99	29.08

* 基金项目：2009 年湖北省科技厅软科学项目资助。

续表

指标 年份	高技术企业数	当年价总产值（亿元）	增加值（亿元）	销售收入（亿元）	利润（亿元）	利税（亿元）
2001	411	268.43	99.54	249.97	31.31	43.75
2002	426	286.09	92.97	258.13	19.97	31.81
2003	441	305.79	106.09	285.03	13.71	22.91
2004	381	274.10	87.10	254.50	10.60	19.90
2005	446	447.53	165.4	396.92	21.32	33.67
2006	489	584.63	214.56	508.72	27.74	42.58
2007	534	695.64	301.01	575.96	34.07	52.87
2008	583	847.46		793.74	60.15	89.52

资料来源：国家统计局、国家发展和改革委员会、国家科技部. 中国高技术产业统计年鉴(2002). 北京：中国统计出版社，2002.

表2　　湖北省高技术产业对地区 GDP 的贡献率

年份	1999	2000	2001	2002	2003	2004	2005	2006	2007	平均值
对 GDP 增长贡献率	0.086	0.013	0.087	-0.020	0.024	-0.022	0.088	0.046	0.052	0.0395

资料来源：根据《湖北省统计年鉴(2008)》数据计算而得。

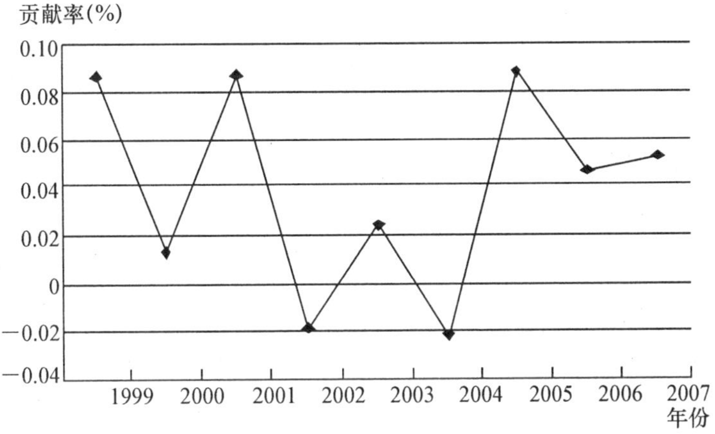

资料来源：根据《湖北省统计年鉴》(2008 年)数据计算而得。

图 1　湖北省高技术产业对地区 GDP 增长的贡献率

(二)高技术行业对经济增长的影响

由于各行业的增加值占所在地区的生产总值的比重不同，其对经济增长的促进作用也不一样，因此有必要考察高技术产业各类行业对地区经济增长的作用。① 湖北省高技术产业五大行业分别是医药制造业、航空航天器制造业、电子及通信设备制造业、电子计算机及办公设备制造业和医疗设备及仪器仪表制造业，其他行业所占比重非常小，暂且忽略不计。

本文选取1998—2007年湖北省高技术产业的五大行业的增加值作为自变量(见图2)，选取湖北省地区生产总值作为因变量，通过构建计量经济学模型，定量分析各行业的发展对湖北省经济增长的影响。

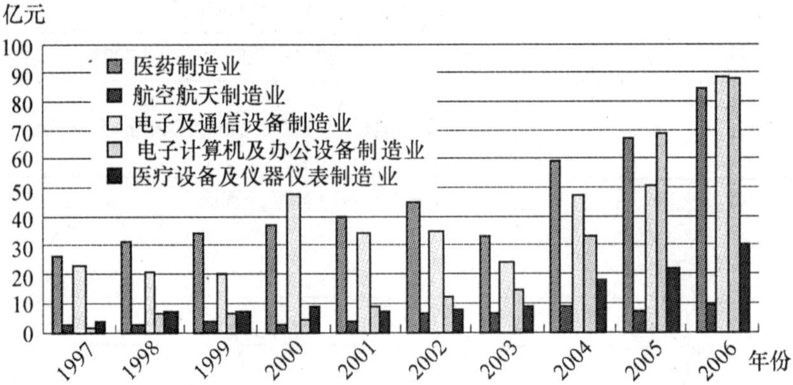

资料来源：根据《中国高技术产业统计年鉴》(2004—2009年)整理得出。

图2　湖北省高技术产业五大行业的增加值规模

模型假定为：

$$\ln GDP = c_i + \beta_i \ln(x_i)\text{，其中 } i = 1,2,3,4,5\text{；且 } \mu_i \sim N(0,\sigma_i^2)$$

---

① 唐勇.高技术产业发展促进北京经济增长的实证分析.经济研究导刊，2010(9):140.

其中，ln GDP 表示湖北省地区生产总值的自然对数，x_i 为上述五类行业的增加值，c_i ,β_i 分别为各行业的回归方程中的截距和回归系数。回归结果如表 3 所示。

表 3　**湖北省五大高技术行业增加值对经济增长的回归结果**

行　业	c_i	t 统计量	β_i	t 统计量	R^2
医药制造业	5.02	9.59	0.92	6.65	0.85
航空航天器制造业	7.43	57.31	0.70	8.56	0.90
电子及通信设备制造业	6.25	10.98	0.63	3.96	0.66
电子计算器及办公设备制造业	7.86	85.19	0.26	7.70	0.88
医疗设备及仪器仪表制造业	7.26	43.36	0.54	7.96	0.89

由表 3 可以看出，除电子及通信设备制造业的 R^2 比较小之外，其他回归方程的 R^2 都比较大。此外，各行业的系数 t 统计量都比较大，该统计量对应的概率都小于 0.05，说明回归系数均为统计显著。

由表 3 和图 2 还可以观察到一个现象：1996—2006 年，湖北省电子计算机及办公设备制造业的增加值不断扩大，2006 年和 2007 年排名分别为第一和第二，但是从回归结果看，其增加值对湖北省经济的促进作用却是五大行业中排位最后的。与此相反，尽管湖北省航空航天制造业的增加值历年都居五大行业之末，但是其增加值对湖北省经济增长的促进作用却排在第二位。这反映出湖北省航空航天制造业具有较高增长潜力，需要从资本投入方面进行倾斜，以发挥高技术主导产业拉动经济的作用。

二、湖北省高技术产业投入与产出的关系

高技术产业是一个高投入、高产出的行业，各种要素投入尤其是资本投入显得尤其重要。从高技术产业的投入来看，既包括用产

业中科技活动人员数量所衡量的劳动力投入状况，也包括用 R&D 经费投入所衡量的一个产业或者一个企业的技术进步基础投入，①而所有技术和智力的成果都必须有资金的支持才能够转化为经济产出效益。因而，固定资产的投资额和科技活动的经费筹集额成为衡量高技术产业投入的重要指标。本文中“科技活动的经费筹集额”由政府资金、企业自有资金和金融机构贷款三部分构成。

从高技术产业的产出来看，总产值反映高技术产业生产活动的总成果，增加值则反映其生产活动新增加的价值量，精确体现了产业的规模和发展速度；利润和利税反映了整个行业的经营状况，是产出的主要衡量指标；新产品的销售收入从一定程度上体现了 R&D 经费、技术进步的应用水平，可用该指标衡量行业或企业的技术能力和产出能力；出口交货值体现了产业在国际上的竞争力和发展能力；专利申请数和拥有发明专利数作为间接效益指标，可以反映企业获得并持续获得垄断利润的能力。

（一）高技术产业总产值与各要素投入的关系

本文以湖北省高技术产业当年价总产值 Y 作为产出，以高技术产业活动经费筹集额 K 和科技活动人员 L 作为投入，对其相关性进行分析。1998—2008 年湖北省高技术产业当年总产值、科技活动经费筹集额和科技活动人员的数据取自《中国高技术产业统计年鉴》（下同）。具体步骤是：

第一步，建立超对数生产函数：②③

---

① 容美平，王斌会. 我国各地区高技术产业投入产出效率综合评价. 科技进步与对策，2010(7)：26.

② 马效果，李宗植，胡刚. 高新技术产业发展的实证分析——以江苏为例. 科学学研究，2006(8)：155.

③ 在大多数研究经济问题所采用的生产函数中，Cobb-Douglas 生产函数，常替代弹性（CES）生产函数得到广泛的应用。超越对数生产函数模型是一种容易估计和包容性很强的变弹性生产函数模型，它在结构上属于平方反映面模型，可以较好地研究生产函数中投入的相互影响。

$$\ln Y_t = c + \beta_k \ln K_t + \beta_l \ln L_t + \beta_{kk}(\ln K_t)^2 + \beta_{ll}(\ln L_t)^2 + \beta_{kl}\ln K_t \ln L_t \quad (1)$$

则资本投入的产出弹性为：$E_k = \beta_k + \beta_{kl}\ln L_t + 2\beta_{kk}\ln K_t$　(2)

劳动投入的产出弹性为：$E_l = \beta_l + \beta_{kl}\ln K_t + 2\beta_{ll}\ln L_t$　(3)

规模弹性为：$\mathrm{RTS} = E_k + E_l$　(4)

两种投入要素的替代弹性为：

$$\sigma_{kl} = \frac{E_l^{\ 2} - E_k E_l}{E_l^{\ 2} - E_k E_l - \beta_{kl} E_l + 2\beta_{ll} E_k} \quad (5)$$

第二步，用EVIEWS经济计量软件对超对数生产函数的系数进行估计，得到如下结果和估计方程(见表4)：

表4　**超对数生产函数回归结果**

变量	估计系数	t	p
c	225.7479	3.3464	0.0123
$\ln K_t$	−19.4353	−3.3591	0.0121
$\ln L_t$	−24.9602	−3.3874	0.0116
$\ln K_t \ln L_t$	2.2040	3.4938	0.0101

经过统计软件得出 $R^2=0.9502$，$\bar{R}^2=0.9289$，表明模型的拟合效果比较好；t 检验的相伴概率都小于0.05，反映变量间呈高度线性，回归方程高度显著；D. W =1.9154，接近于2，说明残差序列不存在自相关，也说明该方程可以大致描述湖北省高技术产业发展的实际。因此，由表4得出超对数生产函数的估计方程为：

$$\ln Y_t = 225.7479 - 19.435\ln K_t - 24.96\ln L_t + 2.204\ln K_t \ln L_t$$

第三步，根据式(2)至式(5)及表2的估计结果，计算湖北省高技术产业1998—2008年生产中投入要素的产出弹性、规模弹性和替代弹性(见表5)。

表 5　湖北省高技术产业投入要素的产出弹性、替代弹性和产业的规模弹性

年份	E_k	E_l	RST	σ_{kl}
1998	0.9035	−1.4576	−0.5541	0.5172
1999	0.4048	−1.6614	−1.2566	0.4839
2000	0.7205	−0.1403	0.5802	0.2809
2001	0.6008	−0.1742	0.4266	0.2602
2002	0.7030	−0.2645	0.4385	0.3051
2003	0.4186	−0.7379	−0.3194	0.3442
2004	0.9091	0.2584	1.1675	0.2279
2005	1.3326	0.6223	1.9550	0.2437
2006	1.4649	0.9475	2.4124	0.1901
2007	1.6030	1.2474	2.8505	0.1389
2008	1.8955	1.3282	3.2237	0.2047

据此，上述计量结果的政策意义是：

(1)1998—2008 年，湖北省高技术产业的资本边际产出弹性呈上升趋势。1998 年增加 1% 的资本投入可使湖北省高技术产业总产值增加 0.903 5%；2008 年该数值为 1.895 5%。说明资本要素投入在高技术产业发展中的贡献越来越大。

(2)1998—2008 年，湖北省高技术产业的劳动边际产出弹性也呈上升趋势。1998 年高技术产业劳动投入每增加 1%，产出减少 1.457 6%；而 2008 年，劳动投入每增加 1%，产出增加1.328 2%。说明随着知识经济的发展，科技活动人员对高技术产业的贡献也在上升。

(3)1998—2008 年，湖北省高技术产业的规模报酬一直呈上升趋势。规模报酬度量的是劳动和资本投入同时增加 1% 时的变化情况。2008 年的规模报酬达到 3.223 7%，说明湖北省的高技术产业具有一定的规模报酬效益。

(4)1998—2008 年，要素替代弹性呈下降趋势，2006 年后替代弹性的值始终比较小，表明高技术产业发展中资本和劳动的可替

代性比较弱，这与高技术产业发展的实践比较吻合。这也说明在高技术产业发展中既要有足够的资金资本又要有丰富的人力资本，缺一不可。这也是高技术产业与其他产业的一个主要区别。

(二)高技术产业增加值与科技活动经费筹集额的关系

湖北省高技术产业增加值与高技术产业科技活动经费筹集额之间是否存在关联性呢？本文试图通过格兰杰因果关系检验来验证高技术产业科技活动经费投入对于高技术产业发展的重要性。因为格兰杰因果关系检验的重要价值在于预测，而统计意义上的因果关系对经济预测具有较大作用。

1. 相关性检验

1998—2008 年，湖北省高技术产业增加值和科技活动经费筹集额均呈上升趋势(见图 3、图 4)，对两者进行相关性分析，发现两者的相关系数为 0.903 7，说明两者之间存在着比较强的相关性，但是如果要说明两者之间存在一定因果关系，还需要进行进一步的研究。

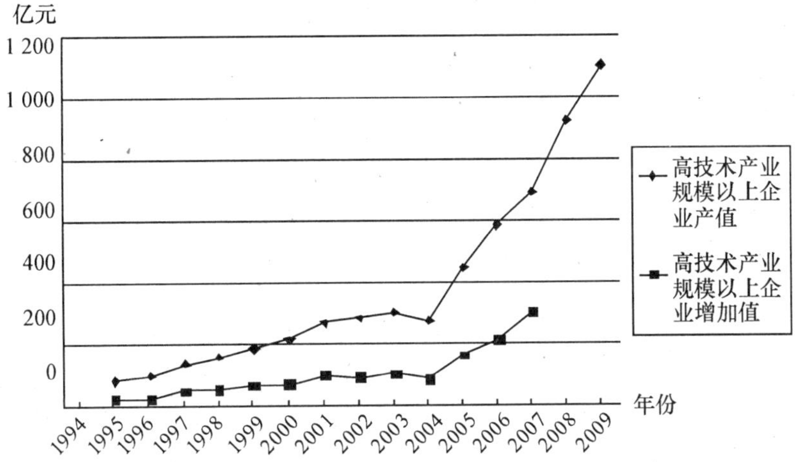

资料来源：张霞. 中部 6 省高技术产业效率比较分析. 安徽农业科学，2009：(5). 2009 年数据来自国家发展改革委员会高技术产业司。

图 3 1994—2009 年湖北省高技术产业产值及增加值变化

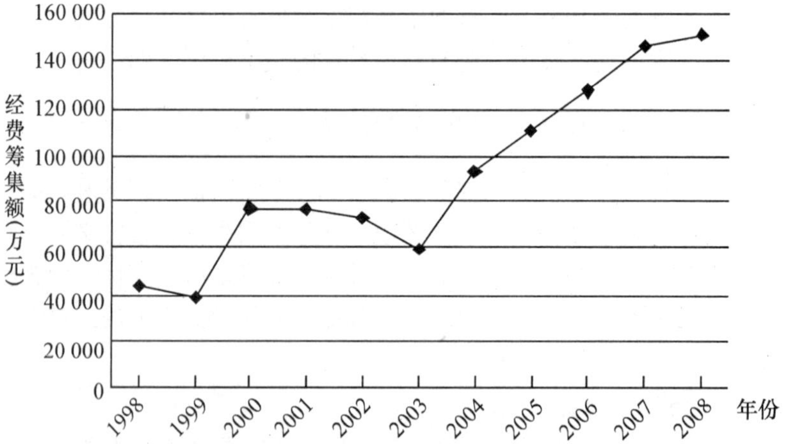

资料来源：《中国高技术产业统计年鉴》(2004—2009 年)。

图 4　湖北省高技术产业科技活动经费筹集额变化

2. 平稳性检验

为了避免“伪回归问题”，在通过“格兰杰因果关系检验”对湖北省高技术产业增加值和科技活动经费筹集额之间的关系进行研究之前要对数据进行平稳性检验。本文对数据进行自然对数变换后，用 ADF 检验方法对数据进行平稳检验。检验结果如表 6 所示。

表 6　**ADF 检验结果**

序列	ADF 检验值	置信度	临界值	结论
增加值的零阶差分	0.257849	1%	-4.420595	非平稳
		5%	-3.259808	非平稳
		10%	-2.771129	非平稳
科技活动经费筹集额的零阶差分	0.936173	1%	-4.420595	非平稳
		5%	-3.259808	非平稳
		10%	-2.771129	非平稳

续表

序列	ADF 检验值	置信度	临界值	结论
增加值的一阶差分	-3.337418	1%	-4.582648	非平稳
		5%	-3.320969	平稳，一阶单整
		10%	-2.801384	平稳，一阶单整
科技活动经费筹集额的一阶差分	-3.731772	1%	-4.582648	非平稳
		5%	-3.320969	平稳，一阶单整
		10%	-2.801384	平稳，一阶单整

从表6可以看出，变量科技活动经费筹集额与增加值数据的一阶差分数据均为平稳的，故下一步对其进行格兰杰因果关系检验。

3. 格兰杰因果关系检验

本文先构建VAR模型，然后根据“赤池信息准则”(AIC)选择最优滞后阶数为2，最后对变量科技活动经费筹集额、增加值分别进行滞后2期的格兰杰因果关系检验，结果如表7所示。

表7 **湖北省科技活动经费筹集额与产业增加值的格兰杰因果关系检验结果**

	原假设	*F*值	*P*值	结论
滞后2期	科技活动经费筹集额非增加值的格兰杰原因	7.45353	0.0342	拒绝原假设
	增加值非科技活动经费筹集额的格兰杰原因	2.19736	0.1888	接受原假设

由表7统计结果看出：在滞后2期的情况下，两者之间并不存在互为因果的反馈性联系，即科技活动经费筹集额是高技术产业增加值的格兰杰原因，但高技术产业增加值却不是科技活动经费筹集额的格兰杰原因。这说明科技活动经费筹集额与高技术产业增加值之间存在显著的长期均衡关系，即科技活动经费筹集额投入增加会带动高技术产业增加值增长。

(三)五大高技术行业投入与产出的关系

关于湖北省五大高技术行业的投入要素和产出效果及其相互关系，本文拟采用以下指标来衡量(见表8)：

表8　　湖北省各高技术行业投入产出衡量指标

投入指标	产出指标
固定资产投资额	利润
政府资金	利税
企业自有资金	新产品销售收入
金融机构贷款	出口交货值
科技活动人员	专利申请数
R&D 经费支出	拥有专利发明数

首先，分别对2003年、2007年和2008年湖北省高技术产业中的医药制造业、航空航天器制造业、电子及通信设备制造业、电子计算器及办公设备制造业和医疗设备及仪器仪表制造业的投入产出指标的数据进行因子分析。然后，用SPSS对数据进行因子分析，结果如表9所示。

表9　　投入产出因子分析结果

年份	因子分析	提取的因子个数	因子的分别贡献率	方差累计贡献率
2003	投入	2	0.62　0.33	0.95
	产出	2	0.59　0.27	0.86
2007	投入	2	0.55　0.31	0.86
	产出	2	0.57　0.3	0.87
2008	投入	1	0.82	0.82
	产出	2	0.77　0.19	0.96

如2003年的投入产出的因子分析结果所示，原有的6个投入指标经主成分提取两个因子后的累积方差贡献率为95%，原有的6个产出指标经主成分提取两个因子后的累积方差贡献率达86%，提取的两个投入指标分别为cFactor1、cFactor2，两个产出因子为rFactor1、rFactor1。因此投入的综合评价值为 $C = 0.62c\text{Factor1} + 0.33c\text{Factor2}$；产出的综合评价值为 $R = 0.62r\text{Factor1} + 0.33r\text{Factor2}$。2007年和2008年的投入产出分析采用同样的方法。

根据因子分析的结果，分别得到2003年、2007年和2008年年5大行业的投入和产出的综合排名，如表10所示。

表10　**湖北省高技术产业五大行业投入产出综合排名**

行业	2003年		2007年		2008年	
	产出排名	投入排名	产出排名	投入排名	产出排名	投入排名
医药制造业	1	2	1	2	2	2
航空航天器制造业	5	1	2	3	3	3
电子及通信设备制造业	2	4	3	1	1	1
电子计算器及办公设备制造业	4	5	5	5	5	5
医疗设备及仪器仪表制造业	3	3	4	4	4	4

由表10可知，湖北省2007年和2008年投入和产出排名前三位的分别是医药制造业、航空航天器制造业和电子及通信设备制造业。结合以上分析，将湖北省2008年五大高技术行业的投入、产出和竞争力进行综合排名，并且将其增加值对经济的影响程度统一描述，结果如图5所示。

由图5可知，五大行业的增加值对经济的影响程度和其投入、产出、竞争力的综合排名比较一致，如医药制造业其投入、产出、竞争力的综合排名第一，其增加值对经济增长的影响程度排名第

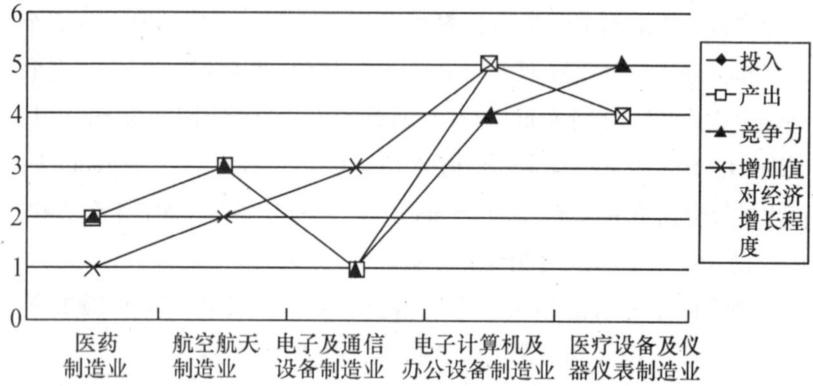

图5　2008年湖北省五大行业投入、产出和竞争力综合排名及其增加值对经济影响程度对比

二，非常靠前。这也验证了前面所述的科技活动经费筹集额是高技术产业增加值的格兰杰原因，因为湖北省五大高技术行业的高投入在带来较高产出的同时，也提高了行业竞争力，从而促进经济的增长。

三、湖北省高技术产业资金投入与资本市场利用

（一）湖北省高技术产业资金来源结构

首先，从科技活动经费来源来看，湖北省高技术产业科技活动经费的来源构成依次为：企业自筹资金、国家政府科技拨款和金融机构贷款（见表11）。其结构特点，一是企业自筹资金数额总体上逐年增加（个别年份除外），说明湖北省高科技产业企业的自主创新意识增强；二是政府资金来源经历了下降、上升和下降的过程，后几年保持在11.5%左右；三是金融机构的贷款总体呈下降趋势。

表 11　　湖北省高技术产业科技投入来源

年份	总额（万元）	企业自有资金		政府资金		金融机构贷款		其他资金所占比例（%）
		数额（万元）	比例（%）	数额（万元）	比例（%）	数额（万元）	比例（%）	
1998	42 768	16 749	39.2	10 431	24.4	15 421	36.1	0.4
1999	38 990	26 155	67.1	8 840	22.7	3 392	8.7	15.5
2000	77 746	45 431	58.4	3 792	4.9	11 621	14.9	21.7
2001	76 559	53 870	70.4	4 493	5.9	17 914	23.4	0.4
2002	73 486	52 394	71.3	9 737	13.3	9 930	13.5	1.9
2003	59 281	42 648	71.9	9 506	16.0	6 540	11.0	1.0
2004	93 164	55 774	59.9	19 223	20.6	18 097	19.4	11.1
2005	109 891	92 901	84.5	12 095	11.0	803	0.7	3.7
2006	127 358	109 010	85.6	14 283	11.2	3 609	2.8	0.4
2007	145 928	128 321	87.9	17 199	11.8	100	0.1	0.2
2008	151 373	128 047	84.6	18 199	12.0	3 534	2.3	1.1

资料来源：国家统计局，国家发展和改革委员会，科技部．中国高技术产业统计年鉴．北京：中国统计出版社，2004—2009。其中各类资金的比例根据《高技术产业统计年鉴》(2004—2009)数据计算而得。

其次，从高技术产业的资金来源来看，与其他省份相比较，湖北省的自筹资金比重较大，其他形式比重较小(见表 12)。

表 12　　**2008 年若干省份高技术产业资金来源结构比较**　　单位：亿元

	国家预算内资金	国内贷款	债券	利用外资	自筹资金	股票
北京	0.76	11.39	0	16.96	37.15	0
上海	0.23	26.2	0	53.71	50.21	5.12
江苏	0	51.39	0	358.96	465.64	4.17
浙江	0.18	33.37	0	32.84	103.97	8.33

续表

	国家预算内资金	国内贷款	债券	利用外资	自筹资金	股票
广东	0.31	85.67	0.05	154.35	257.01	12.14
四川	0.38	44.6	0	0.37	223.59	3.98
湖北	25.23	16.16	0	11.3	117.8	0

资料来源：国家统计局，国家发展和改革委员会，科技部．中国高技术产业统计年鉴．北京：中国统计出版社，2009。

(二)湖北省高技术企业融资瓶颈

在上述资金来源限制的条件下，湖北高技术企业大多面临着融资困难，主要表现为融资渠道单一，资本市场利用严重不足：

——2008 年湖北高科技企业科技经费中金融机构贷款为 3 534 万元，占科技经费的比例为 2.33%，大大低于全国平均水平(2006 年为 7.9%)，这导致许多企业研究开发规模小，无力购置先进科研和生产设备。

——在债权融资方面，中国四大国有控股商业银行目前实行“规模控制、集中管理、分级审批”的规模管理的严格控制，高科技企业因投入大、风险高、专业性强、经营历史短、可抵押的固定资产不多、信息不对称等特点，难以获得这些银行的贷款。

——中部地区城市商业银行受地方政府的政策影响较大，虽然可以对高科技企业提供贷款，但由于银行规模远比不上经济发达地区，其贷款额度满足不了企业成长需要。

——在证券市场上，湖北高新技术产业整体上对资本市场的利用程度比较低，近年来直接融资金额全国排名第十位以外。在国内主板市场上，湖北上市公司的行业分布仍以传统工业为主，其中，石油化工企业所占比重最大，轻工机械和金属行业分居其后。在创业板市场上，截至 2010 年 7 月，创业板共有 61 家企业融资，总融资额 493.664 7 亿元，湖北有 3 家进入，融资额 16.965 5 亿元，全国排名第九位。

——在风险投资方面，湖北省的风险投资业务主要集中在武汉地区，它的发展主要是靠政府的扶持，风险资本主要来自于政府的财政拨款，① 其投资规模偏小，运作机制呆板，缺乏专业人才。2008 年，风险投资在湖北省高技术产业上的投入还不到湖北省高技术产业在资本市场融资总额的 2%。② 湖北省风险投资的整体发展水平，仅仅处于中国风险投资第二梯队省市的中游。

因此，如何完善湖北省高技术产业投融资体系，充分发挥资本市场对高技术产业的支撑作用，突破高技术产业的融资瓶颈，显得重要和紧迫。

（三）利用资本市场发展湖北省高技术产业的政策建议

高技术产业在不同国家的发展路径不尽相同，其融资模式也各具特色。在短期内，我国的金融体系将仍然以银行业为主导。因而，高技术产业发展要继续利用以业已完善的商业银行为主的间接融资体系，与此同时，要扩大利用股票、债券等资本市场直接融资体系，尤其是要进一步利用多种形式的创业资本产业和多层次中小企业股票市场。基于本文的相关研究和分析，在我国现有的宏观条件下，针对湖北省的具体情况，利用资本市场促进和支持高技术产业发展的对策应从以下几个方面入手：

1. 加大银行贷款力度

首先，要强化银行业对高技术企业的信贷支持，弱化其“惜贷”倾向。第一，可设立专门与高技术企业融资相适应的中小金融机构，并在资本金要求、利率浮动区间等方面给予其一定的优惠，激发其为高技术企业服务的内在动机。第二，加强信贷业务流程再造和信贷产品创新。完善综合授信、信用担保贷款、无形资产担保贷款等新型融资方式。第三，开展商业银行高技术企业信贷部或中小金融机构对高技术企业的关系型贷款，减少信息不对称，发展高

① 湖北省风险投资资本来源民营和外资只占到 20%，从全国数据看仅外资所占比例已近 50%。

② 由于调查数据没有细分，此处所指的风险投资额是投入高新技术产业的金额，仅投入高技术产业的金额可能更低。

技术产业融资长效机制。

其次，要充分发挥政策银行功能，加大高科技产业化的投资力度。政策性银行就是按政府的政策导向进行融资活动的银行。它以政府的经济政策或意图作为业务活动的根本依据，其融资准则具有明显的非商业性，一般被要求从事具有较高金融风险的融资活动。政策性银行应在政府相关政策导向支配下，为高新技术企业在种子期或中试阶段提供信贷资金支持，或通过提供担保、参股等方式进行融资，充当高新技术产业化的助推器。此外，在执行经济促进举措扩大银行贷款时，应将高技术产业作为重点扶植对象。

2. 推动更多的企业上市融资

高技术企业的上市工作不仅要利用国内的深市、沪市，而且还要逐步利用国外资本市场。为此，要做好高新技术产业后备上市企业的摸底、排查和上市指导；引入战略投资者，整合省内优势企业资源，积极推动企业上市；对引资成功的企业和成功上市企业的经营管理团队进行物质奖励。

3. 开拓高技术企业债券的发行

债券筹资具有资本成本低、具备财务杠杆作用、范围广和金额大等优点。目前国外债券市场的规模一般是股票市场总市值的3～4倍，我国债券市场的规模仅为股票市场的1/10。湖北省应加快发展支持符合条件的高技术企业发行公司或企业债券，在债券发行上进行创新，使更多企业有机会以债券形式获得融资机会，为高技术企业开辟多样化的融资渠道。与此同时，可以考虑借鉴国外经验，由政府发行促进高技术产业的工业开发债券。比如在美国，工业开发债券由州政府的财政部门发行，州政府将销售这些工业开发债券的收入低息贷给高技术企业，获得这种低息贷款的公司用自己的赢利向债券持有者偿还。在整个工业开发债券发行至偿还的过程里，州政府本身并不提供多少经费，只是起一个实质上的保证人的作用。用这种方式筹集资金的成本较低。

4. 引导发展风险投资业

从现有经验看，风险投资仍是最适合于高技术产业发展的金融模式。作为远期目标，应让风险投资成为高技术产业融资的主角。

湖北省的风险投资产业可以考虑采取的激励举措有：第一，做大省级政府创业投资引导基金。为了调动省外资本和民间资本向风险投资业聚集，财政部门可设立创业投资引导专项基金，并逐年增加投入。同时，通过积极争取国家开发银行支持、鼓励社会和企业捐助等形式，广开基金来源渠道，进一步做大省级政府创业投资引导基金。第二，建立创业投资风险补偿机制。设立湖北省风险投资补偿专项资金，负责在创业投资失败、发生较大金额损失或所投资项目企业破产清算时，给予一定的补偿等。第三，拓宽风险资本的资金来源。可以借鉴国际先进经验，通过不断的金融创新，创造个性化的风险投资工具，多层次、多元化地吸引更多的包括保险基金、社保基金及外资在内的社会资金。

此外，要开拓发展天使投资作为风险投资的补充。近年来，国外高技术产业种子期、成长期的融资更多由天使投资承担。天使投资的发展有利于解决中小企业，尤其是处于种子期和初创期的中小型科技企业的“融资难”问题，促进中小创业企业的发展和技术创新。天使投资融资成本低、投资程序简便、资金到位速度快，同时还可为企业带来许多专业知识、管理经验和关系网络，能助力企业发展。随着经济发展和经济体制改革的深入，天使投资在湖北省的发展环境已渐趋成熟。

5. 发挥地方政府指导作用

由于高科技产业的研究与开发成果是准公共物品，而且在中小高科技企业融资领域存在着资本市场失效和信贷市场失效问题，加上高科技产业独特的技术经济特点和融资特点，这些因素要求各级政府“组织”或“模拟”市场机制，制定相应的政策以缓解市场失效问题。政府在高科技产业融资体系的构建中的职能是制定有关优惠政策，建立法律保障系统和信息服务体系，具体表现在：

第一，湖北省人大应在自己的权限范围之内，完善湖北省高技术产业投融资体系的立法支持系统。在税收、投资管理、投资来源等方面建立向高技术产业倾斜的地方性政策、法律法规。

第二，充分发挥政府引导基金的优势。引导基金设立的宗旨是引导创业投资机构的早期投资行为，拓展科技型中小企业的直接融资渠道。引导基金的设立需要发挥政府财政资金杠杆作用，吸引社会资金参与创业投资；鼓励高水平创业投资管理团队加大早期投资力度；转变财政资金的使用方式，使之市场化、公共化和专业化，并且让利于民。

第三，参与建立完善信用担保和信息服务体系。高科技企业融资中的最大问题是“信息不对称”。信用担保体系在信贷资金向高技术企业的流通过程中发挥着不可或缺的作用。可以考虑成立由财政部门、金融机构和高技术企业共同出资的信用担保基金，直接为高技术企业提供担保并对所担保的项目进行风险管理；同时通过优惠政策鼓励多种形式的担保机构的建立，特别是民间担保机构和高技术企业互助担保机构的组建。与此同时，政府应建立严格的信息披露制度，设立与中小企业的融资、生产和经营活动紧密联系的信息服务体系。对政府来说，搜寻和处理这些信息的边际成本是较低的，而这些信息对投资者的投资行为起着决定性作用，但同时也是难以获取的。

第四，充分利用产权市场对高技术产业的支持作用，争取获得“代办股份转让系统”试点资格。在产权交易制度的创新上，一方面要扩大交易范围和品种，探索产权交易活动从国有产权交易，向没有所有制区别和地域限制的企业产权、物权、债权、知识产权、非上市股份公司股权转让等综合产权市场交易转变。抓住国家建设区域性产权市场的发展机遇，通过创新交易制度、交易方式、交易品种和服务模式，实现跨越式发展。另一方面，要增加服务内容，通过股权托管、质押、转让、抵押担保和私募融资等方式，解决中小企业融资和资本形成难题，加快高新技术产业的发展。

第五，在国家政策允许的前提下，探索非上市公司股权挂牌转让方式。一是给“武汉光谷联合产权交易所”（以下简称光谷联交所）一定的政策倾斜，活跃其产权交易；二是通过财政支持等方式，帮助光谷联交所进行基础设施建设；三是借鉴北京、天津科技产权交易的经验，引导其承担更多的中介和咨询业务；四是引导其做好联合，在新成立的光谷联交所的基础上，邀请周边省市的产权交易机构加盟，组建跨省的中部产权交易共同市场，并凭借实力和商誉成为这一区域性资本市场的领导者，实现中部产权交易所“联网”，形成区域性产权交易市场，增强市场的深度和广度，实现优势互补。

综上所述，应按照银行贷款、股票、债券、风险投资的顺序来利用资本市场促进湖北省高技术产业的发展，同时，要积极发挥政府主管部门在投融资过程中的引导作用。

参考文献

[1] 金洪. 中国高技术产业发展实证研究——基于1995—2003年的数据. 山西财经大学学报，2008(3).

[2] 李拓晨. 我国高新技术产业竞争力主要指标评析. 诊断高新区，2010(1).

[3] 马效果，李宗植，胡刚. 高新技术产业发展的实证分析——以江苏为例. 科学学研究，2006(8).

[4] 祝成武. 我国高技术产业结构升级与金融发展的实证研究. 江西财经大学硕士学位论文，2009.

[5] 唐勇. 高技术产业发展促进北京经济增长的实证分析. 经济研究导刊，2010(9).

[6] 容美平，王斌会. 我国各地区高技术产业投入产出效率综合评价. 科技进步与对策，2010(7).

[7] 赵玉林，魏芳. 高技术产业发展对经济增长带动作用的实证分析. 数量经济技术经济研究，2006(6).

[8] 张进铭，高雪萍. 江西高技术产业对经济增长的带动作用. 商业研究，2010(1).

[9] 李子奈. 计量经济学. 第1版. 北京：高等教育出版社，2000.

[10] 国家统计局，国家发展改革委，国家科技部. 中国高技术产业统计年鉴. 北京：中国统计出版社，2004—2009.

中部省份产业集群政策设计实践进展介评与优化路径探讨

吴传清　马晓东　曹　静
（武汉大学经济与管理学院　武汉 430072）

关于“产业集群”与“新型工业化”的关系，理论研究成果表明，工业化起源于产业的集群化发展，产业集群通过集群效应的产生和释放而促进工业化进程；自发型的产业集群只能促进传统型的工业化进程，而推进新型工业化进程需要基于联合行动的产业集群化发展模式。产业集群政策的设计和实施，是促进中部地区新型工业化进程的重要政策支撑。

一、“十一五”期间中部省份产业集群政策设计实践进展概况

“产业集群政策”（Cluster Policy）或称“基于产业集群的政策”（Cluster-based Policy），指的是以推动产业集群发展为目标，以集群为服务对象，由政府或公共管理机构制定和实施的，以集群为服务对象的各种政策和措施的总和（刘恒江、陈继祥，2004）。集群政策包括适用于集群发展的一般基础性政策和基于某个特定集群的特定政策。

产业集群作为一种新型区域经济发展模式，已成为各地经济发展实践的热点。自 2004 年开始，地方政府纷纷出台政策以支持集群发展。

地方产业集群政策已成为“十一五”期间中部省份施政的一大热点（见表 1），湖南、湖北两省分别制订了产业集群发展规划；湖南、湖北、河南三省出台了培育和发展产业集群的指导意见；湖

北、江西、河南三省出台了专门针对集群发展的财政激励政策；湖北、安徽、河南三省还制定了集群管理、认定、考核等方面的办法；还有省份出台了针对特定集群的指导意见，如湖南的《关于加快信息产业集群发展实施意见》以及河南的《关于加快发展工艺美术产业集群的指导意见》。

表1 “十一五”期间中部省份出台的省级产业集群政策、规划文件一览

省份	文件名称	发文号（颁布日期）	颁布机构	备注
湖南	关于大力培育发展产业集群的意见	湘政发［2007］1号（2007年1月31日）	湖南省人民政府	
	湖南省培育发展产业集群“十一五”规划	2007年3月	湖南省经济委员会	
	关于加快信息产业集群发展实施意见	湘政办发［2007］15号（2007年5月23日）	湖南省信息产业厅	
湖北	关于促进重点成长型产业集群发展的指导意见	鄂经县域［2006］84号 （2006年5月18日）	湖北省经济委员会	
	湖北省促进产业集群发展激励性转移支付资金管理暂行办法	鄂财企发［2007］13号	湖北省财政厅、湖北省经济委员会	2008年10月27日废止
	关于促进产业集群发展的意见	鄂政发［2007］69号（2007年11月7日）	湖北省人民政府	
	湖北省产业集群“十一五”发展规划纲要	2007年3月	湖北省经济委员会	
	湖北省重点成长型产业集群管理试行办法	鄂经县域［2008］19号（2008年1月29日）	湖北省经济委员会	
	湖北省促进产业集群发展激励性转移支付资金管理暂行办法	鄂财企发［2008］88号（2008年10月27日）	湖北省财政厅、湖北省经济委员会	2008年10月27日起实行

续表

省份	文件名称	发文号(颁布日期)	颁布机构	备注
江西	江西省工业园区产业集群发展专项资金扶持办法	赣府厅发[2008]45号(2008年7月21日)	江西省中小企业局	
安徽	安徽省产业集群专业镇评选认定办法	皖政办[2008]32号(2008年6月18日)	安徽省人民政府办公厅	
河南	关于加快发展工艺美术产业集群的指导意见	豫中小企[2007]79号(2007年8月24日)	河南省中小企业服务局	
	关于推进产业集聚区科学规划科学发展的指导意见	(豫发[2009]14号)	河南省人民政府	
	关于加快产业集聚区科学发展若干政策(试行)	豫政[2009]62号(2009年8月7日)	河南省人民政府	
	关于进一步促进产业集聚区发展的指导意见	豫政[2010]34号(2010年3月10日)	河南省人民政府	
	关于建立完善产业集聚区推进工作机制	豫政[2010]35号(2010年3月22日)	河南省人民政府	
	关于完善财政激励政策促进产业集聚区加快发展的通知	豫政办[2010]30号(2010年3月24日)	河南省人民政府办公厅	
	河南省产业集聚区发展考核办法	豫政办[2010]33号(2010年3月26日)	河南省人民政府办公厅	
	河南省城市新区产业集聚区专业园区考核晋级实施办法	豫政办[2010]83号(2010年7月19日)	河南省人民政府办公厅	
	关于加快建设创新型产业集聚区的实施意见	豫政[2010]70号(2010年8月17日)	河南省人民政府	

资料来源：根据相关政府网站资讯整理。

在中部六省中，湖北和湖南两省较早关注集群政策，河南省虽然起步较晚，但政策出台十分密集。2010年3月至8月，河南省陆续出台了产业集聚区发展的指导意见、工作机制、财政激励政策、考核办法等。

二、“十一五”期间中部省份产业集群政策设计的实践经验及缺陷：以湖北、河南两省为个案

中部六省中，湖北省和河南省出台的产业集群政策最多，涉及的内容最广。以河南和湖北为例，分析研究“十一五”期间中部省份产业集群政策设计的实践经验及其缺陷，具有一定的个案代表性。

（一）河南省的产业集群政策

本着科学规划、产业集聚区与城市融合发展、创新发展、开放带动、可持续发展、动态管理的原则，河南省政府先后出台了一系列有关产业集聚区的规划、指导意见与工作方案，将任务细化、分解到每个部门，同时注重了长期规划和近期工作方案的结合。这些政策都围绕一个目的，即以产业集聚带动人口集聚，建设产业结构合理、吸纳就业充分、人居环境优美的现代化城市功能区。

为了加快产业集聚区发展，河南省政府将从十个方面着力建立完善集聚区集聚机制，分别是：产业集聚发展机制、基础设施投资建设机制、土地保障机制、投融资机制、人才培育引进机制、区域环评机制、自主创新机制、高效管理机制、社会化服务机制、自我积累机制。为确保这些机制尽快建立，一方面河南省制定了产业集聚区发展考核制度；另一方面从多个角度出台了相应的扶持政策促进产业集聚发展。因此，河南省产业集聚区政策的制定主要围绕以下两个方面：产业集聚区定位和发展考核；产业集聚区发展支持措施。

1. 产业集聚区定位和发展考核

（1）产业集聚区定位。产业集聚区是以若干特色主导产业为支

撑，产业集聚特征明显，产业和城市融合发展，产业结构合理，吸纳就业充分，以经济功能为主的功能区。

(2)产业集聚区发展考核。河南省政府先后出台了《河南省产业集聚区发展考核办法》与《河南省城市新区产业集聚区专业园区考核晋级实施办法》，前者规定了产业集聚区发展考核指标体系、考核方法、数据来源等内容，为产业集聚区发展奖惩提供依据；后者则在考核指标体系的基础上，规定了工业园区、产业集聚区与城市新区动态管理、竞赛晋级的发展模式与考核办法。

产业集聚区发展考核指标体系从总量、效益、质量、进度和科技创新等方面综合评价产业集聚区发展水平(见表2)。

表2　**河南省产业集聚区发展考核指标**

内容	指标	权重
经济总量	法人企业(单位)营业收入	20
经济社会效益	税收收入	15
	法人企业(单位)从业人员	10
发展质量	投资强度,指集聚区法人企业(单位)固定资产投资完成额与土地使用面积之比	15
	万元规模以上工业总产值能耗降低率	5
	单位土地使用面积二氧化硫排放量、化学需氧量排放量	5
建设进度	当年新增建成区面积	20
科技创新	高新技术企业营业收入占集聚区营业收入比重	10

《河南省城市新区产业集聚区专业园区考核晋级实施办法》规定了产业集聚区等的晋级考核办法。考核晋级指标体系包括：企业营业收入、企业从业人员、税收收入、所在地常住城镇人口。根据城市新区、产业集聚区、专业园区的产业特点和发展实际，依据三项指标统计数据进行考核，即从企业营业收入、企业从业人员两项

指标中选取一项，与税收收入、所在地常住城镇人口两项指标一并进行考核。

2. 产业集聚区发展支持措施

为支持产业集聚区的发展，河南省政府采取了“给钱、给地、给项目”的做法，向产业集聚区提供发展所需要的生产资料。规划中采取的政策工具有：财政激励政策、土地保障政策、投融资政策、自主创新政策以及环保评价政策。

(1)财政激励政策。在财政激励政策上，河南省政府专门出台了《关于完善财政激励政策促进产业集聚区加快发展的通知》(以下简称《通知》)，并保证规划与指导意见中所规定的各类专项资金。在《通知》中明确了对集聚区或城市新区实行“核定基数、超收全返、一定三年”的财政激励政策，即在2010—2012年，以2009年(集聚区)或上一年(新区)为基期，将集聚区(新区)的增值税、营业税、企业所得税收入超出的部分全额奖励给集聚区所在县(市、区)，对城市新区和新区内集聚区的税收返还，按新区相应政策执行。这部分资金称为省财政奖励补助资金和省、市、县税收返还资金。除《通知》的税收返还奖励资金，在规划和指导意见中还规定了通过其他财政手段为集聚区的发展提供多方面的资金支持。需要说明的是，表3中的资金来源包括财政激励政策所形成的省财政奖励补助资金和省、市、县税收返还资金。

表3　**河南省产业集群财政激励政策**

支持对象	资金来源	其他优惠政策
基础设施投资建设	黄淮四市专项资金、土地出让收益资金	从事国家重点扶持的公共基础设施项目的企业，自项目取得第一笔生产经营收入所属纳税年度起，第一年至第三年免征企业所得税，第四年至第六年减半征收企业所得税
自主创新建设	工业结构调整和高新技术产业化资金、企业自主创新等专项资金	1. 增值税转型政策企业购入符合抵扣的固定资产纳入增值税抵扣范围 2. 税前抵扣政策。产业集聚区内企业开发新技术、新产品、新工艺发生的研究开发费用，未形成无形资产计入当前损益的，在现行规定据实扣除的基础上，按照研究开发费用的50%加计扣除；形成无形资产的，按照无形资产成本的150%摊销

续表

支持对象	资金来源	其他优惠政策
环境保护	环境保护专项资金	从事国家重点扶持的污染减排、节能节水项目的企业，自项目取得第一笔生产经营收入所属纳税年度起，第一年至第三年免征企业所得税，第四年至第六年减半征收企业所得税
公共服务建设	服务业发展引导资金	1. 对产业集聚区建设的具有较强公益性和示范带动作用的服务业项目，按原则上不超过项目投资总额的10%给予适当补贴。2. 对使用中长期银行贷款投资的公益性项目，省财政给予一定贷款贴息
投融资平台建设	发展专项引导资金	1. 各省辖市、县（市）要安排相应财政专项资金，向产业集聚区投融资公司注入资本金。2. 四年共筹措30亿元，支持县（市）产业集聚区投融资体系建设
招商引资	省招商引资专项资金	1. 异地投资、税收分享。2. 减免行政事业性收费。3. 对产业集聚区成功引进的重大招商内外资项目，按不同标准给予奖励，奖励金额为50万～1 000万元

（2）土地保障政策。①优先保障产业集聚区建设用地需求。优先保障产业集聚区的省、市重点项目用地需求。各省辖市年度新增建设用地指标主要用于产业集聚区建设，在符合国家政策规定和保证规范运作前提下，提高指标周转速度，增加指标流量，实行城乡建设用地增减挂钩，周转指标优先用于集聚区项目建设。②节约、集约利用土地。对土地利用总体规划、城市总体规划、村镇体系规划、产业集聚区规划充分衔接、节约集约用地情况良好的产业集聚区，国土资源部门在城乡建设用地增减挂钩指标上给予优先支持。把产业集聚区土地集约利用情况纳入省级开发区土地集约利用考核体系，把考评结果作为确定产业集聚区节约集约用地水平位次和是否给予优惠政策及扩区升级的依据。③创新土地管理政策。产业集聚区低效使用的建设用地，实行政府主导下的流转制度。行政区域内新增建设用地无法实现耕地占补平衡的，在确保耕地保护目标条件下，可通过省内易地补充等方式解决。

(3)投融资平台建设政策。采取政府扶持、企业股份制合作方式成立集聚区中小企业担保公司，提高企业信贷担保能力。加强银行与担保机构的合作，开发适合产业集聚区发展的融资担保产品。支持有条件的集聚区设立产业投资基金，组织符合条件的集聚区发行企业债券、中期票据，将集聚区企业优先纳入省重点上市后备企业培育工程范围，积极争取国家各类专项资金、政府间和国际组织的援助资金。

(4)电价政策。实行同网同价。对已批复的县域集聚区内符合国家产业政策的大工业项目生产用电，执行省网直供电价。

(二)湖北省的产业集群政策

1. 涉及集群政策的主要规范性文件

2006—2010 年，湖北省针对产业集群发展出台了一系列规范性文件。

(1)指导意见及发展规划。《关于促进重点成长型产业集群发展的指导意见》(鄂经县域[2006] 84 号)、《关于促进产业集群发展的意见》(鄂政发[2007] 69 号)以及《湖北省产业集群"十一五"发展规划纲要》，指出了发展产业集群的指导思想、基本原则、主要目标、工作重点以及政策措施等，为培育和发展集群提供了方向性的指导。

(2)集群的管理与考核办法。《湖北省重点成长型产业集群管理试行办法》(鄂经县域[2008] 19 号)明确了重点成长型产业集群的定义、基本条件、考核指标和方法、申报和审批程序等内容。《湖北省促进产业集群发展激励性转移支付资金管理暂行办法》(鄂财企发[2008] 88 号)进一步规范了重点成长型产业集群的考核指标、依据和方法。

(3)集群发展专项资金管理办法。《湖北省促进产业集群发展激励性转移支付资金管理暂行办法》于 2007 年制定，经 2008 年 10 月修改后，涵盖了集群专项资金的来源、安排原则、奖励对象、分配方式、考核指标和方法、资金使用范围、支付方式、项目申报、资金监管等内容。

2. 重点成长型产业集群的认定与考核

湖北省产业集群政策的制定工作主要围绕两个方面：一是重点成长型产业集群的认定与考核，二是产业集群发展激励性转移支付资金管理。

（1）重点成长型产业集群的认定标准（见表4）。重点成长型产业集群，是指规模较大、集中度较高、成长性好、竞争力强，在产业公共服务平台、支撑体系和产业园区建设等方面有一定基础，对全省产业集群发展具有示范带动作用的产业集群。

表4　**重点成长型产业集群的认定标准**

基本条件	具体标准
规模较大	在全省同行业中位居前列，年销售额原则达到10亿元以上（在全国有影响、市场占有率高的特色优势产业集群可适当放宽）
特色鲜明	龙头骨干企业带动作用强，专业协作配套效应明显，产业链基本形成，具有鲜明区域特色
集中度高	集群内关联企业一般达到10家以上，土地集约使用，企业向园区集中发展，产业关联度高，劳动力承载能力强，企业布局合理，核心企业年销售额1亿元以上
竞争力强	集群内企业生产工艺和装备先进，领军企业具有自主研发创新能力，原则上拥有具备自主知识产权的产品，有省级名牌或著名商标
成长性好	产业集群销售收入增长速度高于本区域工业销售收入增长水平，“十一五”期末年销售额可达30亿元以上

（2）重点成长型产业集群的考核内容与方法。湖北省对重点成长型产业集群实行动态管理。每年第一季度，湖北省经济委员会（现为湖北省经济和信息化委员会）组织有关行业领导和专家对已有重点成长型产业集群上年度的业绩和工作进行考核，根据考核得分情况对重点成长型产业集群给予相应奖励扶持。对不合格的，取消其重点成长型产业集群资格。考核指标由业绩指标和工作指标两部分组成，所占权重分别为80%和20%。业绩指标，是指市县产业集群内新增企业户数、新增销售收入、新增就业人数、新增固定

资产投资额和新增上缴工商税收等五项指标年度完成情况。工作指标，是指产业集群所在市县政府对产业集群的工作规划及组织实施、公共服务平台建设、园区建设、政策环境、集群品牌、产学研合作和资金管理等方面的指标。考核按 100 分计算，60 分及以上为合格。同时，对于新申报进入重点成长型产业集群的集群进行评审和考察。进入重点成长型产业集群的程序依次为申报、审查、评审和审批。

3. 产业集群政策的类型和支持对象

产业集群发展的指导意见和规划中提及的政策措施主要有：

(1)财税政策。从 2008 年起，省财政每年安排 1 亿元建立产业集群发展专项资金，采取贷款贴息、专项补助、资本金投入等方式，重点支持产业集群骨干企业、公共服务平台和信息化建设、共性技术攻关和产业链的延伸。省政府支持工业化的各项专项资金，主要用于扶持产业集群的龙头企业和服务体系建设。省科技厅从中小企业科技创新资金、科技三项资金中安排一定比例的经费，支持产业集群的技术创新和服务体系建设。各地政府也要安排一定资金扶持产业集群发展。

(2)融资政策。政策性金融机构和商业银行对国家和省立项的产业集群发展项目，积极给予信贷支持。商业银行要对有效益、有还贷能力的企业所需的流动资金贷款给予优先安排、重点支持，对资信好的企业可核定一定的授信额度。各金融机构要建立银企合作机制，对大中型骨干企业，积极运用银团贷款、商业承兑汇票、企业短期融资债券等融资方式，支持产业集群项目建设和企业生产经营；对符合条件与产业集群配套的劳动密集型小企业，积极运用小额贷款的优惠政策支持发展。要积极支持中小企业信用与担保体系机构工作，建立“银、企、保”合作机制，改善中小企业融资环境。积极推进产业集群重点企业的培育、辅导、推荐等上市工作，支持对产业集群发展有促进作用的上市公司加快发展，增强企业再融资能力。

(3)土地政策。国土资源部门要依据国家有关政策，积极争取用地指标，对有发展前景的产业集群予以重点支持。

(4)煤电运等方面政策。对全省重点产业集群，在煤、电、运等方面，给予重点保障，优先供给。

(5)其他政策。积极组织产业集群参加招商会、贸易洽谈会、出国考察。协调重点产业集群的产品进入各级政府采购目录。

湖北省产业集群政策的支持对象主要有：

(1)园区建设。按照“布局集中、产业集聚、土地集约、生态环保”的原则，整合、优化、提升现有各类工业园区。每个市(州)、县(市、区)重点抓好1~2个工业园区建设，使园区发展规划与产业集群发展规划相衔接；完善工业园区道路、通信、水、电、气、污染控制等基础设施建设；合理确定园区主导产业，形成一批有特色的产业集聚发展的重点园区和产业带。

(2)龙头企业。引导关联企业和社会资源向骨干企业集聚，延长产业链，推动骨干企业加快技术改造，提升产品优势，扩大产业规模，增强骨干企业的凝聚力和辐射力。龙头企业充分利用资本、品牌、机制、人才、管理、营销、信息等方面的优势，加速企业扩张步伐。将传统工业发展单向流动模式(资源→产品→废物)改为循环流动的新模式(资源→产品→再生资源)，实现能量和物质充分利用，使用清洁能源、生产清洁(无毒性)产品、减少生产过程中“三废”对环境的污染。

(3)产业链延伸。抓住国内外产业梯度转移的机遇，以优化结构、提升素质为目标，以发展先进制造业和高新技术产业为重点，扩大对外开放，大力开展产业链招商，引进一批综合效益好、带动力强的大型项目。鼓励骨干企业分离扩散配套件生产；鼓励关联企业或配套企业为骨干企业专业化配套生产，提高骨干企业零部件本地配套率；引导集群企业围绕主导产业和骨干企业，合理进行专业化分工，带动一批配套项目。

(4)产学研合作与集群创新。引导产业集群企业加强与高等院校、科研机构的产、学、研合作，建立长效机制，加快创新成果的转化。鼓励创办各类专业孵化器，以孵化器为核心，整合技术支持、管理咨询、风险投资等多种力量，加快科技成果转化，培育高新技术企业。重点扶持技术创新能力强、辐射范围广的龙头或骨干企业建立产业共性技术和关键技术研发及服务中心、产品检测检验中心和技术服务体系，突破共性技术难点，促进新技术的广泛应用和成果资源共享，支持产业集群做大做强。探索在若干领域建设以企业出资为主、政府适当扶持、科研机构参与、企业化管理、市场化运作的共性技术服务平台，重点实施一批技术创新示范项目。加大政府对通用技术的开发投入，通过建立重点产业集群的技术创新基金，运用财政贴息、税收返还等政策手段，引导产业集群的核心企业逐步增加研究开发投入，加大技术改造力度，淘汰落后的技术与装备，加快产品的升级换代。有的放矢地组织一批产业共性技术产学研联合攻关项目，促进大专院校、科研院所与产业集群建立产学研联合体，促进人力资源要素合理流动和优化组合；集中扶持产业发展的关键项目，提高自主创新能力以增强企业群体的核心竞争力，推动产业集群由低成本型向创新型转变，加快产业集聚步伐。

(5)品牌创建。在集群内积极培育国家名牌产品，对评选“中国名牌”和“中国驰名商标”的企业给予奖励。鼓励产业集群积极培育区域产品综合品牌，积极采用国家标准和国外先进标准，促进产业集群内企业多层次、全方位的联合协作，实现资源共享，增加科技含量，打造一批产业名市、名镇，共创区域品牌，扩大品牌经营规模，提高产业集群与市场对接的能力。疏通产业集群特别是生产型产业集群与大市场对接的渠道，通过国际信息平台发展电子商务，举办国际性的产品或企业交流会等渠道，加强集群的品牌推介，提高品牌市场覆盖率。从2007年起，湖北省人民政府对产业集群内当年新创国家名牌产品和驰名商标认定的企业，每个一次性给予50万元奖励资金。

(6)公共服务平台构建。按照“政府推动、市场运作、自主经营、有偿服务”原则，促进以企业为主体，以市场为导向，以资金融通、信用担保、管理咨询、信息服务、市场开拓、人才培训、共性技术攻关为重点内容的服务体系建设。引导和推动产业集群建立行业协会、同业商会、企业家协会等行业自律性组织，为培育发展产业集群服务。

(三)河南、湖北两省集群政策的比较与评价

1. 两省集群政策的比较

在产业集群发展阶段的定位方面，河南强调建设现代化城市功能区，将产业集聚区发展与城市化进程相结合，而湖北强调发展重点成长型产业集群，更注重产业集群本身的发展。在产业集群考核方法上两省有许多不同点。河南既包括发展考核，还包括晋级考核。在考核指标上，河南从总量、效益、质量、进度和科技创新等方面综合评价产业集聚区发展水平。湖北则从业绩指标与工作指标来衡量。两省考核指标的比较如表5所示。

表5　　河南与湖北产业集群考核指标的比较

<table>
<tr><th colspan="2">河南</th><th colspan="2">湖北</th></tr>
<tr><td>经济总量</td><td>法人企业(单位)营业收入</td><td rowspan="3">业绩指标</td><td rowspan="3">新增企业户数、新增销售收入、新增就业人数、新增固定资产投资额和新增上缴工商税收</td></tr>
<tr><td>经济社会效益</td><td>税收收入;法人企业(单位)从业人员</td></tr>
<tr><td>发展质量</td><td>投资强度;万元规模以上工业总产值能耗降低率;单位土地使用面积二氧化硫排放量、化学需氧量排放量</td></tr>
<tr><td>建设进度</td><td>当年新增建成区面积</td><td rowspan="2">工作指标</td><td rowspan="2">工作规划及组织实施、公共服务平台建设、园区建设、政策环境、集群品牌、产学研合作和资金管理</td></tr>
<tr><td>科技创新</td><td>高新技术企业营业收入占集聚区营业收入比重</td></tr>
</table>

从表5可以看出两省的考核指标体系是有很大的不同的。河南的指标体系更加简单但相对全面，不仅包括考虑集聚区发展状况的指标，还注重发展质量，尤其强调了科技创新。湖北的指标体系更加细致，除了考虑集群内产业的发展状况，还衡量了配套产业的发展状况以及相关部门的工作成果。

河南除了衡量产业集聚区的发展，还制定了衡量工业园区、产业集聚区、城市新区晋级的考核办法，为产业集聚区的奖惩提供衡

量依据。

由此看来，两个省份的考核方法各有优劣。由于两省的产业集群处于不同的发展阶段，两省的指标体系对于本省来说是合适的：河南处于产业集群的萌芽时期，要加快集聚区的建设进度，同时兼顾发展质量与科技创新；由于存在大量的工业园区以及出于建设多功能城市区的需要，因此又需要产业集聚区晋级考核。湖北处于产业集群的发展时期，更强调对集群进行规范管理、技术研发与区域品牌建设。

关于支持对象，从表 6 可以看出河南注重基础设施、投融资平台建设、招商引资与环境保护，而湖北则更加注重产业链延伸、品牌建设、集群创新与公共服务平台构建。这种差别反映了处于不同生命周期的集群所需要的政策支持的侧重点不同。

表 6　　　河南和湖北产业集群政策支持对象的比较

河南	湖北
基础设施投资建设	园区建设
投融资平台建设	龙头企业
招商引资	产业链延伸
自主创新建设	产学研合作与集群创新
环境保护	品牌创建
公共服务建设	公共服务平台构建

产业集群发展初期，政府集群政策的重点主要为：第一，创造一个良好的投资创业环境，给集群企业家一个良好的预期。集群在初建期，区域的公共设施的供给、政府政策的扶持等方面都会显得不足，集群产业发展的环境还较不稳定。在集群的发展中，政府提供一个良好的产业成长氛围比较重要。第二，对集群企业给予多渠道的资金支持，加强集群企业的融资能力。在集群发展初期，资本的短缺是制约企业创立和发展的“瓶颈”。第三，招商引资，快速提升集聚区内企业质量。

处于成长期的产业集群所需要的政策侧重点为：第一，进行区域品牌的营销，增强区域品牌美誉度。处在成长期的集群产业，其知名度正在逐步上升，由于区域品牌具有公共产品的性质，与企业的品牌相比，它得不到有效的管理和维护。因此，地方政府首先要进行区域营销，通过召开博览会等方式扩大地方集群产业的知名度、提升美誉度。其次，增强集群内企业维护区域品牌、树立企业品牌的意识。对有损区域品牌的违法企业进行惩处。第二，注重对产业发展的规划和引导，促进市场竞争，重视发挥行业协会的作用，促进企业内部自律及相互之间的合作，抑制有损市场效率的不正当竞争行为。第三，有意识地引导、支持群内企业的产品多样化和差异化。企业往往集中资源用于畅销产品的生产，导致企业的产品过于集中在狭窄区域，产品趋同现象严重。这会加大集群风险，同时也不利于集群产业结构优化升级。考虑怎样延伸产业链，使产品从趋同生产转变成产品多样化、多条产业链的发展是十分重要的。

2. 对两省集群政策设计的评价

产业集群政策研究文献普遍认同的集群政策设计原则主要有整体性原则、自下而上原则、非拷贝原则和动态性原则。整体性原则强调产业集群政策是一个系统、整体的政策体系，企业层次、组织层次、区域(国家)层次紧密相连；自下而上原则强调产业集群政策制定要基于产业集群的分析研究，而非凭空创造；非拷贝原则强调产业集群的制定应依据地方实情，可借鉴成功经验但不可照搬照抄；动态性原则强调产业集群政策的灵活性和可调节性。从以上分析可以看出，除了动态性原则，两省的产业集群政策设计基本上符合上述原则。

动态性原则要求产业集群政策的设计能方便政策在不同集群环境下、在集群处于不同生命周期时得到修正和补充，防止产业集群政策失效，造成政府干预过度或不足，引起“政府失灵”。虽然湖北省产业集群政策设计随经济环境、集群环境变化而进行调整，甚至颁布新文件废止旧文件，但是产业集群政策并没有对不同生命周期的产业集群进行政策调整。河南省也缺乏长远的发展规划，颁布的多为短期的规划与指导意见，没有考虑到不同生命周期的产业集群所需要的政策支持以及发展环境是不同的。

河南省和湖北省虽然都强调园区基础设施、公共服务平台等配套机构的建设，但都忽视了社会网络的建设。培育产业集群首先培育利益主体之间的网络关系是至关重要的。在发展产业集群时，必须强调企业的根植性，强调相互信任、相互依赖的产业集群文化。地方政府可以通过自己的有利资源，比如电视、报纸和统计部门的数据资料，大力宣扬诚信、和谐的人与人之间的关系；在企业与企业之间，打破信息闭塞的状态，做信息通讯员，创造相关企业的合作机会。

虽然河南省的指标体系更加全面，但过于简单，很难保证能够客观地反映产业集聚区的发展状况，同时对配套产业的发展状况没有衡量。湖北的指标体系虽然更加细致，但仅仅涉及业绩指标和工作指标，没有衡量发展质量的指标，没有考虑发展过程中的环境保护问题。两省存在忽视产业集群内部社会网络关系衡量的共性问题，已有研究发现，衡量网络关系时可使用以下指标：网络成员数、同意合作数、联合科研数、社会资本的范围，当然这些指标需要进一步细化与具体化，使其具备可操作性。

三、“十二五”期间优化中部省份产业集群政策设计的若干建议

针对中部省份产业集群所处的生命周期以及已出台的集群政策存在的不足，提出以下优化产业集群政策设计的建议：

1. 明确对产业集群政策的认识

明确政府在产业集群发展中的作用以及产业集群政策的定位，是制定和完善产业集群政策的前提条件。在制定和完善产业集群政策时，地方政府需要明确以下几点认识：首先，产业集群政策的本质是作为一种政策框架，对产业政策、区域政策、科技政策、中小企业政策、金融政策、外贸政策等多方面政策进行整合以服务产业集群的发展。产业集群政策与产业政策、科技政策、区域政策存在

差别。其次，集群政策是一个复杂的并不断改良的柔性政策体系，根据不同的需求或站在不同的视角，政策目标和运行方式是多种多样的(蒋自然，2007)。最后，制定集群政策时应遵循系统性原则、中间人原则、非选择原则、非拷贝原则以及整体性原则(王晓燕，2007)。

2. 加强对产业集群的动态管理

从产业集群的生命周期的视角看，集群在不同的生长周期所出现的主要矛盾或问题是有差异的，因此要求地方政府的集群政策的侧重点不同。中部省份的产业集群多处于萌芽期或者成长期。对于萌芽期的集群，政府的工作重点应是创造一个良好的投资创业环境(如各类公共产品的供给)，给集群企业家一个良好的预期；对集群企业给予多渠道的资金支持；有意识地进行企业家精神的培育。对于成长期的集群，集群政策重点应该是进行区域品牌的营销，以增强区域品牌的美誉度；制定产品执行标准，规范企业的生产行为；注重对产业发展的规划和引导，促进市场竞争，重视发挥行业协会的作用，促进企业内部自律及相互之间的合作，抑制有损市场效率的不正当竞争行为；政府开始有意识地引导、支持群内企业的产品多样化和差异化(李志刚，2006)。由于区域内集群发展水平不平衡，处于不同生命周期的集群要求政府针对其发展特征予以不同的政策支持。

3. 重视社会网络的构建

世界各国发展集群的政策核心内容就是促进产业集群内各个组织之间的网络关系的发展(鲁莹，2003)。对于促进现有产业集群的发展而言，地方政府应该着重促进建设企业间、集群和其所嵌入的社会经济环境间以及本地集群与外部市场间的信息、商品和服务传递网络的发展。

4. 完善产业集群考核指标体系

地方政府产业集群管理部门应进一步完善产业集群的考核指标体系，一方面量化集群考核指标，使之更具操作性，另一方面，在关注集群企业的经济效益的同时不可忽略对集群社会效益的评估和监测。

参考文献

[1] 刘恒江，陈继祥. 国外产业集群政策研究综述. 外国经济与管理，2004，26(11).

[2] 蒋自然. 产业集群创新及其创新政策研究. 浙江师范大学，2007.

[3] 王晓燕. 苏州地区产业集群政策研究. 广东外语外贸大学，2007.

[4] 李志刚. 产业集群发展中地方政府作用的研究——以湖州织里童装业为例. 浙江大学，2006.

[5] 鲁莹. 集群发展过程中的政府作用研究. 华中科技大学，2003.

[6] 全清，何佳. 地方产业集群政策设计——以湖北省产业集群政策为例. 学习月刊，2009(5).

中部地区制造业优势、产业同构与发展思路

黄永明　游海燕　朱芸姝
（武汉大学中国中部发展研究院　武汉 430072）

“十二五”期间中部地区制造业发展处于一个承接国际资本和东部产业转移以及中部地区自身产业结构调整升级的重要战略机遇期，充分认识中部地区制造业优势和区域分工格局现状是理清下一步发展思路的重要前提。

一、中部地区制造业优势产业分析

国外的研究表明，产业集聚发展到一定程度后，由于离心力作用的存在，这主要表现在劳动力成本的提高、土地等资源紧缺等方面，经济可能要重新走向分散化。事实上，在中国东部沿海发达地区，如长三角、珠三角等地区，类似的情形已极为常见，这势必导致制造业有选择地向中西部转移。面对东部地区有限的产业转移资源，中西部各省都在发挥自身优势积极承接。在竞争如此激烈的环境下，如何依托现有资源和产业吸引、选择承接产业，是各省承接产业转移必须探讨的一个重要问题。因而，对比分析各省产业发展重点，规避同质竞争，明确各省优势产业尤为重要。

偏离—份额分析法(Shift-share Analysis)把区域经济的变化看做一个动态的过程，以其所在或者整个国家的经济发展为参照系，将区域自身经济总量在某一个时期的变动分解为三个分量，即份额分量(the National Growth Effect)、结构偏离分量(the Industrial Mix Effect)和竞争力偏离分量(the Shift Share Effect)，以此说明区域经

济发展和衰退的原因，评价区域经济结构优劣和自身竞争力的强弱，找出区域具有相对竞争优势的产业部门，进而可以确定区域未来经济发展的合理方向和产业结构调整的原则。

根据偏离—份额分析法，一个地区的经济增长(G)分为3个部分：地区增长份额(RS)、产业结构偏离份额(PS)和区位份额(竞争力份额)(DS)。

区域经济的实际增长量分解为三个分量：

(1)地区增长份额：

$$\mathrm{RS} = \sum Y_i^0 R$$

其中，RS代表假定该地区各部门均按整个研究区域GDP增长率增长所应实现的增长份额；Y_i^0 代表该地区第 i 产业的基期产值；R 代表整个区域GDP增长率。显然，把这种假定的增长水平同实际的增长水平相比较，如果高于实际增长水平，则地区总偏离值为正；反之，则为负。

(2)产业结构偏离份额：

$$\mathrm{PS} = \sum Y_i^0 R_i^0 - \sum Y_i^0 R = \sum Y_i^0 (R_i - R)$$

其中，PS代表该地区按照整个研究区域第 i 产业增长率计算的增长额与按照整个研究区域GDP增长率所实现的增长额之差，反映了该地区第 i 产业随整个研究区域第 i 产业增长或(下降)而增长(或下降)的情况；R_i 代表整个区域第 i 产业的增长率。

若某个地区以快速增长型产业为主，则 $\mathrm{PS}>0$；反之，$\mathrm{PS}<0$。

(3)区位份额：

$$\mathrm{DS} = \sum Y_i^0 r_i - \sum Y_i^0 R_i = \sum Y_i^0 (r_i - R_i)$$

其中，DS代表该地区第 i 产业按实际增长率所实现的增长额与整个研究区域同一产业所实现的增长额之差，反映了与整个研究区域相比，该地区在发展第 i 产业方面具有区位竞争优势或者劣势；r_i 代表该区域第 i 产业的实际增长率。

对中部地区而言，从上述分析结果(见表1)可以得出：对于安徽省、河南省、江西省以及山西省，其 $\mathrm{PS}>0$，则为以快速增长型产业为主。尤其对于河南而言，其产业结构偏离份额最大，故而工业增加值在绝对数量上也较大。

表 1　　**中部六省偏离份额分析结果①**

地　区	RS	PS	DS	*G*
湖北	2 281	-169	-401	1 711
安徽	1 734	17	-152	1 598
湖南	1 728	-18	-98	1 612
河南	3 605	102	538	4 244
江西	1 254	20	278	1 552
山西	1 041	49	-165	925

具体而言，比较按照区域内某产业增长率计算所得的该产业增长值和实际增长值，可以判断出各地区具有区位竞争优势的产业。根据各省的分析结果，可以发现中部各省具有区位竞争优势的产业(见表 2)。

表 2　　**中部六省具有区位竞争优势的产业**

地　区	具有区位竞争优势的产业
湖北	食品加工、食品制造、烟草制造、电气机械
安徽	食品加工、医药制造、黑色金属、金属制品
湖南	饮料制造、非金属、金属制品、交通制造
河南	黑色金属、有色金属、非金属、纺织业、化学原料
江西	有色金属、非金属、化学原料、纺织业、食品制造
山西	食品制造、黑色金属、通信制造

---

① 这里选用2006 年和2007 年我国中部各省制造业17 个产业产值,整理计算得出结论。

二、中部地区制造业产业同构状况

产业同构是指各地区的产业结构在发展演变过程中所表现出来的某种共同倾向性，是指地区之间在主导产业的选择、产业组织规模和技术水平的确定以及产品结构安排等方面的雷同现象。产业同构系数是从区域的角度进行产业结构相似性的对比，从总体上反映产业的地区结构和分布状况，具有综合性特征。该系数的值介于0和1之间，越趋近于1表示产业结构趋同度越高，越趋近于0则表示产业结构趋同度越低。已有的研究表明，在产业结构相似系数较高的情况下，可以利用区位商这个指标鉴别区域产业发展的侧重点。区位商（又称地方专业化指数，Location Quotient，LQ）可以体现地区产业的生产相对于全国水平的集中程度。区域优势产业的选择有多种原则，如专业化原则、比较优势原则、技术进步原则、市场需求原则、产业关联原则、经济效益原则和可持续发展原则。

区位商指标可以用来衡量地区产业专业化水平。区位商又称区域专业化率，是指一个地方某种产业或产品生产在全国（全省）该产业或产品生产中所占的比重与该地区某项指标（产业或产品、人口）占全国（全省）该项指标比重之比。其测度公式为：

$$\beta_{ij} = \frac{q_{ij}/q_i}{q_j/q}$$

其中，β_{ij} 为区位商或专业化率，反映了 j 地区 i 产业的集中程度，q_{ij} 为 i 地区 j 产业的产值，$q_i = \sum_{j=1}^{n} q_{ij}$ 为全国 j 产业的产值；$q_i = \sum_{j=1}^{n} q_{ij}$ 为 i 地区的全部工业产值，$q = \sum_{j=1} \sum_{i=1} q_{ij}$ 是全国工业总产值。因此 β 指数的分子是地区 j 的产业 i 所占该地区工业的份额，分母为产业 i 占全国工业的份额。它能够测度该地区的生产结构与全国平均水平之间的差异，借此可以评价一个地区的专业化水平。

计算结果表明，六省专业化指数较高的行业具体如下，河南：煤炭采矿业，非金属矿物制造品，有色金属冶炼及压延加工业，食品制造业，专用设备制造业，造纸及纸制品业。湖北：交通运输设备制造业，黑色金属冶炼及压延加工业，烟草加工业，医药，饮料制造。安徽：有色金属冶炼及压延加工业，饮料制造业，食品加工及食品制造，交通制造业，烟草加工业，电气机械业。湖南：烟草加工业，有色金属冶炼及压延加工业，自来水生产和供应业，石油加工和炼焦业，印刷业，非金属矿采选业。江西：有色金属冶炼及压延加工业，有色金属采矿选业，医药制造业，印刷业，食品加工业，电力、蒸汽、热水生产和供应业。山西：煤炭采矿业，有色金属冶炼及压延加工，黑色金属冶炼及压延加工业，石油加工及炼焦业。由表3可知，除山西省为资源型制造业省份外，中部其他省份区位商指标比较接近的产业占多数，可以判断中部六省产业同构问题较突出。

表3　　**2007年中部产业(产值)区位商**

省份	湖北	安徽	湖南	河南	江西	山西
食品加工	1.14	1.29	1.39	1.83	0.91	0.26
食品制造	0.93	1.25	1.67	1.98	0.98	0.45
饮料制造	1.90	1.52	0.99	1.46	0.90	0.70
烟草制造	2.46	2.14	4.52	0.98	1.19	0.24
纺织业	1.04	0.66	0.55	0.83	0.79	0.07
造纸业	0.77	0.62	1.46	1.67	0.85	0.09
化学原料	1.09	0.95	1.16	0.78	0.80	0.83
医药制造	1.49	0.72	1.21	1.17	2.25	0.55
非金属	1.04	1.12	1.34	2.31	1.57	0.46
黑色金属	1.16	1.15	1.18	0.87	1.09	2.68
有色金属	0.86	1.80	2.30	1.91	4.66	1.23
金属制品	0.70	0.78	0.61	0.48	0.62	0.16
通用机械	0.87	0.85	0.76	0.76	0.33	0.35
交通制造	2.58	1.37	0.67	0.47	0.88	0.17
电气机械	0.54	1.79	0.55	0.43	0.83	0.08
通信制造	0.41	0.17	0.13	0.05	0.19	0.10
仪器仪表	0.51	0.46	0.41	0.48	0.50	0.17

三、“十二五”期间中部地区制造业发展思路

基于中部地区产业优势和产业同构的上述分析，作者认为“十二五”期间中部地区制造业发展可采取以下战略思路：

1. 依托优势产业，积极承接产业转移

中部地区必须把握好产业转移的机遇，充分利用自身区域的后发优势、比较优势、区位优势、市场优势、竞争优势和潜在优势，不断调整战略和策略，从地方层面做好产业承接工作，为自身经济的发展打下坚实的基础。

面对东部地区有限的产业转移资源，中西部各省都在发挥自身优势积极承接。各地区要根据其自身优势，确定本地产业发展重点，规避同质竞争，做出各省产业特色。

根据中部地区的比较优势，中部地区承接的产业应主要从以下三大类中选择：资源密集型产业、劳动密集型产业、高新技术的中下游产业。具体主要有：石油加工及炼焦业、煤炭开采业、有色金属矿采选与冶炼业、特色冶金与金属制品业、普通机械制造业、纺织服装业、食品加工业、造纸及纸制品业、家用电子电器制造业、普通电子装配业等。

除了从产业垂直分工的角度，还可以从产业水平分工的角度进行产业区域转移，即在同一产业，甚至同一企业内部，根据东部和中部省区各自的资源优势和市场特点，通过产业转移，合理地进行产业分工与协作，达到提升企业竞争力和区域产业结构优化的目标。低端环节(制造、加工）转移到内地，充分利用其能源和劳动力优势。另外，从增强产业劳动力吸纳能力的角度来考虑，对哪些产业该引导进行区域转移，应考虑其对劳动力吸纳的潜力。有些产业(如化学原料及化学制品制造业、医药制造业、电气机械及器材制造业）目前虽然在落后地区产值就业弹性系数比在发达地区低，但其固定资产投资就业弹性系数大，因此，对这些产业的新增投资应该列入往落后地区引导的行列。

2. 实施差异化战略，着力解决产业同构

在中部六省大力实施产业差异化发展战略，在各省区域内优势的基础上实行区域专门化生产，并且通过区际交换实现其专业化部门生产的产品价值与满足自身对本区域不能生产或生产不利的产品的需求，从而扩大区域生产能力，增进中部区域整体利益。在区域分工与合作视角下解决产业同构优化问题，实质上是基于比较优势原则实现专门化生产，并不断促成生产要素的合理流动，通过产业集群化壮大区域经济实力，形成分工合理、结构优化的产业格局。

极具科学性和前瞻性的产业规划战略是区域产业朝着良性、优化、持续方向发展的重要保障，因此，解决区域间产业同构优化问题还必须有科学合理的产业规划战略作为保证。基于区域分工与合作视角，科学规划不同层级区域的产业体系，在产业规划战略中产业结构、产业类型与地位、产业布局等方面的规划将对区域产业发展产生规范性作用，使区域优势得以发挥，促进区域协调发展。

3. 培育发展战略性新兴产业，抢占新的竞争制高点

纵观世界各国及地区经济发展历程，超前选择与布局新兴产业，培育新的经济增长点，抢占国际产业竞争的制高点，是一个国家实现从“经济大国”到“经济强国”转变的重要动力，也是各国及地区优化和调整产业结构，保持经济持续增长的重要选择。2008年以来，世界主要发达国家和经济体在面对国际金融危机严重冲击的时候，纷纷加大了对科技创新的投入、加快了对新兴技术和产业发展的布局，力争通过发展新兴战略产业创造新的经济增长点，抢占新一轮国际竞争的战略制高点。所谓战略性新兴产业，是指掌握关键核心技术、市场前景好、资源能耗低、产业带动系数大、就业机会多、综合效益好的产业。战略性新兴产业的本质特征有三点：一是战略性，即对于保持经济持续稳定的发展，对于促进国家产业结构调整，对于提升我国综合国际竞争力，具有深刻的影响力；二是先导性，战略性新兴产业体现了产业的发展方向，体现了科技的发展方向，能迅速引入制度创新和技术创新；三是带动性，即具有很强的扩散效应和产业关联度，能带动其他产业部门的发展。

“十二五”期间，中部地区应加强政策支持和规划引导，强化核心关键技术研发，积极有序地发展新一代信息技术、节能环保、新能源、生物、高端装备制造、新材料、新能源汽车等产业，加快形成先导性、支柱性产业，切实提高产业核心竞争力和经济效益。坚持产业整体推进与重点领域跨越发展相结合，选择最有基础和条件的领域作为突破口，培育战略性新兴产业集群，促进优势领域率先发展。制订重大产业项目年度推进计划，实施一批对中部地区新兴产业有带动和支撑作用的重大应用示范工程项目，培育龙头企业和知名品牌，促进产业规模化发展跃上新台阶。发挥重大科技专项的引领支撑作用，组织实施一批面向应用、具有广阔市场前景的重大产业创新发展工程，突破一批关键核心技术，掌握相关知识产权。

4. 积极推进产业结构调整，改造提升制造业

中部地区制造业发展的重点是优化结构，改善品种质量，增强产业配套能力，淘汰落后产能。制造业产业结构的调整，需要以自主建设为基础，自主创新与产业升级是密不可分的。制造业产业结构调整要一步一步推进，优化和升级也需要建立在一定的基础上，然后再做大做强。特别是对一些传统制造产业来说，要提高行业水平，具备国际竞争力，使产业的发展不受制于人，就需要有自己的技术优势，就需要推行自主创新的发展的调整模式。要优先考虑发展信息产业，积极发展高新技术产业。高新技术产业的特点是科技含量高，发展速度快，对国民经济和社会生活的渗透和带动作用强，因此要坚持用高新技术和先进适用技术改造提升传统制造业，以振兴制造业。要不失时机地推进制造业产业升级，大力发展技术与知识密集型制造产业，发展先进装备制造业，调整优化原材料工业，改造提升消费品工业，促进制造业由大变强。

5. 实施制造产业集群发展战略

产业集群(Industrial Cluster)，是指在特定区域中，具有竞争与合作关系，且在地理上集中的有交互关联性的企业、专业化供应商、服务供应商、金融机构、相关产业的厂商及其他相关机构等组成的群体。产业集群是世界产业发展的一种趋势之一，发展产业集群是提升区域竞争力的有效途径。要科学地制订产业集群发展规划，根据我国和区域产业发展规划，分析各地资源禀赋特点、产业发展现状、产业链形成规律，制定和发布产业集群发展的指导性目录，明确支持重点，引导招商引资方向。利用产业集群来提升产业的整体竞争能力。一般来说，当产业集群形成后，将可以通过多种途径，如降低成本、刺激创新、提高效率、加剧竞争等，提升整个区域的竞争能力，并形成一种集群竞争力。制造业产业集群可以加强集群内企业间的有效合作。集群使得制造企业合作能够创造的力量大于单个企业力量的简单总和，使得供应商、客户，甚至竞争者走到一起，共同分享技能、资源，共担成本。产业集群可以实现资源共享效应，有利于形成“区位品牌”。产业集群具有地理集聚的特征，公共物品共享使资源在产业集群内更具高效运作特征。随着产业集群的成功深入，集群所依托的产业和产品不断走向世界，会汇聚形成世界性的区域品牌。

参考文献

[1] 迈克尔·波特. 竞争优势. 陈小悦，译. 北京：华夏出版社，2005.

[2] 金碚. 世界分工体系中的中国制造业. 中国工业经济，2003(5).

[3] 金麟洙. 从模仿到创新. 刘晓梅，等，译. 北京：新华出版社，1998.

[4] 刘富朝等. 区域分工与合作视角下区域产业同构问题及优化路径. 资源开发与市场，2010，26(1)。

[5] 张二君. 产业集群培育与中部经济发展. 经济研究导刊，2010(23).

[6] 魏丽华. 中部地区吸引区域性战略投资者发展新兴战略性产业的作用机制探析. 湖北社会科学，2010(5).

"十二五"时期中部地区农产品加工业发展的重点任务和政策建议

杨刚强

（武汉大学中国中部发展研究院　武汉 430072）

农产品加工业是国民经济的重要产业，是推动农业和工业发展的基础性产业。发展农产品加工业是农业产业化的核心，是推进发展现代农业的重要形式，是构建农民增收长效机制的关键环节，是夯实新农村建设的重要支撑点。近年来，随着我国现代农业建设进程的加速和工业化水平的不断提高，我国农产品加工业得到了快速发展，成为国民经济中发展最具潜力的增长点。

一、"十一五"时期中部地区农产品加工业发展的成效与问题

（一）中部地区农产品加工业发展取得成效

目前，中部地区农产品加工业发展取得较大成就，已经初步建立起一个门类齐全，具有一定规模的农产品加工业体系，成为国民经济发展中总量最大、发展最快、对"三农"带动最大的支柱产业之一。

1. 农产品加工业持续快速发展

"十一五"以来，中部地区农产品加工业年均增速超过20%，呈现健康快速的发展势头。2009年，湖北农产品加工业总产值达到3 020.98亿元，比上年增长32.7%，实现利税370.86亿元，比上年增长28.1%。湖南省农产品加工业实现销售收入（不含烟草）

2 560亿元，比2005年增长1.2倍，年均增速21.7%。山西省农产品加工业增加值实现112.470 2亿元，比2005年增长1.66倍。2010年上半年，安徽省农产品加工总产值达1 534.7亿元，同比增长42.4%，增加值457.4亿元，同比增长26.1%。河南规模以上农产品加工业实现营业收入2 703.62亿元，同比增长34.59%。

2. 农产品加工龙头企业辐射带动作用不断增强

企业是农产品加工业发展的主体，企业的规模和实力是一个地区农产品加工业发展水平的标志。随着中部地区农业产业化进程的不断推进，农产品加工龙头企业获得了较快的发展。一批高起点、高质量、高科技含量的知名品牌龙头企业正逐渐形成，为推动中部地区农产品加工业的发展奠定了坚实的基础。同时，围绕龙头企业的产业链不断延长，产业化程度不断提高，一大批规模大、效益好、带动力强的大型农产品加工企业不断涌现，成为带动产业和区域经济发展的主导力量之一。2009年湖北规模以上农产品加工企业有3 824家，居全国第9位，规模以上企业平均年产值为7 900万元。湖南省规模以上农产品加工企业发展到2 860家，实现增加值718亿元，占全省规模工业增加值的16.9%。山西省农产品加工龙头企业实现销售收入335亿元。2010年上半年，河南省农产品加工企业30 763家，职工人数169.38万人，实现销售收入3 547亿元，实现利税749亿元，分别比上年同期增长2.54%、8.57%、19.6%和21.02%。规模以上农产品加工企业达4 856家，实现销售收入2 703.62亿元，比上年同期增长34.59%。

3. 农产品加工业产业结构不断优化

中部地区农产品加工业的产业结构进一步改善，形成了以食品工业为主体的农产品加工业，食品工业产值占农产品加工业产值的比重不断上升。产品结构呈现多样化趋势，方便食品、快餐食品、休闲食品、营养保健食品等发展迅速，产品附加值不断提高，主要农产品深加工比例达到30%以上，逐步由初加工向深加工转变。农产品加工企业品牌建设意识增强，无公害农产品、绿色食品和有机农产品、地理标志农产品数量不断增加，“三品一标”认证产品总数占全国农产品商品量的比重不断上升。

4. 农产品加工业区域布局不断完善

推进优势产品向优势企业集中，优势企业向优势区域集聚，是农业产业化经营向更高层次发展的必然趋势。中部各省根据资源禀赋和区位优势，引导农产品加工企业向优势农产品产业带、农产品加工园区和小城镇集中，不断加快优势农产品产业带的形成。目前，中部地区已建设了一批特色鲜明的农产品加工产业园区（带），如黄淮海地区优质专用小麦加工产业带，中南地区柑橘加工产业带，长江流域优质油菜加工产业带，中部江河湖泊流域优质水产品加工产业带，中部地区茶叶主产区优质茶叶加工产业带等。这些特色产业链为发展农产品加工业奠定了坚实的基础，这些地区以优势农产品产业带为依托，带动了农产品加工龙头企业的聚集和优势产业集群的逐步形成。

5. 农产品加工企业科技创新能力不断增强

近年来，随着农产品加工产业和科技的迅速发展，现代食品加工技术在中部地区不断推广，带动了中部地区企业产品升级、产业升级和竞争力提升。企业已意识到技术创新对构筑、强化核心竞争力的关键作用，企业逐渐成为技术创新的主体，科技创新能力不断增强。此外，企业更加注重与科研院校的紧密合作，通过建立重点实验室、工程中心等各类研发资源，建立全新的产业（企业）研发中心和农产品加工创新体系。如湖南省通过连续举办科企对接会，促进了龙头企业科技创新意识的不断增强。先后有金健米业、湖南省茶业公司、熙可食品被农业部认定为50个国家级农产品技术研发分中心。龙头企业自建研发中心160个，与科研院所通过各种形式合作组建研发中心229个。

6. 农产品加工业产业组织程度不断提高

随着市场经济的发展，中部地区许多农产品加工企业通过契约、合同、利益互补等形式将农产品的产前产后诸环节连接起来，实行产业化经营，农产品加工企业与农户的关系日益紧密，企业与基地、农户的利益连接机制逐渐形成。一些农产品加工的龙头企业把基地和农户作为“第一生产车间”，通过“公司+农户”、“契约+服务”、科农工贸一体化等经营模式与农户结成利益共同体，把一家一户的分散经营与大市场衔接起来，搭起了农户和农产品走向市场的桥梁。

（二）中部地区农产品加工业发展存在的问题

1. 农产品制成品附加值小

中部地区农产品加工业还处于初级发展阶段，初加工产品多、深加工产品少；低附加值产品多、高附加值产品少；单项产品多，系列产品少，绝大部分农产品仍以卖“原产品”为主。总体上看，中小企业和家庭作坊较多，产业集中度不高，处于低水平循环。首先，农产品加工业产值与农业产值之比还大大低于发达国家，也低于全国平均水平。发达国家农产品加工业产值与农业产值之比为2:1－4:1,全国平均水平是1.1:1，而中部地区的湖南省为0.7:1，江西省为0.6:1，山西省为0.4:1，湖北省为0.7:1。其次，农产品加工比例偏低。农产品的加工过程实际上是农产品的增值过程。目前，发达国家农产品加工率在90%左右，我国只有45%左右(初加工以上)，而中部地区湖北省农产品加工率只有40%。发达国家二次以上的深加工农产品占80%，我国平均水平为30%左右，中部地区则不足20%；发达国家加工制造食品占食物消费总量的比重大约为80%，中部地区的湖北省仅为30%。最后，高附加值的产业发展不够，产业和产品结构不合理抑制了产业的利润增长空间，企业经济效益不高。

2. 农产品加工业经济效益水平不高

与东部地区和全国平均水平相比，中部地区农产品加工业赢利能力整体水平较低。就农产品加工企业而言。在全国31个内陆省份中，按实现利润总额数额大小排，河南省、湖南省、湖北省、江西省、安徽省和山西省分别排第6位、第11位、第13位、第14位、第15位和第22位。就分行业的销售利润率而言，2009年，在全部12个农产品加工大类行业中，中部地区有6个行业的销售利润率低于全国平均水平和东部地区，包括饮料制造业、烟草制造业、纺织服装、鞋帽制造业、皮革、毛皮、羽毛(绒)及其制品业以及木、竹、藤、棕、草制品业和造纸及纸制品业。

3. 农产品加工企业市场竞争不强

20世纪90年代以来，中部地区农产品加工业取得了长足的发展，农产品加工业已初步具有支柱产业的框架，但与东部地区和国际农产品加工业相比，其竞争力不强也显现出来。随着我国加入WTO，农业越来越紧密地同国际市场联系在一起，其国际化程度日益提高，农产品竞争的空间范围扩大，竞争的内容也更丰富，在价格、质量竞争之外，还形成了品牌、包装、服务、信誉等产品营销能力的竞争。目前，中部地区农产品加工业主要集中在农产品的初级加工，而深加工程度不高，直接削弱了农产品加工业在国际市场上的价格竞争力。在激烈竞争的农产品市场上，中部地区的初级产品无力与国外经过深加工的农产品展开竞争。

4. 农产品加工业产业集聚度不高

近年来，中部地区农产品加工业的产业结构出现了积极的变化，但是产业结构层次仍较低。一是农产品加工业的产业链短，受原材料、加工技术等因素的制约，农产品加工业深加工程度低，缺乏一批综合效益好、对区域经济带动作用强的大型产业链，产业积聚拓展的空间有限。二是农产品加工业的产业集群尚未形成。中部地区缺乏关联度高、带动性强的大企业、大集团，大型龙头企业应有的辐射、示范、扩散效应尚未充分发挥。三是农产品加工业的12个行业内部发展不平衡，食品制造业所占比重较大，其他产业发展缓慢。

5. 农产品加工企业布局不合理

中部地区对主要农产品加工业缺乏科学的整体规划，主攻方向不明确，扶持重点不突出，布局分散，没有形成区域性农产品加工业优势。农产品加工业与人民的生活密切相关，各地区居民的消费习惯存在一定的差异，一些农产品尤其是难以保存的食品，具有明显的地域性，形成了市场的自然分割。不少地区还存在地方保护主义的现象，加剧了农产品加工业市场的分割，不能有效实现产业的集聚，不能有效实现规模化、集约化生产和合理的布局。

二、“十二五”时期中部地区农产品加工业发展的重点任务

“十二五”时期是我国加快转变经济发展方式的攻坚时期，是我国在工业化、城镇化深入发展中同步推进农业现代化的重要阶段。加快中部地区农产品加工业发展有利于优化农业和农村经济结构，加快现代农业和新农村建设步伐，促进中部地区崛起和区域协调发展。因此，明确中部地区农产品加工业发展的功能、方向及重点任务尤为重要。

(一)中部地区农产品加工业发展功能定位

一是带动中部地区农村经济发展的支柱产业。带动农村进步、农业增效、农民增收。二是加快经济发展方式转变的先导产业。以推进科技进步、增强自主创新为手段，以资源节约和环境友好为目标，着力构建现代产业体系，率先探索转变经济发展方式的模式。三是承接国际和东部地区产业转移的基础产业。着力发展轻纺产业，积极探索中西部地区承接产业转移新途径和新模式。四是促进区域协调发展的重点产业。增强农产品加工业发展的动力和活力，积极提高农产品加工业的经济效益和竞争力，努力将其建设成为带动中部地区经济发展的龙头产业。

(二)中部地区农产品加工业发展方向

中部地区农产品加工业的发展应以科学发展观为指导，以科技创新为支撑，切实转变经济增长方式，加快体制机制创新，逐步实现从总量带动向结构调整、从产业分散向产业集聚、从成本优势向创新优势、从国有为主向多种所有制共同发展转变，逐步实现由初级加工向精深加工的转变，由数量增长向质量和效益提高转变。

(三)中部地区农产品加工业发展的重点任务

“十二五”时期，中部地区农产品加工业以推进结构调整为主

线，以优势、特色农业产业带为依托，以发展产地加工为重点，以拓宽农民就业增收渠道、改善农村民生、促进农产品增值为立足点，积极转变发展方式，加强技术创新，加快改造升级；因地制宜、合理布局、强化配套，引导农产品加工向优势产区聚集。

1. 调整产业结构，促进产业集聚

产业结构调整是发展方式转变的重要内容。中部地区要紧紧抓住我国经济发展方式转变的大好时机，加快农产品加工业产业结构的调整和优化，积极面向国内外市场需求，紧紧依靠科技管理创新和人力资源开发利用，加快改造提升传统产业，培育壮大现代产业体系。积极促进农产品加工业集群化，提升产业集群的创新能力。积极扩大集群的规模效应，增强集群的竞争优势。积极整合农产品加工业的园区布局，深化各园区间的分工，促进园区从综合型向特色型转变，努力形成一套具有自主知识产权的创新产品和高新技术支柱产业集群，推进产业结构的升级，实现中部地区农产品加工业的跨越式发展。

2. 加快科技进步，增强企业发展科技支撑力

中部地区应加快高新技术和适用技术的推广应用，依靠科技振兴农产品加工业，提高产品的科技含量和附加值。一是积极采取有效的措施加大对农产品加工业的科技投入，推动农产品加工领域的科技进步，加快农产品加工业企业自主科技创新的步伐。二是加快品牌产业和龙头企业技术改造步伐，提高产品品位水平。加强新技术新产品的研究和开发，建立以企业为主体，产学研相结合的技术创新体系。三是积极引进国外先进的农产品生产加工技术，针对产业技术体系构建过程中的瓶颈问题和关键环节，加大国外先进技术、工艺、设备和管理水平的引进力度，采取各种优惠政策，鼓励国际资本采取直接投资、合资等方式，推动国内农产品加工业的进一步发展。四是加强农业推广服务体系的改革创新，提高精确农业和精深加工水平。五是支持科技成果转化和推广先进适用的农产品加工技术。

3. 立足区域优势，加强区域合作

随着经济全球化和区域一体化进程的加快，积极开展区域合作是促进区域经济发展的重要途径。中部地区应从区域农产品加工业发展的实际出发，不断拓展区域合作的深度和广度，抓住全球产业结构调整的契机，加强分工与合作，促进中部地区农产品加工业一体化发展，实现市场相同、体制相融、资源共享、人才互通、产业互补，全面推进中部地区农产品加工业不断升级和快速发展。一是要积极培育区域产业价值链。随着全球经济一体化趋势的加强，地区间的产业分工由部门间分工逐步向同一部门的产品间分工，进而向同一产品的产业链分工转变。中部地区各省以及中部地区与东部地区应积极加快优势互补，分工合作，培育并区域产业价值链，形成区域内企业间的价值链分工网。二是要积极承接东部地区和国际产业转移。积极承接高技术农产品加工业的转移，进一步提高技术创新能力和研发水平，有效实现与东部地区的技术对接、产业对接、市场对接，形成优势互补，资源共享的发展格局。

4. 扩大开放，融入全球化的市场体系

进一步扩大开放，积极开发对外贸易，融入全球市场化体系，参与全球价值链分工。一是进一步完善鼓励出口的各项政策。积极扩大农产品加工业开放的领域，积极开发对外贸易，完善企业参与国际竞争的各项政策。充分利用好中央财政对企业因欠退税发生的银行贷款进行贴息的政策，缓解企业资金紧张的矛盾，充分发挥出口信用保险扶持发展资金的作用，促进出口增长等，同时要积极完善有利于出口的其他各项政策，以激发企业出口的积极性。① 二是加大对私营企业开拓国际市场的支持力度，鼓励企业实施走出去战略。充分利用国内外两种资源、两个市场，鼓励农产品加工企业的国际经贸合作和跨国经营，在全球范围内优化布局，拓展产业发展空间，通过建立自己的全球生产体系来构筑国际竞争优势。

三、促进中部地区农产品加工业发展的政策建议

（一）健全质量安全体系，防范产业风险

中部地区应积极加强农产品质量安全体系建设，努力规范农产

① 周彩虹. 新型国际分工与长三角制造业. 科学出版社，2009：224.

品市场发展、确保和提高农产品质量、引导农产品向正确的方向发展。一是要完善产品质量标准体系。积极完善制定专门性、系统性的农产品质量法，完善农产品质量标准体系。二是要推行标准化生产和加工。三是积极加强农产品质量安全的检验检疫。建立农产品质量安全风险评估机制，加强优势农产品质量安全例行监测和监督抽查工作，完善农产品制成品质量安全检验检测手段，加强对农产品加工质量安全的监督、检测和检查。

（二）加强社会化服务，完善社会化服务体系

中部地区要以产业指导、科技提升、资金融通、信用担保、信息服务等为突破口，加快农产品加工业的社会服务体系建设。一是要促进农产品加工业的行业管理和服务逐步规范化。二是抓好农产品加工业职工的教育培训，为企业培养一批农产品加工急需的专业技术人才。三是要从大农业、大食品、大加工的战略高度出发，深化农产品加工业管理体制的改革，使之更加适应社会主义市场经济。四是建立和完善农产品加工技术推广体系。深化农业技术推广体制改革，不断充实中部地区优势区域基层技术推广力量，完善技术推广运行机制，确保公益性推广机构履行职能所需经费，积极扶持社会化技术服务组织。

（三）拓宽融资渠道，加大资金投入力度

发展农产品加工业的关键便是增加对农产品加工业的资金投入。因此，要采取各种措施，拓宽融资渠道，加大对农产品加工业的资金投入力度，积极扶持优质、高产、高效农产品的加工和转化。一是增加国家财政投入。增加对农产品加工企业收购农产品的直接财政补贴，提高农产品加工业基本建设投资占整个基本建设投资的比重，增加对农产品加工骨干企业的技改投入。二是拓宽金融融资渠道。增强商业银行的支农功能，鼓励有条件的地方建立担保基金、担保公司，为优势区域龙头企业融资提供服务；鼓励有条件的龙头企业上市或向社会发行企业债券，募集发展资金；鼓励各类市场主体参与优势区域农业基础设施建设，逐步建立起多元化、多

渠道的投融资机制。三是实行税收优惠政策。积极减免农产品加工企业的企业所得税和产品增值税。四是积极引进外资。加快国外先进技术、工艺、设备和管理方法的引进，采取各种优惠政策，鼓励国际资本采取直接投资、合资等方式，推动国内农产品加工业的进一步发展。

（四）创建名牌产品，提高企业核心竞争力

一是树立企业的市场意识。农产品加工业必须以市场为导向，生产适销对路的产品。二是形成品牌导向的企业生产文化。加强对员工的培训，增强品牌意识和质量安全生产意识。在企业内部建立专门负责品牌培育、建设和宣传的专门部门，应对和处理公共关系问题。三是严把产品质量关。要把企业的质量生产同企业的名牌战略实施结合起来，从而使农产品加工业处于较高的发展起点。推进标准化生产，确保生产质量。加强企业内部的产品质量检验检测，及时发现质量问题。四是加大企业和产品宣传力度。要重视企业产品的广告宣传。企业要积极承担社会责任，实现企业追求与社会价值的统一。并以此为契机，加快品牌的推广。

（五）增强行业协会功能，探索利益联结机制

一方面，要加强行业协会同政府的沟通交流，推动相关政策措施的制定和实施。发挥各行业协会在提供社会化服务、开展行业自律、防止无序竞争、协助解决国际贸易争端等方面的作用，加强协会对会员的各项服务，提供信息咨询、法律服务、产品咨询、科技推广等服务工作，加强对企业管理和专业技术人员的培训服务，沟通内外联系，加强国际国内合作与交流，举办展览会、博览会，为会员企业提供产品宣传窗口、拓宽销售渠道等。另一方面，要进一步完善“龙头企业＋农民专业合作经济组织＋农户”、“龙头企业＋农村经纪人＋农户”和“龙头企业＋基地＋农户”等各种企业与农户利益联结模式，探索多种形式利益联结新机制。

参考文献

[1] 张润清，杨建锋，赵邦宏．河北省农产品加工业发展研究．北京：中国农业科学技术出版社，2008.

[2] 中华人民共和国农业部农产品加工局．2008 年中国农产品加工业发展报告．北京：中国农业科学技术出版社，2008.

[3] 万宝瑞．农产品加工业的发展与政策．北京：中国农业出版社，1999.

[4] 张秀生，杨刚强．积极发展农产品加工业 促进中部地区农业发展．宏观经济管理，2008(11)．

[5] 魏益民，万桂林，丁凡．农产品加工业发展现状与趋势分析．农产品加工，2009(3)．

[6] 赵燃，骆乐，韩鹏．中国农产品加工业技术效率、技术进步与生产率增长．中国农村经济，2008(4)．

专题四

“十二五”时期中部地区区域协调机制研究

“十二五”期间中部地区区域协调互动机制的完善

刘荣华　殷君伯　闪　辉
（安徽省发改委地区处　合肥 230001）

党的十六届五中全会通过的《中共中央关于制定国民经济和社会发展第十一个五年规划的建议》提出，要在促进区域协调发展中健全区域协调互动机制。胡锦涛总书记指出：“促进区域协调发展，是改革开放和社会主义现代化建设的战略任务，也是全面建设小康社会、构建社会主义和谐社会的必然要求。全党全国必须从贯彻落实科学发展观、构建社会主义和谐社会的战略高度，深刻认识促进区域协调发展的重大意义，把促进区域协调发展摆在更加重要的位置，切实把区域发展总体战略贯彻好、落实好。”今年是“十一五”的最后一年，也是全面实施《促进中部地区崛起规划》的第一年，加快完善“十二五”期间中部地区区域协调互动机制，是保障规划顺利实施和实现中部地区崛起的重要战略途径。

一、区域协调互动机制综述

20 世纪 90 年代末期以来，从实现国家现代化建设的总体要求和地区发展不平衡的实际出发，国家陆续做出了促进区域协调发展的一系列战略决策。1999 年国家首先提出了西部大开发战略，2003 年提出了振兴东北地区等老工业基地战略，2006 年提出促进中部地区崛起战略，强调东部地区要在率先发展中带动中西部地区的发展。以 2006 年 4 月中央出台的《关于促进中部地区崛起的若干意见》为标志，我国推进西部大开发、振兴东北地区等老工业基地、促进中部地区崛起、鼓励东部地区率先发展，东、中、西相互促进、优势互补、共同发展的区域发展总体战略格局基本形成。

（一）我国区域发展总体战略配套政策的主要特点

2007年11月13日，国家发改委副主任杜鹰在“全国发展改革系统地区经济工作会议”上说，要从四个方面科学把握区域协调发展的基本内涵，即地区间人均生产总值差距保持在适度的范围内、各地区人民都能享受均等化的基本公共服务、各地区比较优势能够得到合理有效地发挥、各地区人与自然的关系处于协调和谐状态。伴随着西部大开发、东北等老工业基地振兴、促进中部地区崛起、东部地区率先发展等战略的提出，党中央、国务院出台了一系列与之配套的政策措施和安排，这些政策措施均具有明显的指向性，并具有如下几个突出的特点：

一是强调从实际出发，把握比较优势，选择发展路径；瞄准薄弱环节，选择发展重点。中部地区位于我国内陆腹地，具有承东启西、连南通北的区位优势。区域内人口众多，自然、文化资源丰富，科教基础较好，便捷通达的水陆空交通网络初步形成，农业特别是粮食生产优势明显，工业基础比较雄厚，产业门类齐全，生态环境容量较大，集聚和承载产业、人口的能力较强，具有加快经济社会发展的良好条件。《中共中央国务院关于促进中部地区崛起的若干意见》指出：坚持把改革开放和科技进步作为动力，着力增强自主创新能力、提升产业结构、转变增长方式、保护生态环境、促进社会和谐，建设全国重要的粮食生产基地、能源原材料基地、现代装备制造及高技术产业基地和综合交通运输枢纽，在发挥承东启西和产业发展优势中崛起，实现中部地区经济社会全面协调可持续发展。

二是强调推进体制创新，通过深化改革，形成经济的“造血”机制、创新能力和发展动力。《促进中部地区崛起规划》指出：“以薄弱环节为突破口，加快改革开放和体制机制创新，增强中部地区发展动力和活力。着力打造对外开放平台，加强与东部沿海地区及西部地区的交流合作，促进区域间优势互补、共同发展。健全合作机制。强化政府在区域合作中的统筹、协调、指导和服务职能，完善地方政府间定期联席会议机制。发挥区域性合作组织的作用，支持建立跨行政区的行业协会、商会，加快形成政府、企业、社会团体等共同参与、相互协作的多层次区域合作体系。在跨地区的发展规划、基础设施建设、生态环境保护、市场要素流动等重点领域建立协调机制，推进区域务实合作。建立公开透明、及时准确的区域合作信息交流和发布机制。”为有效增强促进中西部地区的自我发展能力，国务院于2010年1月12日批复的《皖江城市带承接产业转移示范区规划》指出：“设立示范区，是顺应国内外产业转移新趋势，探索建立承接产业转移新模式的客观需要。通过加强政策支持和规划引导，深化体制机制改革，充分发挥市场导向和政府推动的双重作用，构建区域分工合作机制，探索产业合理布局、要素优化配置、资源节约集约利用的有效途径，为中西部地区大规模承接产业转移提供示范。”

三是强调适度政策支持，把国家扶持同自身努力有机结合起来，充分发挥各地区的能动性。《促进中部地区崛起规划》提出国家将完善财税支持政策，加大金融支持力度，制定投资促进政策，实施体现中部地区特点的土地利用政策。同时要求中部六省人民政府要切实加强规划落实，根据规划要求研究制定规划实施意见和具体工作方案，编制重点领域的专项规划，按照本规划确定的发展重点和空间布局，选择和安排建设项目，协调推进各项改革和体制机制创新。

四是强调互促互动互帮互助，在互补中实现互惠，在联动中达到共赢。实施区域协调发展战略的目的就是为了缩小区域间的差别，实现共同发展。中共十六届五中全会进一步强调健全区域协调互动机制，明确提出了四个方面的要求，这就是：健全市场机制，打破行政区划的局限，促进要素在区域间自由的流动，引导产业转移；健全合作机制，各个地方要开展多种形式的区域经济协作和技术、人才的合作，形成优势互补；健全互助机制，发达地区富起来以后，要通过社会捐助、对口支援、产业转移等方式来帮扶欠发达地区；健全扶持机制，国家按照公共服务均等化的原则，加大对欠发达地区的支持力度，加快对革命老区、少数民族地区、边疆地区、贫困地区的经济社会发展的支持力度。

（二）区域协调互动发展的内涵

区域协调互动发展是一个新概念，不同的学者从不同的研究角度出发，阐述了区域协调互动的发展的内涵。

张军扩认为，纵观各国特别是发达国家工业化进程的历史，空间格局演变最突出的特征之一，就是人口、要素和经济活动向部分地区集中；从各地发展总量水平来看，地区差距呈不断扩大之势。这种趋势不仅在大国存在，在小国同样存在。它不仅是市场竞争和提高效率的要求，也是保护资源环境、促进经济社会发展与自然相协调的要求。因此，试图通过平衡各地发展来缩小生活福利水平差距，不仅很难取得理想的效果，也与市场规律和环保要求相悖。不能将“区域协调发展”等同于“区域平衡发展”甚至是“区域同等增长”，试图采取缩小地区经济发展差距的办法来缩小不同地区居民的生活和福利水平差距。因此，他认为，第一，政府在区域增长极的培育中可以发挥重要作用；第二，政府需要在扶持问题区域发展方面发挥更大的作用；第三，政府在保护生态环境、促进要素集聚与生态环境承载力相适应方面有着不可推卸的责任。

陈斐等强调要“正确把握区域发展不均衡的客观必然性，更科学地促进区域协调发展。区域发展不均衡是自然的、历史的、经济的和政治的各种因素共同作用的结果，其中自然条件或资源环境承载能力，对一个区域发展所起的作用十分重要。发展的自然条件，有些是可以改变的，有些则是不可改变的，即使能够有所改变，也会付出极大代价，并很可能遭受自然的‘报复’”。

向益平从制度体系角度研究认为：“区域协调发展是落实科学发展观的基本要求，是实现可持续发展的前提，是构建和谐社会的重要基础。促进区域协调发展必须坚持以人为本，在科学合理规划的基础上，作出相应的政策安排和制度设计，建立起完整的发展保障体系和发展成果共享体系，运用市场经济和行政干预等多重手段，在非均衡发展过程中逐步实现地区间的相对平衡和动态协调。”

李德水认为：“协调发展就是要解决经济社会发展过程中出现的地区之间、城乡之间、不同社会阶层之间发展差距日益拉大，人与自然之间关系日趋紧张的问题。促进区域协调发展是我国国民经济和社会发展整体战略的重要组成部分，是我国现代化建设中的一个重大战略问题，也是新世纪、新阶段实现我国国民经济又好又快发展的重要内容和基本保障。区域协调发展的内涵有：一是要有利于增强区域综合实力和综合竞争力，有利于社会福利的普遍增长；二是要以建立和谐社会和最终实现共同富裕为目标，逐步缩小不同地区居民所享受的福利水平的差距；三是要以发挥地区比较优势为基础，形成合理的地区产业分工格局；四是要与各地资源环境承载力相适应，有利于人地关系的和谐；五是要探索各地区之间战略协调的途径，实现区际良性互动发展。”

傅春等认为：“从区域协调的内涵分析可以看出，区域协调发展是科学发展的重要组成部分，在科学发展观指导下的区域协调发展是科学发展的题中应有之义。科学发展最为关注的是经济增长方式的转变，不能再走东部地区‘先发展，后治理’的老路，要将发展和保护并重。不能一味地发展资源能源消耗型经济，而要提倡资源节约和环境保护，要增强企业自主创新能力，促进产业结构优化升级。只有科学发展，中部地区才能崛起。”

（三）区域协调互动发展的主体

区域协调互动发展涉及的主体主要包括政府组织、企业组织、非营利组织等，主体之间的关系体现在两个层面上：宏观层面，即政府与企业，政府与非营利组织，企业与非营利组织之间的关系；微观层面，即政府之间，企业组织之间，非营利组织之间的关系。安康等认为区域协调互动发展是相关区域主体通过内在稳定的运行机制，在经济、政治、文化、生态等多领域相互联系、关联互动、正向促进，区域利益同向增长，区域差异趋于缩小的过程和状态。

1. 政府

作为公共利益的代表，政府是区域协调互动发展最重要的参与者。政府通过制定和实施有关区域法规，建设并提供大部分区域公共设施和公共服务推动区域协调发展。中央政府和地方政府在区域协调互动发展中肩负着不同的责任。中央政府的目标主要是确保中央制定的法律和区域法规在区域协调发展中得到贯彻，使区域的发展方向与国家发展战略一致。地方政府在区域协调发展过程中，首要是执行中央政府或者上级政府的法律法规，确保良好的区域发展外部环境。

2. 企业

企业通过实现其利润目标积极参与到区域协调发展进程之中。企业参与区域协调互动发展的方式主要有两种：资本合作和技术合作。

3. 非营利组织

非营利组织正是通过参与区域治理间接地影响着区域协调互动发展的整体进程。不过，就目前来看，我国的非营利组织还缺乏必要的独立性，对政府部门还存在着很强的依赖关系。许多非营利组织由政府发起，其正常工作受到政府部门的严格监督。与此同时，许多非营利组织内部管理水平很低，因此，非营利组织在推动区域协调互动发展进程中的作用非常有限。

（四）区域协调互动发展的机制

区域协调互动机制，是指推动区域间相互协调、相互促进、实现优势互补、共同发展的机制。《中共中央关于制定国民经济和社会发展第十一个五年规划的建议》提出，形成区域间相互促进、优势互补的互动机制，是实现区域协调发展的重要途径，并提出了健全市场机制、合作机制、互助机制、扶持机制的要求。这些机制是促进区域协调发展又一个重点，这“四大互动机制”体现了发展全国统一市场、促进生产要素自由流动的效率原则，体现了发挥各地比较优势、实现区域之间优势互补的共赢原则，更体现了发挥社会主义制度优越性、实现公共服务均等化的公平原则。互动机制的完善，将为区域经济协调发展提供重要的体制和制度保障，也是今后推进区域经济协调发展时需要着力加强的具体工作。安康等认为区域协调互动发展的机制还应该包括空间组织机制。

1. 市场机制

市场机制是区域协调发展的主导机制，是实现区域协调发展的根本途径。我国正处于从计划经济向社会主义市场经济转轨过程中，区域发展不均衡，在相当程度上也是市场经济体制不完善，市场配置资源作用没有充分发挥的结果。在区域协调互动发展中，首要的一点是区域经济的协调互动发展，而利益正是经济发展的原动力，各区域主体在利益的引导下通过市场机制相互作用。根据经济学原理，在市场机制条件下，生产者和消费者完全独立地决定供求总量，并主要通过供求杠杆等手段，利用价格信号促使资源流通，且所有商品和服务的需求和供给都将趋于一致，最终达到竞争性均衡，从而使得资源配置合理化、经济效益最大化，各区域在经济上协同发展。市场机制具有使要素价格和要素收益均等化的作用，当发达地区的水、土地、劳动、能源、环境及其他资源价格上涨、收益下降时，资金必然流向这些要素价格较低的欠发达地区，从而促进欠发达地区的发展。我国由于市场经济体制还不完善，突出表现在要素价格还没有充分反映其稀缺程度，特别是多数发达地区对土地费用等要素价格进行补贴，在一定程度上阻碍了资金在区域间的自由流动。因此，在社会主义市场经济条件下，推进区域协调发展，首先必须打破地区封锁，加快建立全国统一市场，实现生产要素在区域间自由流动和产业转移，不能再靠行政命令调拨资源、靠计划安排项目来实现。

2. 合作机制

市场机制的运作将不可避免地造成区域活动的外部性，以及区域利益主体之间的信息不对称，从而加剧不同区域主体之间的矛盾与冲突，合作机制是实现区域协调发展的有力措施。为了摆脱市场失灵的影响，必须注重于合作机制的培养。经济合作组织(OECD)指出合作机制的作用主要有四：一是环境保护和经济可持续发展等政策问题，需要区域内各地方政府共同努力解决；二是地方政府必须合作解决由于区域经济发展失衡导致的失业和贫困等问题；三是区域内各地方政府必须通过资源与行动的整合才能提升区域竞争力，以应对全球化的激烈竞争；四是地方政府间的横向合作关系具有其他任何合作关系所无法取代的机制。各区域各有各的比较优势，发展多种形式的区域合作，有利于实现区域间优势互补、互利共赢、共同发展。中部地区具有资源优势，东部地区具有资金、技术和人才优势，将东部地区的资金、技术和人才优势与中部地区的资源优势结合起来，促进东部地区那些主要依靠中部资源的产业向中西地区转移，既可以避免资源大跨度、大规模调动，降低全社会运输成本和交易成本，提高整体经济效率，也可以带动中部地区的经济发展。

3. 空间组织机制

区域发展是时间维度和空间维度上的立体展开。时间维度区域发展表现为区域经济的增长、区域社会趋于和谐、区域环境的改善等；在空间维度上，区域发展主要表现为区域空间结构的演化。区域空间结构的演化是指在一定约束条件下，区域内或区域之间发展的资源和要素进行空间优化配置的过程。完善区域空间组织机制的作用，既包括加快空间组织网络的建设和发展，也包括改善区域经济组织网络。

4. 援助机制

援助机制是对资源进行市场配置后的一次再配置，它是区域非均衡发展现状和区域协调发展战略的合理衔接，是调控区域平衡发展的重要手段之一，是针对市场失灵、实现区域协调发展的重要补充。援助机制也是一个补充机制，同为市场机制的补充机制，它与合作机制的区别在于其传导具有方向性。依照传递对象不同，援助机制可以分为互助机制和扶持机制。互助机制是指那些在一定资源上占有优势的区域向劣势区域进行资源传输，是先富帮后富，这是我国社会主义优越性的重要体现；而扶持机制主要是指中央政府对资源劣势区域的地方政府进行资源支持，尤其是中央对革命老区、少数民族地区、边疆地区和贫困地区等重点地区以及欠发达地区的支持。扶持机制是实现区域协调发展的重要手段。这是对政府特别是对中央政府的要求。不同区域现有发展水平不同和主体功能定位不同，仅仅依靠市场机制的作用，区域发展不均衡特别是区域间人民生活水平差距大的问题可能在相当长的时期内得不到解决。只有在健全市场机制、合作机制和互助机制的基础上，加大政府的调节力度，才能更好地促进社会公平，保障全体人民共享改革发展成果，建设社会主义和谐社会；才能从全局和战略的高度保护重要生态功能区，使中华民族繁衍生息的空间不断得到改善；才能更好地履行政府提供公共服务的职责，使各地区人民享有大体相当的公共服务水平，创造良好的生活环境和公平的起点。健全互助机制，就是要在总结经验基础上，进一步鼓励发达地区采取多种方式帮助欠发达地区。要继续做好发达地区对欠发达地区的对口支援，特别要做好对边疆和少数民族地区的生活对口支援。要继续鼓励社会各界捐资捐物，改善贫困地区和受灾地区人民的生活，改善义务教育、基本医疗等公共服务条件；要拓宽支援领域，在继续搞好资金援助、项目援助的基础上，加大技术援助和人才援助的力度，放大辐射和带动作用，将外生援助转化为内生机制。

5. 治理机制

依照全球治理委员会对治理的界定：治理是各种公共的或个人和私人机构管理其共同事务的诸多方式的总和。它是使相互冲突的或不同的利益得以调和并且采取联合行动的持续的过程，既包括有权迫使人们服从的正式制度和规则，也包括各种人们同意或认为符合其利益的非正式的制度安排。区域治理主体不仅包括通常所说的区域政府，还包括参与治理的企业以及非营利组织，它们共同承担着公共事务治理的责任。治理机制为各主体提供一个公平的交流平台，各主体可以在这个平台上表达自己的利益诉求，主体通过这样的博弈方式确立共同的目标，建立合作、协商、伙伴关系，以解决公共议题。

二、建立和完善区域协调互动机制的现实意义

中部地区包括山西、河南、湖北、湖南、安徽、江西六省，总面积 197 万平方公里，占全国面积的 20%，人口 3.61 亿，占全国总人口的 28.1%，是我国重要的能源、材料工业基地和农产品生

产基地。改革开放以来，中部地区经济发展面临着一系列问题，其经济发展与东部地区差距逐渐拉大。

推动区域协调发展，是全面贯彻落实科学发展观、构建和谐社会的时代要求，是缩小区域发展差距、构建和谐社会客观必然要求；健全区域协调互动机制，促进区域间的共同发展，是区域发展理念创新的体现，是推进全面建设小康社会进程的新举措，是构建和谐社会的重要基础条件。

（一）中部地区发展存在的突出问题

中部地区面临诸多制约长远发展的矛盾和问题：“三农”问题突出，农业稳定发展和农民持续增收难度增大，统筹城乡发展任务繁重；工业化水平不高，发展方式依然粗放，产业亟待调整和振兴；城镇化水平较低，中心城市的辐射带动能力不强，农村富余劳动力转移和城镇就业压力较大；地区发展不平衡，革命老区、民族地区、贫困地区发展相对滞后，扶贫开发任务艰巨；制度性约束因素多，体制改革尚需深化，开放合作机制有待完善；生态保护和环境治理任务较重，防灾减灾能力亟待加强，促进人与自然和谐发展任重道远。解决上述问题，需要建立健全有效的区域协调互动机制。

（二）建立中部地区区域协调互动机制的基础与条件

中央的高度关注为中部地区建立区域协调互动机制提供了契机。《促进中部地区崛起规划》指出：“加快中部地区崛起，有利于发挥中部地区综合优势，优化人口和产业布局，扩大对内对外开放，挖掘发展潜力，增强整体竞争力，克服国际金融危机带来的不利影响，实现经济社会又好又快发展；有利于进一步完善促进中部地区崛起的政策体系，切实加大支持力度，加快推进中部地区‘三个基地、一个枢纽’建设，更好地发挥承东启西的重要作用，不断增强对全国发展的支撑能力；有利于完善我国区域发展分工，优化区域开发结构，加快形成区域协调发展新格局，确保实现全面建设小康社会的宏伟目标。”国务院要求中部六省人民政府要切实加强对该规划实施的组织领导，完善工作机制，严格工作责任，协调推进各项改革和体制机制创新。

中部六省强烈的发展愿望为中部地区建立区域协调互动机制奠定了坚实的基础。在第四届中国中部投资贸易博览会召开之际，安徽、湖南、山西、江西、河南、湖北中部六省党政主要领导，结合本省实际，探讨如何深入落实科学发展观，克服国际金融危机的冲击和影响，共商实现平稳较快发展、推动中部崛起的发展大计。

中部六省的经济社会联系的加强为健全区域协调互动机制拓宽了渠道。长期以来，中部六省在交通运输、物资交流、能源开发、科研技术及文化旅游等众多领域都有紧密的合作关系。中部投资贸易博览会是经国务院批准，由国家商务部等部委（局）和中部六省人民政府共同举办的重大经贸活动，力求搭建中部与境内外交流合作平台，形成东西互动、优势互补、相互促进、区域经济协调发展的新格局。迄今为止，中部投资贸易博览会已成功举办了五届，随着促进中部地区崛起规划的全面实施，中部地区利用中博会平台，其区域协调互动机制日趋成熟。

中部六省具备联动发展的基础为建立区域协调互动机制提供了内生动力。由于经济地理、自然条件各具特色，相对优势明显。工业的某些方面如山西的煤炭、河南的煤和铝、湖北的钢铁、安徽和江西的有色金属，在全国都占有重要的地位，合作潜力巨大。另外，对于农业而言，河南、山西和安徽的部分地区基本上属于北方耕作区，而湖北、湖南和江西基本上属于南方耕作区，也存在一定的互补性。中部地区发展背景的相似性、基础设施的整体性、区域产业的空间分布差异性、区域资源禀赋的互补性和区域经济联系的紧密性为区域经济联动发展、合作共赢构筑了坚实的基础，这种互补性强、合作空间大的特点，成为建立健全中部地区区域协调互动机制的内生动力。

三、建立中部地区区域协调互动机制的总体思路

随着中部地区经济的快速发展，各种区域问题将表现得越来越

突出，需要统揽全局，建立健全中部地区协调互动机制。

（一）指导思想

要高举中国特色社会主义伟大旗帜，以邓小平理论和“三个代表”重要思想为指导，深入贯彻落实科学发展观，按照促进中部地区崛起的战略部署，遵循市场经济规律，把充分发挥政府职能作为健全区域发展互动机制的制度保障，把建立区域合作的利益协调机制和工作协调机制作为健全区域发展互动机制的必要补充，更加注重以人为本，更加注重全面协调可持续发展，更加注重统筹兼顾，更加注重保障和改善民生，促进社会公平正义，在“十二五”期间，形成区域间相互促进、优势互补的互动机制，为中部地区区域经济协调发展、全面崛起提供重要的体制和制度保障。

（二）基本原则

建立健全中部地区区域协调互动机制要坚持以下原则：

以人为本原则。在互动发展的指导思想和总体目标上，应以全面、协调和可持续发展的科学发展观为指导。根据区域发展水平、特色和潜力，确定各有侧重的发展战略，增加就业机会，保护民族文化多样性，切实尊重和保障广大公民的政治、经济和文化权利，建立和完善自然资源利用和生态环境保护的补偿机制，加快公共设施一体化等，逐步形成区域协调、城乡一体的发展格局，不断提高人民群众的物质文化生活和健康水平，促进发展成果人人共享。

政府主导原则。充分发挥市场在资源配置方面的基础性作用，发挥政府的主导作用，通过制定相关的政策制度，突破地区恶性累积性因果循环，使“扩散效应”大于“回波效应”；弥补市场机制的缺憾，建立良好的市场秩序和完善的市场网络，提高资源的配置效率。不断加大中央政府为促进区域协调发展提供的体制、政策、资金等方面的支持力度。

统筹兼顾原则。统筹城乡发展、区域发展、经济社会发展、人与自然和谐发展、国内发展和对外开放，统筹中央和地方关系，统筹个人利益和集体利益、局部利益和整体利益、当前利益和长远利益，充分调动各方的积极性。

合作共赢原则。要从关注单个地域的发展转向注重整个区域的发展，从以行政区划为单元转向以经济区域为单元来谋划经济发展，从以行政关系为中心转向以交易关系为中心来组织和管理经济网络，通过产业分工与互补、合作与竞争来深化区域间的经济联系，构建新的产业分工协作网络。

（三）战略目标

健全市场机制，实现生产要素在区域间的自由活动，引导产业转移，实现各地区经济利益协同增长，消除省际壁垒，建立中部地区统一市场。

实现区域经济发展空间系统协调，统筹中部六省行政区域与跨行政区的经济区域之间、城市与乡村之间、城市与城市之间的协调发展。

实现区域经济发展与人口发展的动态协调，保持中部地区经济发展水平与区域内人口尤其是人力资源的数量和素质的协调发展。

实现区域经济发展中的区域分工和产业结构协调，形成合理的区域分工，改变目前区域产业结构失衡与同构现象严重的局面。

实现区域经济发展与资源环境协调，坚持把建设资源节约型社会、环境友好型社会作为加快转变经济发展方式的重要着力点，促进中部地区可持续发展。

实现区域经济发展和社会发展相协调，维护最广大人民群众的根本利益，建设富强、民主、文明、和谐的社会主义社会。

健全合作机制，实现中部六省间的经济协作和技术、人才合作，形成共同发展的格局。

健全互动机制，发达地区要采取对口支援、社会捐助等多种形式，帮扶欠发达地区的发展。

健全扶持机制，按照公共服务均等化原则，加大对欠发达地区的支持力度，统筹城乡发展。

四、构建中部地区区域协调互动机制

中部地区作为一个整体，在实现“中部崛起”战略中除了需要在政府职能的转变、财税体制的改革、企业制度的创新和市场体系的发育等方面加大改革力度外，还必须建立区域协调互动机制，使中部地区各省区的关系朝着“合理分工、相互协作、协调发展”的方向转化，从而推进区域一体化，发挥中部的整体优势。

根据上述区域协调发展的内涵和中部地区发展中存在的突出问题，本课题提出在“十二五”时期进一步完善区域协调互动机制，如下图所示。

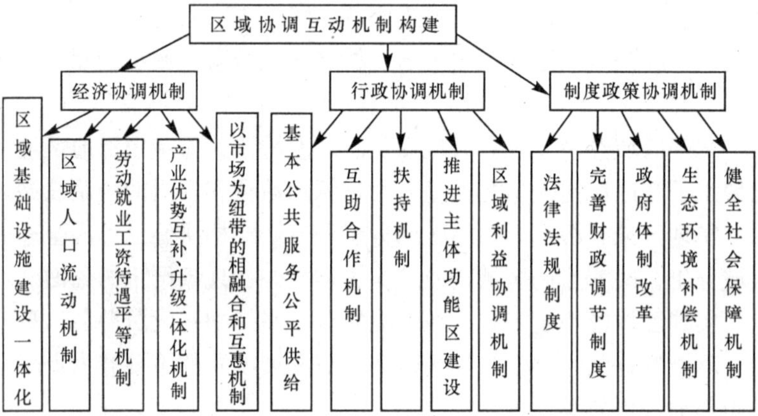

在区域协调互动机制构建中，经济协调机制是实现区域协调发展的基础，行政协调机制在我国目前的区域协调发展中起着主导作用，制度政策协调机制则是区域协调发展的重要保障。

（一）经济协调机制

1. 实施区域基础设施建设一体化

基础设施通常是指以保证社会经济活动、改善生存环境、克服自然障碍、实现资源共享等为目的而建立的公共服务设施。重大基础设施(如交通运输、通信设施、江河整治、能源保障和生态环境保护等)科学合理地布局和建设，不仅会显著提高基础设施的使用效率，而且将有力促进区域的协调发展。建设一体化的公路、铁路、机场等基础设施，形成方便快捷的综合交通网络，可以更好地发挥市场的资源配置作用，使体现地区优势的要素、商品等得以畅通地流动，互通有无，实现地区优势互补。

目前我国的基础设施建设存在由各地方政府主导，缺乏统一的规划、协调等问题，容易导致区域内基础设施项目重复建设，往往带来巨大的资源浪费。另外，个别地区在某些基础设施过剩的情况下仍在上马新的项目，而部分地区则存在着基础设施短缺的情况，区域基础设施资源不平衡的现象较为严重。

区域基础设施一体化建设一方面要坚持基础设施跨区域、跨部门协调发展策略，打破行政区划界限，强化市场行为，另一方面要统筹规划、合理安排，以减少因管理体制不同而造成的各地方间的相互封锁、排斥和内耗，减少重复建设和资源浪费，增强地区间的吸引力和凝聚力。特别是在区域交通、能源、环境保护等大型基础设施项目的选址、立项、资金筹集、组织实施过程中应本着利益均享、投资共担的原则，调动各方面的积极性，多层次、多渠道、多形式地搞好基础设施建设，实现跨行政区域的基础设施互联互通、共建共享，推进区域经济社会的一体化。

2. 区域人口流动机制

改革开放以来，中部地区跨地区人口流动数量越来越大，但户籍制度导致的人口流动障碍并未消除，人口流动具有很大的成本，造成生产与人口分布的不一致。部分人口由较落后地区向较发达地区迁移，不仅是消除社会矛盾、建设和谐社会的重要条件，而且是合理缩小地区人均差距最为有效的途径。

人口的自由迁徙是公民最基本的权利之一，也是社会文明的标志之一，还是充分发挥人口及劳动力资源优势的基本前提。因此，要加快人口流动机制建设，具体来说：第一，政府尤其是流入地政府要加强信息发布和政策引导，发布当地的就业信息，这样既可以避免外来人口的盲目涌入给社会正常秩序带来负面影响，也可以减少人口的流动成本。第二，流入地政府要废除歧视外来人口就业的政策性限制，切实保障外来人口的基本权益，使流动成为“完全”的流动。第三，现行的户籍制度改革和设置，要适合社会公平、经济发展和方便人口流动。

3. 劳动就业工资待遇平等机制

在中部地区，普遍存在“同工不同酬”的现象，不仅表现为不同地区的劳动就业机会及工资待遇显失公平，还表现在同一地区甚至同一企业内部，对户籍身份不同的从业人员实行不同的待遇歧视，其中农民工的工资待遇问题则更为突出。

中部地区规模庞大的“离土不离乡”的农民工多来自贫困农村，农民工的工资待遇问题不仅关系着城乡、地区的协调发展，也关系着社会的稳定、和谐社会的建设。各级政府要落实以人为本的执政理念，主动把农民工工作提升到战略位置，纳入社会经济发展的总体规划，作为管理服务的重要对象。同时，农民工问题又是一个全局性的问题，涉及各地、各部门，必须集全社会之力共同推进。

首先，要加快建立和健全劳动保护法律法规体系。其次，大力加强农村劳动力培训，全面提高农村劳动力素质。最后，创新工会组织形式，保持顺畅的农民工利益诉求渠道。

4. 产业优势互补、升级一体化机制

区域产业结构“同构化”和“低度化”导致各地区经济脱离当地条件和比较优势，背离地区间的产业合理分工，追求完整工业体系，从而形成门类齐全、自成体系的封闭式产业结构。其不良后果在于：第一，造成生产能力的相对过剩和供求关系的脱节；第二，使各类稀缺资源相对“枯竭”；第三，难以形成规模经济，使区域的经济竞争力降低；第四，削弱地区经济的互补性，引起地区间市场封锁与分割；第五，加剧了各地区产业发展失衡，产业政策失效，新的结构断层不断出现。同时，还会加大产业结构升级改革的难度、导致宏观经济波动加剧等。

产业结构的合理布局和优化升级，是保证区域经济持续、稳定、协调发展的基本前提，也是合理配置和有效利用地区资源，从而使区域经济获得较高效益的重要基础。各省要根据自身条件和比较优势，通过市场竞争确立优势产业和特色产品，发展优势经济和特色经济，坚决制止重复建设。较发达地区要加快发展科技含量高、附加值高、支撑经济增长作用强的产业与产品，大力发展以电子信息产业为代表的高新技术产业，带动结构升级和增长方式的转变，加快实现产业升级，发挥其对周边地区的示范、辐射和带动作用。要加大对落后地区的支持力度，优先安排基础设施建设项目，引导发达地区的资源加工型、劳动密集型产业向落后地区转移。中部地区要加快传统产业改造和国有经济重组，促进资源优势与先进技术相结合，提高资源利用效率和资源产品的附加价值，不断淘汰落后生产力。

5. 以市场为纽带的融合和互惠机制

长期以来，从总体区域分工上讲，广大经济欠发达区域与经济相对发达区域之间形成了垂直的分工体系。在这样的产品分工交换格局中，东部输出的是加工制成品，中部输出的则是结构层次低、产品增值率低的原材料及初级加工产品。由于目前我国要素市场化进程滞后，要素价格扭曲厉害，表现为原材料及初级加工产品的价格与加工制成品的价格相比过低，尤其是资源价格扭曲较为严重。

资源的廉价使用甚至无偿使用的现象普遍存在，资源价格既不反映资源真实价值，对资源市场供求关系的变动不敏感，也不反映资源外部成本，资源开发过程中对生态环境的破坏等外部成本并没有合理内部化，资源的优化配置缺少体制机制保证。资源价格扭曲的危害，既体现在微观经济行为上，也反映在宏观经济运行上。在微观上，一是资源行业门槛低，掠夺式开采普遍存在；二是资源浪费严重，资源综合利用效率低下。在宏观上，一方面不利于中部的发展，在一定程度上造成了区域发展的不协调。此外经济增长方式粗放，经济发展被锁定在资源优势与能力劣势之间的路径依赖上，缺乏自主创新、科学发展的相应压力和动力。

加快推进资源产品价格改革，是完善社会主义市场经济体制的重要内容，也是推动资源能源节约和经济社会可持续发展的迫切需要，更是落实科学发展观、促进经济增长方式转变的有效途径。资源价格改革落脚在通过市场调节实现对自然资源的合理配置上。资源是一种特殊的商品，在社会主义市场经济条件下，资源价值包括自身存在价值、社会经济价值和自然资源生态环境价值。资源价格要能充分反映资源价值及稀缺，通过市场充分实现资源价值，并在与资源开发相关的各经济主体之间进行合理的收益分配和价值补偿。要按照“有序有偿、供需平衡、结构优化、集约高效”的要求创新资源价格管理体制，促使资源价格管理由单一的政府监管向政府监管与市场配置资源相结合转变。通过资源价格市场化改革，实现资源的有偿使用，加强资源市场和资源价格之间的联系，改变资源市场漠视价格变化、价格机制难以发挥调节作用的不合理状况，进一步理顺原材料及初级加工产品跟加工制成品的比价关系，确保中部因调出资源和能源的应得利益。

（二）行政协调机制

1. 基本公共服务公平供给机制

逐步实现基本公共服务均等化，是基于我国发展所呈现出来的阶段性特征而做出的重大战略举措，对于解决中部地区目前存在的一些不平衡问题，如缩小区域和城乡发展差距、促进社会公平公正、维护社会和谐安定、确保人民共享改革发展成果，具有重大的政治和经济意义。

实现基本公共服务均等化的主要途径是：①形成以公共服务为导向的财政支出结构。②以基本公共服务均等化为重点规范中央与地方财政分配关系。③优化转移支付结构，加大转移支付力度，促进地区间基本公共服务均等化。④坚持以政府为主导，实现公共服务参与主体的多元化。

2. 互助合作机制

各区域的自然禀赋不同，发展条件不同，各有各的比较优势，开展多层次、多形式、多领域的区域合作，有利于推进区域间的横向联合，实现区域间的优势互补、互利共赢、共同发展。建立人才、科研机构、大中院校等多元化创新主体的合作机制，努力培育区域创新体系，提高区域自我发展能力。中部地区具有资源优势，东部地区具有资金、技术和人才优势，将东部地区的资金、技术和人才优势与中部地区的资源优势结合起来，促进东部地区那些主要依靠中部资源的产业向中部地区转移，既可以避免资源大跨度、大规模调动，降低全社会运输成本和交易成本，提高整体经济效率，也可以带动中部地区的经济发展。东部地区的大企业、大集团要通过控股、参股、并购等市场行为，参与中部地区的产业结构调整，实现产业链、企业链的空间延伸。鼓励东部地区的民营资本西进，在基础设施建设、资源开发、能源发展、公共服务建设方面加强区域协作，改善中部的投资环境。要充分发挥沿边、沿江的区位优势，积极拓展各种形式的区域经贸合作。同时要充分发挥政府、行业协会和中介机构的作用，建立区域合作服务体系。

先富帮后富，这是对区域非均衡发展战略和区域协调发展战略的合理衔接，也是社会主义优越性的重要体现。早在“七五”时期，中央就提出东部地区在发展中要主动考虑如何帮助中部发展。从这些年的实践看，区域间的互助已经取得了良好成效。要在总结经验的基础上，拓宽互助形式，个人帮扶与集体帮扶、政府帮扶与企业帮扶、长期帮扶与短期帮扶、对口支援与社会捐助相结合。要继续做好发达地区对欠发达地区的对口支援，特别要做好对边疆和少数民族地区的生活对口支援。要继续鼓励社会各界捐资捐物，改善贫困地区和受灾地区人民的生活，改善义务教育、基本医疗等公共服务条件。要拓宽支援领域，在继续搞好资金援助、项目援助的基础上，加大技术援助和人才援助的力度，充分发挥东部地区对中部地区的示范和辐射作用。

3. 扶持机制

在科学发展观指导下，为落实中央“五个统筹”的战略思路，增强中部地区自我发展能力，国家应从中部地区的实际出发，建立一系列政策扶持机制。①建立和完善对中部战略性产业成长和布局的政府扶持机制。②增加中央财政转移支付资金向中部地区转移的额度，用相对公平的环境和政策引导外资更多地投向中部地区。③支持中部老工业基地对传统产业的改造和国有经济的重组，发展非国有经济等多种经济成分，促进资源优势、存量资本优势与先进技术相结合，提高资源利用效率和资源产品的附加值。④进一步增加中央政府投入，改善中部贫困地区和革命老区的义务教育、医疗卫生等社会事业发展状况，扩大社会救助面，加强对农村劳动力的培训。

4. 推进主体功能区建设

主体功能区建设有利于增强我国的资源环境承载能力，实现经济发展和资源环境的协调，体现了以人为本的发展理念与思路；有利于促进产业政策与区域政策相结合，实现区域分工的协调，是我国区域发展战略的一大创新。

在主体功能区建设中，要处理好地区差距问题和公平问题。优化开发区和重点开发区可能利用主体功能区划获得政策上的较大利益，而限制开发区和禁止开发区的利益则有可能受到损害，因此有的省区不愿被划为限制开发区和禁止开发区。目前区域利益分配缺乏有效的协调机制，如何实现区域利益的合理分配是推进主体功能区建设中必须解决的问题之一。只有实现区域利益的合理分配，才可以有效地解决主体功能区划的诸多矛盾，极大地推进主体功能区建设。其中最重要的就是如何对限制开发区尤其是禁止开发区的补偿，否则势必导致更大的区域差异，使得发达区域更发达，落后区域更落后。因此，中央政府应该主动地承担起更大的责任，在政策和资金上加大向限制开发区和禁止开发区域倾斜，通过制定相应的政策、法律，向限制开发区和禁止开发区提供财政支持，从而改变它们在发展方面的劣势，缩小同优化开发区和重点开发区的经济差距，使这些地区最终实现“不开发的发展”和“不开发的富裕”。实际上，这也是对限制开发区、禁止开发区生产生态财富行为的鼓励与补偿。另外，限制开发区、禁止开发区生产的生态财富产生了正的外部效应，其他地区也有义务为享受到这种外溢的生态财富买单。

5. 区域利益协调机制

区域利益协调机制，包括区域利益分享机制和区域利益补偿机制两个方面。

区域利益分享机制包括两层含义：一是国家通过调整产业政策，使同一产业的差别利益在不同的地区间合理分布，尽可能地照顾地区经济利益；二是国家通过调整产业政策及区域发展政策，实现国家产业政策与区域发展政策的最优配合，使不同产业的利益在不同地区实现合理分享。区域利益分享机制具有以下特征：①适当的中央政府协调；②地区之间既竞争又合作，并在此基础上实现产业利益的地区分享；③产业利益分享的形式多种多样。产业利益的表现形式是多样的，它可以是一种产业与其他产业相比存在比较优势，也可以是同一产业在不同地区的合理安排；它可以体现为产业优势，也可以是不同产业合理的空间分布体现出来的结构利益。

区域利益补偿机制就是要通过规范的制度建设，实现中央与地方、地方与地方的利益转移，使产业利益在地区间合理分配。这种利益补偿机制主要表现为规范的财政转移支付制度。针对我国长期采用纵向转移支付模式的现状，今后应选择以纵向转移为主、横向转移为辅的转移支付模式。区域利益补偿机制具有以下特点：①地区利益的补偿通过规范的利益转移来实现。②区域利益补偿机制更强调公平。③在区域利益补偿机制运行中，中央政府处于核心地位。

（三）制度政策协调机制

1. 法律法规制度

我国目前既没有关于区域发展的主体法规，也没有区域规划的相关立法。因此，有必要结合我国区域发展的实际，结合区域协调发展整体战略的实施，结合推进形成主体功能区，加快立法进程，把区域发展建立在政策、体制、规划和法律有机统一、全方位推动与约束的基础之上。

第一，应及时将中央经济区域发展的战略目标及相关政策上升为法律，加紧制定区域性法律的“基本法”，同时根据不同经济区域的特点，抓紧《西部开发促进法》的起草工作，并在此基础上逐步扩大到其他经济区域的立法，填补我国区域性法律的空白，完善我国经济区域法律制度，使经济区域的协调发展有法可依。

第二，积极开展区域规划立法工作。

第三，进一步完善《地方组织法》、《立法法》等有关法律，经济区域内的各个平级的地方立法机关应联合制定跨行政区的区域性地方法规、规章，在主体资格、权限范围、法律效力、立法和审批程序等方面做出实体上和程序上的明确规定，规范地方立法协调工作。

第四，尽快制定《行政协议法》。

第五，在不改变现行立法体制的情况下，应充分发挥地方立法自主协调的积极作用。

2. 完善财政调节制度

我国在财政调节制度（包括转移支付和税收两个方面）上存在着诸多不足之处，已在一定程度上影响了区域的协调发展。这就要求我们要进一步完善财政调节制度，以便政府更好地运用财政手段协调东中部地区的发展。

①优化转移支付的结构。从总体上看，我国的转移支付主要包括税收返还和体制补助或上解、一般性转移支付、专项转移支付、其他转移支付（包括民族地区转移支付、调整工资转移支付和农村税费改革转移支付等）。在所有转移支付形式中，只有一般性转移支付才真正具有均等化的意义，对缩小地区间经济差距具有积极的作用，其他转移支付形式包括调整工资转移支付、农村税费改革转移支付虽然具有均等化作用，但基本上有专项用途，对促进地区均衡发展所起的作用并不是很明显。在目前的转移支付结构中，税收返还和专项拨款的比例过大，一般性转移支付所占比例最小。要进行大幅度的结构转换，逐步扩大一般性转移支付和与特定政策目标相联系的专项拨款的规模，消解非规范化的税收返还等补助形式，增加国家实现财力均等化目标的能力。

②实行纵向转移与横向转移相结合的模式。目前，世界上有一些发达国家如德国、瑞典和比利时实行纵向、横向混合的转移模式，即在实行纵向转移的同时，还实行富裕州向贫困州进行横向转移。我国一直以来都实行单一的纵向转移模式，为了实现区域经济的协调发展，可以考虑在继续实行以纵向转移模式为主的同时，尝试横向转移的可行性。

③规范转移支付的方法。即以“因素法”取代传统的“基数法”，

统一和规范财政转移支付的标准。因素法的基本原理是选取一些不易受到人为控制的、能反映各地收入能力和支出需要的客观性因素，如人口数量、城市化程度、人均 GDP、人口密度等，来确定各地的转移支付额。目前，我国只有一般性转移支付采用的是“因素法”，但其在制度和运用上仍然不够完善，在标准收入和标准支出测算的范围、内容上都有待进一步改进。这样就使本来比例就很小的一般性转移支付未能充分发挥财政均衡的作用。

④税收优惠要从区域倾斜转向以产业优惠为主。要改变目前实践中产生众多负面因素的地区与企业导向的税收扶持政策，实行统一、规范、易于实践操作的产业导向型税收优惠。通过税收政策和产业政策的相互配合，推动中部地区的社会经济发展。

⑤适当降低落后地区税负，吸引生产要素参与中部建设。一是实行对中部积极有效的减免政策，应特别强调以中央税的减免为主，真正体现国家的实际扶持。二是考虑适当扩大增值税转型的试点范围。实现生产型增值税向消费型增值税转型，在一定程度上可以刺激和鼓励投资，给该地区创造一个经济快速发展的机遇和环境。三是要实行吸引投资的税收政策。对投资于中部地区的企业，适当提高折旧率或折旧额，在一定期限内减征一定比例的企业所得税；对外来投资者以来源于中部的税后所得再投资于中部地区的，实行全额退税的鼓励政策。

3. 政府体制改革

我国现行的对地方政府的政绩考核体系评价内容主要是 GDP 增长速度、投资规模和税收情况等，偏重反映经济数量和增长速度的指标。这种政绩考核办法容易助长地方政府对区域经济合作的过度干预，造成地方保护，从而引发一系列的区域问题。“分灶吃饭”的行政体制和以经济增长为重的政绩考核机制，要素布局分散化、产业结构趋同化的倾向日趋严重，阻碍了经济资源的自由流动和跨地区的经济合作。因此，中央政府必须以科学发展观为指导，重构地方干部的政绩考核制度。在今后的干部政绩考核中，要完善政府官员政绩评价体系，考评内容既要涉及经济增长速度、经济总量等指标，也要考虑经济增长的质量、社会效益、社会公正和环境保护等方面的指标，同时，把减少区际矛盾和冲突、有利于促进地区经济增长方式的转变、有利于实现国家的产业政策目标作为综合考核内容，以避免地方政府的短期行为，改善地区之间的利益关系，避免地区之间的过度竞争和利益冲突，从而推动区域合作，促进区域协调发展。

与市场发育滞后相对应，中部地区与东部沿海地区的差距还表现在地方政府职能转变滞后上。政府职能转变的滞后是影响中部地区经济发展的根本性制约因素。中部要加快发展，缩小同东部沿海地区的发展差距，必须切实转变政府职能。首先，要大力缩小政府规模，精简机构，将更多的社会精英和人力资本要素引导到生产经营性系统，从而给经济注入发展的动力。其次，在政企分开、政资分开、政事分开的基础上，进一步明确政府的权责，全面、正确地履行政府经济调节、市场监管、社会管理、公共服务的职责，建立行为规范、运转协调、公正透明、廉洁高效的行政管理体制。通过明确立法权、明晰产权、削减行政权、落实知情权、保障自主开发权，尽快建立适应市场经济发展的游戏规则，使政府职能从选项目、选人、审批和直接管理向服务、登记、备案和间接管理转变；使行政人员的观念、工作方式、办事程序从适应计划经济向适应市场经济转变，从而降低欠发达地区经济发展的交易成本和市场准入条件。

4. 生态环境补偿机制

长期以来，由于缺乏必要的生态补偿措施，我国的生态环境保护与建设形成了“少数人负担、多数人受益，上游地区负担、下游地区受益，贫困地区负担、富裕地区受益”的不合理局面。如发达地区的工业部门大规模地廉价开发和转移贫困地区的自然资源，在一定程度上改变甚至破坏了资源所在地的生态环境，损害了当地居民及其后代的利益，但发达地区却没有因此而补偿当地生态系统和居民所付出的代价。近年来，一些江河由于污染问题，上下游地区之间的矛盾日益尖锐。

因此，要根据“谁利用谁补偿，谁受益或者谁损害谁付费”原则，建立流域上游与中下游地区之间、资源开采区与利用区之间的生态环境补偿机制，为资源环境与经济社会的和谐发展创造有利条件。

5. 健全社会保障机制

我国正在经历着重大的社会转变，必然会产生相当数量的“弱势群体”。因此在统筹区域发展过程中，一定要建立相应的社会保障制度。我们不能简单地把经济增长速度作为唯一目标，而是要把人民生活水平的提高和社会的安定团结作为最终追求。只有建立了切实可行的社会保障制度，才会为区域经济的发展提供一个社会安全网，才能促进区域的协调发展。

五、保障措施

(一)健全区域发展互动机制的制度保障

必须重视发挥政府在区域发展互动中的引导和调节作用，通过有效的制度安排，调动企业和社会各方面的积极性，推进重点领域的合作，促进区域经济协调发展。明确各级政府区域管理的职能分工。明确中央和地方对经济调节、市场监管、社会管理、公共服务的管理责权。要加大中央政府的调控空间和调控力度，比如提供跨区域的基础设施、引导地区合理分工、促进区域合作、引导要素向区域政策的目标区域转移、运用财政转移支付等手段，支持区域政策的目标区域的社会事业发展等。

地方政府应作为区域内体制变迁的决策主体，调整地方制度变迁和创新区域公共政策运行机制。在尊重现有行政区划的情况下，发挥市场资源配置优势，建立不同层次政府之间的民主协调关系，为实现区域协调发展提供制度保障。

充分发挥各级政府的规划和引导职能。各级政府应根据各区域比较优势，研究制订区域互动合作机制形成的发展规划，适时出台有关政策，引导区域开展多层次、多途径、多方位的合作，鼓励生产要素和社会资源流向不发达地区。结合区域发展梯度，充分考虑各区域的产业转移和产业承接能力，合理引导产业布局，实现区域科学分工。根据各区域资源环境承载能力和发展潜力，明确不同区域的功能定位，规范与引导企业的区域活动，制定个性化的区域开发模式，为区域协调奠定坚实的基础，逐步推动区域发展新格局的形成。

树立科学的发展观，改革地方政府政绩考核标准。完善政府官员政绩评价体系，其内容不仅要有经济增长速度、总量等方面的指标，而且要更加注重经济增长质量、社会效益、社会公正、环境保护等方面的指标，并且把减少区际矛盾和冲突作为政绩考核的重要指标，以避免地方政府的短期行为。

(二)加强区域合作的工作协调

促进区域协调发展是政府区域管理工作的核心问题，健全区域发展互动的工作协调机制，需要在制度创新、机构建设、管理机制等方面予以完善。

通过体制创新健全区域管理机制，组建跨行政区的区域经济协调发展管理机构。该机构的主要职能是制定区域发展战略和规划，提出区域经济发展的建议，协调区际利益关系。具体负责实施跨行政区的大型区域合作项目，监督和约束地方政府在区域经济发展中的短期行为等。

构建区域发展合作的信息交流平台，促进区域之间的沟通与协作。完善各省、市、区政府之间的联系制度和交流机制，形成政策或信息的交流互动，构建区域发展互动信息网络平台，为企业从事跨区域活动提供准确、及时的信息。

建立区域经济合作的评价激励机制。对区域合作项目的投资给予政策倾斜，对跨区域的产业给予政策扶植，同时对积极推进区域合作的部门和人员进行表彰和奖励，以鼓励区域合作互动，推动区域协调发展。

参考文献

[1]张军扩．对"十二五"时期促进区域协调发展几个重要问题的分析和认识．国家行政学院学报，2010(3)．

[2]陈斐等. 促进区域协调发展的两大重点. 生产力研究，2007(3).

[3]向益平. 建立健全制度体系加快区域协调发展. 新重庆，2007(1).

[4]李德水. 如何认识当前的国际金融危机. 中国城市经济，2009(3).

[5]傅春等. 科学发展与区域协调. 科技管理研究，2010(10).

[6]安康等. 论区域协调发展的内涵、主体及机制. 商场现代化，2010(7).

[7]李春香. 如何在中部崛起中健全区域协调互动机制. 湖北社会科学，2006(4).

[8]陈秀山等. 区域协调发展要健全区域互动机制. 党政干部学刊，2006(1).

[9]林毅夫等. 中国经济转轨时期的地区差距分析. 经济研究，1998(6).

[10]王绍光等. 中国：不平衡发展的政治经济学. 北京：中国计划出版社，1999.

[11]陈秀山等. 我国地区差距的基本特征与完善转移支付制度. 经济学动态，2004(11).

[12]蔡昉等. 中国地区经济增长的趋同与差异. 经济研究，2000(10).

[13]王小鲁等. 中国地区差距的变动趋势和影响因素. 经济研究，2004(1).

[14]马拴友等. 地方税与区域增长的实证分析. 管理世界，2003(5).

[15]郭金龙等. 中国区域间流动资本与区域经济差距研究. 管理世界，2003(7).

产业转移新趋势下
中西部地区的承接实践和发展建议

胡　艳

（安徽大学经济学院　合肥 230001）

一、后危机时代产业转移模式和趋势

在世纪之交的几年里，东部沿海地区往中西部地区的产业转移序幕已经徐徐拉开，但终因时机未到而难成“大戏”。2008 年以来的国际金融危机成为产业转移的“导火索”，催生了中国从沿海到内地浩浩荡荡的产业转移浪潮。研究本轮产业转移模式，具有以下与以往不同的特点：

（一）产业转移的主体以中国沿海外向型企业为主，外资为辅

2009 年上半年以来，在各国积极财政政策的刺激下，全球经济开始稳步回升，虽未彻底走出衰退，但已经表现出越来越多的向好势头。由于金融危机严重影响了我国沿海外向型企业和产业的发展，使沿海加工企业失去许多海外市场，产品订单锐减。后危机时代这些产业和企业面临着转型或者转移的两难抉择。特别是劳动密集型产业和电子设备等产业，正成为本次引领产业转移的主体。

另外，外资企业内迁虽未成气候，但也呈增长之势。在 2008 年以前，珠三角与长三角地区外商投资额比中国其他省份的总和还要多。但是，2008 年金融危机成为一个转折点，其他省份吸引 FDI 规模首超珠三角和长三角地区，这一趋势在 2009 年和 2010 年持

续。重庆2009年吸引外资增速达到47%。①

(二)产业转移的对象以产业链低端环节为主，体现产业链的垂直分工

目前，中国东部沿海地区的大多数外向型企业仍主要属于劳动密集度较高的产业，参与的多是加工装配环节，处于产业价值链的低端。这些企业对成本和价格极其敏感，激烈的竞争让企业竞相压价，使成本的上涨无法传导到出口价格上，最终只能压缩利润。所以，已有越来越多的出口企业开始考虑前往二线城市的可行性。

(三)产业转移的方式逐渐由盲目性、分散型向有序化、集群式转移；由单向的梯度转移向跳跃式转移、水平型转移等多样化转移方式并存转变

过去的转移多是移出企业的“单打独斗”，零散出击，盲目性较大，难以在迁入地集结成群，交易成本过高，缺乏规模经济和聚集经济效应。承接地则是“捡进篮里都是菜”，缺乏规划引导，将引进企业圈进园区就万事大吉。从本次产业转移呈现的特征看，很多中西部地区注重大项目带动，按产业链配套招商，依托园区产业规划，形成产业集群。例如，惠普在重庆建立的笔记本电脑基地。2008年10月，惠普将400万台电脑内销项目、4 000万台笔记本电脑出口制造等多个项目放在了重庆。惠普来了，为它服务的知名代工企业富士康、英业达、广达等紧跟着从长三角、珠三角赶过来，都将在今明两年完成厂房建设并开始大规模生产。这几家龙头代工企业又不可能独立生存，必须有生产配套产品的企业为其服务。于是，更多的配套企业开始在周边寻找适合自己的落脚点。这被称为“母鸡带动小鸡”的模式。② 再如，武汉富士康台式电脑基地已吸引30多家配套企业落户在武汉及周边地区，预计今后总共将有100多家配套企业落户。

---

① 中国证券网，2010-09-14.

② 中国证券报，2010-08-05.

（四）产业转移带动了中西部的劳动力回流，这将有可能改变长期以来中国人口分布与产业布局的非均衡状况

据统计，在2008年2月到2010年2月的两年间，我国通信、计算机和其他电子设备制造行业雇佣人数，沿海地区减少了2.8%，但是内陆地区却增加了28.4%。这种变化同样发生在其他行业，仪器仪表和一些机械制造行业的雇佣人数，沿海地区减少了2.6%，而内陆地区却增加了26.4%。此外，皮革、家具、造纸、印刷、文教体育行业的累计雇佣人数，东部地区减少了0.4%，但内陆地区增加了18.7%。①

（五）产业转移的空间范围主要是在中国内地展开，基本上呈现沿江由东到西，沿海从南往北的“T”字形优位布局

这也是与前三轮产业转移的国际化特征不同之处，为中国内陆省份招商引资、承接产业转移、推动工业化和城市化提供了难得的机遇。

（六）产业转移的动因复杂多样

1. 资源环境约束型

国内外大量的实践表明，经济增长长期依赖投资驱动是难以持续的，这是因为投资扩张在推动工业化的同时，加剧了能源资源紧张和节能减排的压力，造成土地、能源、水资源、环境约束日趋突出。正因如此，美国、欧盟、日本等发达国家和地区纷纷把新能源、绿色经济、低碳经济、信息产业提升到国家战略高度，大力扶持其发展。

东部地区如果还沿用过去粗放的经济增长方式，将难以适应后危机时代的国际竞争需要。因而迫切需要开始新一轮的产业调整、转移和升级，推进节能减排，发展战略型新兴产业，努力实现可持续发展。

---

① 中国重绘经济版图“七小龙”、“八小虎”引领增长. 中国经济网，2010-09-15.

东部土地资源瓶颈诱致地价上涨，加之本轮危机过后过剩流动性推波助澜，一线城市地价飙升，对有大量土地需求的制造型企业产生了挤出效应，成为推动本轮产业转移的主要因素。

根据国土资源部的城市地价监测报告，2009 年，长江三角洲地区综合地价水平值为 4 126 元/m²，全国平均值为 2 653 元/m²，高出 1 473 元/m²。长江三角洲地区重点监测城市(上海、南京和杭州)综合地价水平为 9 059 元/m²，均高于 2008 年的水平，总体呈上升趋势。长三角地区的地价和房价不断攀升使得一些企业的土地成本压力加大，这在一定程度上也促进了企业的迁移。像富士康这样的代工企业不仅对廉价劳动力需求量巨大，而且庞大的厂房也占据大量的土地空间，在寸土寸金的沿海地区无疑难以长久立足。

长三角核心城市住宅市场交易价格情况如表 1、图 1 所示。

表 1　**2010 年 1—8 月　长三角核心城市住宅市场交易价格**　单位：元/m²

月份	1	2	3	4	5	6	7	8
上海	12 765	12 239	12 358	14 603	13 060	13 076	13 003	13 090
南京	7 200	7 465	8 664	9 574	9 289	10 276	13 528	14 042
杭州	17 275	22 848	21 305	19 684	23 722	21 574	20 386	20 597
合肥	5 569	5 818	6 154	6 483	6 267	6 882	7 193	6 832

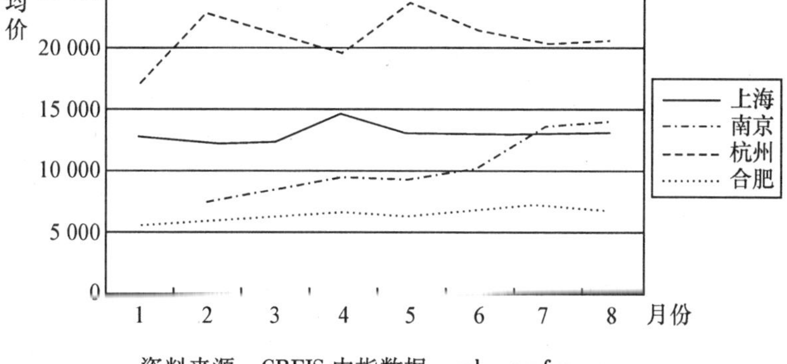

资料来源：CREIS 中指数据，qyb. soufun. com。

图 1　2010 年 1—8 月长三角核心城市住宅市场交易价格

而中西部地区则以廉价土地招商引资。

重庆市璧山县工业园的工业用地以“亏本价”供给，作为招商引资的配套优惠政策。璧山工业用地算上征地拆迁、道路绿化、管网铺设等，成本价在38万元/亩，出让给企业的价格仅为12万元/亩，约为珠三角地区平均价格的一半。但招商门槛定为企业的每年税收产出必须在10万元/亩。相比之下，璧山工业园商品房项目土地招拍挂价格达到200多万元/亩。

有些一线城市已经着手将传统产业园区用地调整为高新技术产业基地。例如，今年5月，位于深圳光明新区的内衣、模具、钟表三个传统产业基地对土地用途进行调整，部分用地改为高新技术类项目用地。可见，发展高端服务业，用最小的土地投入产生最大的价值是沿海地区的必然趋势。

用工短缺制约企业发展，迫使东部劳动密集型企业“移业就民”。人力资源优势，已经成为中西部招商引资的筹码。沿海的工资待遇虽然比内地高，但与沿海的高收入相伴的是高劳动强度和更高的生活成本。而在省内就近就业的低生活成本，较强的归属感正在吸引更多新一代注重生活质量的劳动力选择向省内转移。2009年底，杉杉集团与河南省政府签订200亿元的投资协议，将把生产基地搬到郑州。丰富的劳动力、庞大的消费潜力是促使其内迁的重要因素之一。

根据东部地区经济发展的约束条件，要获得更强的增长引擎，增强竞争优势，实现可持续发展，关键在于摆脱对资源、资金等的过度依赖，突破资源环境瓶颈制约，转向主要依靠高新技术、高素质人力资本和知识产权等创新要素驱动的轨道上来，转变经济发展方式，以产业转移、结构调整为牵引、推进沿海产业转型升级，把中国东部沿海地区建设成为世界经济强区。

2. 市场牵引型

市场规模及其增长潜力是市场开拓型投资的主要区位选择因素。这类投资群体向外转移的原因除了其在原有区位的发展空间受限外，另一个极其重要的投资目的是为了利用投资区域优越的地理位置和交通条件抢占周边市场及节约运输成本，以确保其扩张战略的顺利进行。此类投资一般发生在市场规模大、发展潜力大和竞争相对激烈的区域。东部地区的市场网络，对于东部资本已经显得过窄，需要新的市场网络扩容纳资。随着一个地区经济的快速发展，当企业发展到一定程度之后，特别是企业所在行业达到规模优势之后，由于各种投入要素的需求已经大于供给能力，出现了瓶颈现象，造成企业生存与发展环境的逆转，这时企业在原地经营的赢利空间已消失，继续发展的优势已不复存在，于是企业向一个成本相对较低且具有较大发展潜力的地方迁移就成了明智之举。

金融危机后，由于出口欧美的生意越来越难做，而内地工资普遍上涨，沿海代工、加工企业日益重视内销市场。许多老板认为将来的主战场一定是内销市场。这是企业内迁的另一个重要原因。拿一台笔记本电脑来说，在一两个月内如果没有送到终端去销售，价格就可能下跌。考虑到企业的运输成本以及服务客户的便利性，必须围绕客户进行布局。

3. 成本驱动型

沿海地区原材料价格将持续上涨几乎已经成为共识，对外贸企业而言，汇率风险加大，而劳动力成本的上涨趋势更是不可逆转。由于熟练工人短缺，沿海工厂开始工人争夺战，预计劳动力成本至少增加30%。①沿海代工企业迁到内地，成本至少能降低10%～15%，对代工企业吸引力相当大。

中部安徽、江西的劳动力、水电气、土地等生产要素价格相对较低，劳动力成本只有深圳、上海的1/3，长江三角洲的1/2。投资两省一般可节省20%以上的总成本。如华坚鞋业移至赣州，其投资成本和生产成本均比在广东降低了30%以上。

2008年，全国职工年平均工资为29 229元，而长三角地区的上海、江苏、浙江分别为：56 565元、31 667元、34 146元，高出全国平均值：27 336元、2 438元、4 917元。长三角地区的企业劳动力成本整体高于全国平均水平。

随着沿海劳动力成本的升高，长期阻碍东部产业转移的“东部

① 北京晨报，2010-09-18.

劳动密集型产业的区域粘性”问题将随之消失。

在人民币升值、工资和地价上涨等因素下，沿海地区大量代工企业利润率下降到5%以下，有的甚至长期亏损。随着长江中上游地区基础设施飞速改善，物流运输成本大幅降低。又加上内地市场的快速崛起，让过去有迁移想法但觉得条件还不成熟的企业，觉得投资内地已经可行。

4. 企业扩张型

一般而言，企业在发展过程中，随着经营范围和规模的扩大，其空间结构也发生变化，呈现不同程度的空间增长(扩张)。企业扩张的动力或原因包括规模经济、交易成本、技术优势、竞争激励、风险回避、经营者偏好和政策支持等。

从企业扩张的两种途径看，一是通过股票发行或自有资金积累，扩大现有生产规模或建立新厂、新的部门、新的子公司。二是通过合并或兼并实现外部发展，获取另一企业的资源和经营场所。可见，无论哪种途径，实际上都可归结为企业空间扩张或企业空间增长问题，需要企业作出科学的区位选择决策。

经济全球化背景下，企业空间扩张的可选范围不断扩大，根据公司发展战略和业务需要，可由国内延伸至海外。围绕公司价值最大化的长远目标，其空间扩张战略也日趋多元化，就目前情形来看，主要有四种形式，即横向一体化、纵向一体化、垂直分散化、多角化。其中，“垂直分散化”即纵向价值链各环节的经济职能在一定区位的相对独立，越来越普遍。因为这使企业有可能在区域、国家乃至全球范围内形成按价值链分工的新型格局，比如通过把价值链的某些低端环节转包给其他企业而降低生产和交易成本，从而专注于高附加值的战略环节。实际上，这是对原来纵向一体化企业的一个垂直解组过程，即逆纵向一体化。

当企业实施空间扩张战略时，区位选择问题就不可避免。在市场经济条件下，区位选择作为企业经营战略的题中应有之义，对企业的生存与发展至关重要。向有良好创业氛围和经商环境的区域扩张，选择优势区位发展，是一个跨区域投资企业成功的先决条件。

5. 创新升级型

当前，中国东部沿海地区的大多数外向型企业仍主要处于劳动密集度较高的产业或处于加工装配等产业价值链的低端环节，虽在国际市场上处于比较优势地位，但与知识和技术密集型产业和产业价值链的高端相比，获取的相对价值少，利润率越来越低。这是因为经济发展和产业竞争力已不完全取决于原有的产业基础，还取决于其产业在全球价值链(GVC)或区域价值链(RVC)中的动态位置。

沿海地区要在国际分工和竞争中占有一席之地，绝不能继续满足于在国际产业链和价值链低端生存的境况，必须努力从低端的加工组装向上游的高端制造延伸，向下游各种生产性服务业延伸，把劳动密集度较高的产业和资本密集型产业的低端环节向区外转移，实现新一轮产业转轨升级。

总体而言，企业投资过程中的经济利益和价值实现是其实施对外投资战略的决定性因素，企业对外投资的最基本动因是追求风险调整之后的收益最大化，而投资地的区位优势则对企业的投资流向和规模产生着极为重要的影响。

国际金融危机对沿海外向型企业是灭顶之灾，但对中西部地区而言，却带来了4万亿政府投资的良机，因为这些投资的很大一部分是投向中西部的水网、电网、交通运输等基础设施建设。内陆地区城市建设以及交通运输设施的改善，为东部产业转移提供了便利通道，大幅降低了“东资西进”后的物流成本。

二、中部省份安徽承接东部产业转移的实践

安徽以区域经济合作为中心，主动寻求与上海、江苏、浙江等长三角各省市及周边其他省市的交流与合作，在与长三角地区基础设施对接、市场融合、产业合作等方面取得了显著成效。生产要素跨区域流动、产业深层次合作的趋势日渐增强。

总的来看，安徽承接长三角产业转移的实践可以概括为“转移有成效，合作有平台，承接有对策”。

(一)转移有成效

"十一五"时期以来，安徽始终保持着两位数的经济增长，很大程度上得益于承接产业转移。安徽利用的省外资金逐年增加，而其中来自于长三角地区的资金占了相当大的比重。2007 年，省外投资 1 000 万元以上的项目中，来自浙江、上海、江苏三省市的到位资金占 54.5%，到位资金总额为 868.7 亿元，其中，浙江 400.2 亿元，上海 251.6 亿元，江苏 216.9 亿元；2008 年，长三角在我省投资 1 000 万以上的项目共 4 905 个，投资总额 4 542.8 亿元，实际到位资金 1 411.9 亿元，增长 69.4%。

(二)合作有平台

长三角大型科学仪器共享设备平台将充分利用长三角各城市丰富的科学仪器资源，在区域内为各种科研开发提供检测、测试、加工等专业技术服务。它的建立将有效整合和优化配置长三角区域内的科技资源，减少政府、企业、科研机构的重复投资，避免资源浪费。

长三角区域创新体系建设联席会以及长三角科技中介战略联盟，致力于进一步推动长三角区域科技创新体系建设，促进区域科技创新合作，加快区域一体化发展步伐；积极开展长三角区域的互联互动和长三角信息服务平台建设，不断深化其内涵。要着手三省一市技术信息的对接，以基本形成跨区域的网上技术成果交易系统，实现信息异地同步挂牌交易和共享。要尽快建立长三角区域技术与经济专家信息管理平台，以实现三省一市技术与经济专家信息共享。

在市场制度建设方面，上海市、江苏省、浙江省和安徽省将建立统一大市场并统一标准。四省市市场监管部门负责人 2009 年 12 月在江苏苏州共同签署了合作交流备忘录，共商共建统一开放的大市场。备忘录在市场准入方面做出了统一规定，四省市将进一步推进长三角地区企业登记注册条件和登记注册程序的统一和规范，共同探索推行债权出资登记，共同研究建立知名商号跨区域、跨行业保护机制。

在区域协调机制方面，建立了泛长三角不同层面的定期磋商制度，研究制定区域合作战略与对策。比如，三省一市“泛长三角”党政一把手联席会议、长三角城市经济协调会（市长会议）以及各种学术论坛等。2008年12月15日至16日，宁波会议就确定了联合抗击金融危机决策，要在金融与环保两个重要领域加强合作；共同推进重大基础设施网络化建设，高起点统筹交通、水运、航空、能源、信息等综合基础设施的无缝对接，加快形成长三角地区的“同城效应”，推进长三角地区一体化发展。

国家层面的皖江城市带承接产业转移示范区，作为安徽迄今为止第一个进入国家层面的产业示范区，为东部与安徽的产业对接和转移提供了发展空间和试验平台。承接产业转移示范区的重点在于参与国内产业分工，促进产业协调发展。皖江城市带，既是安徽经济社会发展的核心增长极，也是泛长三角的有机组成部分，更是连接东部和中西部，连接长江上、中、下游的桥梁和纽带。2010年1月国务院正式批复并印发了《皖江城市带承接产业转移示范区规划》。国家发展和改革委员会指出，这是进一步实施中部崛起战略的重大举措，对安徽构建现代化产业体系、提高发展质量和水平具有重要意义。日前经国家发展和改革委员会审定出台的《皖江城市带承接产业转移示范区产业发展指导目录》，有利于加强对皖江地区产业发展的指导，有利于引导区域间产业有序转移。

（三）承接有对策

1. 国家层面的“政策启动”是关键

一个国家，特别是幅员辽阔的大国，在不同的发展时期都有其规划的重点发展区域，也被称为基础经济区。在中部崛起战略实施前，除了明清时的江南省，安徽从未成为国家政策倾斜的经济区的一员，总是身处政策边缘化境地。安徽本身所具有的地理区位和资源优势反而成为发展的劣势。在国家生产力布局中，安徽始终被定位于粮食基地和能源原材料基地，这种分工定位使得安徽工业化、城市化进程缓慢。以弱质性初级产品产业为主导的产业定位，不仅不能带动区域发展，反而供应越多吃亏越大，长期在与沿海发达地区的垂直性贸易分工中遭受双重的利益盘剥而不能获得补偿。① 其实，安徽就是中部地区的缩影。“中部塌陷”的原因也被学者们解读为“政策缺陷”。

中部崛起战略使安徽看到了发展的契机。国家对安徽作为中部综合交通运输枢纽地位的支持和大力投入，极大地改善了安徽的交通基础设施，使自古以来安徽的区位潜在优势落到实处，区位优势逐步向竞争优势转化。然而，中部六省产业结构的相似性和经济特征的同质性，决定了中部地区更多的是一个自然地理区，各省之间很难形成有产业层次、分工协作的真正经济区，区内竞争远大于合作。因此，仅靠中部崛起战略尚难以带动安徽的跨越式发展。正因为如此，中央政府才要求安徽积极参与泛长三角区域发展分工，融入长三角城市群，借梯登高、借船出海，加快发展。于是，才有了第一个国家层面的《皖江城市带承接产业转移示范区规划》以及相关配套政策(见附录1)。

2. 地方政府的积极作为是“推手”

安徽省会合肥市秉持大开放的理念，狠抓招商引资，成效显著。2006—2009 年，合肥市招商引资总量累计 2 726 亿元，是“十五”时期的 4.8 倍，年均增速超过 50%。今年 1—8 月，实际招商引资总量超过 2009 年全年水平。

从合肥市的经验看，地方政府首先要有明确的指导思想和清晰的发展思路。合肥市委市政府清醒地认识到，合肥基本市情是发展不足，而症结在于投资不足。因此，要始终将扩大有效投入作为工作主线来抓，牢固树立“发展为上，投资为本”的理念，把招商引资作为第一要事来抓，紧紧抓住国内外产业、资本加速转移的机遇，广泛吸纳国内外投资者来合肥发展。本次国际金融危机爆发后，对境外等离子显示屏大厂形成了巨大的冲击，合肥及时抓住产业转移的难得机遇，果断决策，以较低成本与长虹公司合作承接了等离子显示器件项目，使京东方六代线落户合肥，为打造全国重要

① 胡艳. 中部地区产业弱质分析与政策建议. 经济纵横，2004(7).

的有国际影响力和国际竞争力的新型平板显示产业基地奠定了基础。

其次，政府要有创新的办法破解难题。不断解放思想，以开放的思维、灵活的政策进行招商引资工作，一事一议，特事特办。例如，由江苏熔盛投资集团投资的合肥熔安动力船用低速柴油机项目，年产船用低速柴油机500万匹马力，生产规模国内第一。承接这个项目就是一个“无中生有”的创新创造的过程，体现了开放型的发展思路。合肥市通过改造经开区的派河航道，“把不可能变成了可能”，最终使项目落户派河岸边。

再次，政府还要有强烈的服务意识和高效的办事能力。合肥这几年常抓不懈的“效能革命”，成效显著。对协议项目抓落实，对落实的项目追踪服务，推进建设进程。比如，正破土动工的赛特LDK太阳能电池项目是全球同类项目单体投资最大的，9个月时间就完成其他企业五六年才能完成的工作，创下“赛特速度”。随着该项目建成投产以及关联企业的跟进，合肥将有望打造一个千亿级新能源产业。

最后，政府要推动良好体制机制的形成，为项目落地生根提供保障。这些机制包括快速反应的政府决策机制、灵活得力的商务谈判机制、强有力的领导推进机制、多种筹资渠道相结合的融资机制以及项目落地后的跟踪服务机制等。

以融资机制为例，京东方第6代TFT-LCD液晶面板线所需的总投资175亿巨资由合肥托底解决。其中，合肥市政府投入60亿，战略投资者投入30亿，如未能实现，合肥市政府负责落实。剩下的85亿在合肥市政府的支持下贷款解决。

3. 比较优势的发挥是基础

安徽与长三角乃至整个东部地区产业呈现的互补性远远大于竞争性。“经济互补，合作双赢，利益共享”是泛长三角经济区存在的前提。要以与长三角互补性产业发展（面向长三角的四大基地）为基础，利用市场杠杆的调节作用，充分发挥安徽的比较优势，实现向竞争优势的转化（见附录2）。

4. 大项目和大企业的带动是引擎

合肥重点盯住大项目，精心谋划大项目，以大企业(央企)为"龙头"、以大项目带动形成产业集群化优势。引进了包括以大陆轮胎为代表的一批外资大项目，以中盐集团、中国科技集团为代表的一批大型央企项目，以京东方光电科技为代表的一批战略性新兴产业项目。

按照"龙头项目—产业链—产业集群—产业基地"的发展思路，中国(合肥)平板显示产业基地已有京东方六代线、鑫昊 PDP、彩虹高世代液晶玻璃基板、乐凯集团光电薄膜及偏光片等核心项目入驻，此外合肥葳迩敏、法液空、京东方半导体、住友化学、京达物流、鑫铭电子、冠鸿光电、合肥明韩、翰博高新、康宁等一批上游原材料、下游模组、整机等配套企业都已陆续入驻合肥，5 年内，合肥京东方可吸引上下游产业新增投资约 300 亿~400 亿元，带动在合肥形成产值达 1 000 亿元的高技术产业集群，并可吸纳约 5 万人就业。

5. 引资与自主品牌的结合是主线

以品牌和自主创新产品为核心培育产业链，是贯穿转移和承接的主线，也体现了承接与创新的结合。东部地区之所以能吸引大量外资，与其已形成较为完整的产业链密不可分。在苏南，除了硬盘和 CPU 外，PC 机的所有配套产品都可以在区域内方便得到。在昆山，组成一台手提电脑的 800 多个部件有 780 多个能在区内找到供应商。吴江开发区内产品配套率在 90% 以上。完整、清晰的 IT 产业链使长三角地区迅速成为 IT 产业高增长区域。

目前，安徽工业正逐步形成五大支柱产业链，为安徽崛起提供了坚实平台。首先，以江汽、奇瑞、昌河、星马等汽车骨干企业和全柴动力、佳通轮胎、日立挖掘、合力叉车等为代表的机械装备制造产业链发展渐入佳境。其次，以美菱、荣事达、海尔、美的、康佳为代表的家电制造产业链日臻完善；家电配套产业已粗具规模，特别是像格力电器这样的整机厂家带来的大批配套厂家已经为配套产业发展营造了良好的氛围。电冰箱、洗衣机、空调、彩电、微波炉的本地配套能力分别为 65%、60%、70%、30% 及 60%。再次，以马钢、铜陵有色、淮南和淮北矿业集团为代表的矿产资源开发与加工产业链日渐博、大、精、深。再次，以海螺、国风为代表的建材产业链以高科技为依托，实现跳跃式发展。最后，以华茂、古井、丰原为代表的农副产品加工产业链成长迅速。以上五大产业链，实现增加值占全省工业增加值的一半，成为拉动安徽经济快速增长的引擎。

6. 中心城市的壮大是突破

尽管泛长三角区域时代已经开启，但安徽融入长三角却是一个漫长而渐进的过程，不是通过一个协议或一个规划就解决的，必须选准以中心城市为增长极的重点区域率先发展、实现突破，逐步在更大范围内更加深入地参与长三角发展分工。

安徽工业化和城市化水平相对于全国是比较落后的，缺乏特大城市，城市数量少、规模小，因此，安徽在实施崛起与赶超战略过程中，积极壮大城市经济，培育区域增长极，逐渐形成以制造业、高新技术产业和现代服务业为主导产业的“合肥经济圈”为主，以独具特色的“沿江城市带”和“沿淮城市群”为南北两翼的中心城市发展格局，成为带动全省区域经济实现腾飞的“发动机”。① 2010年初，皖江城市带承接产业转移示范区建设规划已经获批，长三角地区产业向安徽转移正在呈现加速态势。

近年来中部省份安徽以及省会城市合肥的发展经验和做法，可以概括为：以承接和创新为主题，以招商引资的规模化、链条化和集群化为抓手，以城市和区域规划为先导，以产业园区为载体，政府推动，服务跟进，政策支持，创新模式。

三、当前中西部承接产业转移中存在的问题

其一，中西部地区产业配套条件仍然不够，现代物流发展缓慢。任何产业都不能脱离其他产业而孤立地存在和发展，只有那些能为发达地区已丧失优势的产业提供良好的协作配套条件的欠发达

---

① 2008年，这些重点区域地区生产总值占全省的63.5%。

地区，才最有可能承接发达地区转移的产业，或者说最有可能对发达地区已丧失优势的产业形成竞争优势。如果这两方面没有大的改善，也就是说欠发达地区虽然具有劳动力价格优势和土地价格优势，但是如果劳动力价格和土地价格的降低不足以弥补欠发达地区运费高、信息不畅通、生产效率降低、管理成本上升、规模经济下降、集聚优势下降所带来的成本的上升，仍会降低产品的竞争优势，抑制产业的转移。

其二，中西部地区投资的社会环境较差。在中西部许多地区，政府管理部门存在的官僚主义、行政效率不高等问题，未能得到很好的解决；个别地方的腐败现象及乱收费等不正之风使投资者望而却步；法制环境、金融环境、社会治安等方面与投资商的要求存在较大差距。

其三，行政区域的地方保护主义还比较强，许多地方为保护自身利益而进行的地区或部门封锁，导致中西部市场分割，比如，限制外地产品流人本地市场，鼓励当地产品扩张市场容量，限制某些紧缺的原材料从本地流出，在要素市场上层层设卡，阻止人才的外流，等等。这些违背市场经济法则的行为对东部企业投资者的经济活动产生了限制性的消极影响。

其四，中西部地区国有经济比重大，“官本位”严重，市场经济观念和竞争意识薄弱，市场化程度低，经济活动方式及思维不可避免地带有较大的局限性。尤其是规则意识淡薄，信用度低，这种状况往往使投资企业处于无所适从的窘境之中，对投资回报的预期不确定，加大了投资风险。

其五，中西部教育水平低，熟练或半熟练工人严重短缺，总体而言，劳动力素质低下，这是亟待解决的问题。

其六，环保问题也是中西部在引资过程中需要关注的重大问题。近两年来，由于西部地区的原皮资源丰富，特别是生猪产量大，对东部的猪皮制革厂有较强的吸引力，向西部转移将节约大量的运输成本。由此引发了东鞋西移和东皮西移，大量污染严重的东部制革企业开始向西部转移。经济发展与环境保护如何统一？这是一个两难选择。

四、进一步发展的建议

(1)推动银企对接，构建企业融资平台，拓宽融资渠道，启动中西部民间投资，加快扶助民营中小企业发展。

(2)加大人力资本投入，从教育和保健两方面提高人力资本质量，增强从业人员素质，为迎接高品质的产业转移做好准备。

(3)逐步在承接中实现向产业链和价值链中高端跃升。在利益格局调整中获得有利地位。

(4)开辟新的增长点，积极推进电动汽车、LED、海洋工程、生物制药等战略型新型产业，使之成为大城市的创新点。

(5)继续完善交通基础设施，通过铁海联运解决物流的瓶颈问题，降低物流成本。

(6)适应市场驱动型企业扩张需要，中西部应努力营造市场空间，吸引高附加值产业转移。

(7)承接地产业和企业应逐步实现本地化、簇群化、园区化、生态化的集约发展。

(8)大力倡导环境竞争力决定着发展的竞争力、抓环境建设就是抓经济发展的理念。进一步降低商务成本，创造良好的商务环境、社会环境、生态环境，建设宜业宜居城市，提高生活品质和文化品位。

(9)进一步提升区域自主创新能力、产业配套能力、环境集聚能力、市场辐射能力，实现可持续发展。

参考文献

[1]2005—2009各年中国统计年鉴、长三角各省统计年鉴和安徽统计年鉴。

[2]国务院关于进一步推进长江三角洲地区改革开放和经济社会发展的指导意见. 国发[2008]30号.

[3]皖江城市带承接产业转移示范区规划.

[4]长江三角洲地区区域规划.

[5] 荣兆梓，胡艳. 泛长三角区域经济发展研究. 合肥：安徽大学出版社，2010.

附录1　皖江城市带承接产业转移示范区相关配套政策

1. 皖江省直管集中区更名

2010年9月，省机构编制委员会办公室正式下发“关于皖江城市带承接产业转移示范区省直管集中区管委会更名的通知”，将芜马巢、安池铜两个省直管集中区管委会分别更名为安徽省江北产业集中区管委会、安徽省江南产业集中区管委会。

2. 皖江物流产业投资基金

2010年8月，国家发展和改革委员会批准安徽开展设立皖江物流产业投资基金的筹备工作，这是安徽第一支、中部地区第二支获得国家发展和改革委员会批准设立的大型产业投资基金，也是国务院颁布《物流业调整和振兴规划》后获批的以物流业建设为主题的大型产业投资基金，标志着我省大型产业投资基金设立工作取得重大突破。

3. 24条工商新政

2010年8月，国家工商行政管理总局和省政府联合举行新闻发布会，公布《国家工商行政管理总局关于支持皖江城市带承接产业转移示范区建设的意见》。意见为支持示范区建设出台了24条优惠政策，涉及扩大企业登记授权、支持市场主体发展、实施商标发展战略等6个方面。

4. 皖江城市带示范区产业发展指导目录

2010年8月，对皖江城市带承接产业转移示范区建设具有重大意义的产业指导目录获国家发展和改革委员会批复。国家发展和改革委员会原则同意我省编制的皖江城市带示范区产业发展指导目录，并建议在制定和执行中把握好发挥比较优势、力求重点突出、注重协调发展三项原则。《产业发展指导目录》共列入了装备制造业、原材料产业、轻纺产业、高技术产业、现代服务业、现代农业、基础设施、环境保护与资源综合利用等八大类产业100多项产业发展重点。

5. 皖江城市带示范区集中建成公共租赁住房试点

2010年8月，省政府出台《关于加快保障性住房建设促进房地产市场平稳健康发展的通知》，为全省保障性住房建设“保驾护航”。通知要求各地在9月底前编制完成“十二五”住房保障规划，确保完成年度保障性安居工程建设任务，积极发展公共租赁住房，切实增加普通商品住房有效供给。

6. 21条措施推进皖江城市带承接产业转移示范区自主创新

2010年7月27日，安徽省科技厅、国家发展和改革委员会、财政厅、五部门联合出台《关于推进皖江城市带承接产业转移示范区自主创新的若干政策措施》，提出21条针对性措施，旨在促进产业承接与自主创新相融合，发挥自主创新在承接产业转移中的引领作用。

7. 国务院法制办出台意见支持皖江开发

2010年7月，国务院法制办公室出台《关于支持安徽省人民政府推进皖江城市带承接产业转移示范区法治政府建设的意见》，支持安徽省政府推进皖江示范区体制机制创新。这是国务院法制办首次发文支持地方政府法治建设。

8. 皖江示范区省级开发区扩容办法出台

2010年7月，省政府出台《皖江城市带承接产业转移示范区省级开发区扩区暂行办法》，一批位于皖江示范区内、符合规定条件的省级开发区有望扩大园区面积。开发区扩区必须具备5项基本条件：符合本市、县（区）国民经济和社会发展规划、土地利用总体规划、城市（镇）总体规划和环境保护要求；基本完成国家核准面积或省政府批准筹建面积的开发建设，土地供应率达到100%，闲置土地处置率达到100%；开发区产业集聚、特色鲜明，主导产业占开发区工业增加值的50%以上，形成有较强竞争力的特色产业集群；开发区功能配套、设施完善，实现通水、通电、通路、通邮、通信、平整土地等，建成或开工建设污水集中处理设施；达到国家依法、合理、集约用地标准，近3年无严重违法用地和违法建设事件，开发区工业用地比例不低于70%，工业项目建筑系数不低于30%，17个市的省级开发区和其他省级开发区每亩土地投资强度分别不低于100万元和80万元人民币。发展较好但受区域限制的省级开发区，支持其通过发展“飞地经济”形式进行扩区。

9. 安徽国税44条税收新政为皖江城市带“减负”

2010年4月，省国税局出台《促进皖江城市带承接产业转移示范区发展若干税收优惠规定》，规定涉及现代农业、高新技术产业、现代服务业、自主创新、技术进步、节能减排等多个方面。新出台的规定为44条，其中涉及综合性税收优惠规定的12条、农业方面的5条、高新技术产业的优惠政策5条、现代服务业的8条、自主创新3条、节能减排的11条。

10. 安徽地税出台优惠政策支持“皖江示范区”

2010年6月，安徽省地税局公布了“一揽子”地税优惠政策，支持皖江城市带承接产业转移示范区建设。今后，在示范区内从事基础设施建设、高新技术、现代服务业和现代农业等将获得不同程度的税收优惠，自主创业和再就业者也能享受一定的税收政策支持。

新公布的“一揽子”税收优惠政策包括10个方面60条内容，支持领域包括示范区基础设施建设、高新技术产业、现代服务业、文教卫事业、现代农业等，支持项目包括示范区内产业升级和技术创新、资源节约和环境保护、中小企业发展、自主创业、就业和再就业以及企业整体转移或重组。

11. 新政助力皖江企业上市融资

2010年7月，省政府出台《关于支持皖江城市带承接产业转移示范区企业上市融资实施意见》，从培训、税收、用地等方面，为示范区企业上市提供政策便利，鼓励企业通过各种形式融资再融资，引导证券、银行、担保等金融部门联动，为企业上市融资服务。

12. 皖江银企对接助推产业转移

2010年5月10日，皖江城市带承接产业转移示范区建设专项银企对接会在安徽芜湖举行，此次对接会是示范区被批复建设以来举行的首次银企对接会，皖江城市带十个示范城市共推出685个项目，总投资金额达到5 500多亿元，项目贷款需求近1 800亿元。

13. 安徽省出台20条价格新政服务皖江城市带建设

2010年5月12日，省物价局召开新闻发布会公布了刚刚制定的20条价格新政，以促进皖江城市带承接产业转移示范区建设。新政将赋予示范区更为灵活的价格调控权，对各项收费进一步规范，深化示范区资源价格改革，并通过价格杠杆作用促进示范区的技术创新和产业结构升级。

14. 皖江40条

2010年4月2日，省委、省政府正式出台了40条优惠政策，加快推荐皖江城市带承接产业转移示范区建设。包括强力推进产业承接载体建设、大力支持产业创新升级、保障建设用地供给、充分发挥税费优惠和价格政策效应、加大金融支持力度、提高环境承载能力、强化人才和智力支撑、支持内外贸发展、强化社会建设和就业服务、优化政务服务环境10个方面40条措施。

15. 安徽省国土厅全力保障皖江城市带承接产业转移示范区建设用地需求

安徽省国土厅着力破解用地难题，积极主动支持皖江城市带承接产业转移示范区建设。一是合理安排用地计划，科学解决用地需求。二是统筹运用置换指标，优先保障示范区建设用地。三是开展土地整治，稳妥解决征地报批难题，2010年力争开展土地整治100万亩。四是建立用地快速反应保障机制，进一步提高办事效率。

16. 出台《合肥高新技术产业开发区家用电器制造业发展规划(2009—2012年)》

其中，“大力发展配套业、加大配套扶持政策力度”已经作为一项重要的政策建议被提出，未来将在土地、税收等方面制定相应产业优惠政策。一是积极承接家电产业的转移，促使大集团将更多产能转移到合肥，吸引更多知名企业和品牌进驻；二是以此吸引家电配套企业，抓住家电企业产业转移的内在需求，从降低生产成本、本地配套能力、商务环境、物流成本、人力成本等多方面营造良好的综合投资环境；三是降低配套企业进入门槛，建设适合家电配套中小企业入住的标准厂房，在租金、生活配套方面给予优惠待遇，鼓励大企业配合对配套供应链企业招商，扶持本地企业本地化配套能力。

附录 2

1. 产业梯度差异①

表 1 表现了安徽与东部地区之间的梯度差异性。产业梯度是区域经济水平差别衡量的重要标准，而产业转移的前提就是区域间存在产业梯度。实证表明，安徽和沿海地区存在发展差距和产业层次上的等级差别，双方存在产业转移的必要性和可行性。

表 1 **2008 年粤苏鲁浙沪闽皖产业梯度系数**

行业	广东	江苏	山东	浙江	上海	福建	安徽
采矿业	2.31	0.08	1.45	0.15	0.11	0.34	0.39
农副食品加工业	0.61	0.90	2.11	0.50	0.26	0.54	1.22
食品制造业	0.69	0.23	2.25	0.59	0.67	0.99	0.87
饮料制造业	0.86	0.77	1.05	1.04	1.79	0.60	0.76
烟草加工业	0.77	1.23	0.66	1.71	2.79	1.99	1.86
纺织业	0.47	2.34	2.65	6.96	0.20	0.79	0.34
纺织服装、鞋、帽制造业	1.11	2.38	1.40	2.73	0.80	2.13	0.31
皮革、毛皮、羽毛(绒)及其制品业	0.82	0.86	1.67	4.79	0.34	4.33	0.77
木材加工及木、竹、藤、棕、草制造业	0.22	1.24	2.64	2.86	0.20	0.72	1.34
家具制造业	1.85	0.27	2.12	2.79	1.53	0.99	0.33
造纸及纸制品业	1.19	1.29	2.19	3.33	0.59	0.72	0.64
印刷业和记录媒介的复制	1.55	0.58	1.58	2.77	1.34	0.30	1.34

① 数据由研究生张玉和袁阳春计算。

续表

行业	广东	江苏	山东	浙江	上海	福建	安徽
文教体育用品制造业	1.93	2.08	2.63	6.90	1.61	1.24	0.31
石油加工、炼焦及核燃料加工业	3.15	0.95	1.49	4.76	2.56	0.11	1.01
化学原料及化学制品制造业	0.99	2.97	2.38	2.15	1.84	0.31	0.90
医药制造业	0.50	1.45	2.05	1.41	0.55	0.32	0.36
化学纤维制造业	0.27	0.00	0.11	15.75	0.16	1.99	0.22
橡胶制品业	0.24	1.12	4.83	2.07	0.51	0.82	1.02
塑料制品业	1.38	1.05	1.92	6.24	0.91	1.12	1.53
非金属矿物制品业	0.85	0.78	2.76	1.41	0.44	0.72	0.75
黑色金属冶炼及压延加工业	0.38	2.26	0.87	1.26	1.31	0.60	1.35
有色金属冶炼及压延加工业	1.17	2.27	0.86	3.92	0.44	0.26	2.80
金属制品业	1.43	1.97	1.53	3.64	1.15	0.36	0.87
通用设备制造业	0.51	1.74	2.53	3.56	1.96	0.33	0.63
专用设备制造业	0.38	1.24	3.24	1.38	1.10	0.42	1.03
交通运输设备制造业	1.22	0.79	1.11	1.93	1.78	0.38	0.91
电气机械及器材制造业	1.46	2.10	1.91	2.52	1.28	0.48	3.19
通信设备、计算机及其他电子设备制造业	2.35	1.94	0.91	0.51	6.53	1.54	0.06
仪器仪表及文化、办公用机械制造业	2.78	4.40	0.73	1.86	1.67	0.49	0.45
工艺品及其他制造业	2.44	0.82	2.03	5.58	1.47	1.39	0.57
废弃资源和废旧材料回收加工业	5.48	1.00	0.29	20.11	1.05	0.01	2.19
电力、热力的生产和供应业	1.96	17.96	0.75	4.28	5.51	0.64	2.68
燃气生产和供应业	9.03	0.97	0.49	2.45	1.61	0.05	0.32
水的生产和供应业	4.29	0.45	0.50	1.73	0.77	0.46	0.52

注：产业梯度系数 = 区位商 × 比较劳动生产率 × 比较资本产出率。

资料来源：通过广东、江苏、山东、浙江、上海、福建、安徽 6 省 1 市 2009 年统计年鉴和 2009 年中国统计年鉴计算得出。

为了数据的可获得性，本文将煤炭开采和洗选业、石油和天然气开采业、黑色金属矿采选业、有色金属矿采选业、非金属矿采选业、其他矿采选业合并为采矿业；选取数据来自规模以上工业企业（即主营业务收入在500万元以上企业）；另外由于数据的限制，浙江和福建两省的行业从业人数选取的是全省该行业的从业人数，由于数据差异不大，不影响研究结果。

从表1可以看出，安徽产业梯度系数大于1的行业有：农副食品加工业、烟草加工业、木材加工及木、竹、藤、棕、草制造业、印刷业和记录媒介的复制、石油加工、炼焦及核燃料加工业、橡胶制品业、塑料制品业、黑色金属冶炼及压延加工业、有色金属冶炼及压延加工业、专用设备制造业、电气机械及器材制造业、废弃资源和废旧材料回收加工业、电力、热力的生产和供应业等13个行业。这与安徽工业经济的发展现状基本吻合，另外还可以看出安徽产业梯度系数大于1的行业，东部地区尤其是长三角地区很多都是小于1，相对于长三角而言具有明显的比较优势，安徽应依托自身的比较优势，有选择、有重点地承接产业转移。

东部沿海地区向外转移的行业主要集中在资源能源依赖性较强的上游，如劳动力密集型的制衣、制鞋产业，耗能较大的矿产资源加工产业。其中，上海作为长三角地区最主要的产业转移源头，对外转移的主要是化学原料及化学制品制造业、化学纤维制造业、橡胶制品业、塑料制品业、机械制造业、印刷业、文体用品制造业、木材加工业、钢材加工业等行业。江苏、浙江转出的行业主要是纺织、服装、机械制造、食品加工、化工等。

因此，安徽承接东部地区产业转移有其必然性，而长三角地区向安徽转移产业也是顺应经济发展规律的选择。

2. 产业结构差异

区域经济发展的强度和速度以及区域间的经济关系，与其产业结构比重密切相关，很大程度上取决于各区域产业结构的合理性，并随着产业结构的调整升级而变化。

从图1至图3可以看出，长三角地区第一产业比重均远远低于全国水平，上海第一产业比重只有0.82个百分点，江苏、浙江第二产业比重高出全国水平5至6个百分点，上海第二产业比重虽略低于全国水平，但是第三产业超出全国13个百分点还多。而安徽除第一产业比重高于全国水平，第二、第三产业比重均低于全国水平。这说明安徽的工业化和城市化水平不高，总体经济水平和产业竞争力与长三角地区甚至全国相比还有很大差距。

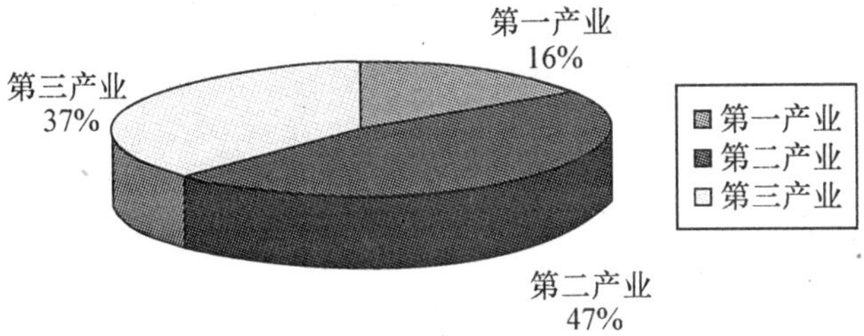

图1　安徽省2008年产业结构比重示例图

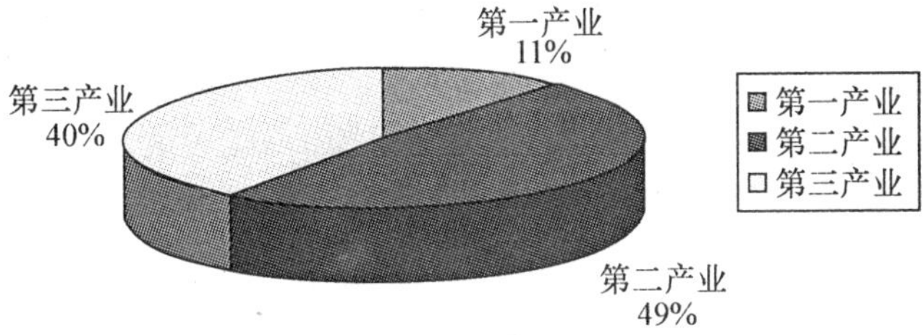

图2　全国2008年产业结构比重示例图

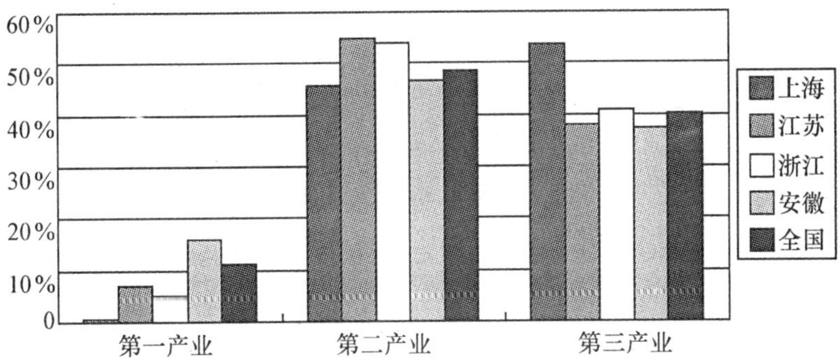

图3　2008年安徽与长三角地区产业结构比重示例图

中部地区区域协调互动机制

周清武
（中部网　武汉 430072）

党的十六届五中全会提出，要在促进区域协调发展中健全区域协调互动机制。这是实现“十一五”社会经济发展的重要战略途径。

一、区域协调互动机制的概念

区域协调互动机制，是指推动区域间相互协调、相互促进、实现优势互补、共同发展的机制。健全市场机制，实现生产要素在区域间的自由活动，引导产业转移，是健全区域协调互动机制的基础；健全合作机制，实现区域间经济协作和技术、人才合作，形成以东带西、东中西共同发展的格局，是健全区域协调互动机制的核心；健全互动机制，发达地区要采取对口支援、社会捐助等多种形式，帮扶欠发达地区的发展，是健全区域协调互动机制的重点；健全扶持机制，按照公共服务均等化原则，加大国家对欠发达地区的支持力度，是健全区域协调互动机制的关键。

二、健全区域协调机制的意义

健全区域协调互动机制，促进区域间的共同发展，是区域发展理念创新的体现。改革开放以来，在区域发展的战略指导思想上，突破了传统的区域间平均发展的思想禁锢，提出了优先发展东部沿海地区的战略。由此而形成的东部、中部、西部地区经济非均衡增长，便成为改革开放以来我国国民经济空间发展的基本特征。20世纪90年代以来，随着社会主义市场经济体制改革目标的确立和市场化发展态势的不平均，东部地区经济发展速度加快，中部地区综合优势没有得到完全发挥，东北等老工业基地振兴刚刚起步，西部地区的全面发展还有待时日，区域间的发展差异凸显出来。这既是20世纪末区域经济发展不平均的外在表现，又是21世纪影响国民经济协调发展和国民经济整体素质提高的深层次原因。针对目前区域发展的现状，应实现区域发展战略指导思想由“优先发展”向“共同发展”的转变。

健全区域协调互动机制，促进区域间的共同发展是推进全面建设小康社会进程的新举措。2004年我国人均占有GDP达到1 030美元，但是区域间的发展很不平衡。处于东部发达地区的上海市人均GDP已超过5 000美元，而西部某些欠发达地区人均GDP只有700美元左右。个别贫困地区甚至连温饱问题都没有解决，严重影响了全面建设小康社会的进程。只有通过健全区域协调互动机制，鼓动先富起来率先实现小康生活的地区与中西部欠发达地区实行经济、技术和人才合作，争取对口支援等多种形式，才能促进欠发达地区尚未脱贫或已实现不稳定温饱生活的广大群众尽快迈入小康生活。

健全区域协调互动机制，促进区域间的共同发展是构建和谐社会的重要基础条件。构建和谐社会，各区域之间的发展水平、发展进程应该相互协调、相互促进。如果区域结构在发展水平和发展进程上差距过大，必将导致利益分配的不公，产生区域发展的鸿沟和城乡发展割裂的矛盾，和谐社会的构建就失去了依存的经济、社会基础。在构建和谐社会的进程中，必须健全区域协调互动机制，在继续鼓励东部率先发展的同时，充分发挥市场机制、合作机制、互助机制和扶持机制的功能，促进中部地区的崛起，推动西部地区开发，振兴东北地区等老工业基地，实现区域的协调、共同发展，为构建和谐社会提供坚实的经济社会基础。

三、健全区域协调互动机制的必要性分析

1. 从经济常识角度分析

(1)中部地区提出统筹区域发展，形成促进区域经济协调发展的机制，是国家进行宏观调控的要求和表现，体现了社会主义的本质要求，是贯彻科学发展观的必然要求和具体表现。

(2)健全区域协调互动机制，统筹区域发展，有利于形成统一开放的市场体系，有利于形成合理的区域经济结构，促进中部各地区的合作，实现资源的优化配置，提升整个社会的经济效益。

2. 从哲学常识角度分析

中部地区提出统筹区域发展，形成促进区域经济协调发展的机制，体现了联系的观点，是国家着眼整体，搞好局部，寻求最优目标的体现。这也符合集体主义的价值取向。

3. 从政治常识角度分析

(1)体现了国家性质与国家职能的关系。

(2)是国家履行政治职能、经济职能、社会职能的体现。

(3)党中央作出这一决定，表明了党的性质、宗旨、地位，体现了党的政治领导，表明党的执政方式更加科学。

(4)有利于处理好民族关系，维护民族团结，推进民族平等，实现各民族共同繁荣，增强综合国力。

四、建立健全区域协调互动机制的措施

健全市场机制，打破行政区划的局限，促进生产要素在区域间自由流动，引导产业转移。健全合作机制，鼓励和支持各地区开展多种形式的区域经济协作和技术、人才合作，形成以东带西、东中西共同发展的格局。健全互助机制，发达地区要采取对口支援、社会捐助等方式帮扶欠发达地区。健全扶持机制，按照公共服务均等化原则，加大对欠发达地区的支持力度。六省政府继续在经济政策、资金投入和产业发展等方面，加大对欠发达地区的支持。陆续

举办中部食品质量安全论坛、中部人才高峰论坛、中部旅游论坛，相互交流与学习的互动机制正逐步建立起来。

在我国，要素流通的“壁垒”表现为市场经济体制不健全情况下的行政分化所导致的市场分化和市场封锁。随着我国经济发展和工业化的地区差异性推进，区域经济一体化条件日趋成熟，区域经济协同发展，正越来越明显地出现在经济生活之中，并呈现出以城市圈为先导，部分行业或领域先行的特点。

在垂直化分工条件较好的长株潭城市圈和武汉城市圈等地区，正逐渐形成产业的统一布局的发展。长株潭将统一规划产业布局、统一产业政策、统一整合资源，构建四大产业群体，形成三市合理分工，优势互补的区域产业发展新格局。武汉将在圈内九个兄弟城市率先打造钢铁、服装、农副产品三大产业走廊，实现产业统一布局，扩大为武汉相关龙头企业配套服务的规模，实质性地推进产业链向城市圈延伸。

综上所述，我国区域经济一体化发展条件日趋成熟，驱动要素明显，将进入快速发展时期。而区域经济一体化的形成，意味着区域经济发展联动机制以及协同机制的建立，以及区域市场的一体化和产业发展的一体化，它将有利于形成我国行政调控的新载体，促成地方政府管理方式的新变革，产生企业发展的新机遇。

中部地区经济增长的关联性及收敛性分析

张建清　孙元元
（武汉大学中国中部发展研究院　武汉 430072）

一般而言，地区与地区之间存在一个由各种因素组成的复杂网络，而在由各个地区所组成的联系网络中，最普遍、最重要的联系是经济联系，地区间的经济联系是区域经济空间结构形成的重要因素。在一个区域内，地区间经济联系的密切程度往往决定着此区域整体经济的发展状况，研究中部地区间的经济联系状况以及中部地区经济增长的收敛趋势，有助于正确评估中部地区在“中部崛起”战略提出前后的经济发展历程，对于促进中部地区经济关联性的增强和加快中部地区的经济增长具有一定的意义。

一、中部地区经济增长的关联性分析

分析中部地区经济增长的关联性，主要是分析中部地区内部的经济增长是否存在空间溢出，若存在空间溢出，则进一步分析经济增长出现空间溢出的原因。通过空间自相关检验，发现中部地区的经济增长存在明显的空间依赖关系，此时若用普通的面板技术进行分析，最后得到的结果可能是有偏的或非一致的，为了得到有效且一致的估计结果，本文利用 Elhorst(2009)提出的估计空间面板的方法来分析中部地区经济增长的空间溢出性。空间面板模型分为两种，一种是空间滞后模型，一种是空间误差模型，具体的模型可以用矩阵的形式表达出来。

若有 N 个地区，T 个时期，k 个解释变量，则第 t 期的观测值和误差项如下所示：

$$y_t = \begin{pmatrix} y_{1t} \\ y_{2t} \\ \vdots \\ y_{Nt} \end{pmatrix} X_t = \begin{pmatrix} X_{1t}^1 & X_{1t}^2 & \cdots & X_{1t}^k \\ X_{2t}^1 & X_{2t}^2 & \cdots & X_{2t}^k \\ \vdots & \vdots & & \vdots \\ X_{Nt}^1 & X_{Nt}^2 & \cdots & X_{Nt}^k \end{pmatrix} \varepsilon_t = \begin{pmatrix} \varepsilon_{1t} \\ \varepsilon_{2t} \\ \vdots \\ \varepsilon_{Nt} \end{pmatrix}$$

其中，y_t 为第 t 期 N 个地区被解释变量的列向量，X_t 为第 t 期 N 个地区共计 k 个解释变量所组成的矩阵，ε_t 为第 t 期的误差项。具体的模型如下所示：

$$y = \rho C y + X\beta + \hbar + \varepsilon \tag{1}$$

$$y = X\beta + \hbar + \mu$$

$$\mu = \lambda C y + \varepsilon \tag{2}$$

其中：

$$C = I_T \times W$$

$$y = \begin{pmatrix} y_1 \\ y_2 \\ \vdots \\ y_T \end{pmatrix} X = \begin{pmatrix} X_1 \\ X_2 \\ \vdots \\ X_N \end{pmatrix} \varepsilon = \begin{pmatrix} \varepsilon_1 \\ \varepsilon_2 \\ \vdots \\ \varepsilon_T \end{pmatrix}$$

模型(1) 为空间滞后模型，模型(2) 为空间误差模型，W 为空间权重矩阵，$\hbar$ 表示空间固定效应或随机效应。两个模型所反映的空间相关性都是全局性的，即任何两个地区之间都存在相关性，并且这种相关性的强度服从距离衰减规则，空间滞后模型意味着影响一个地区经济增长的所有因素，都会通过空间传导机制作用于其他地区；而空间误差模型则意味着区域外溢是随机冲击传导的结果。

本文所用的被解释变量为各个地区的人均 GDP，用到的解释变量有固定资产投资占 GDP 的比重、第二产业占总产业的比重、第三产业占总产业的比重、各个地区研发投入占当地 GDP 的比重、人均受教育年限以及从业人员中非国有经济所占的比重，所有变量均取对数值，以控制变量异方差的影响，空间权重矩阵为随距离衰减（与距离的平方成反比）的权重矩阵。

各个指标或计算指标所依据的数据主要来自历年的《中国统计年鉴》、《中国人口统计年鉴》、《中国人口和就业统计年鉴》、《新中国五十年统计资料汇编》、《新中国六十年统计资料汇编》及各个地区历年的统计年鉴或统计公报。

在具体实证分析时，首先根据 Elhorst（2009）提出的稳健 LM 检验（Robust LM Test），判断中部、东部及全国范围内存在何种类型的空间自相关，然后根据 Elhorst（2009）提出的 Hausman 检验判断应该选取固定效应模型还是选取随机效应模型，最后再做具体的分析。根据稳健 LM 检验，本文的实证模型均取空间滞后模型，具体的实证结果如表 1、表 2 所示。

表 1　　**中部、全国及东部地区空间滞后模型的估计结果**

变量	中部（FE）		全国（FE）		东部（FE）	
	系数值	*P* 值	系数值	*P* 值	系数值	*P* 值
capital	0.1054*	0.0000	0.3237*	0.0000	0.0605*	0.0004
secondary	-0.0336	0.7120	1.3896*	0.0000	0.6334*	0.0000
tertiary	-0.0385	0.5244	1.7629*	0.0000	0.3928*	0.0000
Rd	-0.0999*	0.0000	0.0220	0.2183	0.0263*	0.0007
human	0.4587*	0.0000	1.1766*	0.0000	-0.0316	0.3103
employees	0.8064*	0.0000	1.0263*	0.0000	0.2804*	0.0000
W * dep. var.	0.8810*	0.0000	0.5220*	0.0000	0.8780*	0.0000
Hausman test		0.9942		0.9659		0.9605

注：*、**、*** 分别表示在 1%、5%、10% 的显著性水平下显著。

表 2　　**2005 年前后中部及东部地区空间滞后模型的估计结果**

变量	(1)中部 1991—2004 年		(2)中部 2005—2009 年		(3)东部 1991—2004 年		(4)东部 2005—2009 年	
	系数值	*P* 值	系数值	*P* 值	系数值	*P* 值	系数值	*P* 值
capital	0. 0569**	0. 0296	0. 1420*	0. 0016	0. 0129	0. 4651	0. 0228	0. 4536
secondary	-0. 0191	0. 8724	0. 6771*	0. 0006	0. 5009*	0. 0000	0. 9969*	0. 0000
tertiary	0. 0400	0. 5751	0. 2478	0. 1219	0. 4701*	0. 0000	0. 9450*	0. 0000
rd	-0. 1237*	0. 0000	0. 0155*	0. 0019	0. 0111	0. 1350	0. 1008*	0. 0025
human	0. 5588*	0. 0000	0. 0465*	0. 0023	-0. 0496***	0. 0667	-0. 0768	0. 7045
employees	0. 8694*	0. 0001	3. 9955*	0. 0007	0. 1220**	0. 0429	1. 0334*	0. 0008
W * dep. var.	0. 8440*	0. 0000	0. 8540*	0. 0000	0. 8790*	0. 0000	0. 8530*	0. 0000
Hausman test		0. 2970		0. 2118		0. 9950		0. 8135

注：*、**、*** 分别表示在 1%、5%、10% 的显著性水平下显著。

(一)中部地区经济增长的关联性分析——与全国及东部地区对比

1. 固定效应或随机效应的选取

中部、全国及东部地区的 Hausman 检验的 P 值都大于 0.05，说明中部、全国及东部地区的空间滞后模型都应该选取固定效应模型。

2. 经济增长的空间溢出性分析

中部、全国以及东部地区空间滞后项的系数均显著大于 0，说明三个区域的经济增长都存在明显的空间溢出效应，即一个区域的经济增长会促进其他地区的经济增长，由空间权重矩阵加权而成的空间滞后项增加 1%，会分别使中部、全国及东部地区的人均 GDP 增加 0.881 0%、0.522 0% 和 0.878 0%，中部地区和东部地区的空间滞后系数都超过了 0.8，可见与全国相比，中部地区和东部地区内部的经济联系更为紧密。

3. 空间溢出的原因分析

空间滞后模型意味着影响一个地区经济增长的所有因素，都会通过空间传导机制作用于其他地区，所以促进本地区经济增长的因素即为区域内经济增长产生空间溢出的原因，这一点从(3)式((1)式的变形)可以更为明显地看出来。在(3)式中，一个地区的经济增长不但要受本地因素的影响，还会受到其他地区同样因素的影响，同样的道理，若一个地区的某些因素显著地促进了本地区的经济增长，则它也会通过空间传导机制显著地促进其他地区的经济增长，此即为一个区域内部经济增长产生空间溢出效应的原因所在。

$$y = (\mathrm{I} - \rho C)^{-1} X\beta + (\mathrm{I} - \rho C)^{-1} (\hbar + \varepsilon) \tag{3}$$

首先看投资率、第二产业以及第三产业对经济增长及其空间溢出的影响。中部地区投资率的上升会显著地促进本区域经济增长的空间溢出，但是中部地区第二产业和第三产业的发展没有显著地促进中部地区经济增长的空间溢出。

其次观察研发费用增加和人力资本水平上升对经济增长及其空间溢出的影响。中部地区人力资本水平的上升显著地促进了本地区经济的增长，同时也使得区域内的经济增长具有了空间溢出效应，不过中部地区研发费用的增加对中部地区的空间关联性无显著影响，说明中部地区内部不存在技术的溢出，这可能是因为中部地区的产业同质化比较严重，各省之间大多数产业之间主要是竞争关系，虽然单独省份的研发会促使其技术进步，但是却不会有显著的技术溢出。与之相对的是，东部地区技术进步却有明显的溢出效应，技术的溢出又带来了经济增长的溢出，最终促进了东部地区的经济增长，与中部地区比较东部地区各个产业之间具有比较高的关联性，产业链中某一个环节技术的提高也会促使产业链中其他环节的技术效率和技术水平有所提升。

最后分析非国有经济的发展对经济增长及其空间溢出的影响。中部、全国及东部地区非国有经济的发展都显著地促进了本地区经济的增长，同时也使得区域内的经济增长具有了显著的空间溢出效应，这与投资率上升对中部、全国及东部地区经济增长的影响相似，可见投资率上升和非国有经济的发展是促进国内经济增长以及国内经济增长产生空间溢出的主要原因。中部、全国及东部地区空间滞后模型的估计结果见表1。

(二)中部地区经济增长的关联性分析——“中部崛起”战略实施前后对比，兼与东部地区对比

1. 固定效应或随机效应的选取

中部地区在2005年前后的Hausman检验以及东部地区在2005年前后的Hausman检验的P值都大于0.05，说明这四个时间段的空间滞后模型都应该选取固定效应模型，也即模型(1)、模型(2)、模型(3)及模型(4)都应该选取固定效应模型。

2. 经济增长的空间溢出性分析

模型(1)、模型(2)、模型(3)及模型(4)空间滞后项的系数均显著大于0，说明中部地区在2005年前后以及东部地区在2005年前后的经济增长都有显著的空间溢出效应，也即中部或东部地区内部一个省份的经济增长也会显著地促进其他省份的经济增长。在四个模型中，由空间权重矩阵加权而成的空间滞后项增加1%，会分

别使四个模型的人均 GDP 增加 0.844 0%、0.854 0%、0.879 0%和0.853 0%，可见2005年之后中部地区经济增长的空间溢出效应有稍微增强的趋势，反而东部地区在2005年前后经济增长的空间溢出效应有稍稍减弱的趋势。

3. 空间溢出的原因分析

首先看投资率、第二产业以及第三产业对经济增长及其空间溢出的影响。中部地区在2005年之前仅仅只有投资率的上升会促使本区域的经济增长产生空间溢出效应，不过在2005年之后，中部地区投资的增加和第二产业发展都会促使本区域的经济增长产生空间溢出效应。就投资而言，“中部崛起”战略提出之前，投资占GDP的比重增加1%，会使人均 GDP 增加 0.056 9%，“中部崛起”战略实施之后，投资占 GDP 的比重增加 1%，会使人均 GDP 增加 0.142 0%，投资系数的增加同时也说明了投资的增加使得中部地区的经济增长有了更强的空间溢出效应。就第二产业而言，“中部崛起”战略实施之前，第二产业发展没有促使本区域的经济增长产生空间溢出效应，但是“中部崛起”战略实施之后，第二产业占GDP 的比重上升 1%，会使人均 GDP 增加 0.671 1%，这也说明第二产业的发展使得中部地区的经济增长有了一定的空间溢出效应。“中部崛起”战略实施前后，中部地区第三产业的发展都没有促使本区域的经济增长产生显著的空间溢出效应，不过“中部崛起”战略实施之后，第三产业占 GDP 比重的系数从 0.04 提高到了0.247 8，系数的 P 值从 0.575 1 变为 0.121 9，系数的数值和显著性都有所上升。

与东部地区相比，“中部崛起”战略实施之后，对于投资而言，中部地区投资的增加显著地促进了中部地区经济空间关联性的增强，而东部地区投资的增加没有显著地促进东部地区经济空间关联性的增强；对于第二产业而言，中部地区和东部地区第二产业的发展都显著地促进了它们经济空间关联性的增强；对于第三产业而言，中部地区第三产业的发展没有如东部地区那样显著地促进本区域经济增长的空间溢出。

其次观察研发费用增加和人力资本水平上升对经济增长及其空

间溢出的影响。“中部崛起”战略实施之前，中部地区人力资本水平的上升显著地促进了本地区经济的增长，同时也使得区域内的经济增长具有了显著的空间溢出效应，“中部崛起”战略实施之后，虽然人力资本的系数有所下降，但是人力资本的增加仍然显著地促进了中部地区经济增长的空间溢出。不过“中部崛起”战略实施之前，中部地区研发费用的增加没有显著地促进本地区的经济增长，说明“中部崛起”战略实施之前中部地区内部不存在技术的溢出，原因如前文所述，这可能是因为中部地区的产业同质化比较严重，而在“中部崛起”战略实施之后，中部地区研发费用的增加开始显著地促进本地区的经济增长，说明中部地区内部开始有较为明显的技术溢出，这与“中部崛起”战略实施之后，近几年间中部地区各省实施的产业调整相关。

最后分析非国有经济的发展对经济增长及其空间溢出的影响。无论是2005年之前，还是2005年之后，中部及东部地区非国有经济的发展都显著地促进了本地区经济的增长，同时也使得区域内的经济增长具有了显著的空间溢出效应，而且在2005年之后，两个地区非国有经济的发展还会使区域内的经济增长具有更强的空间溢出效应。

虽然在2005年前后，投资率上升和非国有经济的发展都是促进中部地区经济增长以及中部地区经济增长产生空间溢出的主要原因，但若对比模型(1)和模型(2)中资本以及就业人员中非国有经济所占比重的系数值，就会发现两者的系数值在2005年之后都显著增加，这说明“中部崛起”战略实施之后，投资的增加和非国有经济的发展不但对中部地区经济增长的推动作用越来越强，而且还使中部地区的经济增长具有更强的空间溢出效应。2005年前后中部及东部地区空间滞后模型的估计结果见表2。

二、中部地区经济增长的收敛性分析

中部地区经济增长的关联性分析主要研究中部地区经济增长是

否存在空间溢出效应以及空间溢出效应产生的原因，为了更加全面地研究中部地区经济增长的历程，还应该分析中部地区经济增长的收敛性以及经济增长的三种源泉对中部地区经济增长收敛性的影响。

本文首先根据 Malmquist 生产率指数的定义(详细内容可以参考 Fare(1994))和 Kumar(2002) 将第 i 个省份在 $(t+1)$ 时期的产出 y^{t+1} 相对于在 t 时期的产出 y^t 的变化分解为三个部分：技术效率的变化、技术进步以及要素投入增加所带来的产出的变化(也被称为“资本深化效应”)，然后再做相应的收敛性分析。

本文所用的收敛模型为绝对收敛模型，一共包含五个模型：模型(1)衡量各个地区的劳均 GDP 是否存在收敛趋势；模型(2)衡量要素投入贡献率的增加(或要素投入的增加)对经济增长收敛性的影响；模型(3)衡量全要素生产率的提高对经济增长收敛性的影响；模型(4)衡量技术效率的改善对经济增长收敛性的影响；模型(5)衡量技术进步对经济增长收敛性的影响。具体的模型如下所示：

模型(1)： $$\mathrm{Ln}\left(\frac{y_{it+T}}{y_{it}}\right)=\alpha+\beta\mathrm{Ln}(y_{it})+\varepsilon$$

模型(2)： $$\mathrm{Ln}(\mathrm{ic}_{it+T})=\alpha+\beta\mathrm{Ln}(y_{it})+\varepsilon$$

模型(3)： $$\mathrm{Ln}(\mathrm{tfpch}_{it+T})=\alpha+\beta\mathrm{Ln}(y_{it})+\varepsilon$$

模型(4)： $$\mathrm{Ln}(\mathrm{effch}_{it+T})=\alpha+\beta\mathrm{Ln}(y_{it})+\varepsilon$$

模型(5)： $$\mathrm{Ln}(\mathrm{techch}_{it+T})=\alpha+\beta\mathrm{Ln}(y_{it})+\varepsilon$$

模型中的 y、ic、tfpch、effch 以及 techch 分别表示劳均 GDP、要素投入贡献率的变化、全要素生产率的变化、技术效率的变化以及技术进步，数据来源及计算与前文一致。计算全要素生产率的变化率所用到的指标主要有：GDP、资本存量、就业人数及人均受教育年限(用作人力资本的替代变量)。各个年份的 GDP 都以 1952 年的价格水平为基准进行了调整，资本存量也以 1952 年的价格为准，其中 1952 年至 2000 年各个地区的资本存量数据来自张军(2004)，其余年份资本存量根据与其一致的方法计算。T 表示时间间隔，本文一共考虑了三个时间段：1990 年至 2004 年、2005 年至 2009 年以及 1990 年至 2009 年，由实证所得到的具体结果分别如表 3、表 4 和表 5 所示。

表 3　**中部、全国及东部地区 1990—2009 年经济增长收敛性分析的实证结果**

变量	中部		全国		东部	
	系数值	*P* 值	系数值	*P* 值	系数值	*P* 值
y_{it+T}/y_{it}						
y_{it}	0. 0383	0. 5060	0. 0591	0. 4210	-0. 1196	0. 3830
_ cons	1. 5260**	0. 0130	1. 3977**	0. 0140	2. 9115**	0. 0230
ic						
y_{it}	0. 1751	0. 6210	-0. 2818*	0. 0010	-0. 5001*	0. 0000
_ cons	0. 6238	0. 7940	3. 6777*	0. 0000	5. 4078*	0. 0000
tfpch						
y_{it}	-0. 1368	0. 6760	0. 3409*	0. 0000	0. 3804*	0. 0060
_ cons	0. 9022	0. 6870	-2. 2800*	0. 0000	-2. 4963**	0. 0140
effch						
y_{it}	0. 5594**	0. 0490	0. 4470*	0. 0000	0. 4897*	0. 0010
_ cons	-3. 7547***	0. 0520	-2. 9692*	0. 0000	-3. 2591*	0. 0010
techch						
y_{it}	-0. 6985**	0. 0400	-0. 1063	0. 1010	-0. 1094	0. 3740
_ cons	4. 6733**	0. 0430	0. 6901	0. 1450	0. 7642	0. 4250

注：*、**、*** 分别表示在 1%、5%、10% 的显著性水平下显著。

表4　**中部、全国及东部地区1990—2004年经济增长收敛性分析的实证结果**

变量	中部		全国		东部	
	系数值	*P* 值	系数值	*P* 值	系数值	*P* 值
y_{it+T}/y_{it}						
y_{it}	0.1583***	0.0990	0.1079	0.1030	-0.0704	0.4710
_cons	0.1887	0.7280	0.5415	0.2600	2.1031**	0.0230
ic						
y_{it}	0.3502	0.2810	-0.1613**	0.0150	-0.3799*	0.0000
_cons	-1.1923	0.5700	2.2883*	0.0000	4.0830*	0.0000
tfpch						
y_{it}	-0.1920	0.4860	0.2691*	0.0000	0.3095*	0.0100
_cons	1.3810	0.4650	-1.7468*	0.0000	-1.9799**	0.0240
effch						
y_{it}	-0.5577	0.1010	-0.0444	0.3840	-0.0774	0.4110
_cons	3.7458	0.1060	0.2591	0.4890	0.5810	0.4310
techch						
y_{it}	0.3667**	0.0180	0.3135*	0.0000	0.3871*	0.0000
_cons	-2.3707**	0.0220	-2.0059*	0.0000	-2.5625*	0.0000

注：*、**、***分别表示在1%、5%、10%的显著性水平下显著。

表 5　**中部、全国及东部地区 2005—2009 年经济增长收敛性分析的实证结果**

变量	中部		全国		东部	
	系数值	*P* 值	系数值	*P* 值	系数值	*P* 值
y_{it+T}/y_{it}						
y_{it}	-0.1207**	0.0310	-0.0360	0.1330	-0.0241	0.6930
_cons	1.4067*	0.0100	0.7133*	0.0020	0.5611	0.3450
ic						
y_{it}	-0.2601*	0.0000	-0.1310*	0.0000	-0.1077***	0.0740
_cons	2.7244*	0.0000	1.6086*	0.0000	1.3291**	0.0290
tfpch						
y_{it}	0.1394**	0.0480	0.0950*	0.0000	0.0837**	0.0130
_cons	-1.3177**	0.0320	-0.8953*	0.0000	-0.7681**	0.0150
effch						
y_{it}	0.2383***	0.0570	0.1485*	0.0000	0.1215**	0.0150
_cons	-2.0892**	0.0470	-1.3344*	0.0000	-1.0636**	0.0210
techch						
y_{it}	-0.0982	0.4980	-0.0533**	0.0490	-0.0377	0.5130
_cons	0.7658	0.5190	0.4383***	0.0650	0.2949	0.5880

注：*、**、*** 分别表示在 1%、5%、10% 的显著性水平下显著。

（一）中部地区经济增长的收敛性分析——与全国及东部地区对比

从 1990 年到 2009 年，中部、全国及东部地区的经济增长都不存在显著的收敛或发散趋势，但是决定经济增长的各个要素却可以使各个地区的经济增长显著地趋同或趋异。对于中部地区而言，要素投入的增加和全要素生产率的提高对经济增长的收敛性无显著影响，但是技术效率的改善可以使经济增长显著趋异，技术进步可以使经济增长显著趋同，技术效率的改善和技术进步对经济增长的作用方向刚好相反，最后的结果便是中部地区全要素生产率的提高对其经济增长的收敛性无显著影响。

对于全国及东部地区而言，要素投入贡献率的增加会使全国及东部地区的经济增长显著收敛，而全要素生产率的提高会使全国及东部地区的经济增长显著发散，全国及东部地区全要素生产率的提高之所以会使它们的经济增长显著趋异，原因在于其技术效率的改善会使它们的经济增长显著趋异。

中部、全国及东部地区技术效率的改善都可以使它们的经济增长显著趋异，这主要是因为一个地区技术效率的改善与这个地区的市场机制以及各种微观管理制度紧密相关。在一个给定的时间段内，经济落后地区的技术效率不大可能像经济发达地区那样有较大程度的改善，越是经济发达的地区，市场机制以及各种微观管理制度会更加完善，其技术效率也会越高，较高的技术效率会推动经济较快地增长，而经济的增长又会促使技术效率进一步改善，如此循环下去，最后的结果便是技术效率的改善会使经济增长显著趋异。

与全国及东部地区不同的是，中部地区要素投入贡献率的增加对经济增长的收敛性无显著影响，同时技术进步可以使经济增长显著趋同。前者的原因可能在于：虽然中部地区最近几年固定资产投资增加迅速，但是劳均资本存量与东部地区相比仍有很大的差距，要素投入增加所带来的边际收益递减效应表现得不是特别明显，导致由增加要素投入带来的要素投入贡献率的增加与初始经济水平无显著的负向关系，即要素投入贡献率的增加并没有使经济增长显著收敛。后者的原因可能在于：根据本文全要素生产率的分解结果，中部地区的技术进步没有全国及东部地区那么明显，同时中部地区的技术进步也更加容易被其他地区模仿(或者说模仿成本比较低)，如此中部地区的“技术溢出”反而会更加明显，最终中部地区的技术进步导致了中部地区经济增长的显著收敛。不过中部地区的技术效率、技术水平以及全要素生产率较低，导致中部地区的经济增长仍然是以投资驱动为主。

(二)中部地区经济增长的收敛性分析——“中部崛起”战略实施前后对比

在“中部崛起”战略实施之前，中部地区的经济增长显著发散，不过要素投入增加和全要素生产率的提高对中部地区经济增长的收敛性都没有显著的影响，但是在“中部崛起”战略实施之后，中部地区的经济增长却显著收敛，同时中部地区要素投入的增加使其经济增长显著收敛，全要素生产率的提高使其经济增长显著发散。

新古典增长理论认为一个地区产出的增长率仅与该地区经济所处的增长阶段相关，边际收益递减规律和资本的逐利性将使得经济增长趋于收敛；同时新经济增长理论认为技术的外部性会使经济规模报酬递增，经济越发达的地区，技术和知识的积累会越多，其经济发展也就越快，而经济越落后的地区，其经济增长也会越慢，从而整个区域的经济将趋于发散。由此可见，在 2005 年之后，中部地区经济增长的路径开始与新古典增长理论以及新经济增长理论相吻合，也与全国及东部地区经济增长的路径一致，这可以解释如下：一是中部地区最近几年劳均资本存量迅速增加(这离不开最近几年中央政府对中部地区的政策支持)，资本的边际收益递减规律开始显现；二是根据本文全要素生产率的分解结果，最近几年中部地区的技术效率开始有所改善，技术效率的改善会提高全要素生产率，进而会使经济增长趋异。

综上所述，虽然各个地区经济增长的收敛性会有所区别，但是影响经济增长的两个基本要素，即要素投入和全要素生产率对经济增长的影响却保持一致，中部地区在“中部崛起”战略实施之后，劳均资本存量和技术效率均显著增加，劳均资本存量的增加使中部地区的经济增长趋于收敛，而技术效率的显著改善却使中部地区的经济增长趋于发散，最终经济增长是趋同还是趋异则取决于要素投入和全要素生产率对经济增长影响的相对大小，由于“中部崛起”战略实施之后中部地区的经济增长显著收敛，可见全要素生产率只是减弱了中部地区的收敛趋势，而没有改变其收敛方向。

本文首先利用空间面板分析方法，发现中部、全国及东部地区的经济增长都存在显著的空间溢出效应，即区域内一个省份(或市)的经济增长会促进其他省份(或市)的经济增长，同时发现投资率上升和非国有经济的发展是促进中部地区经济增长以及中部地区经济增长产生空间溢出效应的主要原因，若将中部地区在“中部崛起”战略实施前后的经济发展状况进行对比，就会发现投资的增加和非国有经济的发展不但对中部地区经济增长的推动作用越来越强，而且还使中部地区的经济增长具有更强的空间溢出效应，同时中部地区经济增长总的空间溢出效应在“中部崛起”战略实施之后也稍稍变强。

随后本文利用绝对收敛模型分析了中部地区经济增长的收敛性以及经济增长的三种源泉对中部地区经济增长收敛性的影响，结果表明：在“中部崛起”战略实施之前，中部地区的经济增长显著发散，要素投入增加和全要素生产率的提高对中部地区经济增长的收敛性都没有显著的影响，但是在“中部崛起”战略实施之后，中部地区的经济增长却显著收敛，同时中部地区要素投入的增加使其经济增长显著收敛，全要素生产率的提高使其经济增长显著发散，这表明中部地区经济增长的路径开始与新古典增长理论以及新经济增长理论相吻合，不过因为“中部崛起”战略实施之后中部地区的经济增长显著收敛，可见全要素生产率只是减弱了中部地区的收敛趋势，而没有改变其收敛方向。

专题五

“十二五”时期中部地区城乡统筹与城市群研究

合力构建长江中游城市群，打造中国经济发展第四极

彭智敏

（湖北省中部办、湖北省社会科学院　武汉 430071）

长江中游城市群，是指以位于长江中游的武汉城市圈（包括长江沿线的宜昌市和荆州市）、长株潭城市群（包括环洞庭湖的岳阳市、益阳市和常德市）和环鄱阳湖城市群为依托，通过整体规划和集成发展形成的跨省域的区域经济高度一体化的城市集群。构建长江中游城市群发展，是全面贯彻科学发展观，推进区域协调发展，促进中部崛起，加快建设全面小康社会的重大举措。我们认为，目前构建长江中游城市群发展的内外部条件基本成熟，建议中央将促进长江中游城市群发展提上议事日程，纳入国家“十二五”规划，力争经过 10～20 年的建设，将其建设成继长三角、珠三角、京津冀城市群之后具有全国性影响力、对广大中西部地区具有强大辐射力和带动能力的我国经济发展“第四极”。

一、构建长江中游城市群的紧迫性和战略机遇

1. 三大城市群优势明显

自 20 世纪下半叶起，无论是国家间的竞争还是一国内部区域之间的竞争主体，都已经从过去的单个超级城市走向了以超级城市为中心、包括数十个不同等级城市的、幅员数万平方公里、人口达数千万的城市群。改革开放以来，中国经济突飞猛进，其领头羊就是以上海为龙头的长三角城市群，以广州、深圳为龙头的珠三角城市群和以北京、天津为中心的京津冀城市群三大城市群。它们不仅

是改革开放前30年进步最快、成果最丰硕的区域，也是引领中国走向未来、走向世界的主力军。

表1显示，三大城市群的各项经济都在全国占有重要地位，与其面积和人口相比，其人均GDP和单位国土面积经济产出都大大高于全国平均水平。

更为重要的是，三大城市群内部经过多年的协商、合作、错位竞争，目前已经进入特色明显、优势互补、联系密切、合作机制比较健全、企业间产业间分工协作比较完善的阶段，其强大的竞争力、辐射力和内部的凝聚力远远超过了全国其他城市群。

2009年初获批的《珠江三角洲地区改革发展规划纲要(2008—2020年)》明确提出，要把珠江三角洲地区建设成为探索科学发展模式试验区、深化改革先行区、扩大开放的重要国际门户、世界先进制造业和现代服务业基地、全国重要的经济中心。

今年7月，国务院正式批准实施《长江三角洲地区区域规划》(以下简称《规划》)，这是贯彻落实《国务院关于进一步推进长江三角洲地区改革开放和经济社会发展的指导意见》(国发[2008]30号)，进一步提升长江三角洲地区整体实力和国际竞争力的重大决策部署，是深入实施区域发展总体战略、促进全国经济平稳较快发展的又一重要举措。该规划确定区域发展总体布局框架为“一核六带”，即强化上海这个发展核心，优化提升沪宁、沪杭沿线发展带，重点建设沿江发展带、沿(杭州)湾发展带，积极开发沿海发展带，培育宁湖(湖州)杭发展带，引导发展沿湖(太湖)生态服务带。

2. 竞争对手咄咄逼人

今年4月，经国务院同意，国家发改委正式批复沈阳经济区为国家新型工业化综合配套改革试验区，这标志着沈阳经济区成为第八个国家综合配套改革试验区。沈阳经济区由沈阳、鞍山、抚顺、本溪、营口、阜新、辽阳、铁岭8个城市组成，区域面积7.5万平方公里，总人口2 359万，是全国城市化水平最高的地区之一，是全国综合交通运输体系最发达的地区之一，也是全国建立最早、规模最大、门类齐全、配套完整的重要装备制造业和原材料工业基

表 1　**2008 年我国三大城市群主要经济指标及全国比重**

	长三角	珠三角	京津冀	占全国比重(%)		
				长三角	珠三角	京津冀
国土面积(万平方公里)	11	4.17	3.47	1.15	0.43	0.36
人口(万人)	8 908.97	4 771.76	7 941.89	6.71	3.59	5.98
地区生产总值(亿元)	53 955.79	29 745.61	29 834.75	17.95	9.89	9.92
三次产业比重	3.25:53.51:43.24	2.39:50.31:47.3	5.96:44.76:49.28	—	—	—
工业增加值(亿元)	26 276.13	14 007.73	11 504.43	20.35	10.85	8.91
固定资产投资总额(亿元)	20 343.56	7 916.81	13 965.50	11.81	4.60	8.11
社会消费品零售总额(亿元)	17 396.94	9 391.26	10 397.91	16.04	8.66	9.58
进出口总额(亿美元)	8 864.84	6 568.76	3 848.79	34.61	25.64	15.02
实际外商直接投资(亿美元)	416.31	174.68	223.18	45.06	18.90	24.15
地方财政一般预算收入(亿元)	5 796.61	2 248.32	3 078.66	10.02	3.89	5.32
年末金融机构存款余额(亿元)	94 505.76	47 021.1	68 205.08	19.77	9.84	14.27
年末金融机构贷款余额(亿元)	70 370.10	28 937.10	38 280.97	21.99	9.04	11.96
城镇居民人均可支配收入(元)	22 158.4	22 458	15 426	—	—	—
农村居民人均纯收入(元)	10 050.3	8 890.3	5 951.3	—	—	—

数据来源:各地统计年鉴。

地。2003年以来，在中央实施振兴东北战略的指引推动下，沈阳经济区日益明确了走中国特色新型工业化道路的目标，闯出了区域一体化发展的新路子，形成了良好的工作基础。2009年，沈阳经济区地区生产总值9 984.7亿元，8城市平均增速16.7%，高于全省3.6个百分点。

与此同时，北部湾经济区、海西经济区、关中—天水经济区发展、皖江城市带承接产业转移示范区规划先后获得国家批准，成渝经济区合作进展神速，并且提出了建立以重庆市—成都市—西安市为顶点的“西三角”。据悉，酝酿已久的成渝经济区区域规划已于近日获国家发改委审批通过，目前已上报国务院，等待国务院常务会议批复，预计近期将会出台。

3. 国家规划倒逼机制，推动形成合作

今年9月，国家发展和改革委员会秘书长杨伟民在北京表示，国家以后优先开发三个特大城市群即环渤海地区（包括京津冀、辽中南和胶东半岛）、长三角地区和珠三角地区；重点发展八大城市群。这八大城市群中分别是：哈长地区、闽东南地区、江淮地区、中原地区、长江中游地区、关中平原地区、成渝地区、北部湾地区。这表明，国家规划已经把长江中游三个城市群视为一个有机体，想独立进入国家战略几无可能，即使挤进去也没有地位。

4. 合作发展的战略机遇

一是国家促进中部崛起的力度加大。自2006年4月中央出台《关于促进中部地区崛起的若干意见》之后，今年5月和8月，国家又先后出台了《关于促进中部地区城市群发展的指导意见》和《促进中部地区崛起规划实施意见》，明确表示支持中部城市群在重大改革领域先行先试，强化政策支持力度。围绕推动生产要素跨区域合理流动和实现基本公共服务均等化，允许城市群在政府行政管理体制、国有企业改革、非公有制经济发展、就业、职业培训和社会保障体制等方面先行先试。

这给我们的启示是，仅靠自身力量，每一个中部城市群在发展和建设过程中可能都面临着不少难以克服的困难，难以在较短时间内成为全国有重要影响的城市群。地处长江中游的武汉城市圈、长株潭城市群和环鄱阳湖城市群等三个城市群一水相连、位置毗邻、历史相通，定位相近，具有组建跨省经济区的天然基础。

二是跨省经济区将是国家支持的重点。去年以来，国家密集批复了十几个区域规划，政策支持的地域范围几乎遍及全国各个省区市，今年似乎延续了这种势头，无论是江苏沿海、横琴岛、辽宁沿海经济带、图们江、甘肃循环经济区、海南国际旅游岛等，还是皖江城市带，都是省内规划，编制起来相对容易。跨省规模最大的长三角区域规划工作早在2004年就启动了，之所以经过多年的编制现在才批复，是因为这是一个跨省区的规划，涉及的问题和需要解决的矛盾太多，区域协调和编写规划方面难度实在太大了。它的获批意味着跨省区的区域规划很可能会成为未来区域规划的重点，据悉，京津冀区域规划和成渝经济区规划正在报批和编制中。

二、促进长江中游城市群发展的必要性

促进长江中游城市群发展，对于促进中部地区崛起，推进区域协调发展，加快转变发展方式，增强国家竞争力，具有重大战略意义。

1. 有利于加快促进中部地区崛起

促进中部地区崛起战略实施以来，中部地区发展开始进入快车道。2008年开始，中部地区主要经济指标增长速度开始高于全国平均水平。当前，国家开始加快推进促进中部地区崛起进程，同时中国已经进入城市群主导区域经济发展的时代，需要将跨省域城市群发展作为加快促进中部地区崛起的基本抓手。

长三角、珠三角、京津冀三大城市群是我国经济发展的主要引擎。辽宁沿海地区、成渝地区、关中—天水经济区等承载能力较强的地区的加速，使得我国区域经济多个增长极的态势将进一步发展。随着城市群的发展壮大，国家新的区域经济版图逐渐成形，包括以下经济区域：长三角、珠三角、北部湾、环渤海、海峡西岸、东北三省、中部和西部。长江中游地区要在下一轮竞争中占有一席

之地，必须走联合发展的道路，通过分工协作，培育具有竞争力的长江中游城市群。

促进长江中游城市群发展，实现现有三省城市圈(群)之间的联动发展与一体化进程，有利于发挥核心区域的引领和辐射带动作用，有利于加快促进中部地区的整体崛起。具体来说，一是有利于形成动能更加强劲的中部地区崛起核心增长区，为中部地区发展提供动力。二是有利于聚集中部地区城市群的力量，整体提升中部地区城市化水平，形成中部地区城市化密集区域。三是有利于整体深化中部地区与沿海长三角和珠三角等区域的对接，形成承接东部沿海地区的产业转移的开放发展平台，提高中部地区的开放水平。

2. 有利于加快构筑国家中部经济横轴

改革开放以来，国家区域开发主要是纵向布局，即沿海岸线、南北铁路线布局，形成了沿海经济带、沿京广线的中部带和西部开发带三大纵向经济带。随着国家发展格局的深度调整，国土开发需要横向展开和横向布局，即沿欧亚大陆桥的北方横轴，沿珠江的南部横轴以及沿长江的中部横轴。长江经济带 7 省 2 市占国土面积的 15%，人口的 38%，GDP 的 46%，是国内除沿海地区经济带之外经济能量最为密集的经济带。在三条横轴中，长江经济带经济体量最大，聚集人口最多，发展动能最强，应该成为中国发展横向主轴。

构筑长江经济带，必须强化中游地区，打造长江“钢腰”。20 世纪 80 年代以来，涵盖七省二市的长江经济带就与沿海经济带一起被确定为我国的两大国土开发空间主轴。20 世纪 80 年代中期，国家把长江三角洲开辟为开放地区，90 年代初期，实施浦东开发和沿江 10 城市对外开放，90 年代后期，重庆改为直辖市，21 世纪初期提出促进中部地区崛起战略，近期国家批准重庆设立“两江新区”。近年来，国家又不断加大长江黄金水道的开发力度，加快长江经济带的开放开发一直受到中央和地方的高度关注。但是，总体上看，长江经济带的建设重心主要集中在下游地区和上游地区，中游地区的发展亟待加强。在即将到来的“十二五”期间，国家在继续加快沿海开发的同时，将加快整个长江经济带的开发开放。长江中游城市群地处长江经济带的中部的核心部位，构筑长江中游城市群对于打造中国经济横向主轴具有特殊重要意义。

3. 有利于加快扩大内需，实现内生性增长

党的“十七大”明确提出，到2020年，要建成国内市场总体规模最大的国家。在应对金融危机时，中央又明确提出扩大内需的重要方针。拓展国际市场，重心在沿海，加快国内市场培育和扩大内需，重点在中西部地区。

培育长江中游城市群有利于扩大内需。长江中游城市群人口密集，需求旺盛，市场空间广阔，潜力巨大，应该成为全国扩大内需的重点区域。

培育长江中游城市群有利于构建国内市场体系，扩大国内市场总体规模。一是长江中游城市群居中部地区核心区域，具有明显的市场区位优势。长江中游城市群连南接北，承东启西，市场辐射范围广阔，在国内市场体系中，处于枢纽地位。二是市场要素资源丰富。当前，沿海地区和国外市场要素正在加速向中部地区转移，加快长江中游城市群建设，有利于发挥其比较优势，吸引海内外市场要素转移，加快国内市场枢纽建设，推动国内市场体系建设和国内市场总体规模扩张。

4. 有利于统筹区域协调发展

打造长江中游城市群、加快长江中游区域经济发展，对全国统筹区域发展、构建新的经济增长极，具有重要的战略意义。从区域发展战略演变角度来看，国家区域发展战略经历了以沿海地区开放开发战略为标志的区域非均衡发展阶段，以西部大开发、振兴东北老工业基地和中部崛起战略为标志的区域经济协调发展阶段。国家区域开放开发战略布局也相应地由沿海先行进入沿海、沿江并重时代，长江流域的沿江发展战略由长三角地区向整个长江流域推进。因此，建设长江中游城市群是推进区域协调发展的需要。

从区域协调发展的推进来看，随着新一轮国土开放开发正式启动，需要培育更多的区域经济增长极，以改变区域发展失衡带来的消极影响。2009年以来批复的经济区域中，除了继续关注沿海地区经济发展，还批复了关中—天水经济区、图们江区域和促进中部地区崛起规划，旨在推进东北、西部和中部的协调发展。其中，关中—天水经济区成为西部大开发的又一个“发动机”；辽宁沿海“五点一线”经济带和图们江区域将为振兴东北增添动力；江苏沿海地区被看做长三角的延长线；横琴的发展将成为珠三角又一个“助手”。而武汉城市圈、长株潭城市群、鄱阳湖生态经济区、皖江城市带等，则成为中部崛起的战略支撑。

三、构建长江中游城市群的可行性研究

1. 地理位置相互毗邻

从地理位置上看，武汉城市圈、长株潭城市群和环鄱阳湖城市群都位于长江中游，且相互毗邻。考虑到流域的完整性，我们把长江中游城市群的范围进行了适当的扩大，其中宜昌、荆州两市江段全长约600公里，超过长江中游江段的一半，因此把湖北部分扩大为“9(武汉城市圈9座城市)+2(宜昌、荆州两市)”。洞庭湖是长江中游的主要湖泊，环湖城市与长江中游的其他城市历来联系密切，由此这里把湖南部分扩充为“3(长沙、株洲和湘潭市)+3(岳阳、益阳和常德市)”。三省城市群是各个省的经济核心区，集中了各省的主要经济要素；同时也是长江中游的核心区域，在中部地区占有极为重要的作用，通过集成发展，有望成为中国区域经济发展的第四个增长极。

目前，长江中游城市群的各项主要经济指标在所在省份和中部地区都占有重要地位(见表2)。这些数据表明，长江中游城市群不仅是湘鄂赣三省经济增长和社会发展的发动机，而且开始成为促进整个中部地区崛起的增长极。

表 2　　长江中游三大城市群主要数据(2008 年)

名称	单位	武汉城市圈	武汉圈+2	长株潭城市群	“3+3”	鄱阳湖生态经济区	总计
面积	万平方公里	5.81	9.32	2.81	7.34	5.12	21.78
人口	万人	2 994.6	4 048.5	1 333.8	2 961.01	2 006.6	9 016.11
GDP	亿元	6 972.11	8 622.67	4 565.31	5 662.47	3 984	18 269.14
工业增加值	亿元	2 716.76	3 219.52	2 049.03	2 836.48	645.71	6 701.71
城镇固定资产投资	亿元	3 472.22	4 183.01	2 320.22	3 107.67	2 854.96	10 145.64
地方一般预算收入	亿元	385.83	448.81	282.35	388.08	225.94	1 062.83
社会消费品零售额	亿元	3 150.42	3 909.21	1 765.11	2 655.63	1 255.05	7 819.89
外贸出口	亿美元	89.72	104.92	53.05	61.18	31.94	198.04
城镇化率(%)		37.8	38.35	55.09	44.31	42.2	41.17

2. 交通基础设施良好

从地理上看，现有四大城市群(圈)围绕长江中游呈环形分布，相互比邻，互为犄角，形成平行四边形布局。特别是武汉长沙南昌高速公路环路的建成，把三省城市化水平较高地区“圈”在一起，为形成经济区奠定了基础。武广高铁促进了武汉城市圈和长株潭城市群的进一步合作，武九客运专线直接缩短了鄱阳湖生态经济区与武戏都市圈的距离，促进两圈之间人员、物资、信息和资金的流动。

目前，汉长昌高速公路形成了一个完整的环线。从武汉出发，经咸宁—赤壁进入湖南，经临湘—岳阳—汨罗—长沙—株洲—醴陵进入江西，经萍乡—宜春—分宜—新余—樟树—丰成—南昌—永修—德安—九江进入湖北，经黄梅—黄石—鄂州回到武汉，沿线经过 22 座县以上城市，平均不到 50 公里一座。汉长昌高速环路的建成，加上汉宜高速公路、汉宜铁路、荆岳高速等交通通道，有利于汉长昌地区成为全国市场中心，有利于武汉城市圈、宜荆荆城市群、长株潭城市群、环鄱阳湖城市群连成一体，加速形成长江中游城市集群。

武广高铁的开通，带动了“武广经济带”的形成，尤其是高铁贯穿中国中部强势发展的两湖地区，将粤湘鄂三省融入了3小时经济圈，使广州至武汉的时间由原来的10小时缩短到3小时，其中，广州到长沙2个小时，长沙到武汉1小时，武广高铁不仅大大缩短了沿线城市间的时空距离，而且提升了两湖地区的经济辐射能力、促进了两大城市群的进一步合作。

正在规划中的武九客运专线起于武汉市，途经鄂州市、黄石城区、大冶市、阳新县、瑞昌市，终点是江西九江。客运专线北连京广客运专线，南接昌九城际铁路，是南昌进京快速通道的重要组成部分，也是国家规划的“五纵五横”综合运输走廊武汉至台北支线的组成部分。该线路建成后，将直接推动环鄱阳湖生态经济区快速对接武汉都市圈。

3. 经济社会联系密切

在计划经济体制下，三省均凭借资源富集、交通枢纽、物资集散地等优势，成为国家长期扶持的老工业基地和老农业基地。

同时，三省经济相融，同属中部地区，产业互补性很强，经贸合作潜力巨大。应根据三省产业优势，延伸产业链条，构建产业集群，进一步加强产业建设领域的合作。如武汉东风汽车有限公司与湖南汽车行业在汽车零部件的生产、销售等方面的合作。环鄱阳湖城市群可通过产业合理分工，与武汉城市圈和长株潭城市群对接，实现共赢。如汽车工业，可考虑与武汉的汽车产业形成战略联盟，实现融合发展。再如石化工业，除了整合内部的九江石化、昌九化工，构建一体化的大型企业集团外，还可考虑与武汉石化、巴陵石化分工合作。

长江中游三省两湖一江（洞庭湖、鄱阳湖、长江）一水相连、三大城市群位置毗邻、人文相融、定位相近，是一个自然的“金三角”，具有组建跨省经济区的天然基础。历史上曾同属楚国和湖广行省的管辖，具有跨省合作的人文环境。

当前，国际资本转移和沿海产业转移的两大浪潮加速推进，在中国内陆地区汇合，并呈现出规模扩大、范围拓宽、层次提升的强劲势头。长江中游城市群拥有“承东启西”的区位条件和“黄金水道”的交通优势，可率先接受国际和东部沿海地区的资金、技术和产业转移；同时，西部大开发的政策优势和相对廉价的生产要素，为推动产业结构升级和经济快速发展提供了良好的契机。

4. 中部崛起和长江开发加速

2009 年 9 月，国务院原则通过的《促进中部地区崛起规划》，提出了中部地区建设“两横两纵”经济带和培育六大城市群增长极。其中沿江、京广、京九经济带和武汉城市圈、宜荆荆城市群、长株潭城市群、环鄱阳湖城市群都与长江中游城市群有密切关系。规划指出要将中部地区建成全国重要的粮食生产基地、能源原材料基地、高技术产业及现代装备制造业基地和综合交通运输枢纽，并强调中部地区要“在发挥承东启西和产业发展优势中崛起”。“中部崛起”战略及一系列配套的财税、金融政策措施的实施，为长江中游地区迎来了改革开放以来的发展战略机遇期。此外，国家开始加快推进长江黄金水道治理和长江经济带新一轮开发开放，这些宏观决策为促进长江中游城市群发展提供了强大的外部推力。

四、构建长江中游城市的路径

1. 齐心协力，争取长江中游城市群早日进入国家规划

我们认为，只要三省齐心协力，长江中游城市群进入国家规划就很有希望。一是从当前中央批复的区域规划观察，跨省的区域规划将是国家未来的重点，长江中游城市群的提出符合中央的思路。二是从定位上看，如果把长江中游城市群在长江中游城市群建成为与长三角、珠三角、京津冀城市群相匹配的全国第四增长极，区域范围既不能太小，也不宜过大。长三角地区规划范围包括上海市、江苏省和浙江省，区域面积达 21.07 万平方公里，待批的京津冀都市圈规划覆盖北京市、天津市以及河北北部的 8 座城市的区域，面积超过18万平方公里，成渝经济区包括四川15个市和重庆31个区县，区域面积20.6万平方公里。我们提出的长江中游城市群面积达21.78万平方公里，与前面几个区域相当，人口规模也不相上下。三是在能否成为国家战略的可行性分析上，以重庆为例，重庆作为一个直辖市享受了西部大开发、城乡统筹、两江新区以及成渝经济区等多种国家优惠政策。中部三省如齐心协力，可以在中部崛起、两型社会等政策的基础上再争取一个更大区域范围的国家优惠政策。四是可以从两型社会建设、生态经济、水资源综合利用、内需等共性中提出有别于沿海三大城市群的发展目标，即全国性粮食生产及农副产品加工基地、原材料基地现代装备制造及高技术产业基地建设、高新技术产业基地和综合交通运输枢纽建设。经过20年左右的时间，把长江中游城市群建设成为我国促进中部崛起最大的增长极、扩大内需的全国性中心。

2. 加快长江中游城市群一体化发展

按照国家发改委《关于促进中部地区城市群发展的指导意见》的要求，重点推进市场一体化、基础设施一体化、社会管理一体化、城乡一体化。要在三个城市群内部一体化的同时，推进跨省的长江中游城市的一体化建设。三地要在资源共享、优势互补、市场开放、合作共赢的基础上，全方位开展经济贸易合作，鼓励企业间、县市区之间进行形式多样的合作。

3. 交通率先突破

首先，利用长江航道优势，合力打造长江中游地区港口群，加快长江中游快速通道和综合交通体系建设。打造以武汉新港为主体，以宜昌、荆州、黄石、长沙、岳阳、九江、南昌为综合运输主骨架，以中部地区重要港口为补充的国内综合运输中转集散基地。重点建设一批适应能源、钢铁、化工原料、产成品、建材以及外贸物资等大宗货物中转的港口，加快建设铁水联运港。同时建设以冶金工业原料、产成品、建材转运为主的一批中小型港口。通过港口群的建设促进经济的融合，全面开展经济技术合作，进而形成中部崛起的隆起带。

其次，以武广高铁、京九客运专线等为主体，以武汉、长沙、南昌为中心节点，加快建设三大城市群之间的快速通道和交通体系建设，突破性建设三大城市圈之间的快速交通走廊和经济走廊。将沿江重点公路、铁路等项目建设，优先纳入三省“十二五”规划。要力争在“十二五”末期，建设三个核心城市群之间的城际铁路，实现人员流动的公交化。

4. 加快区域内水利、农业等基础设施建设步伐

长江中游城市群位于长江中游，共同面临长江防洪大堤加固、水资源综合利用、农村安全饮水、湖泊治理、农业基础薄弱等问题，如荆南四河的治理就涉及湖北、湖南两省，三地可选择一些跨区域的项目，联合向申报，共同实施。要走可持续发展之路，促进资源合理开发与生态环境保护，加快旅游资源综合开发。

5. 在解放思想中探索合作新创意

改革开放的实践证明，哪个地区思想最解放，敢于先行先试，哪个地区的改革成效就最显著。长江中游城市群存在众多的共同利益诉求，这就需要三个城市群在长江中游城市群这个大舞台上有针对性地提出新创意，如共同打造长江中游航运中心、承接国际及沿海产业转移、启动农村市场、推进新型工业和城乡一体、发展高等教育、促进交通物流，在发展金融和现代服务业、现代制造业和现代农业等方面存在广泛的合作与交流空间。

中部地区城乡差距现状及成因分析

阮陆宁　章刚勇　徐　玮　谢文君
（南昌大学中部经济研究中心　南昌 330047）

中部地区地处我国内陆中心，其中，湖南、湖北、安徽、江西四省既属长江流域又连接大珠三角，是长三角和珠三角两大经济核心区的主要腹地，而山西和河南是京津唐环渤海地区以及华东经济发达地区重要的煤炭、电力、工业基地。中部地区的平原主要有江汉平原、洞庭湖平原、鄱阳湖平原，是我国著名的商品粮生产基地。但是，在东部大发展和西部大开发的同时，中部地区成了经济相对落后的代名词。据统计资料，2008 年，中部地区总人口 35 465.6万，GDP 总量 63 188.03 亿元，分别占全国的 27.1% 和 19.31%。中部地区六省人均 GDP 为 17 860 元，比东部地区少 19 352元；中部地区六省人均地方财政收入 1 241.7 元，不仅低于东部的 2 246.2 元和东北三省的 1 000 元，而且比西部还低 171 元。城乡差距大、城镇化滞后是制约中部地区崛起的重要原因。探索适合中部地区的城乡差距成因，促进中部地区城乡一体化快速健康发展，对于推进中部地区转变经济增长方式，实现工业化、城镇化和现代化协调发展具有重要意义。

一、中部地区城乡发展现状

（一）中部地区城市发展现状

1. 城市化水平总体滞后，城市数量和规模偏小

相对全国总体而言，我国中部地区城市化水平滞后。2006—

2008年，全国城市化水平分别为43.9%、44.94%和45.68%，年均增长0.89个百分点，而同时中部地区仅为38.96%、40.27%和41.73%，虽然年均增长高达1.38个百分点，但总数上仍相差4.94个百分点、4.67个百分点和3.95个百分点(见表1)。

表1　　**中部地区各省份2005—2008年城镇化率(%)**

地　区	2008年	2007年	2006年	2005年
山　西	45.11	44.03	43.01	42.11
安　徽	40.5	38.7	37.1	35.5
江　西	41.36	39.8	38.68	37
河　南	36.03	34.34	32.47	30.65
湖　北	45.2	44.3	43.8	43.2
湖　南	42.15	40.45	38.71	37
中部地区	41.72	40.27	38.96	37.57
全　国	45.68	44.94	43.9	42.99

资料来源:《中国统计年鉴》(2005—2009年)。

由表1可看出，从各年来看，在区域内，六省的城市化发展水平差距较大，城市化水平较高的湖北省(45.2%)与城市化水平最低的河南省(36.03%)，差距达到9.17个百分点，但是这种差距在中部地区经济发展过程中存在缩小的趋势。

根据2009年中国城市统计年鉴，我国总共有地级以上城市287个，中部地区地级以上城市81个，占全国城市总数的28.22%，其中超大城市1个、特大城市7个、大城市25个、中等城市36个、中小城市12个，比例上大致与全国总体状态相符；中部地区城市总数位居第二，中等城市最多，特大城市数和大城市数明显低于东部地区和全国平均水平，城市在整体规模上偏小。

2. 城市经济发展起点低、增速慢

2006年中部地区城市GDP总值42 590.92亿元，城市GDP占地区总GDP的比重为81.8%，全国平均水平为87.43%，中部地区城市人均GDP 31 796.13元，全国水平为39 280.49元，低于全国水平7 484.35元。从城市居民收入看，2009年，中部地区城镇家庭年平均纯收入分别为湖南 16 078. 12 元、河南 15 408. 04 元、湖北 15 698. 11 元、山西 14 983. 15 元、安徽 15 691. 94 元和江西 15 047. 19 元，均低于全国 17 174. 7 元的平均水平。

在城市经济效益方面，2009 年我国对外贸易总额已达 22 075. 35亿美元，但中部地区的对外贸易额只有 779. 02 亿美元，仅占全国的 3. 5%；全国规模以上工业企业数为 426 113 个，中部地区仅有 66 332 个，约占全国的 15. 5%。2008 年，中部地区城镇人口 14 511 万人，城市人均 GDP 总量 19 827 元，为全国平均水平的 77. 52%。城镇人均工业总产值为 0. 64 万元，为全国人均水平的 24. 7%，人均第三产业产值为 0. 55 万元，为全国人均水平的 60. 6%。

3. 城市市政设施水平低、发展落后

2008 年中部地区市政设施平均水平均低于全国平均水平，其中 6 项市政设施水平中，能够达到全国平均水平的湖北省 4 项，江西省 3 项，安徽省 2 项，山西、河南各 1 项，湖南省 0 项(见表 2)。

表 2　　**2008 年中部地区各省城市设施水平**

地　区	城市用水普及率(%)	城市燃气普及率(%)	每万人拥有公共交通车辆(标台)	人均城市道路面积(平方米)	人均公园绿地面积(平方米)	每万人拥有公共厕所(座)
全　国	94. 73	89. 55	11. 13	12. 21	9. 71	3. 11
中部地区	93. 81	83. 75	9. 50	11. 62	8. 85	2. 91
山　西	93. 27	82. 64	6. 85	9. 54	7. 64	4. 06
安　徽	95. 11	87. 60	9. 18	14. 15	9. 29	2. 60
江　西	96. 49	90. 18	10. 23	11. 06	10. 60	2. 51
河　南	85. 56	66. 91	7. 98	9. 90	8. 20	3. 31
湖　北	97. 88	90. 90	11. 89	13. 03	9. 40	2. 53
湖　南	94. 57	84. 26	10. 89	12. 01	7. 96	2. 47

资料来源：《中国统计年鉴》(2009 年)。

(二)中部地区农村发展现状

1. 农业发展态势良好，农民收入有所提高

中部地区作为农业粮食主产区，耕地面积2 000多万公顷，约占全国的1/5，提供了全国1/4的农林牧渔总产值。自十六届五中全会提出建设社会主义新农村这一重大历史任务以来，按照统筹城乡发展的要求，中部地区六省认真落实中央部署，切实加强“三农”工作，农业和农村发展出现了积极变化。粮食连续6年实现增产，产值连续两年增幅超过15%。2008年中部地区六省实现农林牧渔业总产值15 657.4亿元，增长22%，农业总产值达到7 662.2亿元，第一产业增加值2 853.04亿元，增长18.2%。其中，种植业产值8 275.6亿元，养殖业产值6 831.2亿元，产业结构不断优化。

国家统计局《中国统计年鉴》显示，中部地区六省现有农业人口20 955万人(2009年农业普查数据)，占中部地区总人口的58.3%。从2000年至今农民纯收入逐年增加，特别是2004年以后乡村人均纯收入连续6年有了较快增长，但不论是各省的数据还是六省平均水平均低于同期的全国平均水平，2009年农民人均纯收入分别是：山西省4 244.1元、安徽省4 504.32元、江西省5 075.01元、河南省4 806.95元、湖北省5 035.26元和湖南省4 909.04元，中部地区六个省份的农村人均纯收入均低于全国5 153.17元的平均水平。

2. 农村基础设施建设逐步健全，农村民生有所改善

2009年中国农村统计年鉴相关数据显示，中部地区加大对农村基础设施建设投资，社会基础设施、农田水利基础设施水平得到提高，农业综合生产能力得到有效提升。35 283座各类型水库库容总量2 430.04亿立方米，水土流失治理面积22 539.97千公顷。水电建设投资92.98亿元，年末发电量3 022 385万千瓦时。通过农村电网建设改造，使农村用电质量明显提升，农村电网面貌发生了根本性的变化。通过新农村电气化示范工程，试点村供电能力得到较大提高。随着农业机械化水平不断提高，农业生产效率也得到了

迅速提升。2008年，中部地区农业机械装备总动力达到26 511.2万千瓦，同比增长10%。

通过建设改造县级疾控机构、传染病定点救治机构，加强了县级中医、妇幼保健、血防机构的建设，中部地区农村医疗卫生服务水平得到提高。截至2008年底，中部地区六省已有24 869万农民自愿参加新型农村合作医疗，11 289万人次的参合农民获得基金补偿，受益面达45.39%。在社会保障方面，中部地区农村全面推广农村低保和农村社会养老保险。截至2008年，中部地区农村社会养老保险人数达到1 500.59万，占总农业人口总数的7.6%。在教育发展状况方面，农村居民受教育水平整体提升，在全面实现农村义务教育的同时，实现了农村义务教育以县为主的责任主体、经费投入以政府为主的方式。

二、中部地区城乡关系与城乡差距

改革开放后，我国城乡关系进入一个新的历史时期，过去完全由政府控制的城乡关系开始越来越多地通过市场来调节，但农业支持工业，乡村支持城市的趋向并没有明显改变。一方面，城市化快速推进，以城市建设、小城镇发展和建立经济技术开发区为主要动力，城市化水平得到快速提升；另一方面，农村为城市的发展提供了廉价的土地资源及大量资金，从土地上释放出的农民为城市提供了大量的廉价劳动力。城乡关系的实质基本为农业和农村支持工业和城市的发展。在国民经济快速发展的城市化率大幅度提高的同时，城乡差距不断扩大。中部地区城乡关系的特征为：(1)中心城区迅速扩大，“城中村”、“城乡结合部”问题突出；(2)小城镇发展缓慢，产业集中度不高，凝聚力和发散效应较弱；(3)边远乡村经济社会发展迟缓，城乡差异更加严重。

(一)二元经济结构突出，城乡经济效率差距呈上升态势

不管城乡经济总量如何变化，理论上二者的劳动生产率应趋于一致。考察中部地区经济发展是否存在明显的城乡差距，可通过城

市与乡村的劳动生产率差异来加以反映，具体指标采用二元结构系数。①

1994—2008 年，中部地区二元结构系数从 9. 42 逐步攀升至 22. 48，不仅显著大于 1，而且远高于全国 2006 年底二元结构系数平均为 6 的水平，说明中部地区的二元结构特征极其突出。其间，1994—1996 年以及 2003—2004 年中部地区二元结构系数稍显下降，但其后又开始急剧拉升。直到 2007—2008 年，中部地区二元结构系数再现缓慢下降的趋势。

(二)农村居民家庭财产单一,城乡居民家庭财产差距悬殊

2005—2008 年，中部地区城镇居民平均每人全部年收入从 9 393. 22元上升到 14 061. 73 元，增长 49. 7%；平均每人可支配年收入也从 8 808. 52 元上升到 13 225. 88 元，增长 50. 15%。从结构上看，中部地区城镇居民人均财产构成份额最大的三项财产分别是净房产、金融资产和耐用消费品价值。而农村居民财产中，土地和房产是最大的两项。总的来看，城镇居民拥有比农村居民高得多的房产价值、金融资产和耐用消费品价值；同时，城镇居民和农村居民人均财产的增长速度也存在明显差异。

另外，从城镇和农村居民每百户家庭耐用消费品的拥有量来看，除摩托车外，城镇居民耐用消费品拥有量也明显高于农村居民，如照相机、空调、家用电脑、移动手机等。

(三)城乡消费总量差距明显、消费结构差异显著

从中部地区社会消费品零售总额来看，城镇零售额所占比重远超过农村所占比重，且城镇所占比重呈不断上升的趋势。当然，城镇单位销售的产品不一定是由城镇居民购买，但方便性原则是影响

① 二元结构系数为非农产业劳动生产率与农业劳动生产率的比值。其中，劳动生产率以该产业的人均增加值表示，即增加值除以从业人数。由于农业主要位于农村，非农业主要集中于城市，二元结构系数越大，说明二元结构越严重，城乡经济效率存在明显差距。

零售商品购买的最重要因素，所以在一定程度上仍反映出城镇居民的消费总额明显高于农村居民。从人均生活消费总支出看，2005—2008 年中部地区农村居民年人均生活消费总支出从 2 276.9 元上升到3 375.55 元；中部地区城镇居民年人均生活消费总支出从6 540.92元升至 9 249.02 元。

在消费需求结构方面，中部地区城乡居民差异也较明显(见表3)。1978—2009 年中部地区城镇居民恩格尔系数一直低于农村居民的恩格尔系数，虽然近几年差距稍有缩小势头。2008 年，除满足基本生活需要的吃和住外，城镇居民在其他方面的消费所占比重都高于农村居民，如穿着类消费，家庭设备用品及服务等。说明城镇居民的消费层次明显高于农村居民，农村居民在维持基本生活方面的花费仍占有绝大比重。

表3　　**中部地区城镇、农村居民消费需求结构比较**

项　目	城镇居民(%)		农村居民(%)	
	2005 年	2008 年	2005 年	2008 年
平均每人消费性支出构成(人均消费性支出 =100)	100.00	100.00	100.00	100.00
食品	38.10	38.89	48.05	45.17
衣着	12.10	11.72	5.91	5.72
居住	10.29	10.56	13.49	18.68
家庭设备用品及服务	5.70	6.57	4.29	5.19
交通通讯	10.12	9.92	8.67	8.70
文教娱乐用品及服务	13.23	11.33	11.43	8.00
医疗保健	7.26	7.64	6.04	6.38
其他商品及服务	3.21	3.38	2.12	2.16

资料来源：《中国统计年鉴》(2006 年和 2009 年)。

(四)农村居民收入增长相对缓慢，城乡居民收入差距急剧扩大

经济发展水平差距最直接的反映就是居民的收入差距。城乡居民收入差距是反映城乡差距的基本指标，居民的收入差距也决定了其他方面的差距，如城乡居民消费差距等。中部地区城镇居民的人均可支配收入由 1998 年的 4 600.11 元增加到 2008 年 13 196.83 元，而农村居民人均纯收入也由 1998 年的 1 978.47 元增加到 2008 年的 4 436.67 元，其中 1998 年城乡居民收入比为 2.33，城乡居民收入差为 2 621.64 元，2008 年城乡居民收入比为 2.97，城乡居民收入差为 8 760.16 元。除 2004 年和 2008 年，其他年份的城镇收入增长曲线处在农村收入增长曲线之上。这些都说明中部地区城乡居民差距不仅没有因为农村居民收入提高而缩小，反而呈现出加大的趋势(见表 4)。

表 4　　**中部地区城乡居民收入变动表**

年份	城镇居民人均可支配收入(元)	农村居民人均纯收入(元)	城乡居民收入比	城乡居民收入差(元)
1998	4 600.11	1 978.47	2.33	2 621.64
1999	4 948.06	2 015.88	2.45	2 932.18
2000	5 271.80	2 071.18	2.55	3 200.62
2001	5 744.97	2 159.53	2.66	3 585.44
2002	6 432.48	2 271.93	2.83	4 160.56
2003	7 101.13	2 369.92	3.00	4 731.22
2004	7 886.51	2 692.77	2.93	5 193.74
2005	8 830.37	2 958.01	2.99	5 872.36
2006	9 911.24	3 279.92	3.02	6 631.32
2007	11 624.44	3 836.65	3.03	7 787.78
2008	13 196.83	4 436.67	2.97	8 760.16

资料来源：《中国统计年鉴》(2006 年和 2009 年)。

（五）城乡教育卫生资源配置不平等，城乡差距明显

1. 城乡教育资源配置的不平等，加剧了农村教育的边缘化，导致了城乡居民受教育机会和受教育程度的差异

2008年中部地区各项教育投资为2 233亿元，其中城市占80%，而人口总数在60%以上的农村地区只获得20%。农村教育资源的匮乏，直接结果是农村学生辍学率高，受教育水平和文化水平远低于城市。基础教育是社会文明的基础，随着“义务教育”的普及，许多农民子女已经能够完成小学教育，但初中、高中等相对高等的教育的条件非常落后，与城市相比有天壤之别。以江西省为例，在城市，特殊教育、小学、初中、高中在校人数是农村的0.71倍、0.56倍、1.1倍和17.69倍，教育资源配置严重不均衡造成的公民在个人技能和劳动力资源方面的不均等成为社会合理流动的最大障碍。

2. 城乡卫生投入、城乡卫生资源配置不平等导致城乡卫生服务差距

医疗卫生资源多集中于城市，其中优质资源又主要集中在城市大中型医院，乡村卫生资源少，质量不高，服务能力和水平低，在医疗条件和水平方面无法同城市相比。目前全国大力推广新型合作医疗体系，2008年中部地区的农村合作医疗的覆盖面达到了96%，虽然在合作医疗方面，中部地区农村取得了较大的发展，但由于医院门诊和住院病人人均医药费用均出现不同程度的增长，省级、地级医院的门诊价格上涨均达到10%，住院病人人均医药费的地级、县级医院价格涨幅均达到10%，这也在一定程度上加剧农村医疗问题。2008年中部地区城市医疗救助支出为51 891万元，农村医疗救助支出为91 061万元，城市人均获得医疗救助支出为575元，农村人均获得医疗救助支出为99.5元，虽然农村在总数上获得了相当于城市1.8倍的医疗救助，但人均获得救助却只有城市的17%。

（六）社会保障制度偏向城市，城乡社会保障差异大

受计划经济时期留下的城乡分隔的社会保障观念影响，城市偏

向的社会保障制度并没有得到根本改变，城乡社会保障制度仍存在明显差异，具体表现在：

1. 城乡保障项目覆盖面差异大

目前城市社会保障制度涉及的保障项目已相当齐全，相比之下，农村社会保障项目十分缺乏。中部地区普遍建立的社会保障项目包括养老、医疗、工伤、失业、生育等社会保险制度，老年人、儿童、残疾人等社会救济制度，低保、灾害救助、社会互助等社会救济制度，住房公积金、经济适用房、廉价住房社会保障制度，以及优抚安置等，基本涵盖了社会保障的所有项目。而农村社会保障仅包括养老、合作医疗等社会保险制度，五保供养、低保、特困户基本生活救助等社会救济制度。失业保险、工伤保险、生育保险、住房保障及不少社会福利项目没有或基本没有。

2. 城乡居民社会保障水平的差异

农村社会保障水平远低于城市居民社会保障水平是个不争的事实。近几年中部地区城市居民最低生活保障事业费远大于农村及其他社会救济费，城市居民最低生活保障事业费占民政事业支出比重也明显高于农村及其他社会救济费占民政事业费的比重。

三、中部地区城乡差距产生的原因

（一）农业具有先天弱质性，中部地区的农业内部发展潜力不足

中部地区省份都是农业大省，是我国的粮食主产区，国家一直是把中部地区放在农业位置。农业具有先天弱质性，受自然因素影响大，对自然依赖程度高；农产品市场的“蛛网波动”，形成农产品周期性的“卖难”和“买难”，农民收入起伏不定；农产品的价格需求弹性缺乏，收入需求弹性不足，农产品附加值低。农业的先天弱质性说明农业生产经营风险极大，农业比较利益低，农民收入极不稳定，从而形成巨大的城乡差距。

中部地区是农业大省，在农村经济和农民的收入来源中，农业

所占份额较大，农业是农村的主要产业，农业发展不起来，要想农村经济繁荣活跃是很难的。可近几年农业的发展困难重重，农业内部发展潜力不足。表现为：(1)农业资源减少，农业基础设施建设落后、农业技术进步缓慢。(2)家庭承包责任制已显现其弊端，农民组织化程度低。(3)农业产业化发展滞后。龙头企业数量少、规模小、层次低、辐射带动能力不强，竞争能力和发展后劲都不足；农民参与农业产业化的人数少、程度低，农业产业低水平重复建设突出；农业产品技术含量低，精深加工少、附加值不高、产品竞争力不强。(4)未充分发挥各自的产品特色和优势，等等。

(二)城乡工业发展失调，产业结构不合理

近年来，中部地区的工业经济保持了良好的发展势头，重点行业和重点企业稳步增长，盈利水平不断提高。但从中部地区城乡工业发展来看是不协调的，主要表现在以下几个方面：

1. 农村工业发展滞后，城乡工业发展不协调

一是中部地区农村工业普遍存在发展规模小、水平低和竞争力弱的问题。二是城乡企业发展不协调。农村工业经济逐渐衰退，城乡工业经济发展不协调性增强。

2. 农村工业与城市工业结构雷同现象严重

在农村工业化过程中，城乡产业变动出现了结构雷同、互补性差的现象。据工业普查资料分析，中部六省纺织、塑料、化纤产品、建材产品等一般水平的加工工业重复尤为严重。城乡产业结构趋同，一方面造成同行业间的企业竞争激烈，使企业的规模和层次都偏低。规模小、层次低，又带来了产品结构的不合理，产品竞争力弱，市场占有率低，经济效益难以提高；另一方面，使农村与城市之间争资金、争市场、争原材料的情况加剧，产生过度竞争。对城市工业来说，传统产业“船大难调头”，阻滞了其产业结构高度化的变革；对农村工业来说，传统产业领域中与城市工业的过度竞争，削弱了其在劳动力、原材料供给等方面的低成本优势，提高了产业进入成本，特别是降低了其对农村剩余劳动力的吸收能力。这种状况必然导致农民收入增长的滞缓甚至下降，使城乡工业之间、

农村工业与农业之间的良性互动出现严重障碍，形成了城乡协调发展的产业结构约束。

（三）城乡资源配置不合理，农村资源要素严重外流

随着价格体制改革，价格方面的城市偏向有所减弱，非价格方面的城市偏向却不断加强，突出表现在财政支出中农业支出比例不断下降、农村居民承受的不合理税负、金融体制中系统性的城市倾向、城乡劳动力市场的分隔、社会福利和社会保障的歧视性以及农村土地制度的不合性等。这些城乡资源配置不合理，导致农村资源要素严重外流，表现在：（1）农村资金通过商业银行严重外流，农业贷款占贷款总额的比重下降；（2）通过政府行为低价征用农民土地，农民丧失了拥有土地所带来的社会保障权利，征地收益大部分外流；（3）从土地上解放出的剩余劳动力外流，大部分流向东部沿海等地区，不利于中部地区的城镇化建设。

（四）城镇化水平较低，小城镇发展的规模偏小，集聚效应偏弱

中部地区城镇化水平低于全国平均水平。2008 年全国城镇化率为45.68%，而中部地区整体城镇化率仅为41.72%，低于全国平均水平。中部地区大部分小城镇规模过小、过散，形不成合理的城镇规模，也难以产生集聚效应。以人口最多的河南为例，全省21 个县级市中，市区人口超过 15 万的只有 1 个，10 万～15 万人的有 7 个，其余的均在 10 万人以下。再以江西为例，全省现有设市城市 21 个，平均非农业人口规模 21 万，比全国平均规模少 10 万人。

（五）县域经济比较薄弱，民营经济、乡镇企业发展不够

目前中部地区的县域经济发展基本上还处于初期阶段。比如，湖北省 64 个县中，GDP 达到 50 亿元的仅 11 个，财政收入过 3 亿的只有 2 个，过亿的只有 15 个。民营经济发展虽已具相当规模，但与东部一些发达省份相比，仍显不足。一是总量少，规模小；二

是民间投资增长缓慢；三是缺乏核心竞争力；四是吸纳劳动力能力偏弱。乡镇企业数量相对减少，分布较散，集聚效应小。目前我国已建和在建的各类乡镇企业园区约有一万多个，乡镇企业聚集在小城镇和工业园区的比重已达20%。东部地区的聚集度达到了30%，中部地区不到15%。

参考文献

[1]于文俊，刘丹，等. 中部地区统筹城乡发展的问题、原因和对策. 社会主义研究，2007(3).

[2]黎苑楚，赵一鸣，等. 中部地区统筹城乡发展的战略思路. 科技进步与对策，2009(14).

[3]王小鲁，樊纲. 中国收入差距的走势和影响因素分析. 经济研究，2005(10).

[4]“中部地区统筹城乡发展研究”课题组. 中部地区统筹城乡发展的问题、原因和对策. 社会主义研究，2007(3).

[5]程开明. 从城市偏向到城乡统筹——城乡关系演进特征研究. 杭州：浙江工商大学出版社，2010.

我国中部城市群综合竞争力提升研究

孙宏立　范炳良　袁中许

（河南省人民政府办公厅　郑州 450008）

一、城市群综合竞争力的基础理论

（一）城市群综合竞争力理念的探索

1. 城市群综合竞争力概念的提出

城市群综合竞争力是当代区域经济研究的新课题，它从提升城市群竞争力的方位切入，将研究对象（区域）置于一个更大的范畴，运用区域经济学、比较经济学等进行比较分析，判断出不同城市群发展的相对优势、劣势，为政府制定区域政策、确定区域经济发展战略提供决策依据。

城市群综合竞争力的概念源于城市竞争力和区域竞争力，其内涵在本质上随社会经济的发展而不断得到补充和完善。城市群综合竞争力比城市竞争力在区域范围内富有更大的内涵，是一个有中心城市的城市体系的城市群综合竞争力。可见，城市群综合竞争力和区域竞争力既有共同之处，又有区别，城市群综合竞争力在本质上是区域竞争力的高级阶段；城市群综合竞争力则高于城市竞争力，是“1 +1 >2”的关系。城市群综合竞争力是区域竞争力的核心。对城市群综合竞争力的研究，就是对区域竞争力研究的推进和深化。一般来说，城市群综合竞争力这一概念于 20 世纪 80 年代应运而生。

2. 城市群综合竞争力概念述评

我们认为，城市群综合竞争力属于区域竞争力的一个范畴。但是，国内外区域竞争力的研究过去主要集中于国家竞争力和城市竞争力的研究，而当今单一城市的经济发展已经越来越离不开区域环境的协同配合，特别是围绕首位度较高的城市发展起来的城市间的经济合作，又从完全经济领域上升到政治与经济领域的深度合作。因此，城市群综合竞争力的研究范围介于国家和城市的范围之间，国家范围和城市范围竞争力的研究为城市群综合竞争力的研究奠定了基础。

国际上对城市竞争力研究的主要代表者，是美国的波特教授、卡尔·彼得教授和丹尼斯教授。波特教授在其《国家竞争力》研究中认为他的关于国家竞争优势的论断同样适合次级经济存在，即区域和城市，从一定意义上讲，城市和区域更适合作为其分析的基本单元；彼得教授20世纪80年代开始研究城市竞争力，90年代发表了《城市竞争力：美国》、《城市竞争力决定因素：一个评论》和《竞争力和城市经济：24个美国大城市区域》三篇论文，对城市竞争力的一些问题作了开拓性的探索；丹尼斯教授从90年代后期开始大都市地区国际竞争力的研究，主要研究国际性大都市的竞争力问题。

国内学者对于区域竞争力的研究主要集中在城市竞争力问题上，现有的研究注重于吸收、借鉴国外研究成果，具体指导国内城市实践的成果尚需一个积累的过程。但是，国内城市竞争力研究者在探索中，已经把其研究的着力点放在城市综合竞争力问题上，注重城市竞争绩效(或竞争结果)的评价和分析。我们归纳起来，国内城市综合竞争力评价主要有三套评价体系：一是在城市综合实力评价或者在城市竞争资本评价的基础上，结合部分影响城市竞争力的其他要素，评价城市综合竞争力，如倪鹏飞、徐康宁等；二是借用波特国家竞争力的“钻石模型”和“价值链”理论，构建城市综合竞争力评价体系，如郝寿义、宁越敏等；三是一些学者或者机构，结合城市发展新的背景，借鉴国外城市竞争力评价方法，开始关注城市竞争环境与城市竞争力的相互关系方面，建立城市综合竞争力评价体系，如段樵、上海社科院等。同时，国内学者正在以创新的精神把城市竞争力的研究提升到城市群综合竞争力的研究，探索构建城市群综合竞争力比较完整的评价体系。

3. 探索的战略意义

在我国城市化持续、快速发展的过程中，城市群在区域经济发展中的重要地位和作用正日益凸显。国民经济和社会发展第十一个五年规划纲要就明确指出：要把城市群作为推进城镇化的主体形态，逐步形成以沿海及京广、京哈线为纵轴，长江及陇海线为横轴，若干城市群为主体，其他城市和小城镇点状分布，永久耕地和生态功能区相间隔，高效协调可持续的城镇化空间格局。同时，在《国家国民经济和社会发展第十二个五年规划建议》中进一步明确指出：按照统筹规划、合理布局、完善功能、以大带小的原则，遵循城市发展客观规律，以大城市为依托，以中小城市为重点，逐步形成辐射作用大的城市群，促进大中小城市和小城镇协调发展。科学规划城市群内各城市的功能定位和产业布局，缓解特大城市中心城区的压力，强化中小城市产业功能，增强小城镇公共服务和居住功能，推进大中小城市交通、通信、供电、供排水等基础设施一体化建设和网络化发展。在这种形势下，以科学发展观为指导，按照“十二五规划建议”的方向和实施《促进中部地区崛起规划》的要求，研究城市群的发展和城市群综合竞争力的提升，并探索构建城市群综合竞争力的理论体系，是具有重要战略意义的。

（二）城市群综合竞争力的内涵和特征

1. 城市群综合竞争力的内涵

我们认为，从区域经济一体化战略考察，城市群综合竞争力内涵可以概括为两个层次：首先是一个城市群中各城市要素优化配置所形成的整体合力优势；其次是一个区域内各成员城市群聚集一体化所形成的区域战略合力优势。前者的主体是一个城市群；后者的主体是若干个城市群，对中部地区来说，就是六大城市群，更富有现实的战略意义。城市群综合竞争力作为一个综合概念，主要包含以下四个方面的内容：

(1)城市群综合竞争力是一种资源的聚集能力，即吸引资本、人力、技术、资源等生产要素向本区域内城市集中的能力。生产要素作为经济发展的基本条件，是构成城市群综合竞争力的主体要素，其竞争的实质可以说就是对生产要素的争夺。因此，城市群综合竞争力作为竞争优势或能力就必然首先要求对资源的吸引和聚集。

(2)城市群综合竞争力的前提是城市群产业竞争力。城市群的产业发展是城市群发展的基础，只有在经济发展中形成强大的产业竞争能力，城市群才能具备参与竞争的前提。诸多关于区域竞争力或国家竞争力的研究都表明，没有产业竞争力，区域或国家发展和参与现代竞争就没有前提条件。城市群作为区域内城市的集合，其整体的发展和竞争势必创造相应的产业竞争实力。

(3)城市群可持续发展的能力是城市群综合竞争力提升的内在要求。城市群竞争是参与竞争的对象之间的一种长期的、动态的相互角逐、相互较量的过程。因此，城市群要获得综合竞争优势和长期发展，参与竞争的主体就必须具有可持续发展力。因此，城市群可持续发展的能力，就成为维持综合竞争优势、提升综合竞争力的内在要求。

(4)城市群的综合经济实力既是城市群综合竞争力的基础，又是城市群综合竞争力的重要表现。城市群综合竞争力，主要指城市群在发展经济的竞争中体现出来的竞争优势。因此，城市群的综合经济实力是城市群综合竞争力的主要基础，是城市群体现价值活力的基础。城市群如果缺乏经济实力的支撑，即使集合的城市再多，也不可能形成强大的综合竞争力。

2. 城市群综合竞争力特征

城市群综合竞争力作为衡量城市群在发展经济的竞争中体现出来的竞争优势，具有以下四个特征：

(1)综合与系统。城市群综合竞争力是由多个城市或多个城市群的各种要素构成的有机整体所产生的竞争力，因而它综合地反映着群内或区内经济发展的水平和规模，城市群综合竞争力的强弱取决于群内或区内各种要素的质量和有机综合作用的程度。同时，城市群综合竞争力培育是一个系统工程，只有把握群内或区内各要素有机聚焦的系统性，持续激活各种要素的竞争力，才能有序地形成城市群综合竞争力的优势。可见，城市群综合竞争力具有鲜明的综合性和系统性特征。

(2)分工与协作。城市群综合竞争力构成的关键在于分工与协作。一个城市群内的各个城市之间或一个区域内的各个城市群之间，只有实行有机的分工协作，城市群才能够在更大的范围内实现资源优化配置，从而形成城市群的综合竞争力。分工与协作的有机程度越高，城市之间或城市群之间的联系就更加密切，城市群综合竞争力的优势就越明显。实践证明，城市群综合竞争力的提升，就是群内诸城市之间或区内诸城市群之间有机分工协作发展的结果。

(3)聚集与辐射。在现代化条件下，一个城市群内诸城市之间或一区域内诸城市群之间，通过交通网络和信息网络，以人流、物流、信息流为载体，彼此互动吸引和无缝对接，能够迅速地构成强大的城市群综合竞争力，从而使城市群综合竞争力的要素显示出强力聚集和辐射的特征。

(4)动态与持续。由于构成城市群综合竞争力的各种要素在不同的历史条件下和自然环境中是不断变化的，因而城市群综合竞争力随之变化，并呈现出动态性。人们为了不断地提升城市群综合竞争力的优势，按照可持续发展的理念，在构造城市群综合竞争力的过程中，对群内或区内的各种相关要素实行择优组合，从而使城市群综合竞争力的内涵持续扩大，其作用持续增强。我们从实践观察，城市群综合竞争力的构造和发展经历了这样一个历史过程：即“以生态为本—以知识为本—以人为本”的演进过程。从最初的成本竞争到现实的能力竞争，从表象的产品竞争到无形的观念和品牌竞争，从单纯的提高基础设施竞争到全方位争夺知识产权竞争，从侧重投资硬环境的竞争到高度重视软环境的竞争，从一般的市场性竞争过渡到根本性的体制竞争。实践表明，城市群综合竞争力具有很强的动态性和可持续性。

二、中部地区城市群综合竞争力评价研究

本文运用因子分析法，通过建立量化的指标体系，对我国中部地区六大城市群的35个样本城市进行分析。

（一）样本的选取和数据来源

1. 选取城市

考虑到一些城市属于省直辖的县级市，且部分数据缺乏，因而只选取六个城市群的群内的35个主要城市作为研究样本。其中，武汉城市圈选取武汉、黄石、鄂州、黄冈、孝感、咸宁六个城市。株潭城市群包括长沙、株洲、湘潭三市。中原城市群为郑州、洛阳、开封、新乡、焦作、许昌、平顶山、漯河八个城市。环鄱阳湖城市群主要包括景德镇、九江、南昌、鹰潭、上饶五个城市。皖江城市带包括合肥、芜湖、马鞍山、铜陵、安庆、池州、巢湖、滁州、宣城九个城市。山西主要选取太原、阳泉、忻州、吕梁四个城市。

2. 选取数据指标及数据来源

城市竞争力是一个综合的概念，内涵十分广泛，它以城市经济功能强弱为核心，涉及社会、文化、环境等多个方面，目的是体现城市经济的集聚和扩散功能。出于定量测量和分析的需要，文中选取的指标在反映城市竞争力内涵的基础上，依据的是科学性、可比性、代表性、可操作性的原则。同时，注重均量指标与总量指标相结合。均量指标说明城市实现各种功能的效率，具有客观的可比性；而总量指标是城市实现其竞争力的基础，总量越大城市的集聚效应越强。

从资料的权威性和可获得性方面考虑，我们采用《2009中国城市统计年鉴》的数据，个别数据来源于所研究城市的国民经济与社会发展统计公报，选择城市综合经济实力、基础设施、人民生活水平、环境状况4个方面的20项指标组成城市竞争力评价指标体系（见表1）。

表 1　　城市综合竞争力评价指标体系

一级指标	二级指标	指标名称
城市综合经济实力	GDP(万元)	X_1
	人均 GDP（元）	X_2
	GDP 增长率(%)	X_3
	第三产业占 GDP 的比重(%)	X_4
	工业总产值（万）	X_5
	全社会固定资产投资总额（万）	X_6
	社会消费品零售总额(万)	X_7
	当年实际使用外资金额(万)	X_8
人民生活水平	从业人员年平均人数(万人)	X_9
	全市在岗职工平均工资(元)	X_{10}
基础设施	地方财政预算内科学支出(万元)	X_{11}
	每万人拥有公共汽车数(辆)	X_{12}
	人均城市道路面积(平方米)	X_{13}
	客运总量(万人)	X_{14}
	年末金融机构存款余额(万元)	X_{15}
	每百人公共图书馆藏书(册)	X_{16}
	医院床位数(张)	X_{17}
环境状况	三废综合利用产品产值(万元)	X_{18}
	工业固体废物综合利用率(%)	X_{19}
	建成区绿化覆盖率(%)	X_{20}

（二）综合竞争力指标体系的构建

1. 综合竞争力的影响因素

影响一个城市综合竞争力的因素很多，当前学术界文献多以经济实力为主要依据，忽视了其他要素的影响，而考察一个城市的发展水平要综合考虑，为此本文除了经济因素，还将人民生活水平、基础设施、环境状况也引入指标体系。具体指标如下：

（1）城市综合经济实力。主要选取 GDP、人均 GDP、GDP 增长率、第三产业占 GDP 的比重、工业总产值、全社会固定资产投资总额、社会消费品零售总额、当年实际使用外资金额。

（2）人民生活水平。主要选取从业人员年平均人数和全市在岗职工平均工资。

（3）基础设施。主要选取地方财政预算内科学支出、每万人拥有公共汽车数、人均城市道路面积、客运总量、年末金融机构存款余额、每百人公共图书馆藏书、医院床位数。

（4）环境状况。主要选取三废综合利用产品产值、工业固体废物综合利用率和建成区绿化覆盖率。

2. 指标体系的构建

具体的体系指标构建如表 1 所示，其中一个一级指标包含多个二级指标，分别用 X_i，$i=1$，2，…，20。

（三）城市群综合竞争力的因子分析

为克服多指标变量间信息重叠及人为确定指标权重的主观性，运用因子分析法对中部城市群城市竞争力进行定量测度。因子分析可以将具有一定相关关系的多个指标变量的信息用较少的互不相关的综合指标来表示，从而简化指标变量的个数，且信息量的损失相对较少。利用统计分析软件 SPSS18.0 首先对原始变量进行标准差标准化处理，利用 SPSS 软件先将收集来的数据进行标准化，也是目前无纲量化最常用的一种方法。每一变量值与其平均值之差除以该变量的标准差，公式如下：

$$X'_i = \frac{X_i - \overline{X}}{\sigma}$$

首先将原始数据进行无纲量化，下面建立变量的相关系数矩阵，利用 SPSS18.0 对 X_i 进行因子分析，取特征值 $\lambda > 1$，累计方差贡献率达 80% 以上，我们通过测算，取四个因子作为主因子累计方差贡献率达 80.959%，输出结果如表 2 所示。

表 2　**原始及旋转后主因子的方差贡献率和累计方差贡献率**

Total Variance Explained

主因子	原始特征值			原始载荷图			旋转载荷图		
	共计	方差贡献率(%)	方差贡献率(%)	共计	方差贡献率(%)	方差贡献率(%)	共计	方差贡献率(%)	方差贡献率(%)
1	11.217	56.085	56.085	11.217	56.085	56.085	9.356	46.778	46.778
2	1.923	9.614	65.699	1.923	9.614	65.699	2.806	14.031	60.809
3	1.779	8.896	74.595	1.779	8.896	74.595	2.201	11.003	71.812
4	1.273	6.364	80.959	1.273	6.364	80.959	1.829	9.147	80.959
5	0.980	4.902	85.861						
6	0.757	3.787	89.647						
7	0.720	3.600	93.248						
8	0.444	2.219	95.467						
9	0.267	1.334	96.801						
10	0.169	0.843	97.643						
11	0.140	0.701	98.345						
12	0.096	0.481	98.825						
13	0.078	0.391	99.216						
14	0.061	0.303	99.519						
15	0.050	0.250	99.769						
16	0.021	0.103	99.872						
17	0.012	0.058	99.930						
18	0.009	0.047	99.977						
19	0.003	0.014	99.990						
20	0.002	0.010	100.000						

对初始因子载荷矩阵进行正交旋转，得到旋转后的载荷矩阵。根据确定的主成分因子进行正交旋转得到旋转后的20个指标变量在4个公因子上的载荷矩阵(见表3)，可以用其进行因子命名解释。在一般情况下，因子载荷的绝对值越大，则表明公因子对所代表的原始指标变量的解释效果越好。

表3　　**旋转后的因子载荷矩阵**

	因子 F_1	因子 F_2	因子 F_3	因子 F_4
GDP	0.9295	0.2136	0.2430	0.0269
人均 GDP	0.3796	0.7252	0.3891	0.0176
GDP 增长率	0.0497	-0.0729	0.1576	0.8522
第三产业比重	0.5842	0.4159	-0.2374	-0.1016
工业总产值	0.8754	0.1825	0.3316	-0.0611
固定资产投资总额	0.9018	0.2308	0.2268	0.1561
消费品零售总额	0.9440	0.2139	0.1635	0.0204
实际使用外资额	0.8426	0.3490	0.2101	0.2094
从业人员年平均人数	0.8883	0.1198	0.2677	-0.1389
全市在岗职工平均工资	0.3157	0.7520	0.0320	-0.0700
地方财政预算内科学支出	0.8607	0.3262	0.1729	0.0837
每万人拥有公共汽车数	0.4327	0.2351	0.7244	0.0876
人均城市道路面积	0.0967	0.0419	0.8151	0.2098
客运总量	0.8908	-0.0563	0.0804	0.0842
年末金融机构存款余额	0.8946	0.3592	0.0946	-0.0968
每百人公共图书馆藏书	0.5906	0.7072	0.1687	-0.0378
医院床位数	0.9518	0.0919	0.1541	-0.0977
三废综合利用产品产值	0.2711	0.0885	0.5112	-0.2595
工业固体废物综合利用率	0.2154	-0.4533	-0.2243	0.6643
建成区绿化覆盖率	-0.1689	0.4525	0.0760	0.6327

由因子分析模型知，第一个主因子 F_1 主要由 GDP、工业总产值、固定资产投资总额、消费品零售总额、实际使用外资额、从业

人员年平均人数等城市综合经济规模指标决定，这几个指标在主因子 F_1 上的载荷均在0.8以上，代表了城市综合经济规模因子。

第二个主因子 F_2 主要由人均GDP、全市在岗职工平均工资、公共图书馆藏书等指标决定，这几个指标在主因子 F_2 上的载荷也均在0.7以上，代表人民生活水平因子。

第三个主因子 F_3 主要由每万人拥有公共汽车数、人均城市道路面积这两个指标决定，代表了城市交通状况因子。

第四个主因子 F_4 主要由GDP增长率，工业固体废物综合利用率、建成区绿化覆盖率决定，代表了可持续发展水平因子。

由表3我们可以得到信息产业发展水平指标体系的因子分析模型，下面计算因子的得分。

计算公因子综合得分，计算公式如下：

F =（公因子 F_1 的方差贡献率 $\times F_1$ + 公因子 F_2 的方差贡献率 $\times F_2$ + 公因子 F_3 的方差贡献率 $\times F_3$）/总提取的方差贡献率 + 公因子 F_4 的方差贡献率 $\times F_4$

$$F = (46.778\% \times F_1 + 14.031\% \times F_2 + 11.003\% \times F_3 + 9.147\% \times F_4) / = 80.959\% \quad (1)$$

通过SPSS得到了 F_1，F_2，F_3，F_4 的因子得分情况（见表4），故代入(1)式便能得到综合因子得分。

表4　**F_1、F_2、F_3、F_4 的因子得分情况**

指标	因子 F_1	因子 F_2	因子 F_3	因子 F_4
GDP(万元)	0.108977	−0.044160	0.016605	0.002565
人均GDP(元)	−0.081742	0.301303	0.110309	0.021852
GDP增长率(%)	−0.006626	−0.020983	0.050258	0.459933
第三产业占GDP的比重(%)	0.076378	0.176189	−0.275710	−0.022029
工业总产值(万)	0.093723	−0.071406	0.091797	−0.053225
全社会固定资产投资总额(万)	0.102455	−0.021006	−0.001944	0.077544
社会消费品零售总额(万)	0.121351	−0.035720	−0.037228	0.005040
当年实际使用外资金额(万)	0.076355	0.058935	−0.025076	0.115567
从业人员年平均人数(万人)	0.113392	−0.103702	0.061306	−0.095738

续表

指标	因子 F_1	因子 F_2	因子 F_3	因子 F_4
全市在岗职工平均工资(元)	-0.053361	0.368660	-0.113996	-0.001131
地方财政预算内科学支出(万元)	0.088444	0.041293	-0.039993	0.046409
每万人拥有公共汽车数(辆)	-0.043084	-0.022728	0.385507	0.010081
人均城市道路面积(平方米)	-0.088569	-0.088488	0.503542	0.063976
客运总量(万人)	0.159776	-0.165133	-0.052764	0.030940
年末金融机构存款余额(万元)	0.100837	0.055669	-0.088297	-0.047336
每百人公共图书馆藏书(册)	-0.013689	0.287418	-0.053391	0.002793
医院床位数(张)	0.142324	-0.111120	-0.019453	-0.067401
三废综合利用产品产值(万元)	-0.022911	-0.072775	0.308104	-0.176113
工业固体废物综合利用率(%)	0.125585	-0.217229	-0.156437	0.357767
建成区绿化覆盖率(%)	-0.109870	0.303770	-0.033180	0.374676

(四)综合竞争力评价的得分与排序

由上知公因子 F_1 的方差贡献率为46.778%，公因子 F_2 的方差贡献率为14.031%，公因子 F_3 的方差贡献率为11.003%，公因子 F_4 的方差贡献率为9.147%，总提取的方差贡献率为80.959%。将相应数据代入(1)式，则得到各市综合得分(为简便计算，百分号保留，取小数点后四位，如表5所示)。

表5　　**F 综合得分**

城市	得分	综合排名
武汉	2.1915	1
长沙	1.4957	2
郑州	1.4439	3
合肥	0.9620	4
南昌	0.6306	5
洛阳	0.3507	6

续表

城市	得分	综合排名
太原	0.3337	7
芜湖	0.0977	8
株洲	0.0371	9
新乡	-0.0003	10
平顶山	-0.1039	11
许昌	-0.1271	12
黄冈	-0.1370	13
湘潭	-0.1513	14
滁州	-0.1632	15
马鞍山	-0.1752	16
焦作	-0.1920	17
孝感	-0.2033	18
安庆	-0.2142	19
上饶	-0.2309	20
开封	-0.2519	21
九江	-0.2660	22
宣城	-0.2819	23
铜陵	-0.3215	24
鄂州	-0.3280	25
黄石	-0.3341	26
咸宁	-0.3581	27
漯河	-0.3753	28
巢湖	-0.3796	29
池州	-0.3900	30
景德镇	-0.4139	31
吕梁	-0.4514	32
鹰潭	-0.5178	33
阳泉	-0.5497	34
忻州	-0.6253	35

由上述分析可知，武汉市整体发展水平在中部地区处于领先位置。第二位是长沙，紧接着是郑州，以下按得分由高到低依次为：合肥，南昌，洛阳，太原，芜湖，株洲，新乡，平顶山，许昌，黄冈，湘潭，滁州，马鞍山，焦作，孝感，安庆，上饶，开封，九江，宣城，铜陵，鄂州，黄石，咸宁，漯河，巢湖，池州，景德镇，吕梁，鹰潭，阳泉，忻州。

应当说明的是，表5中得分有负数，负数代表了该市发展水平低于35市的整体平均水平。另外值得注意的是这个结果与各市的经济排名很相似，这也说明了经济实力的发展状况是一个地区经济发展水平的重要标志。结果也证实了如此，经济实力规模因子的贡献率为46.778%，人民生活水平因子的贡献率为14.031%，交通状况因子的贡献率为11.031%，可持续发展因子的贡献率为9.147%。可见一个城市的综合竞争力的发展主要归功于经济实力规模。当然，人民生活水平、交通状况及可持续发展水平的进一步的发展也会对城市的发展具有相当的贡献率。

三、中部地区城市群综合竞争力提升的对策建议

根据《中共中央国务院关于促进中部地区崛起的若干意见》(中发[2006]10号)精神和国务院批复《促进中部地区崛起规划》的部署及《关于促进中部地区城市群发展的指导意见》的要求，从中部地区城市群现状分析的实际问题出发，我们对“十二五”中部地区城市群的一体化发展和综合竞争力提升提出如下对策建议：

(一)强化中部崛起战略意识，确立区域协调发展理念

在中央提出中部地区崛起战略时，从宏观区域类型划分上看，中部地区尚未形成一个完整的经济区，各省还保持着各自的传统的或原规划中的经济联系。具体来说，山西省把自己置于京津冀经济圈的传统腹地；安徽省历来趋向于“长三角”；河南省雄踞中原；湖北省以武汉为中心自成区域；湖南省存在着向“珠三角”靠拢的趋向；江西省则把目光投向“长三角”和“珠三角”。这在一定程度

上为六省推进对外开放创造了条件，但削弱了中部地区的区域特色，给形成区域战略合力造成障碍，加大建立次级增长中心和增长极的难度，势必使区域内部的无序竞争加剧，不利于中部地区城市群的发展壮大和综合竞争力的提升。

中部六大城市群至今尚未形成完整的综合竞争战略合力的根本原因，首先在于六省政府局限于各自的局部利益，没有深刻理解“促进中部地区崛起战略”的重大意义、区域战略意识淡薄和没有相应的体制机制及政策体系。因此，中部地区在崛起的过程中，作为一个整体出现在国家政策层面上，无论是政府还是民间都必须强化“中部地区崛起战略”意识，转变观念。这就是说，要提升中部地区城市群综合竞争力，首先要把各省发展城市群的思路统一到中部地区崛起战略和《促进中部地区崛起规划》上来，从战略思想上实现无缝对接，坚持科学发展观，确立区域协调发展理念，以创新的精神建立健全中部城市群协调发展体制机制，构建完善的政策体系，树立把城市群建成支撑中部地区崛起的核心经济增长极和促进东中西部良性互动、带动全国又好又快发展的重要战略区域的理念，为提升中部地区城市群的主体地位和综合竞争力奠定坚实的思想基础。

（二）创新中部地区城市群协调发展体制机制，构建完善的政策体系

1. 构建相配套的政策框架体系

构建以《中共中央国务院关于促进中部地区崛起的若干意见》（中发[2006]10号）和国务院批复的《促进中部地区崛起规划》为主体、以国家发展和改革委员会制定的《两个比照政策》、《促进中部地区崛起规划实施意见》、《关于促进中部地区城市群发展的指导意见》和中部地区六省制定的《促进中部地区崛起规划实施意见》相配套的政策为体系，在促进中部地区崛起的实践过程中不断丰富和完善这个体系，使其成为中央和各级政府导向中部地区崛起的重要战略抓手，使中部地区六大城市群在这个政策体系引领下，实现无缝对接，沿着一体化方向发展，着力全面提升城市群综合竞争力。

2. 深化体制改革，强化政策支持力度

提升中部地区六大城市群综合竞争力必须深化改革，在管理体制上实现无缝对接。要坚持创新体制的原则，在城市群重大改革领域先行先试，从实践上取得新的突破。其重点就是要着力于推动生产要素跨区域合理流动和实现基本公共服务均等化，允许城市群在政府行政管理体制、国有企业改革、民营经济发展、就业、职业培训和社会保障体制等方面先行先试。按照经济发展要求，适当调整城市群内行政区划，完善城市设置，优化空间布局潜力，增强城市功能和发展。有关部门的专项改革符合城市群发展实际的，要优先放到城市群进行试点。同时，强化国家和地方政府的政策支持力度。从总体上说，国家应对城市群公益性较强且符合政府投资方向的基础设施一体化建设项目给予适当支持；而省级政府要统筹安排资金，加大对本行政区内城市群实行公共服务一体化的支持力度。具体来说，强化政策支持力度主要应从五个方面落实：一是支持城市群产业结构调整，允许中部六省从国有资产变现收入中按一定比例提取产业结构调整专项资金，专门用于城市群产业结构调整，淘汰能耗高、污染重、不符合经济规模的企业，鼓励重污染企业搬迁、转产和技术升级等。支持城市群工业企业向开发区、产业园区和高技术产业基地集中。二是鼓励和支持地方整合城市群内地方性商业银行，支持符合条件的城市商业银行跨区域发展，尤其是到中部地区及其县域设立分支机构，积极探索在资本、业务和信息等方面的合作联盟。三是对城市群的海关特殊监管区域和保税监管场所进行整体规划、科学布局，积极培育和发展保税物流，加大对城市群“大通关”建设和口岸建设的支持力度。四是支持城市群与东部沿海地区共建产业合作园区，在贷款、用地指标等方面加大对园区建设的支持力度。五是积极引进世界500强企业和全球行业龙头企业，鼓励在城市群设立地区总部、研发机构、采购中心和产业基地，支持建设服务外包基地城市。

3. 深化中部地区省际合作，打破行政界限障碍

在“十二五”时期中部地区六大城市群发展过程中，深化省际合作的前提，关键在于打破行政界限障碍，构建无缝对接的合作机制。在编制区域内经济联系密切的经济圈、城市群、经济带的区域合作规划时，要打破行政界限和市场分割，加快建设区域市场体系，合力规范和整顿市场秩序。加快区域内基础设施、公共服务和社会管理等方面的一体化对接与整合。加强产品质量和生产安全等方面的联合执法。建立区域生态建设和环境保护协作机制，联合制定跨界污染联治和污染事故应急处理预案。健全合作机制，强化政府在区域合作中的统筹、协调、指导和服务职能，由国家发改委或中部办牵头构建完善的中部六省主管省长、六大城市群首位城市市长和中心城市市长定期联席会议制度。发挥区域性合作组织的作用，支持建立跨行政区的行业协会、商会，加快形成政府、企业、社会团体等共同参与、相互协作的多层次区域合作体系。在跨地区的发展规划、基础设施建设、生态环境保护、市场要素流动等重点领域建立协调机制，推进区域务实合作。建立公开透明、及时准确的区域合作信息交流和发布机制。

4. 加强组织领导，切实履行监督检查职责

在中央和国家的宏观调控下，首先，落实地方政府责任。省级人民政府对城市群发展工作负总责。切实加强对城市群发展工作的领导，探索建立城市群高层协调机制，落实城市群发展规划和有关政策，协调解决城市群发展中的重大问题，推动城市群一体化发展。其次，加强总体指导和监督检查。国家有关部门要在规划编制、政策实施、项目安排、体制创新等方面支持中部地区城市群发展。国家发改委应切实加强总体指导，会同有关部门深入研究城市群发展中的重大问题，落实有关政策措施，加强协调沟通，强化监督检查，引导和支持中部地区城市群健康发展。

（三）坚持城乡统筹，转变城市发展方式

1. 坚持走新型城镇化道路

“十二五”时期中部地区转变城市发展方式，关键在于坚持走新型城镇化道路，实现城乡全方位无缝对接。新型城镇化与传统城镇化具有不同的内涵，它不仅重视数量和规模的扩大，更强调文化、公共服务等方面质量内涵的整体提升；不仅依靠中心城市带

动，更强调城市群、大中小城市和小城镇的协调发展；过去是“重城轻乡”、“城乡分治”，现在则是强调城乡一体化发展。“十二五”期间我国及中部地区城镇化的目标，就是要构建统筹城乡的新型城镇化支撑体系，即建立以城市群为主体形态，全国区域性中心城市、省域中心城市、中心城市、县域、中心镇和农村地区协调发展的五级城乡一体化体系。这种新型城镇化体系，可以通过“以城带乡”、“以工哺农”、“以统惠民”的发展方式，让城乡居民都成为受益者，从根本上破除城乡二元结构社会形态，使城乡实现全方位无缝对接，从而形成统筹城乡一体化的新格局。

2. 加快推进城市发展全面转型步伐

我国粗放型的城市发展方式带来诸多弊端。首先，它带来城市空间的无序和低效开发。城市用地不合理，城市工业用地比重过高，价格过低。这些年，土地的城镇化远远快于人口的城镇化的速度，2001—2008 年，全国城市建设用地面积平均每年增长 7.4%，但是城市人口年均增长 3.5%，远远低于建设用地的扩张速度。这种城市扩张主要依靠三个空间：一是县域；二是新区建设；三是产业园区扩张。其次，它加剧了城乡区域发展的不协调。特别是城镇化率与能源消耗矛盾突出。据统计，2009 年我国的城镇化率达到 46.6%，城市消耗率却为 75%。最后，它带来人口与产业分布不协调。在大城市和城市群大规模集聚产业的同时，并没有出现相应大规模的人口集聚，造成产业分布与人口分布严重不协调。过去的实践表明，现阶段从根本上转变城市发展势在必行。城市全面转型是实现城市发展方式转变的关键。当前中国城市正处于全面转型加速阶段。这个转型是包括城市、社会和生态的全面转型。出现转型加速现象有四个原因：一是城市理念正发生重大变化；二是中国城市的发展已经进入一个新的阶段；三是城市面临的资源环境约束在不断加大；四是技术的进步和消费需求的变化。所以未来中国城市发展应该从粗放型的发展转变成新型扩张的发展方式，就是向低消耗、低排放、高效率、和谐有序的新型发展模式转变，全面提升城市发展质量。

要实现城市发展转型重在实现六个转变：增长方式从粗放向集

约转变；发展重心从关注经济增长向更加关注品质提升转变；产业结构从产业链的低端向中高端转变；城乡从过去城乡分隔向城乡一体化的融合发展转变；动力来源从投入驱动向创新驱动转变；城市空间结构从无序开发向有序开发转变。在这里我们要进一步强调，产业转型应该实现差异化的转型，大城市应该走高端化、服务化道路；中小城市和小城镇应该走特色化、专业化道路；在中心城区的周边应该建立一批大规模现代化的先进产业园区，走特色化、专业化道路。

3. 实现城乡人口双向流动

改革户籍制度是实现城乡人口双向流动的关键。农村人口到城市里来，城市人口为什么不能到农村去？现在的户籍制度是限制城市人口到农村去，未来的改革方向应该是农村人口进一步向城市转移，这样的城市化才能均衡发展，户籍改革要实现人口的双向流动。为此，首先，要破除“重城轻乡”的传统观念，树立城乡居民平等的理念。其次，深化改革户籍管理制度。建立城乡人口能双向流动机制。最后，建立统一的社会保障机制。社会保障机制是制约人口流动的重要原因之一。这些体制改革可以先行一步，在全国探索出一些经验来，这样就能够促进城市化的快速发展。

（四）加强中心城市经济发展，统筹产业结构布局

1. 增强各城市群中心城市的辐射带动力

通过前面的实证分析，我们发现一个城市群的综合竞争力在很大程度上取决于其中心城市的发展状况，而综合竞争力又受经济综合实力的制约。因此，各城市群要继续扩大自己的优势，加快城市化发展，培育增长极，增强中心城市辐射功能。从中部地区的实际情况看，由于各城市群城镇化水平较低，导致经济中心城市或城市群缺乏辐射带动能力，成为区域发展的制约因素。因此，在“十二五”期间，各城市群要稳步推进中心城市的经济发展，增强对全省发展的支撑能力，使其尽快成为中部地区崛起的战略支点和增长极，以带动整个区域的发展，进而带动中部地区崛起。在这个方面，各省政府要大力支持中心城市，尤其是省会城市的经济发展，

具体措施：加大对中心城市的财政支持力度；提供政策上的倾斜与优惠；积极承接东部产业转移；鼓励外地企业到本市建厂发展。同时，对一些非省会的重点城市也要统筹兼顾，如河南的洛阳、湖南的湘潭等，通过"双核"或"多核"式发展，使其辐射范围和对接能力提升到一个新水平。

2. 加快产业结构优化升级步伐

在"十二五"期间，中部六省应当按照"三个基地一个枢纽"和"两纵两横"经济带发展的要求，统筹协调城市群内部各城市以及城市群之间的产业布局，优化产业结构，加强区域产业规划合作。产业结构能从一个侧面反映经济发展水平，在不同的经济发展阶段上，产业结构会呈现不同的状态。从武汉、长株潭、中原、皖江四个城市群的就业结构和产业结构看，总体上第二产业产值比重大于第三产业产值比重，第三产业就业比重大于第二产业就业比重，产业结构比较合理。但由于工业化水平较低，中部地区产业多为劳动密集型产业，整体上科技投入不足，由科技进步推动的产业升级速度放慢，自主创新能力不足，缺乏高科技含量的产业，第二产业从业人员比重较高。中部地区应按照产业比较优势原则选择产业，培育有特色的高科技推动的区域产业增长极。在原有传统工业的基础上，大幅增加高技术产业的比重，促进资源主导型产业向技术、资金和劳动密集型产业协调发展转变，发展成为先进制造业基地、科技创新基地、纺织、食品、化工和医药工业基地、汽车零部件基地。以武钢、二汽为代表的一些工业，以光电子信息产业等一些新兴产业在全国有重要影响。长株潭城市群内的"3＋5"城市在产业结构上有很强的互补性。中原城市群是中西部重要的能源、原材料和装备制造业基地，具有多种产业基础，如郑州的汽车、卷烟、电子信息制造业、铝工业和商贸流通等比较发达，洛阳是全国重要的老工业基地之一，铝电、石化、建材等产业基础雄厚，平顶山和焦作是大型能源基地，漯河的食品工业、许昌的电力装备制造业等全国闻名。安徽皖江城市带目前正在主动融入以上海为龙头的长江三角洲，也在发展高新技术，发展汽车产业。中部各地区要引导跨国公司和东部沿海地区企业向中部地区转移附加值较高的产业。在承接产业转移的过程中，应特别注意被转移产业的科技含量和发展前景。

（五）强化医疗卫生服务能力，提高社会保障水平

1. 增强基本医疗和公共卫生服务能力

（1）全面加强公共卫生服务体系建设，提高社会保障水平，即提升其无缝对接的能力和水平。从中部地区的实际看，“十二五”期间，必须建立健全疾病预防控制、健康教育、计划生育、妇幼保健、精神卫生、应急救治、采供血、卫生监督和食品安全等专业公共卫生服务网络，完善基层医疗卫生服务网络公共卫生服务功能，促进基本公共卫生服务逐步均等化。加大对区域性和省级医疗中心大型公立医院的支持力度，推进公立医院改革试点。完善重大疾病防控体系和突发公共卫生事件应急机制，强化对人感染高致病性禽流感、艾滋病、血吸虫病、结核病、乙型肝炎等传染病和职业病的防治力度。加强食品安全监管工作，落实国家免疫规划，加强城乡急救体系建设。

（2）强化完善医疗服务体系。中部地区在“十二五”期间，首先，要健全以县级医院为龙头、以乡镇卫生院和村卫生室为基础的农村医疗卫生服务网络。其次，要加快建设城市社区卫生服务网络，完善以社区卫生服务为基础的新型城市医疗卫生服务体系。最后，要建立城市医院与社区卫生服务机构的分工协作制度和城市医院对口支援农村医疗卫生的工作制度，从而推进城乡医疗保险和卫生事业实现一体化发展。

2. 提高社会保障水平

（1）着力推进社会保障制度建设。中部地区在“十二五”期间，首先要着力构建以保障人民群众基本生活和基本医疗需求为重点，以完善基本养老、基本医疗、失业、工伤、生育等相配套的社会保险制度，扩大覆盖范围，提高统筹层次。同时，要做好扩大做实养老保险个人账户试点工作。完善城镇职工基本医疗保险、城镇居民基本医疗保险、新型农村合作医疗和城乡医疗救助制度，形成健全的城乡基本医疗保障体系。在当前，应强化落实《工伤保险条例》，

建立工伤保险储备金；研究制定社会保险关系异地转移和对接办法，认真解决农民工和被征地农民的社会保障问题，推进新型农村社会养老保险试点；城乡统筹配置社会保障服务资源，提高社会保险经办能力，加强社会救助与社会福利综合服务体系等公共服务设施建设。

(2)逐步提高保障水平。现阶段，政府应当加大财政支持力度，建立健全城乡救助体系，合理确定城乡低保标准和补助水平。全面落实农村五保供养资金，确保五保供养水平达到当地村民平均生活水平。逐步开展城市低收入家庭认定工作，积极推动医疗救助、住房救助以及教育救助覆盖全部低收入家庭。大力发展经济适用房和廉租房建设，落实建设用地和专项资金。

(六)加快改善交通瓶颈状况，构建综合交通运输枢纽

当前中部很多城市的交通状况已成为严重制约其发展的瓶颈，尤其是省会城市，由于我国中部地区仍处在工业化的中期，极化效应作用明显，城市群的交通承载力需要进一步提升，从中部地区崛起战略的高度着力构建综合交通枢纽，为“十二五”时期更好地促进经济发展奠定基础。各城市群要利用自身优势，整合空间资源，推动区域之间基础设施共建共享，发挥中部地区承东启西、贯通南北的区位优势。中部地区要加快交通、通信等基础设施建设，形成中部地区大交通、大流通的一体化新格局，使中部各种要素流无障碍流动。中原城市群是中部地区陆路交通最为发达和便捷的区域，境内京广、京九、陇海、宁西等铁路干线纵横交错，贯通四方，以京珠、连霍高速公路为主的交通里程居中西部之首。武汉城市圈、中原城市群和长株潭城市群位于交通枢纽京广线上，在地理位置上具有优越的区位优势，武汉市九省通衢，湖北在中部地区来说，不论是水运还是陆路交通运输都非常便利。长株潭居中华腹地，扼南北要冲，素有“荆豫唇齿，黔粤咽喉”之称，如今居京广经济带、泛珠三角经济区、长江经济带的接合部，是支撑沿海、沿江开放地区的后方基地和促进内地开发的先导城市，具有无可比拟的区域优势。皖江城市带区位最大的特点是沿江通海、居中靠东，与长三角

对接，是中部地区最靠近沿海地区之一。作为经济和社会发展必不可少的公共基础设施，中部崛起需要现代综合运输体系。因此，中部各地区要统一协调，改进交通运输结构，共建交通设施，共享交通资源，以构建真正的无缝对接的一体化综合交通运输枢纽。

（七）积极应对环境恶化，着力发展循环经济

在“十二五”期间，中部地区特别是六大城市群要着力发展循环经济，开展资源节约和综合利用，加大环境污染防治力度，强化实施重点流域和大江大河大湖综合治理规划，积极推进防灾减灾体系建设，尽快形成资源节约、环境友好、集约有效、社会和谐的区域发展格局。为此，要杜绝盲目地拉大城镇框架、扩大占地规模、增加人口规模，认真地解决土地资源的承载能力减弱、能源和水资源严重短缺以及人口、资源、环境之间的矛盾。否则，就会直接影响到中部地区的可持续发展能力的提升。所以，各大城市群地区的要素流动中的分化、组合、聚集，首先要考虑环境承载能力，走出一条科技含量高、经济效益好、资源消耗低、环境污染少、人力资源得到充分发挥的新路子；在走新型工业化道路的过程中，特别要注意坚持高标准、高起点，严格控制污染物的排放，决不能以高投入、高消耗、高污染为代价来换得工业的发展；在环境构造方面，要积极治理生态环境，大力整治生态，合理开发水资源，有效治理环境污染，改善人居环境，这也是城市扩张、人口集聚和产业可持续发展的重要任务。只有这样做，才能真正带动和促进中部地区崛起和六大城市群综合竞争力的提升。

（八）充分发挥自身优势，坚持走特色发展道路

“十二五”期间，中部地区六大城市群应当充分发挥各自的优势，坚持开拓有特色的发展道路，真正形成中部地区各大城市群优势互补、整体崛起的新格局。

1. 武汉城市圈的发展思路

根据湖北省“十二五”规划的要求，武汉城市圈战略应当是湖北推动科学发展的载体，加快转变经济发展方式的抓手，引领“十

二五”乃至今后一个时期经济社会发展的总体战略。为此，武汉城市圈要优化空间布局，突出项目支撑，实现联动发展，促进区域一致。要加快武汉城市圈“两型”社会综合配套改革试验区建设，大力推进资源节约、环境保护、科技支撑、产业发展、城乡统筹、节约集约用地、财税金融、对内对外开放、行政管理等方面体制机制创新，形成“两型”社会建设体制机制；加快圈域基础设施建设、产业发展与布局、城镇化与城乡建设、区域市场、生态建设与环境保护的一体化进程，推动圈域基本公共服务均等化。充分发挥武汉的龙头作用及科教人才优势，强化系统集成，增强耦合度，提升核心竞争力；明确各城市发展定位，优化产业布局，引导错位发展，构建优势互补、良性互动、特色突出、协调发展的新格局，在“两型”社会建设方面走在全国前列。

2. 长株潭城市群的发展思路

湖南省“十二五”规划要求，长株潭要按照布局合理、集约高效、功能完善、生态友好、定位明确的原则，加速构建以长株潭为核心、环长株潭城市群为重点的新型城镇体系建设；要坚持以城市群为主体形态，完善城市功能区划，壮大群内中心城市和省际边界地区中心城市；努力破解制约县城和中心镇发展的制度瓶颈，着力增强县城和中心镇的公共服务和居住功能，建成一批高品质、特色型的精品小城镇；要根据长株潭城市群的空间格局和目标定位，统一规划跨区域的资源开发、产业布局、设施配套、市场体系等重大问题；要打破行政体制障碍，创新合作机制，优化资源配置；大力推进城际铁路、机场、长株潭组合港和岳阳港等现代交通网络建设；要大力发展先进制造业和高新技术产业，大力推动人口、产业、技术、资本和市场的聚集和融合，放大同城效应；加快长沙、株洲、湘潭、衡阳等老工业基地振兴，从而把环长株潭城市群建成中部乃至全国重要的经济增长极和现代化生态城市群。

3. 中原城市群的发展思路

按照河南省“十二五”规划的要求，必须加快中原城市群的发展步伐。为此，要坚持向心布局、集群发展、统筹协调，强化中心城市带动，推进交通一体、产业链接、服务共享、生态共建；加快郑汴新区建设，着力推进郑汴一体化，提升郑州全国区域性中心城市地位，发挥龙头带动作用；促进郑州与毗邻城市联动发展，形成核心区；壮大地区中心城市，统筹新区建设和老城区改造，扩大城市规模，完善城市功能，提升综合竞争力，增强在区域经济发展中的带动作用；推动集群、组团式发展，构筑外围组团与中心城区的便捷交通联系，形成以中心城市为核心、周边小城市和中心镇为依托的城镇集群；支持省际边界区域中心城市加快发展，在中原城市群延伸和扩大内涵的基础上形成强大的中原经济区。

4. 环鄱阳湖城市群的发展思路

在“十二五”期间，环鄱阳湖城市群发展的特色是生态，核心是发展，关键是转变发展方式，目标是走出一条科学发展、绿色崛起之路。江西省政府提出要有步骤、分阶段地推进鄱阳湖生态经济区建设，努力实现一年开好局，五年见成效，十年大跨越。同时，它们制定了具体指标，计划2010年，鄱阳湖生态经济区生产总值达到5 000亿元，人均地区生产总值达到22 000元；全省生产总值超过8 000亿元，全省人均地区生产总值达到18 000元。到2015年，鄱阳湖生态经济区生产总值突破10 000亿元，人均地区生产总值达到45 000元，达到全国平均水平；全省生产总值超过15 000亿元，全省人均地区生产总值突破35 000元。到2020年，形成保障有力的生态安全体系、先进高效的生态产业集群、生态宜居的新型城市群，为到21世纪中叶基本实现现代化打下良好基础。

5. 皖江城市带的发展思路

安徽省的“十二五”规划明确要求，必须推动皖江城市带率先崛起。为此，要按照国家规划的要求和“一年打基础，三年见成效，五年大发展”的总体部署，全方位、高水平地推进示范区建设，确保如期完成规划目标任务，努力成为引领和带动全省加速崛起的重要增长极；要充分利用好先行先试权，在体制机制、政府服务、社会管理、区域合作等方面大胆创新；要加快示范园区和江北、江南两个集中区建设，科学确定产业定位，创新管理模式和运行机制，提高产业承载能力，增强产业集聚效应；要高水平承接境内外产业转移，着力引进带动性强、技术水平高的龙头项目，推动产业转型升级；要加强物流、金融和职业教育建设，构筑强大的产业支撑体系。

6. 太原城市圈的发展思路

山西省“十二五”规划提出，要坚持统筹规划、合理布局、完善功能、以大带小的原则，紧扣提速、提质的主题，按照“一核一圈三群”布局，以太原都市区为核心、区域中心城市为节点、大县城和中心镇为基础，加快推进市域城镇化，形成城镇化与工业化、城镇化与新农村建设良性互动的发展格局。它是“山西省国家资源型经济转型综合配套改革实验区”的空间主体形态，加快发展太原都市圈，支持太原率先发展，把太原建设成为具有国际影响力的区域性现代化大都市，增强省会城市的龙头带动力；以基础设施建设、项目产业发展、公共服务供给为突破口，以启动共建区建设为切入点，统筹规划、合理布局、加强协调，加快太原晋中同城化步伐，实现产业同构、交通同网、信息同享、生态同建、环境同治、旅游同线；积极发展以太原都市区为核心，太原盆地城镇密集区为主体，阳泉、忻定原、离柳中等城镇组群为支撑的太原都市圈，形成推动转型跨越发展和促进中部地区崛起的强大引擎。

参考文献

[1]于涛方．城市竞争与竞争力．南京：东南大学出版社，2004.

[2]韩毅，袁国敏．辽宁城市竞争力比较研究．北京：经济科学出版社，2002.

[3]朱孔来．国民经济和社会发展综合评价研究．济南：山东人民出版社，2004.

[4]蒋兆岗．县域经济综合竞争力．北京：经济科学出版社，2005.

[5]漆莉莉，魏和清．社会人口与科技统计学．北京：经济管理出版社，1998.

[6]宁越敏，唐礼智．城市竞争力的概念和指标体系．现代城市研究，2001(3).

[7]方开泰．实用多元统计分析．上海：华东师范大学出版社，

1989.
[8]张崇甫，陈述云，胡希铃. 统计分析方法及其应用. 重庆：重庆大学出版社，1995.
[9]王斌会. 经济管理模型的多变量统计方法及分析系统 Qstat. 北京：中国统计出版社，2005.
[10]戴宾. 城市群及其相关概念辨析. 财经科学，2004(6).
[11]林本初，冯莹. 有关竞争力问题的理论综述. 经济学动态，2001(3).
[12]朱春奎. 国外竞争力理论研究综述. 生产力研究，2004(1).
[13]冯君，张晓青. 城市群综合竞争力动力机制研究. 山东师范大学学报(自然科学版)，2006(3).
[14]张会新. 城市群竞争力评价指标体系的构建与应用. 太原理工大学学报(社科版)，2006(4).
[15]倪鹏飞. 中国城市竞争力报告 NO. 6. 北京：社会科学文献出版社，2008.
[16]李廉水，Roger. R. Stough 等. 都市圈发展. 北京：科学出版社，2006.
[17]苗润生. 中国地区综合经济实力评价方法研究. 北京：中国人民大学出版社，2006.
[18]徐清梅等. 中国城市群几个基本问题的观点述评. 城市问题，2002(1).
[19]罗亚等. 基于全球一体化的城市群城市竞争力研究. 世界地理，2004(4).
[20]赵勇，白永秀. 城市群国内研究文献综述. 城市问题，2007(7).
[21]刘党社. 城市群综合竞争力评价指标体系研究. 济南：山东商业职业技术学院学报，2009(4).

金融发展与中部地区城乡收入差距的实证研究

——兼论“十二五”时期中部地区金融改革与发展

陈志刚

（武汉大学中国中部发展研究院　武汉 430072）

1978—2008 年，中国经济实现了年均 9.8% 的高速增长，创造了举世瞩目的“中国奇迹”。但是，与经济高速增长相伴随的是城乡收入差距的持续扩大。我国城乡居民人均收入之比由 1978 年的 2.6，上升到 2008 年的 3.3。这种持续扩大的城乡收入差距，已经对我国经济的和谐发展产生了极其不利的影响。对我国城乡收入差距的持续扩大，国内学者从体制、“二元”经济结构、人力资本积累等角度进行了合理的解释。最近几年，有些学者开始从金融发展的角度研究我国城乡收入差距问题。但是，在国内已有的研究中，大多是从国家整体层面来分析金融发展与城乡收入差距之间的关系。

本文运用 1990—2008 年中部六省（安徽、江西、山西、河南、湖北、湖南）的面板数据，对中部地区金融发展、人力资本和城乡收入差距之间的关系进行实证研究，并从改善城乡收入差距角度，提出“十二五”时期中部地区金融改革与发展的若干政策建议。

一、文献综述

20 世纪 90 年代初，国外学者开始关注金融发展与收入分配关系的研究。10 多年来，在这方面，国外学者提出了三种不同的理论假说。一是有益论。Galor 和 Zeira(1993)构造了一个两部门跨时期模型，并假设个体只有进行了不可分割的人力资本投资，才能就业于高收入的现代部门，否则只能在传统部门从事低收入的工作。金融自由化、金融市场的竞争和向更多的民众开放，使穷人也能通过融资进行人力资本投资，进入高收入的现代部门。二是有害论。Maurer 和 Haber(2003)认为，金融发展与深化，并没有使金融服务向穷人和新企业延伸。金融服务，尤其是信贷服务依然只是针对富人和具有某种政治联系的企业，并使它们的相对收入进一步上升。他们进一步指出，在社会精英统治的国家，金融深化不是增强而是减弱了金融市场的竞争，增进了高收入者的福利，而牺牲了低收入者、中产阶级的利益。三是倒 U 形关系论。在 Greenwood 和 Jovanovic(1990)看来，金融发展与收入分配之间并不是简单的正向或反向线性关系，而是一种倒 U 形关系。他们建立了一个反映金融发展、增长与收入分配之间关系的动态模型，并证明：因为存在财富门槛，在金融发展的初期，只有富人才能进入金融市场融资，所以穷人和富人的收入差距会拉大；但是，金融中介的进一步发展，以及穷人的财富积累对门槛的跨越，使穷人也能获得充分的金融服务，穷人与富人之间的收入差距将会缩小。

实证研究方面，Clark、Xu 和 Zou(2003)运用全球 91 个国家 1960—1995 年的数据分析金融发展和收入分配之间的关系，得出金融发展会显著降低一国收入分配不平等的结论，但没有发现 Greenwood 和 Jovanovic(1990)提出的倒 U 形关系。Beck et al.(2004)运用全球 99 个国家 1960—1999 年的数据考察金融发展、不平等和贫困之间的关系。研究表明，在金融自由化过程中，最低收入阶层的收入增长快于人均 GDP 的增长，所以，金融发展有利于减少一国的贫富差距。Honoban(2004)将中国、俄罗斯、英国和韩国作为对象，研究金融发展、增长和贫困之间的关系。得出的结论是，金融发展明显地促进了经济增长，也降低了一国贫困人口的比例。但是，上述实证研究利用跨国横截面数据对金融发展与收入分配之间关系的整体分析，忽视了发达国家与发展中国家之间的经济制度、金融发展水平与结构、法律与文化的根本区别；同时也难以结合发展中国家的实际情况，提出一些切实可行的政策建议。

经过对我国金融发展和收入分配关系的实证研究，国内学者得出的结论大致有三种。第一种是我国的金融发展扩大了收入分配的不平等。温涛等(2005)运用1952—2003年的数据，对中国整体金融发展、农村金融发展与农民收入增长的关系进行了实证研究。结果显示：中国金融发展对农民收入增长具有显著的负效应。从规模扩张、效率提升和结构完善等三个方面，陈志刚等(2009)对金融发展水平与中国收入分配的关系进行实证检验。研究表明，金融规模的扩张拉大了中国的收入分配，金融效率的提高则缩小了城乡收入比率，金融结构对中国收入分配的影响不明显。第二种是我国金融发展与收入分配呈倒U形关系。万文全(2006)利用1978—2003年的数据，实证检验了金融发展与收入分配差距的关系，发现金融发展与我国的收入差距服从库兹涅茨倒U形曲线路径。从金融集聚理论的角度，乔海曙、陈力(2009)分析了金融发展影响城乡收入差距的内在机理；运用中国2 538个县(市、区)的截面数据实证研究发现，金融发展和收入不平等之间存在倒U形非线性关系。第三种是我国金融发展与收入分配的关系不能确定。陈刚(2006)基于面板单位根和VAR模型的估计，对中国金融发展与城乡收入差距进行了再检验，实证结果表明：金融发展与城乡收入差距均表现为非同阶单整变量，从而否定了二者之间长期均衡关系的存在。

从我国整体的角度，国内学者对金融发展与城乡收入差距的关系进行了一些实证研究；但是，对某一地区的相关研究相对较少。因为我国幅员辽阔，且各地区金融发展水平、经济结构存在显著的差异，整体的关系可能会掩盖个体的差异。本文的创新之处在于，以中部六省为样本，运用面板数据实证研究金融发展与城乡居民收入差距的关系；在此基础上，提出若干重要的政策建议，以促成金融发展缩小城乡收入差距的效应。

二、实证模型、指标选取与数据说明

(一)实证模型

为了分析金融发展、人力资本与城乡收入差距之间的关系，同时为了验证Kuznets(1955)假说，本文建立如下的回归模型：

$$\mathrm{LnCR}_{it} = a_0 + a_1\mathrm{FIR}_{it} + a_2\mathrm{Ln}H_{it} + a_3\mathrm{LnRGDP}_{it} + a_4\mathrm{LnRGDP}_{it}^2 + \varepsilon_{it} \quad (1)$$

(1)式中，下标 i 和 t($t = 1990, 1991, \cdots, 2008$)分别代表了第 i 个省份和第 t 年。本文的样本涉及6个省份。将1990—2008年上述各项指标组成面板数据。如果 $a_4 > 0$，$a_5 < 0$，则说明Kuznets(1955)倒U形假说成立。

(二)指标选取

1. 城乡收入差距的指标(CR)

在城乡收入差距的测定上，章奇等(2003)，陆铭、陈钊(2005)等都用城乡收入比率指标。与反映城乡居民收入差距的其他指标相比，城乡收入比率更为方便、直接，本文亦采用该指标。

$$\mathrm{CR} = \frac{\text{城市居民人均可支配收入}}{\text{农村居民人均纯收入}} \quad (2)$$

2. 金融发展水平的指标(FIR)

对金融发展水平衡量，普遍使用的指标是Goldsmith(1969)提出的金融相关率(FIR)，它表示金融资产总值占国内生产总值的比重。从资产流动性的角度看，M2、债券和股票也可以构成金融资产。因为我国是间接融资主导的金融体系，银行业在金融市场中具有垄断地位，它对各省经济增长产生最重要的影响；同时由于一些指标的分省数据(如M2)难以统计，所以本文采用金融机构存贷款余额占地区生产总值之比作为金融发展水平指标。

$$\mathrm{FIR} = \frac{\text{金融机构存、贷款余额}}{\mathrm{GDP}} \quad (3)$$

3. 人力资本的指标(H)

在已有的研究中，通常采用政府的教育支出占财政总支出的比重来衡量人力资本。但是，人力资本的形成涉及政府、企业和个人的教育投资，目前我国缺乏企业和个人教育支出的统计数据，单纯以政府的教育支出衡量人力资本存在固有缺陷。所以，本文采用受教育年限法来计算人力资本。

$$H = \sum p_i h_i / P \tag{4}$$

(4)式中，H是6岁及以上人口的平均受教育年限。i为受教育程度，p_i为6岁及以上人口中第i层次受教育程度的人口数，h_i为第i层次受教育程度的受教育年限，P为6岁及以上人口的总数。受教育程度分为文盲半文盲、小学、初中、高中、大专及以上5个层次，分别定义的受教育年限为2年、6年、9年、12年和16年。

4. 经济增长的指标(LnRGDP)

在分析经济增长与收入分配关系的研究中，Deininger 和 Squire (1998)，Barro (2000)以人均实际 GDP 衡量一国经济增长，本文也选用该指标作为反映经济增长的控制变量。同样，为了防止异方差，我们采用人均实际 GDP 的自然对数形式(LnRGDP)。此外，为了验证 Kuznets(1955)假说，我们还对人均实际 GDP 的自然对数取平方。

(三)数据说明

在金融发展指标中，金融机构的存款、贷款余额来自《中国统计摘要》(2009)；GDP 的数据来自《中国证券期货统计年鉴》(2009)。① 人力资本的计算数据来自1991—2008年的《中国人口统计年鉴》、《中国统计年鉴》和《新中国五十五年统计资料汇编》，1990年、2000年采用人口普查数据，其他年份采用1%的抽样调查数据，并进行了相应的换算。

---

① 1993—2003年的GDP数据为2006年1月9日国家统计局公布的最新修订结果，2004年的数据为最新统计结果，http://www.stats.gov.cn/tjdt/zygg/P020060109431083446682.doc。

本文涉及的未作特别说明的其他数据来源于：《新中国五十五年统计资料汇编》、《中国农村统计年鉴》(1991—2009)、《中国统计年鉴》(1991—2009)、《中国金融统计》(1952—1996，1997—1999)和《中国金融年鉴》(2003—2009)。本文的一些数据直接剔除了价格水平变动因素的影响，并且为了减少数据变动幅度，我们对相关变量数据取了自然对数值。

三、实证分析过程

(一)描述性统计

表1对上述指标进行了描述性统计。被解释变量城乡收入差距在1.77与3.37之间波动。从各个解释变量的统计值来看，金融发展、人力资本以及经济增长的地区差异也都非常显著。上述解释变量之间的显著差异，可能是中部六省城乡收入差距变化的重要因素。

表1　**主要变量的描述性统计结果**

变量	观察数	均值	标准差	最小值	最大值
CR	114	2.709682	0.360026	1.7731	3.3706
FIR	114	1.785557	0.468170	1.1238	3.3517
LnH	114	1.409414	0.332049	0.5812	1.8858
LnRGDP	114	8.479834	0.771542	6.9853	9.9206

(二)计量分析结果

首先，使用Stata11统计分析软件进行伍德里奇检验(Wooldridge Test)，以探究面板数据是否存在自相关，该检验的原假设为不存在一阶自相关；检验结果表明，P值为零，拒绝了原假设，面板数据存在自相关。进一步，我们对面板数据是否存在异方差进行了检验，该检验的原假设是存在同方差；检验结果表明，*P* 值非常小，拒绝了原假设，面板数据存在异方差。

根据上述检验结果，因为面板数据存在复杂误差和自相关结构，所以固定效应模型和随机效应模型不适合作为估计模型，我们采用 FGLS(Feasible Generalized Least Squares)方法进行估计。估计结果如表 2 所示。

表 2　**分省面板数据的估计结果**

解释变量	方程(1)	方程(2)
C	1.344136(0.140)	0.2355954** (0.039)
FIR	0.0204295*** (0.003)	0.0122536* (0.093)
LnH	-0.1356154*** (0.000)	-0.1251013*** (0.000)
LnRGDP	-0.1482858(0.511)	0.1083141*** (0.000)
(LnRGDP)2	0.0140247(0.295)	
Wald 统计量	53.70	64.16
P 值	0.0000	0.0000

注：(1)***、**和*分别表示 1%、5% 和 10% 的显著水平；
(2)表中(·)内为显著水平的概率值(Prob.)。

在表 2 中，由方程(1)可知，1990—2008 年，在 1% 的显著水平下，金融发展拉大了中部六省城乡居民收入差距，人力资本的提升缩小了中部六省城乡居民收入差距。但是，经济增长及其平方项都没有通过显著性检验，表明不存在所谓的库兹涅茨倒 U 形关系。①

进一步，因为库兹涅茨倒 U 形关系不存在，剔除经济增长的

① 在最近完成的另一篇论文，作者利用 1990—2008 年全国 31 省份的面板数据，采用同样的模型与方法，实证研究发现，在全国范围内存在库兹涅茨倒 U 形关系。进一步，按金融发展水平高低分组，实证研究发现，只有在金融发展水平高的组存在库兹涅茨倒 U 形关系。除山西外，中部地区各省都归于金融发展水平低的组。

平方项。由方程(2)可以看出，金融发展(FIR)、人力资本(LnH)和经济增长(LnRGDP)的回归系数都通过了显著性检验。1990—2008年，在10%的显著水平下，金融发展拉大了中部六省城乡居民收入差距；在1%的显著水平下，人力资本的提升缩小了城乡居民收入差距；在1%的显著水平下，经济增长拉大了城乡居民收入差距。

四、结论及政策含义

根据中部六省金融发展、人力资本与城乡收入差距之间关系的实证分析结果，在“十二五”时期中部地区金融改革与发展、人力资本投资等方面，我们可以得到如下一些结论和政策含义：

(1)1990—2008年，金融发展拉大了中部六省城乡收入差距。可能的原因是，随着国有银行的市场化运作，大量撤并农村地区的营业网点，中部六省农村地区金融发展出现了严重的倒退。因此，未来我国金融改革的重点要放在农村地区，优化农村金融的制度安排，完善农村地区的金融体系；推动农村金融市场的发展，防止农村金融资源流失；降低农民进入金融市场的门槛，开发适合农村地区的金融产品；大力推进社区银行的发展，规范发展民间借贷市场，从而改善城乡之间收入分配不平等状况。

(2)在此期间，人力资本的提升缩小了中部六省城乡居民收入差距。合理的解释是，人力资本水平的提升，提高了农民家庭的收入能力与水平，进而减少了城乡居民收入差距。所以，要在进一步提升人力资本，改善城乡收入差距的状况，在继续普及九年义务教育的基础上，进一步推进城乡教育资源均等化、加大城市农民工的职业技能培训，提高乡村农民的农业技术水平，加强农村公共医疗、公共卫生等基础设施建设。

(3)1990—2008年，经济增长拉大了中部六省城乡收入差距。可能的理由一是中部六省经济增长，还没有达到库兹涅茨倒U形曲线的拐点水平；二是以GDP、工业化、城市化为导向的经济增长，忽视了农民的利益与农业经济的发展。因此，要加快中部崛起，使发展水平超越库兹涅茨倒U形曲线的拐点水平；同时，推进社会主义新农村建设，加大对农村的转移支付力度，是缩小中部六省城乡收入差距的关键。

参考文献

[1] Barro. Inequality and growth in a panel of countries. Journal of Economic Growth, 2000.

[2] Beck Thorsten, Asli Demirguc-Kunt, Ross Levine. Finance, inequality and poverty: cross-country evidence. World Bank Policy Research Working Paper, 2004.

[3] Clarke George, Xu Lixin Colin, Zou Heng-fu. Finance and income inequality: test of alternative theories. World Bank Policy Research Working Paper 2003.

[4] Deininger, K., L. Squire. Inequality and growth: results from a new data set. Journal of Development Economics, 1998.

[5] Galor, Oded, Zeira, J.. Income distribution and macroeconomics. Review of Economic Studies, 1993.

[6] Goldsmith, R. Financial structure and economic development. Yale University Press, 1969.

[7] Greenwood, Jeremy, Boyan Jovanovic. Financial development, growth, and the distribution of income. Journal of Political Economy, 1990.

[8] Honoban, P.. Financial development, growth and poverty: how close are the links. World Bank Policy Research Working Paper, 2004.

[9] Kuznets, S.. Economic growth and income inequality. American Economic Review, 1955.

[10] 陈刚. 中国金融发展与城乡收入差距关系的再检验:基于面板单位根和VAR模型的估计. 经济发展论坛工作论文,2006, http://www.fed.org.cn/pub/working paper/ 200694163648781.pdf.

[11]陈志刚，王皖君．金融发展与中国的收入分配：1986—2005．财贸经济，2009(5)．
[12]陆铭，陈钊，万广华．因患寡，而患不均——中国的收入差距、投资、教育和增长的相互影响．经济研究，2005(12)．
[13]刘敏楼．金融发展的收入分配效应——基于中国地区截面数据的分析．上海金融，2006(1)．
[14]乔海曙，陈力．金融发展与城乡收入差距"倒U形"关系再检验——基于中国县域截面数据的实证分析．中国农村经济，2009(7)．
[15]万文全．中国收入差距与金融发展关系的实证分析．江淮论坛，2006(1)．
[16]温涛，冉光，熊德平．中国金融发展与农民收入增长．经济研究，2005(9)．
[17]杨俊，李晓羽，张宗益．中国金融发展水平与居民收入分配的实证分析．经济科学，2006(2)．
[18]章奇，刘明兴，陶然．中国金融发展与城乡收入差距．林毅夫发展论坛工作论文，2003，http：//jlin. ccer. edu. cn/article/article. asp？id =235．

后　记

2010年12月27—28日，在国家发展和改革委员会地区经济司支持下，由武汉大学中国中部发展研究院主办的“中国中部发展论坛2010”在武汉成功举行。来自国家发展和改革委员会、中部六省发展和改革委员会的政府官员和来自山西大学、郑州大学、安徽大学、南昌大学、湖南师范大学、华中科技大学、武汉大学等高校的专家、学者共60余人参加了论坛，重点围绕“十二五”时期中部地区经济发展方式转变、产业发展、城乡统筹发展、新型工业化、城市群综合竞争力、可持续发展模式、区域协调互动机制以及进一步扩大开放等问题进行了深入的交流与研讨。

经报国家发展和改革委员会地区经济司同意，决定将此次论坛的入选论文汇编成集。呈现在读者面前的这本书，就是经原作者修改完善、紧紧围绕“十二五”时期促进中部崛起若干重大问题这一主题组织编排的入选论文集。本书重点研讨了中部地区新型工业化、中部地区城市群综合竞争力、中部地区城乡统筹发展、中部地区资源节约型、环境友好型可持续发展模式、中部地区区域协调互动机制、中部地区进一步扩大对内和对外两个开放等问题。

本书的出版得到了国家发展和改革委员会地区经济司、中部六省发展和改革委员会和相关高校的高度重视和大力支持，武汉大学出版社也给予积极协助，在此一并表示感谢。